한국문학의 영문학 수용

1922~1954

김욱동

1948년 인천에서 태어나 한국외국어대학교 영문과 및 같은 학교 대학원을 나왔다. 미국 미시시피대학교에서 영문학 석사학위를, 뉴욕주립대학교(스토니 브룩)에서 영문학 박사학위를 받았다. 서강대학교 명예교수로 있다. 저서로 『포스트모더니즘』, 『문학 생태학을 위하여』, 『은유와 환유』, 『번역과 한국의 근대』, 『소설가 서재필』, 『세계문학이란 무엇인가』, 『궁핍한 시대의 한국문학』, 『비평의 변증법』, 『이양하의 삶과 문학』, 『최재서』 등이 있다.

서강학술총서
139

한국문학의 영문학 수용
1922~1954

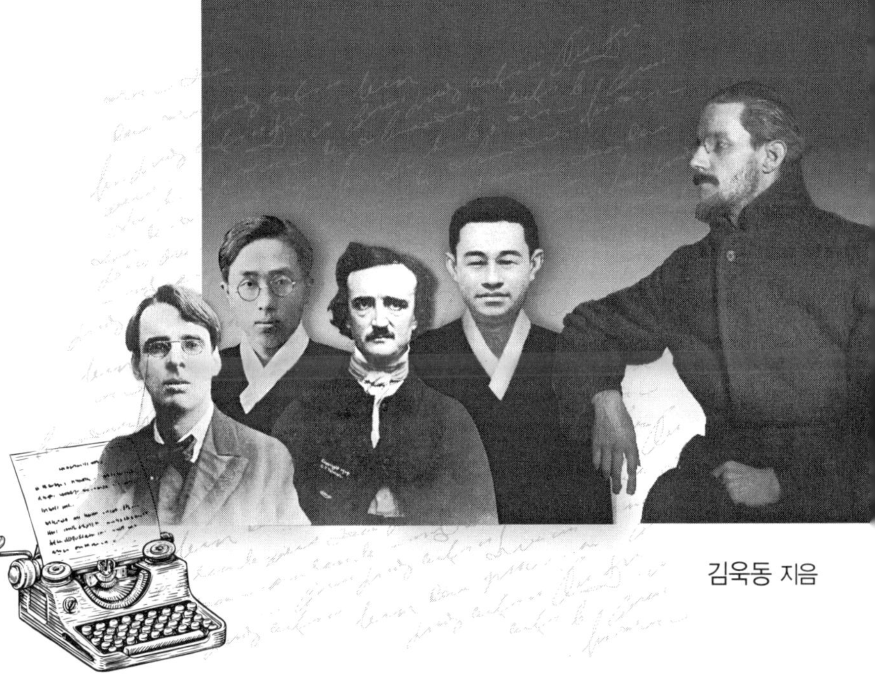

김욱동 지음

서강대학교출판부

서강학술총서 139

한국문학의 영문학 수용 1922~1954

초판 1쇄 발행 | 2023년 3월 31일

지 은 이 | 김욱동
발 행 인 | 심종혁
편 집 인 | 주세형
발 행 처 | 서강대학교출판부
등록 번호 | 제2002-000170호

주 소 | 서울특별시 마포구 백범로 35(신수동)
전 화 | (02) 705-8212
팩 스 | (02) 705-8612

ISBN 978-89-7273-384-3 94810
ISBN 978-89-7273-139-9 (세트)

값 35,000원

* '서강학술총서'는 SK SUPEX 기금의 후원으로 제작됩니다.

책머리에

서양 사람들이 흔히 '조용한 아침의 나라' 또는 '은둔의 왕국'으로 일컫던 한국에서 본격적으로 영문학을 가르치고 연구하기 시작한 것은 1924년, 그러니까 일본 제국주의가 경성에 여섯 번째 제국대학으로 경성제국대학을 설립하면서부터다. 식민지 조선의 지식인들을 중심으로 민립대학을 설립하자는 목소리가 점차 높아지자 제국일본의 정책 입안자들은 이를 잠재우고 중국 대륙을 연구하여 대륙 침략의 교두보로 삼기 위한 목적으로 경성제대를 서둘러 설립하였다. 1924년 개교와 동시에 예과를 시작으로 1926년 본과인 법문학부와 의학부를 설치하였다. 법문학부에는 법학과, 철학과, 사학과, 문학과의 4학과를 설치하였고, 문학과는 다시 국어·국문학(일본어·일본문학) 전공, 조선어·조선문학 전공, 중국어·중국문학 전공, 외국어·외국문학 전공으로 나뉘었다. 여기서 외국어·외국문학 전공이란 다름 아닌 영어·영문학을 말한다. 당시 영어·영문학 외의 다른 외국어나 외국문학은 아예 설치되어 있지 않았기 때문이다. 그러니까 1924년을 기점으로 삼는다면 이 땅에 영문학의 씨앗을 뿌린 지도 벌써 100년 가까운 세월이 흐른 셈이다.

물론 한국에서 영문학 연구는 경성제국대학이 설립되기 전부터 조선의 젊은 지식인들이 일본과 미국에 유학하면서 이미 시작되었다. 그들이 하나둘씩 귀국하면서 식민지 조선에서 영문학 연구는 더욱 활기를 띠었다. 여기에 서양 선교사들이 경성과 평양에 이미 설립한 전문학교들도 한국 영문학이 발전하는 데 비옥한 토양이 되었음을 새삼 말할 필요가 없다. 따지고 보면 일제가 서둘러 경성제국대학을 설립한 이유 중 하나는 사립 전문학교의 영어 교육을 의식했기 때문이었다.

영문학도인 나는 몇 해 전부터 영문학 도입 100주년을 맞아 영문학이 한국 근현대 문학에 끼친 영향을 다루는 단행본을 집필하려고 생각해 왔다. 그러나 그동안 이 일 저 일에 치여 좀처럼 실행에 옮길 수 없다가 이제 하던 작업을 겨우 마무리 짓고 이 작업을 시작할 수 있게 되었다. 그런데 일제강점기에는 '외국문학연구회(外國文學硏究會)'의 창립 회원으로, 해방 후에는 시인과 번역가로 활약한 이하윤(異河潤)의 말 한 마디가 이 책을 집필하는 동안 내 머리 속을 좀처럼 떠나지 않고 계속 맴돌았다. 그는 「외국문학 연구 서론」에서 "영국에는 영국문학, 불란서에는 불란서 문학의 연총(淵叢)과 근거가 있어서 각각 그 문학을 연구하는 데 당대의 가장 진보된 사상을 대표하는 학자들이 있는 것이지마는, 조선에는 아직 외국문학과 우리 문학에 한가지로 풍부한 지식을 가지고 참된 방법에서 비교 연구하는 학자가 한 사람이나마 있었는가"라고 묻는다. 이하윤이 이 질문을 던진 지도 벌써 몇십 년이 지났다. 외국문학을 연구하는 동안 이 물음이 목구멍에 걸린 가시처럼 늘 나의 뇌리를 떠나지 않았다.

그러나 비교문학의 관점에서 한국문학과 영문학을 다루는 작업이 워낙 방대하다 보니 생각처럼 사정이 그렇게 녹록하지 않았다. 그래서 나는 논의를 일제강점기와 해방기로 국한시켰다. 좀 더 자세히 말하면 김소월(金素月)이 《개벽》에 「진달내쏫」을 발표한 1922년부터 김내성(金來成)이 『청춘극장』 전5권을 출간한 1954년까지 근현대 한국문학에 초점을 맞추었다. 물론 해방 후에도 적지 않은 작가들이 영문학 작품에서 크고 작은 영향을 받았지만 이 작업은 별도의 연구서에서 다룰 계획이다. 이 책에서 다루는 작가들은 하나같이 한국 근현대 문학의 집을 굳게 떠받들고 있는 기둥들이다.

나는 이 책에서 비교문학의 관점에서 20세기 전반기 한국문학이 영문학에서 받은 영향 관계를 밝히되 전통적인 방법론에서 벗어나 '상호텍스트성'이라는 좀 더 포괄적인 방법론을 사용하였다. 이 책을 쓰는 동안 "모든 텍스트는 모자이크 같은 인용문으로 구성되어 있다. 어떤 텍스트도 다른 텍스트를 흡수하고 그것을 변형한 것에 지나지 않는다"는 쥘리아 크리스테바의 말을 자주 머릿속에 떠올리곤 하였다. 이러한 상호텍스트성과 비교문학의 관점에서 한국 근현대 문학이 성장하고 발전하는 데 영문학이 끼친 영향과 변형, 상호 관계 등을 자세히 밝히려고 하였다. 좀 더 구체적으로 말해서 ① 어휘, 구, 문장 등 표현, ② 특정 소재나 주제, ③ 텍스트를 둘러싸고 있는 맥락과 상황, ④ 작가의 전반적인 문학관이나 세계관, ⑤ 이미지와 상징과 문장 스타일, ⑥ 장르와 문학 전통 등 좀 더 광범위한 문제에 초점을 맞추었다. 한마디로

① 전유, ② 인유나 암유, ③ 인용과 차용, ④ 패러디와 파스티슈, ⑤ 개작, ⑥ 모방, ⑦ 번역 등 명시적인 영향 관계와 기원이나 원천은 말할 것도 없고 묵시적인 관계도 폭넓게 논의 대상으로 삼았다.

이 책을 쓰면서 나는 여러 사람과 여러 기관에서 크고 작은 도움을 받았다. 먼저 귀중한 자료를 구해 준 서강대학교 로욜라도서관과 울산과학기술원(UNIST)의 학술정보원 관계자들에 감사드린다. 한국 문학사에서 텍스트 비평과 비교문학에서 개척자 역할을 하신 김학동(金澤東) 교수님께도 이 자리를 빌려 감사드린다. 지금은 고인이 되셨지만 교수님께서 이 분야에서 이룩하신 업적은 후학들에게 모범이 되었다. 마지막으로 이 책의 집필하는 데 연구비의 일부를 지원해 준 서강대학교 '서강학술총서' 기획위원회에 고마움을 표한다. 이 기획위원회의 도움이 없었더라면 아마 나는 이 계획을 아직껏 마무리짓지 못했을지도 모른다. 이 책이 햇빛을 볼 수 있도록 여러모로 도와준 서강대학교출판부와 편집부 선생님께도 감사드린다.

2023년 봄
해운대에서
김욱동

목　　차

책머리에 / 5

1장　문학 연구와 상호텍스트성 / 16

고갈 또는 소진 의식 / 18

비교문학의 한계 / 21

비교문학에서 상호텍스트성으로 / 26

상호텍스트성과 표절 / 37

상호텍스트성의 유형 / 39

2장　김소월과 윌리엄 버틀러 예이츠 / 54

'아시아의 아일랜드' 조선 / 56

김소월과 예이츠 / 60

「깁피밋든心誠」과 예이츠의 「연인이 옛 친구를 두고 간청하다」 / 64

「님과 벗」과 예이츠의 「축배의 노래」 / 68

「쏫촉불 켜는밤」과 예이츠의 「샐리 정원 아래에서」 / 74

「황촉불」과 예이츠의 「물에 비친 모습을 바라보는 노인들」 / 80

「나의 집」과 예이츠의 「이니스프리의 호수 섬」 / 85

「진달내쏫」과 예이츠의 「그는 하늘의 옷감을 원하노라」 / 94

3장 정지용과 블레이크, 티즈데일, 스티크니, 롱펠로 / 114

「카페 프란스」와 블레이크의 「병든 장미」 / 117

「별똥」과 티즈데일의 「유성」 / 127

「유리창 1」과 티즈데일의 「보상」 / 135

「향수」와 스티크니의 「므네모시네」 / 140

「향수」와 「별똥」과 롱펠로의 「화살과 노래」 / 163

4장 김기림과 던, 스펜더, 엘리엇, 오든 / 172

「아츰해」와 던의 「해돋이」 / 175

「바다와 나비」와 스펜더의 「바다 풍경」 / 185

『기상도』와 엘리엇의 『황무지』 / 197

『새노래』와 오든의 「스페인」 / 226

5장 이태준과 에드거 앨런 포와 오스카 와일드 / 246

이태준과 에드거 앨런 포 / 249

「까마귀」와 포의 「갈까마귀」 / 257

이태준의 단편소설과 포 / 287

이태준의 「까마귀」와 르나르와 소로 / 293

이태준의 「누이」와 와일드의 「창녀의 집」 / 303

이태준의 「누이」와 와일드의 『도리언 그레이의 초상』 / 315

6장 박태원과 제임스 조이스 / 324

박태원과 제임스 조이스 / 326

경성과 더블린 / 333

자전적 예술가소설 / 346

자기반영적 메타픽션 / 352

'중간소설' 장르의 실험 / 360

모더니즘 실험 기법 / 368

카메라 기법과 몽타주 / 385

7장 김내성과 윌리엄 셰익스피어 / 394

김내성과 '에이번의 음유시인' / 397

세상은 연극 무대 / 405

『청춘극장』과 셰익스피어의 『햄릿』 / 414

『청춘극장』과 셰익스피어의 『오셀로』 / 424

『청춘극장』과 셰익스피어의 『로미오와 줄리엣』 / 431

『청춘극장』과 포, 부세, 마테를링크 / 441

결론: 세계문학을 향하여 / 458

참고 문헌 / 471

찾아보기 / 477

"보아라, 이것이 바로 새 것이다" 하고
말할 수 있는 것이 있는가?
그것은 이미 오래 전부터 있던 것,
우리보다 앞서 있던 것이다.

– 구약성경 「전도서」

***

문화는 높은 곳에서
낮은 곳으로 번져간다.
발달된 선진국의 문화가
후진국에 영향을 주는 것이다.
문학도 마찬가지다.
다른 나라와 인연을 끊고
혼자 고립하여 있을 수는 없다.

– 이하윤(異河潤)

1장
문학 연구와 상호텍스트성

1장

문학 연구와 상호텍스트성

우리는 걸핏하면 "태양 아래 새로운 것이 없다"는 말을 자주 입에 올린다. 그런데 이 말의 뿌리를 더듬어 캐어 들어가다 보면 저 멀리 구약성경의 「전도서」를 만나게 된다. 다윗의 아들이며 이스라엘의 왕으로 전도자라고 밝힌 이 책의 저자는 "이미 있던 것이 훗날에 다시 있을 것이며, 이미 일어났던 일이 훗날에 다시 일어날 것이다. 이 세상에 새 것이란 없다. '보아라, 이것이 바로 새 것이다' 하고 말할 수 있는 것이 있는가? 그것은 이미 오래 전부터 있던 것, 우리보다 앞서 있던 것이다"(1장 9~10절)라고 자못 영탄조로 말한다. 흔히 '불가타' 성경으로 일컫는 5세기 초 라틴어로 번역된 성경의 「전도서」에는 "니힐 노붐 숩 솔레(nihil novum sub sole)"라고 하여 '이 세상에~'라는 구절 을 '태양 아래~'라는 구절로 살짝 바꾸어 옮겨 놓았다. 삼라만상은 언뜻 보면 전혀 새로운 것 같지만 좀 더 자세히 뜯어보면 옛날에 이미 같거나 비슷한 것이 있었음을 지적하는 말이다.

이집트의 파피루스 고문서는 인류가 남긴 기록으로는 흔히 가장 오래된 텍스트 중 하나로 꼽힌다. 그런데 한 파피루스 고문서에는 "만일 아직껏 알려지지 않은 구절, 이제껏 남들이 한 번도 사용해 본 적이 없는 말을 내가 사용할 수 있다면 얼마나 좋을까?"[1]라는 문장이 적혀 있다고 한다. 이 고문서를 쓴 사람만 하여도 자기보다 앞서 선배 작가들이 문학의 소재나 주제 또는 기법을 이미 사용했다는 절망감을 털어놓았다. 그렇다면 최근 포스트모더니즘 문학 이론에서 자주 언급하는 '고갈 의식'이나 '소진 의식'은 실제로 인류 역사와 더불어 이미 시작되었다고 하여도 크게 틀리지 않을 것 같다.

그러나 이러한 고갈 의식이나 소진 의식은 많은 작가에게 절망의 원인이 아니라 오히려 창조의 원천으로 작용하기도 한다. 흔히 서양 '지식계의 티라노사우루스'로 일컫는 움베르토 에코는 도서관이 수많은 책이 죽어 있는 시체의 공동묘지가 아니라 살아서 숨 쉬면서 서로서로에게 대화를 나누는 생명체라고 밝힌다. 심지어 그는 자신의 작품을 한낱 다른 사람들의 작품에서 따온 '인용문'에 지나지 않는다고 말한다.

> 나는 작가들이 이미 알고 있었던 것을 (그리고 우리에게 반복하여 말했던 것을) 발견하였다. 즉 책들은 항상 다른 책들에 대하

1 John Barth, "Literature of Replenishment," *The Friday Book: Essays and Other Nonfiction* (New York: Putnam, 1984), p. 206. 이러한 고갈 의식은 존 바스의 또 다른 논문 "Literature of Exhaustion"에서 좀 더 자세히 엿볼 수 있다.

여 말한다는 사실 말이다. 모든 스토리는 이미 누군가가 말한 스토리에 대하여 말한다. […] 그러므로 나의 이야기는 오직 발견된 원고로 시작할 뿐이고, 심지어 이것은 (당연히) 한 인용문이 될 수 있을 것이다.[2]

여기서 에코가 말하는 '나의 이야기'란 다름 아닌 전 세계에 걸쳐 크게 이름을 떨친 『장미의 이름』(1980)을 말한다. 그는 이 소설에서 도서관 서가에 꽂힌 책들이 서로 대화를 나눈다고 밝힌다. 또한 '발견된 원고'란 14세기 베네딕트 수도회 소속 멜크 수도원 출신의 수도사 아드소의 회고담을 말한다. 에코는 짐짓 『장미의 이름』이 7일 동안 수도원에서 일어난 일을 기록한 아드소의 원고를 번역해 놓은 것에 지나지 않는다고 언급한다.

고갈 또는 소진 의식

작가들이나 시인들이 이처럼 작품의 소재에 고갈 의식을 깨닫는 것은 후대에 내려오면 올수록 더 첨예해질 수밖에 없다. 가령 편석촌(片石村) 김기림(金起林)은 「오전의 시론」에서 "붓을 잡을 때마다 통절히 느끼는 것은 오늘에 사는 작가나 시인처럼 불행한 사람은 없다는 것이다"라고 말한다. 그러면서 그는 계속하여 "실로 벌써 말해질 수 있는 모

2 Umberto Eco, *Reflections on* The Name of the Rose (London: Secker and Warburg, 1985), pp. 19~20.

든 사상과 논의와 의견이 거진 선인들에 의하여 말해졌다"고 불만을 털어놓는다.[3] 그래서 후대 문인들은 선배 문인들이 이미 말한 내용을 다른 방법으로밖에는 말할 길이 마땅히 없다는 것이다.

그러나 김기림은 이러한 문학 소재의 고갈 현상에 그렇게 절망하지 않는다. 소재의 고갈은 문인에게 절망의 원인이 되기도 하지만 창작에 대한 도전이 될 수도 있기 때문이다. 김기림은 "우리에게는 지금까지의 역사상의 모든 수확을 소유할 권리가 있다. 동시에 그 위에 무엇이고 프라스 할 의무도 있다. 이는 시의 나라에 입적하려는 시민의 최초의 권리요 의무다"[4]라고 잘라 말한다. 그러고 보니 그의 주장에는 이른바 '신구 논쟁', 즉 고대인과 현대인의 싸움을 말할 때마다 자주 입에 올리는 '거인의 어깨에 올라 타 있는 난쟁이'라는 서양 격언이 떠오른다.

20세기 중반부터 포스트모더니즘의 거센 물결을 타고 문학 텍스트를 분석하는 여러 방법론이 백가쟁명(百家爭鳴)처럼 새롭게 대두되었다. 그중에서도 한 작품이 생겨난 기원이나 원천을 밝혀내고 다른 작품한테서 받은 영향 관계를 규명할 때면 으레 듣게 되는 것이 '상호텍스트성'의 개념이다. 태양 아래 새로운 것이 없는 것처럼 문학 텍스트도 그 이전의 작품이나 동시대 작품에서 직접 또는 간접, 명시적 또는 묵시적으로 크고 작은 영향을 받으며 창작되어 왔다는 생각이 최근 문학 연

3 김기림, 「오전의 시론」, 김학동·김세환 공편, 『김기림 전집 2: 시론』(서울: 심설당, 1988), 155~156쪽. 한편 김학동은 김기림은 "낡은 일을 낡은 방법으로 언제까지든지 써가면서 아무렇지도 않게 생각하고 있는 작가나 시인을 내가 행복스럽다고 말하는 것은 그 까닭이다"(156쪽)라고 반어적으로 말한다.

4 위의 글, 157쪽.

구가를 중심으로 널리 퍼져 있다. 특히 상호텍스트성은 자국문학이 외국문학과 맺는 상호 관련성이나 교섭 또는 영향 관계를 설명하는 데 전통적인 영향 연구 방법론이나 기원 또는 원천을 탐구하는 역사비평보다 훨씬 더 유용한 개념으로 각광받는다.

다분히 염세적인 시선으로 인간의 미묘한 심리를 날카롭게 파헤친 17세기 프랑스 문필가 라로슈푸코는 만약 이 세상에 소설이 없었더라면 어느 누구도 사랑할 수 없었을 것이라고 말한 적이 있다. 이 말을 조금 바꾸어 말하면 이 세상에 다른 문학 작품들이 없었더라면 어떤 작가도 문학 작품을 쓸 수 없었을 것이다. 그래서 최근 문학 이론에서는 독창성이나 창조성의 개념을 상호텍스트성의 맥락에서 새롭게 정의하려고 해 왔다. 가령 미셸 푸코는 문학 작품을 그동안 인류가 쌓아 온 문화유산이 보관되어 있는 일종의 '기록 보관소'로 간주한다. 에드워드 사이드도 "작가들은 독창적으로 글을 쓴다고 생각하는 대신 점차 남의 글을 다시 고쳐 쓴다고 생각한다. 글쓰기는 이제 독창적으로 비석에 글을 새긴다는 이미지에서 남의 글을 단순히 옮겨 적는다는 필경사의 이미지로 바뀌어 간다"[5]고 지적한다. 롤랑 바르트와 자크 데리다는 이보다 한 발 더 밀고 나아가 아예 "텍스트를 벗어나서는 아무것도 존재하지 않는다"[6]고 잘라 말한다.

5 Edward Said, *The World, the Text, and the Critic* (Cambridge: Harvard University Press, 1983), p. 135.

6 Roland Barthes, *S/Z*, trans. Richard Howard (New York: Hill and Wang, 1974), p. 6; Roland Barthes, *The Pleasure of the Text*, trans. Richard Miller (New York: Hill and Wang, 1975), p. 36; Jacques Derrida, *Of Grammatology: Corrected Edition*, trans. Gayatri Chakravorty Spivak (Baltimore: Johns Hopkins

데리다의 말에서도 엿볼 수 있듯이 한 텍스트는 그 자체보다는 그것을 둘러싸고 있는 컨텍스트, 즉 맥락을 염두에 둘 때 더욱 큰 의미가 있다. 데리다를 비롯한 최근 학자들의 주장은 상호텍스트성을 떠나서는 어떤 텍스트도 존재하지 않는다는 말로 받아들일 수 있다. 이렇듯 비교문학은 한 저자가 다른 저자한테서 받은 영향을 추적하는 작업에서 문학 작품을 상호텍스트적 관점에서 연구하려는 좀 더 전일적인 모델로 점차 바뀌었다. 상호텍스트성 연구는 전통적인 영향 연구나 기원 또는 원천 탐구보다 훨씬 더 역동적이다. 이렇게 문학 연구의 방향이 바뀌는 데는 그동안 번역이 큰 역할을 했음은 두말할 나위가 없다.

비교문학의 한계

19세기 유럽의 문학 연구는 비교문학적 관점에서 주로 문학 작품의 영향 관계를 밝히고 작품의 기원이나 원천을 탐색하는 작업에 초점을 맞추었다. 역사비평에 근거한 이 연구에 따르면 고대 그리스의 서사시인 호메로스는 고대 로마의 시인 베르길리우스에게 영향을 끼쳤고, 베르길리우스는 17세기 영국의 존 밀턴에게 영향을 끼쳤다. 밀턴은 영국 낭만주의 시인 윌리엄 워즈워스에게 영향을 끼쳤고, 워즈워스는 다시 미국의 모더니즘 시인 월리스 스티븐스에게 영향을 끼쳤다. '호메로스 → 베르길리우스 → 밀턴'에서 볼 수 있듯이 영향 관계는 흔히 서로 다른 언어권이나 문화권 사이에서 이루어진다. 그러나 이러한 관계는

University Press, 1997), pp. 158~159.

'밀턴 → 워즈워스 → 스티븐스'에서 볼 수 있듯이 동일한 언어권이나 문화권 안에서도 얼마든지 일어날 수 있다.

그러나 비교문학을 영향이나 기원의 좁은 테두리에서 좀 더 넓은 영역으로 끌어낸 것은 바로 미국의 문학 연구가들이었다. 르네 웰렉과 오스틴 워렌을 비롯한 연구가들은 19세기 실증주의, 과학주의, 역사적 상대주의의 굴레에서 벗어나 좀 더 폭넓게 문학을 연구할 것을 부르짖었다. 그들은 유럽의 문학 연구가들처럼 문학 작품을 주로 영향 관계와 기원 또는 원천의 관점에서 연구하는 방법론이 다분히 기계적이고 편협하다고 생각하였다. 특히 웰렉은 1958년 미국비교문학회 주최로 열린 연차대회에서 좁게는 프랑스 학파, 더 넓게는 유럽의 문학 연구가들이 그동안 지나치게 문학 외적인 문제에 관심을 두어 온 현상을 '비교문학의 위기'로 진단하였다.

더구나 웰렉은 비교문학이 지금껏 분명한 주제와 특정한 방법론을 수립하지 못했다고 지적하면서 문학 연구를 외국 무역의 위치로 전락시켰다고 날카롭게 비판하였다.[7] 웰렉은 한 인터뷰에서도 비교문학 연구가들이 "문학 텍스트를 이해하려고 진지한 노력을 하지 않거나 문학을 예술의 한 형식으로 간주하지 않은 채 단순한 사실주의, 외부 정보에 대한 집착에 빠져 있다"고 지적하였다.[8] 웰렉과 더불어 비교문학 연구

7 Wellek, René, *Concepts of Criticism* (New Haven: Yale University Press, 1964), pp. 282~295. 웰렉은 이 논문 말고도 「문학에 대한 공격」과 「문학 연구를 파괴하기」 같은 일련의 논문을 발표하여 전통적 비교문학 방법을 비판하면서 대안을 모색하였다.

8 Peter Demetz, "A Conversation with René Wellek," *Cross Currents: A Yearbook of Central European Culture* 9 (1990), pp. 135~145; Peter Demetz, "Third Conversation

는 이제 '미국 유형'이라는 두 번째 단계로 접어들었다.

웰렉이 비교문학의 '위기'를 진단한 지 30여 년이 지난 뒤 영국 학자 수전 배스닛은 아예 비교문학의 '죽음'을 선포하여 주목을 끌었다. 그녀는 "오늘날 비교문학은 어떤 의미에서 죽음을 맞이하였다. 이분법의 편협성, 비역사적 접근방법의 무용성, '문학을 보편적 문명화의 힘'으로 보려는 근시안적 자기만족이 모두 비교문학의 사망에 이르게 했다"[9]고 날카롭게 지적한다.

비록 시기가 조금 늦고 정도의 차이는 있을망정 일제강점기 식민지 조선에서도 비교문학에 대한 관심이 적지 않았다. 예를 들어 1939년 종합잡지 《삼천리》 주관으로 박영희(朴英熙), 김기진(金基鎭), 김동인(金東仁), 이태준(李泰俊), 김동환(金東煥) 등 당시 내로라하는 작가들이 참석한 가운데 '신춘 창작 합평회'를 열었다. 이 자리에서 김기진은 당시 낙양의 지가를 올리던 『순애보』(1939)와 관련하여 박계주(朴啓周)한테서 "유고[위고], 톨스토이, 아리시마 다케오(有島武郎), 이광수(李光洙)의 작품을 많이 읽었다"는 말을 직접 들었다고 전하면서 박계주가 국내외 작가들한테서 받은 영향을 언급하였다.

박계주가 읽었다는 아리시마는 메이지(明治) 시대에서 다이쇼(大正) 시대에 걸쳐 활약한 일본 작가로 흔히 '러시아의 양심'으로 일컫는 레프 톨스토이를 비롯하여 헨리크 입센과 월트 휘트먼 같은 서양 문학가들

with René Wellek," *Cross Currents: A Yearbook of Central European Culture* 11 (1992), pp. 79~92.

9 Susan Bassnett, *Comparative Literature: A Critical Introduction* (Oxford: Blackwell Publishers, 1993), p. 47.

과 함께 프리드리히 니체와 앙리 베르그송 같은 철학가들의 영향을 많이 받았다. 아리시마는 톨스토이한테서 인도주의와 계몽주의 사상의 영향을 받았고, 이광수는 아리시마한테서 같은 영향을 받았으며, 박계주는 다시 이광수한테서 그러한 영향을 받았다. 그들이 주고받은 영향 관계는 '톨스토이 → 아리시마 → 이광수 → 박계주'의 계보로 그릴 수 있다.

이러한 계보는 이광수 다음에 전영택(田榮澤)을 추가할 수 있고, 박계주 이후 후대 작가로 이문열(李文烈)로 계속 이어갈 수도 있다. 전영택은 이광수에 대하여 "그와 나와는 문학사상에 있어서도 주로 인도주의로 나갔다고 하는 점에 있어서 서로 통하는 점이 있다. 그리고 그는 일본 동경에서 메이지학원이라는 미숀학교, 나는 아오야마(靑山)학원이라는 미숀학교에서 교육을 받았기 때문에 피차에 일찍부터 기독교의 영향을 받았다고 하는 것도 같은 점이라고 할 수 있다"[10]고 밝힌 적이 있다.

한편 톨스토이는 미국의 수필가요 시인이라고 할 헨리 데이비드 소로, 토지에서 발생하는 지대(地代)란 개인이 소유할 수 없고 사회 전체 구성원이 공동으로 누려야 한다고 주장한 헨리 조지한테서 영향을 받았다. 소로는 장 자크 루소와 북아메리카 대륙에 오랫동안 살아온 아메리카 원주민한테서 영향을 받았다. 그런가 하면 루소는 볼테르에게서 크고 작은 영향을 받기도 하였다. 그렇다면 그들의 영향 관계는 역으로 '원주민 미국인 ← 볼테르 ← 루소 ← 조지 ← 소로 ← 톨스토이'의 계보로 거슬러 올라갈 수 있다.

---

10 전영택, 「나의 문학수업」, 《문학예술》(1956.05), 116쪽.

이렇게 《삼천리》 좌담회에서 처음 논의한 비교문학은 1940년대 초엽 눈솔 정인섭(鄭寅燮)이 좀 더 체계적으로 발전시켰다. 1920년대 후반기 와세다(早稻田)대학에서 영문학을 전공하면서 '외국문학연구회'에서 주도적인 역할을 한 그는 비교문학 연구에 누구보다도 깊은 관심을 보였다. 정인섭은 문학이나 문화를 연구하되 늘 비교문학이나 비교문화의 관점에서 연구하려고 하였다. 1940년 6월 그는 《조선일보》에 「세계문학과 한국문학」이라는 글을 기고하여 식민지 조선에서 비교문학의 문을 처음 활짝 열어젖혔다.

마침내 한국이 일제의 식민지 굴레에서 벗어나고 한국전쟁의 포화가 멈추면서 문학 연구가들과 문학가들 사이에서 비교문학 연구 방법론에 대한 관심이 다시 한 번 크게 일어났다. 1959년에 한국비교문학회를 창립하고 1960년대를 전후하여 비교문학은 점차 저변을 확대해 나갔다. 당시 한국에서 비교문학이 발전하는 데 견인차 역할을 한 것이 1954년 한국 작가들과 외국문학 연구가들이 힘을 모아 설립한 국제펜클럽 한국 본부였다.

서양과 동양을 가르지 않고 전 세계에 걸쳐 문학 작품의 원천이나 기원을 밝히고 영향 관계를 탐색하려는 비교문학의 연구 방법은 20세기 중엽에 이르러 여러 방면에서 적잖이 도전을 받으면서 점차 힘을 잃기 시작하였다. 이 무렵 비교문학과 역사비평은 마치 물 지난 생선처럼 신선도를 상실하였다. 그래서 역사비평에 기초한 원천 연구나 영향 연구는 '원천 사냥'으로, 그러한 작업에 종사하는 학자들이나 비평가들은 '쓰레기 더미를 뒤지는 짐승' 또는 '썩은 고기를 먹는 짐승'으로 취급받기에 이르렀다. '쓰레기'나 썩은 고기'라는 부정적 표현에서도 볼 수 있듯이 이러한 전통적인 비평 방법으로써는 문학 작품을 제대로 파악하고 연구할 수 없다는 생각이 젊은 문학 연구가들을 중심으로 널리 퍼져 있었다.

그러나 아무리 쓰레기고 썩은 고기라고 하더라도 생태계에는 그것을 먹고 살아가는 짐승이 있게 마련이다. '청소 동물' 또는 '시체식(屍體食) 동물'로 일컫는 대머리독수리, 송장벌레, 검정파리, 너구리 등이 바로 그러하다. 보통 사냥을 하여 살아가는 대형 육식동물인 하이에나나 사자도 때로는 시체를 먹는다. 그런데 그들은 죽은 동물들의 시체들을 분해하는 데 이바지함으로써 생태계에서 중요한 역할을 한다. 이렇게 청소 동물이나 시체식 동물이 생태계의 중요한 구성원이듯이, 비교문학과 역사비평도 비록 과거의 찬란한 영광을 누리지는 못할망정 문학 연구에서 여전히 그 나름대로 존재 이유와 역할이 있다. 다만 이러한 연구 방법이 살아남으려면 전통적인 방법에 안주하는 대신 한계와 문제점을 극복하면서 새로운 가능성을 끊임없이 모색해야 할 것이다.

비교문학에서 상호텍스트성으로

1960년대부터 프랑스를 중심으로 유럽에서는 전통적인 비교문학과 역사비평의 한계와 문제점을 깨닫고 새로운 방향을 모색하기 시작하였다. 이 무렵 비교문학과 역사비평도 인문과학과 사회과학 분야에서 큰 힘을 떨치면서 주목을 받던 구조주의의 영향권에서 좀처럼 벗어날 수 없었다. 더구나 좁게는 포스트구조주의, 좀 더 넓게는 포스트모더니즘의 물결이 마치 성난 파도처럼 문학과 예술, 문화계를 휩쓸면서 문학 작품에서 영향 관계를 밝히거나 작품의 기원이나 원천을 찾으려는 전통적 연구는 점차 뒷전으로 밀려나면서 상호텍스트성에 자리를 내주었다. 지금 상호텍스트성은 비교문학 분야에서 가장 주목 받는 핵심적 개념이 되다시피 하였다. 그레이엄 앨런은 "상호텍스성이야말로 관계성, 상호관련성, 상호의존성의 개념을 전경화 함으로써 현대 문화생활에 유용한 용어처럼 보인다"[11]고 지적한다.

1960년대 후반 '상호텍스트성'이라는 용어를 맨 처음 사용한 사람은 불가리아 태생의 프랑스 이론가 쥘리아 크리스테바다. 그녀가 상호텍스트성의 집을 짓는 데 주춧돌로 삼은 이론이 소쉬르의 일반언어학 이론과 러시아 이론가 미하일 바흐친의 대화주의 이론이다. 크리스테바가 이 두 이론을 결합하여 상호텍스트성 개념을 만든 시점은 프랑스에서 구조주의에서 포스트구조주의로 넘어가던 사상의 전환기와 맞물려 있다.

그렇다면 구조주의에서 포스트구조주의로의 이러한 전환은 과연 어떠한 의미가 있는가? '포스트'라는 접두어에서도 볼 수 있듯이 그 전환은 급진적 단절이라기보다는 오히려 연속과 단절의 이중적 단계로 이루어졌다. 다시 말해서 포스트구조주의는 언어에 대한 관심 등 구조주의의 기본 입장을 거의 그대로 받아들이면서도 다른 한편으로는 그 한계를 극복하려고 한다. 비유적으로 말하자면 두 이론의 관계는 이

11 Graham Allen, *Intertextuality* (London: Routledge, 2000), p. 5.

웃 사이의 싸움이라기보다는 어디까지나 집안 식구 사이의 싸움에 가깝다.

어찌 되었든 구조주의가 ① 객관성, ② 과학적 엄밀성, ③ 방법론적인 안정성, ④ 합리성, ⑤ 독창성, ⑥ 자율성, ⑦ 특이성 등을 추구한다면, 포스트구조주의는 이러한 것에 적잖이 회의를 품는다. 포스트구조주의에서는 오히려 ① 불확실성, ② 비결정성, ③ 비주관성, ④ 비전달성, ⑤ 욕망, ⑥ 쾌락, ⑦ 유희 등에 무게를 싣는다. 한마디로 상호텍스트성을 주창하는 문학 연구가들은 안정된 의미와 객관적 해석에 의문을 품는다. 물론 구조주의자들도 상호텍스트성에 관심을 기울이지만 그들은 어디까지나 문학 작품의 의미를 찾아내고 그것을 고정시키려는 데 이 개념을 사용한다. 한편 포스트구조주의자들은 상호텍스트성을 고정불변한 텍스트의 의미를 파괴하는 수단으로 삼는다.

1960년대 《텔켈》 잡지를 전초 기지로 삼아 활약하던 쥘리아 크리스테바는 페르디낭 드 소쉬르의 일반언어학 이론과 미하일 바흐친의 대화주의 이론을 창조적으로 결합하여 상호텍스트성의 개념을 만들어 내었다. 1960년대 중반에서 1970년대 중반에 이른 시기는 유럽에서 흔히 '이론의 시대'로 일컬을 만큼 구조주의를 중심으로 여러 이론이 전성기를 맞이한 때였다. 1968년 5월 '프랑스의 68운동'과 맞물려 넓게는 전통적 가치, 좁게는 권위주의적인 문학과 절대적인 문학 비평의 기준이 적잖이 도전을 받기 시작하였다. 크리스테바의 상호텍스트성도 이러한 지적 풍토에서 생겨났다.

크리스테바는 한편으로는 소쉬르의 이론을 비판하고 다른 한편으로는 그의 이론에서 필요한 자양분을 얻었다. 가령 그녀는 소쉬르가 지나치게 추상적 체계에 무게를 싣는 점을 못마땅하게 생각하였다. 파롤을 도외시한 채 랑그에만 무게를 두는 것은 자칫 의미작용의 안정성을 받아들일 가능성이 크기 때문이다. 소쉬르의 일반언어학과 그것에 기초한 기호학은 객관성과 확정적인 의미에 대한 미련을 완전히 버리지 못하였다. 그러나 크리스테바는 소쉬르가 시니피에보다는 시니피앙에 무게를 두는 점에서 자크 데리다가 말하는 '언어의 자유로운 유희'의 가능성을 발견하였다. 이를 달리 말하면 크리스테바는 소쉬르의 '정태적(靜態的)' 구조주의에 맞서 '발생적(發生的)' 구조주의를 주창했다는 것이 된다.

크리스테바는 텍스트의 두 영역, 즉 상징계와 기호계를 구분 짓기 위하여 '페노텍스트(phénotexte)'와 '제노텍스트(génotexte)'라는 새로운 용어를 만들어내었다. 페노텍스트는 현상으로서의 텍스트로 의사소통의 언어요 전통적인 언어 분석의 대상이 되는 언어다. 분명하고 명백한 의미를 만들어내려는 텍스트는 여기에 속한다. 한편 제노텍스트는 발생으로서의 텍스트로 그것을 만들어내는 생산 과정에 무게를 둔다. 욕구나 욕망이 '상징 질서' 속으로 편입되지 않은 가장 초기 단계의 주체에서 비롯하는 텍스트가 여기에 속한다. 아방가르드와 실험적인 작가들한테서 흔히 볼 수 있는 이 유형의 텍스트는 의사소통의 사회적 기준과 언어적 인습에서 벗어나려고 한다.

한편 크리스테바는 바흐친의 대화주의 이론에서 텍스트를 저자의 굴레에서 벗어나게 할 수 있는 가능성을 찾았다. 바흐친은 텍스트와 그것을 구성하는 좀 더 큰 문화적-사회적 텍스트성이 떼려야 뗄 수 없을 만큼 긴밀히 연관되어 있다고 보았다. 크리스테바는 바흐친의 대화주의에서 언어의 사회적 특성, 즉 다성성(多聲性)과 이어성(異語性)과 이중 목소리를 상호텍스트성의 개념과 결합하였다.

바흐친은 모든 발화(담론, 작품)는 반드시 다른 발화에 대한 반응으로 일어난다고 지적하였다. 이 점과 관련하여 그는 "독립된 발화란 존재하지 않는다. 그것은 항상 그것에 앞서, 그리고 그것 뒤에 일어나는 다른 발화들을 전제로 하기 때문이다. 어떤 발화도 최초의 발화나 최후의 발화가 될 수 없다"[12]고 잘라 말하였다. 이러한 발화의 특성과 관련하여 크리스테바는 발화가 화자나 청자 또는 다른 발화와 맺는 상호관계를 '수평적' 관계와 '수직적' 관계로 구별한다. 전자는 발화가 화자나 청자와 맺는 관계인 반면, 후자는 발화가 그 이전 또는 동시적인 다른 발화와 맺는 관계를 가리킨다. 크리스테바는 그중에서 수직적 관계에 주목하여 그것을 '상호텍스트성'이라고 불렀다.

> 수평적 축(주체-피화자)과 수직적 축(텍스트-맥락)은 동시에 일어나고 중요한 사실 한 가지를 드러내준다. 즉 각각의 말(텍스트)은 적어도 또 다른 하나의 말(텍스트)이 읽힐 수 있는 말(텍스트들)의 교차점이다. 바흐친이 여러 저서에서 '대화'와 '환경'라고 부르는 이 두 축은 분명하게 구분되지 않는다. 그러나 엄밀성이 결여된 것

12 Mikhail Bakhtin, *Speech Genres and Other Late Essays*, ed. Caryl Emerson and Michael Holquist, trans. Vern W. McGee (Austin: University of Texas Press, 1886), p. 136.

처럼 보이는 것이 실제로는 바흐친이 문학 이론에 처음 소개하는 통찰이다. 즉 어떤 텍스트도 모자이크 같은 인용문으로 구성되어 있다. 어떤 텍스트도 다른 텍스트를 흡수하고 그것을 변형한 것에 지나지 않는다. '상호텍스트성'의 개념이 이제 상호주관성의 개념을 대치하고, 시적 언어는 적어도 '중복'으로 읽힌다.[13]

위 인용문에서 특히 눈여겨볼 것은 '말(텍스트들)의 교차점'과 '모자이크 같은 인용문'이라는 두 구절이다. 도로가 어느 지점에서 교차하려면 반드시 도로가 하나 이상이 있어야 하듯이 텍스트도 교차하려면 하나 이상의 텍스트가 있어야 한다. 또한 흔히 '쪽무늬그림'으로 번역하는 모자이크는 돌, 도자기, 타일, 유리, 패각, 나무 등을 사용하여 건축물의 마루나 벽면 또는 공예품의 장식하는 예술을 말한다. 텍스트의 모자이크를 만들기 위해서라도 반드시 하나 이상의 텍스트가 필요하다.

이렇게 텍스트가 교차로나 모자이크와 같다면 크리스테바가 말하는 상호텍스트는 몇 가지 중요한 특성이 있다. 첫째, 저자는 자신의 독창적인 정신에서 텍스트를 만들어내는 대신 이 세계에 이미 존재하는, 즉 '이미 말해진(déjà dit)', '이미 쓰여진(déjà écrit)', 또는 '이미 읽은(déjà lit)' 담론으로써 텍스트를 만들어낸다. 크리스테바가 텍스트를 '유계적' 또는 '제한된' 것으로 파악하는 것은 바로 그 때문이다. 둘째, 텍스트에

13 Julia Kristeva, *Desire in Language: A Semiotic Approach to Literature and Art*, ed. Leon S. Roudiez, trans. Thomas Gora, Alice Jardine, and Leon S. Roudiez (New York: Columbia University Press, 1980), p. 66.

서는 저자의 단일한 의도를 찾기란 무척 어렵다. 텍스트의 저자는 텍스트를 만들어내면서 언제나 다른 저자들과 대화를 나누게 마련이다. 셋째, 텍스트는 문화적 또는 사회적 맥락에서 벗어날 수 없다. 그것은 마치 물고기가 물을 떠나서는 한 순간도 살아갈 수 없는 것과 같은 이치다. 넷째, 텍스트는 결과라기보다는 과정이요 이론이라기보다는 실천이다. 그러므로 여기서는 '의미'보다는 '의미 작용'이, '구조'보다는 '구조화'가 더 주목을 받는다. 다섯째, 텍스트는 어떤 명제든 그것이 옳거나 옳지 않아야 한다는 배중률(p∨~p)에 어긋난다. 텍스트는 서로 모순되는 두 가지 판단이 모두 참이어서는 안 된다는 논리학의 원리를 좀처럼 받아들이려고 하지 않는다. 위 인용문 마지막 문장에서 크리스테바는 "시적 언어는 적어도 '중복'으로 읽힌다"고 주장한다는 점을 주목해야 한다. 이러한 주장은 언어나 발화가 이중의 목소리고 다성적이며 이어적이라는 바흐친의 대화주의 이론에 기반을 둔다.

한마디로 크리스테바의 상호텍스트성은 타자성을 구현하면서 독단적 진리나 절대적 원리에 의문을 품고 그것에 맞서려고 한다. 파괴적이고 심지어 혁명적이라고 할 상호텍스트성은 이성과 그것에 기초한 합리성, 확고한 의미, 유일무이한 인간 주체, 문학과 예술 작품의 독창성 등을 좀처럼 받아들이려고 하지 않는다. 1970년대에 들어와 크리스테바는 상호텍스트성이 전통적인 영향 관계나 기원이나 원천 연구, 맥락 연구 등의 개념과 혼동되거나 그러한 개념으로 전락하는 것을 막기 위하여 '전위(轉位)'라는 새로운 용어를 사용하기도 한다. 그러면서 이 새로운 개념에 대하여 그녀는 "한 기호 체계에서 다른 기호 체계로 이동하고 그것들을 교환하고 치환하는 기호화 과정의 능력"[14]이라고 정의한다. 이렇듯 크리스테바는 롤랑 바르트나 자크 데리다 같은 포스트구조주의자들과 마찬가지로 반정초주의의 관점에서 궁극적으로 서구의 논리 기반을 무너뜨리는 데 온힘을 기울인다.

크리스테바가 처음 주창한 상호텍스트성의 개념을 좀 더 정교하게 다듬은 이론가가 바로 롤랑 바르트였다. 크리스테바와 함께 《텔켈》 잡지를 중심으로 활동한 바르트는 「텍스트의 이론」에서 '작품'과 '텍스트'를 엄격히 구분 짓는다. 바르트는 '작품'을 시니피에와 연관시키는 반면, '텍스트'를 시니피앙과 연관시킨다. 전자는 중산층 가정에서 권위적인 가부장에 해당하고, 후자는 가부장의 권위에 따라야 하는 가족 구성원에 해당한다. 바르트는 데리다와 마찬가지로 '초월적 시니피에'를 신, 법률, 아버지의 관점에서 파악한다. '작품'이 고정불변한 상태에 놓여 있다면 '텍스트'는 끊임없이 변화 과정을 겪는다. 바르트가 "텍스트는 오직 생산 활동에서만 경험할 수 있다"[15]고 말하는 것은 그 때문이다.

> 작품은 완성된 대상, 계산할 수 있는 어떤 것으로 물리적 공간을 차지할 수 있다. (예를 들어 도서관의 서가에 자리를 차지할 수 있다.) 텍스트는 방법론적인 영역이다. 그러므로 우리는 적어도

---

14 Julia Kristeva, *Revolution in Poetic Language*, trans. Margaret Waller (New York: Columbia University Press, 1984), p. 60.

15 Roland Barthes, *Image–Music–Text*, trans. Stephen Heath (London: Fontana, 1977), p. 157. 바르트의 '텍스트' 개념은 여러모로 데리다의 '차연(差延, différence)'의 개념과 비슷하다.

> 규칙적인 방식으로는 텍스트를 셀 수 없다. 우리가 말할 수 있는 것이란 고작 그러그러한 작품에는 어떤 텍스트가 존재하거나 존재하지 않는다는 것이다. "작품은 손에 들고 있을 수 있지만 텍스트는 언어 속에 들어 있다."[16]

'작품'이 저자의 의도를 담고 의미가 고정된 완성품인 반면, '텍스트'는 저자의 의도나 의미를 확정할 수 없는 미완성품이다. '텍스트'의 의미는 복수적이거나 다원적이고 여전히 만들어지는 과정에 있다. 소쉬르의 용어를 빌린다면 '작품'은 시니피에에, '텍스트'는 시니피앙에 해당한다. 바흐친의 용어를 빌린다면 전자는 단성성이나 단어성에 가깝고, 후자는 다성성이나 이어성에 가깝다. 이번에는 크리스테바의 용어를 빌려 말한다면 전자는 '페노텍스트'에, 후자는 '제노텍스트'에 해당한다. 그런데 여기서 한 가지 유념할 것은 바르트가 말하는 '작품'은 오래전에 쓰인 것이고 '텍스트'는 최근의 것으로 받아들여서는 안 된다는 점이다. 고대에 나온 글도 얼마든지 '텍스트'가 될 수 있는가 하면, 최근에 나온 글도 얼마든지 '작품'이 될 수 있기 때문이다.

바르트에 따르면 텍스트의 의미는 작품의 의미와는 달리 다원적이다. 그런데 이러한 다원적 의미는 내용의 모호성에서 비롯한다기보다는 '시니피앙의 피륙'에서 비롯한다. 실제로 바르트는 '텍스트'라는 낱말이 실로 짠 직물이라는 어원에 뿌리를 두고 있다는 점에 주목한다. 이 점과 관

---

16 Roland Barthes, "Theory of the Text," in *Unifying the Text: A Post-structuralist Reader*, ed. Robert Young (London: Routledge and Kegan Paul, 1981), p. 39.

련하여 그는 "이제 우리는 텍스트가 단일한 '신학적' 의미(저자–신의 '메시지')를 풀어놓는 일련의 낱말이 아니라 어느 것 하나 독창성이 없는 다양한 글들이 서로 뒤섞이고 충돌하는 다차원적 공간이다"라고 말한다. 그러면서 바르트는 계속하여 "텍스트는 수많은 문화의 중심에서 취해 온 인용문로 짠 직물이다. [···] 오직 작가는 항상 선행적(先行的)이고 전혀 독창적이지 않은 몸짓을 모방할 뿐이다"라고 밝힌다.[17]

바르트는 크리스테바의 상호텍스트성을 한 발 더 밀고나가 아예 '저자의 죽음'을 선포하기에 이른다. 물론 바르트의 이 선언은 어디까지나 비유적이어서 액면 그대로 받아들일 것은 못 된다. 인공지능(AI)이 만들어낸 작품이 아니라면 저자 없는 작품은 도저히 상상할 수 없기 때문이다. 바르트가 말하는 '저자'는 ① 부성(父性), ② 권위, ③ 친자 관계, ④ 기원, ⑤ 소유권 등을 상징한다. 그런데 바르트에게 '저자의 죽음'은 곧 '독자의 탄생'으로 이어진다. 그가 저자의 죽음을 선포한 것은 독자가 저자의 의도와 상관없이 텍스트를 재구성하여 읽어야 한다는 점을 강조하기 위해서다. 텍스트가 작가의 독창적인 것이 아니고 기존에 존재했던 것을 모방하고 변형하고 낯설게 만든 것이라면, 독자는 자본주의 사회의 소비자처럼 텍스트의 의미를 수동적으로 받아들여 소비하는 대신 생산자로서 능동적으로 의미 창출에 참여해야 할 것이다.

> 텍스트란 많은 문화에서 비롯하고 대화·패러디·경쟁의 상호 관련성으로 들어오는 다양한 글로 만들어진다. 그러나 이러한 다

17 Barthes, *Image–Music–Text*, pp. 146~147.

> 양성이 초점이 모아지는 곳이 하나 있는데 그곳은 지금까지 일컬어져 온 것처럼 저자가 아니라 바로 독자다. 독자는 글을 구성하는 모든 인용문이 어느 것 하나 상실되지 않은 채 그대로 새겨진 공간이다. 텍스트의 통일성은 그 기원에 있는 것이 아니라 그 도착지에 있다. 그러나 그 도착지는 이제 더 개인적이 아니다. 독자에게는 역사도, 전기도, 심리도 없다. 다만 그는 단일한 영역 안에 텍스트가 구성되는 모든 흔적을 결합하는 어떤 사람일 뿐이다. 독자가 탄생하려면 반드시 저자의 죽음의 대가를 치러야 한다.[18]

바르트는 텍스트 분석의 중심이 이제 저자에서 독자로 옮겨왔다고 지적한다. 저자는 무(無)에서 유(有)를 만들어내는 창조자라기보다는 오히려 남의 글들을 선택하고 배열하는 편집자에 지나지 않는다. 이 점에서 전통적인 의미의 저자는 사망한 것과 다름없다. 이렇게 저자의 사망으로 생겨난 빈 공간을 메우는 것은 바로 텍스트의 의미를 주체적이고 능동적으로 해석하는 독자의 몫이다. 바르트는 독자가 종래처럼 저자의 의도에 따라 해석하는 텍스트를 '읽기 텍스트(texte lisible)'로, 독자가 능동적으로 읽을 수 있는 텍스트를 '쓰기 텍스트(texte scriptible)'로 나눈다. 그러면서 바르트는 독자가 전자의 텍스트에서는 '쾌락(plaisir)'을 느낄 수 있지만 후자의 텍스트에서는 '희열(jouissance)'을 느낄 수 있다고 주장한다. 이 두 용어에서도 볼 수 있듯이 바르트는 자크 라캉의 정신분석 이론에서 영향을 받은 바가 자못 크다.

18 위의 책, 148쪽.

상호텍스트성과 표절

상호텍스트성은 다양한 방식으로 다른 텍스트들에 의존하지만 그렇다고 표절이나 도용과는 전혀 다르다. 상호텍스트성을 비판하는 학자들 중에는 상호텍스트성을 표절이나 도용으로 간주하려는 사람들이 더러 있다. 그러나 이 두 가지는 서로 엄연히 다르다. 표절은 다른 사람이 쓴 글을 일부 또는 전부 직접 베끼거나 아이디어를 훔치는 행위를 가리킨다. 좀 더 구체적으로 말해서 표절은 다른 사람의 저작물을 마치 자신의 것처럼 사용하고, 출처를 정확히 밝히지 않고 다른 사람의 글이나 아이디어를 그대로 사용하며, 타인의 글을 인용부호를 생략하고 자기 글인 것처럼 사용하는 것 등을 말한다. 빼앗을 '표(剽)' 자와 '도둑질할 절(竊)'을 결합하여 만든 표절은 글자 그대로 남의 글을 훔쳐오는 반윤리적 행위다. 훔칠 '도(盜)' 자와 쓸 '용(用)' 자를 사용하는 도용도 글자 그대로 허락 없이 남의 것을 훔쳐서 자신의 개인 이익 등을 위하여 사용하는 행위로 형법 등에 따라 처벌 받을 수 있는 범죄다.

18세기 영국의 대표적인 문필가로 흔히 '존슨 박사'로 일컫는 새뮤얼 존슨은 표절과 도용 문제에 깊은 관심을 보였다. 1751년 《램블러》에 발표한 한 글에서 그는 만약 선배 작가들의 발자국을 그대로 밟지만 않는다면 그들이 걷던 길을 따라 걷는 후배 작가는 비굴하다는 비난을 받지 않을지도 모른다고 주장하였다. 즉 선배 작가들의 작품 내용을 그대로 모방하지 않고 그들의 경향이나 스타일을 추종하되 독창적으로 자기만의 것을 만들어낸다면 표절 행위가 아니라는 말이다.

상호텍스트성과 표절, 창작과 모방과 관련하여 여기서 잠깐 흔히 모더니즘의 대부로 일컫는 T. S. 엘리엇의 이론을 살펴보기로 하자. 그는 자코비언 시대의 극작가 필립 매신저에 관한 글에서 한 작가가 어떻게 남의 작품에서 취하여 온 것을 변형시키는지 그 역량에 따라 '성숙한' 시인과 '미숙한' 시인, '일류' 시인과 '삼류' 시인을 구분 짓는다.

> 미숙한 시인들은 남의 작품을 모방하지만 성숙한 시인들은 남의 작품을 훔쳐온다. 삼류 시인들은 그들이 취해 온 것을 파손시키지만 일류 시인들은 그것을 좀 더 좋은 것으로 만들거나 적어도 다른 어떤 것으로 만들어 버린다. 일류 시인은 자기가 훔쳐온 것을 원래의 것과는 전혀 다르고 독특한 감정의 전체로 결합시킨다. 삼류 시인은 자기가 훔쳐온 것을 아무런 응집력이 없는 어떤 것으로 만들어 버린다.[19]

여기서 '성숙한 시인'이 남의 작품을 '훔쳐온다'는 말을 액면 그대로 받아들이면 엘리엇의 본뜻을 놓치기 쉽다. 엘리엇은 상호텍스트성과 관련한 문제를 어디까지나 유희적이고 재치 있게 비유적으로 말하기 때문이다. 표절과 상호텍스트성은 음식 섭취에 빗댈 수 있다. 음식을 먹고 제대로 소화하여 영양분으로 만들면 상호텍스트성이 되지만

---

19 T. S. Eliot, "Philip Massinger," *Selected Prose of T. S. Eliot*, ed. Frank Kermode (New York: Harcourt Brace Jovanovich, 1975), p. 153.

음식을 먹은 것이 오히려 식중독을 일으키면 표절이 된다. 다시 말해서 기존의 작품에서 영향을 받아 창작하되 자신만의 독창적인 것으로 만들 때 비로소 표절의 혐의를 벗고 상호텍스트성을 성취하는 것이 된다.

영국 소설가 로렌스 스턴의 『트리스트럼 섄디』(1761~1767)는 이러한 경우를 보여 주는 좋은 예로 꼽을 만하다. 20세기 포스트모더니즘 작품을 무색하게 할 실험적인 작품에서 스턴은 윌리엄 셰익스피어와 로버트 버튼, 필립 시드니 같은 영국 작가들에서, 프랑수아 라블레와 몽테뉴 같은 프랑스 작가들, 미겔 데 세르반테스 같은 스페인 작가들에 이르기까지 여러 문화권의 많은 작품에서 자유롭게 빌려오므로 그에게는 '표절 작가'라는 꼬리표가 자주 붙어 다녔다. 이러한 끈질긴 표절 시비에도 이 작품은 서양 문학사에서 몇 백 년 앞선 가장 독창적인 작품 중 하나로 평가받는다. 스턴은 여러 작가들의 작품에서 직간접으로 영향을 받고 어떤 내용이나 형식을 자유롭게 '빌려' 왔을지 모르지만 모방이나 표절 또는 도용이 아닌 매우 독창적인 작품으로 끌어 올렸기 때문이다.

상호텍스트성의 유형

텍스트와 텍스트 사이에서 일어나는 복잡한 상호작용을 가리키는 상호텍스트성은 무지개만큼이나 그 스펙트럼이 무척 넓다. 상호텍스트성의 관점에서 보면 어떤 텍스트도 이미 존재하는 다른 텍스트들과의 관련성을 떠나서는 존재하지 않는다. 어떤 저자도 의식적이든 무의식적이든 상호텍스트성의 그물에서 좀처럼 벗어날 수 없다. 텍스트는 텍스트 밖에 있는 어떤 경험적인 실재를 지시하는 대신 이미 존재하는 다른 텍스트들을 지시할 뿐이다.

상호텍스트성은 스펙트럼이 넓은 만큼 그 유형도 다양하다. 가령 ① '명시적' 상호텍스트성과 '암묵적' 상호텍스트성, ② '언어적' 상호텍스트성과 '구성적' 상호텍스트성, ③ '수평적' 상호텍스트성과 '수직적' 상호텍스트성, ④ '공적' 또는 '외적' 상호텍스트성과 '개인적' 또는 '내적' 상호텍스트성 등이 바로 그것이다.

명시적 상호텍스트성이란 글자 그대로 인용이나 언급을 사용하여 웬만한 독자라면 쉽게 알아차릴 수 있는 유형을 말한다. 이와는 달리 암묵적 상호텍스트성은 겉으로 잘 드러나지 않는 유형을 일컫는다. 전자는 '직접' 상호텍스트성으로, 후자는 '간접' 상호텍스트성으로 부르기도 한다. 한편 언어적 상호텍스트성은 패러디나 파스티슈처럼 주로 미시적인 언어적 차원에 일어난다. 문학 작품과 관련하여 사용하는 상호텍스트성은 주로 이 범주에 속한다. 문학에서 작품과 작품 사이에서 이루어지는 것이 바로 언어적 상호텍스트성이다. 한편 구성적 상호텍스트성은 이름 그대로 구성, 형식, 장르 같은 좀 더 거시적 차원에서 이루어진다.

수평적 상호텍스트성이란 텍스트와 텍스트가 동일한 차원에 놓여 있는 상호텍스트성을 말한다. 가령 언어를 매체로 삼는 문학에서 한 작품이 하나 또는 그 이상의 다른 문학 작품을 언급하는 경우가 여기에 해당한다. 한 문학 작품과 다른 작품은 수평적 관계를 맺고 있다.

한편 수직적 상호텍스트성이란 문학 작품이 영화나 연극 또는 미술이나 음악 같은 다른 차원의 작품을 언급할 때 일어난다. 다시 말해서 서로 다른 매체와 매체 사이에서 일어나는 상호텍스트성이다. 로만 야콥슨은 번역 이론과 관련하여 번역의 유형을 ① 언어내적 번역, ② 언어외적 번역, ③ 기호 간 번역의 세 가지로 나눈 적이 있다. 수직적 상호텍스트성은 야콥슨이 말하는 항목 ③의 번역 유형과 비슷하다.

지금까지 언급한 상호텍스트성은 한 작가의 텍스트가 다른 작가의 텍스트와 맺는 상호 관계를 말한다. 이러한 유형을 공적 또는 외적 상호텍스트성이라고 부른다. 한편 개인적 또는 내적 상호텍스트성이란 동일한 작가의 작품 안에서 일어나는 유형을 말한다. 예를 들어 미국의 소설가 윌리엄 포크너는 상상의 공간인 요크너퍼토퍼 군과 제퍼슨 읍을 배경으로 동일한 작중인물을 등장시켜 작품을 펼쳐 나간다. 포스트모더니즘 계열의 작가인 존 바스도 여러 작품에서 자신의 작품과 상호텍스트적인 '대화'를 나눈다.

상호텍스트성은 어떤 유형에 속하든 다양한 형태로 나타난다. 심지어 대화 한 토막에서 작중인물의 특별한 몸짓이나 행동에 이르기까지 다른 텍스트와 관련이 있는 것은 상호텍스트성이 될 수 있다. 그러나 특정한 문학 전통이나 인습을 따르는 것처럼 좀 더 막연하게 이루어지는 경우도 있다. 한마디로 새로운 텍스트를 생산하는 데 직간접으로 관련된 어떤 문학 작품도 상호텍스트성의 대상이 될 수 있다. 이렇게 다양한 형태의 상호텍스트성 중에서도 ① 인용, ② 인유나 암유, ③ 모방, ④ 번안이나 개작, ⑤ 변용, ⑥ 재해석, ⑦ 패러디, ⑧ 파스티슈 등은 아주 중요하다. 앞으로 본론에서 다룰 한국 작가들을 중심으로 다양한 형태의 상호텍스트성 중에서 몇 가지를 살펴보기로 하자. 나머지 형태는 본론에서 구체적인 작품을 다루는 과정에서 좀 더 자세히 취급할 것이다.

상호텍스트성 중에서 인용은 가장 명시적인 유형이다. 다른 작가나 심지어 자기 작품에서 한 구절이나 문장을 그대로 인용하는 방식이다. 쥘리아 크리스테바가 모든 텍스트는 "모자이크 같은 인용문"으로 구성되어 있고 롤랑 바르트가 "텍스트란 수많은 문화의 중심에서 취해 온 인용문로 짠 직물"로 간주했다는 점은 이미 앞에서 언급하였다. 물론 여기서 크리스테바와 바르트가 말하는 인용문이란 축어적 의미보다는 상징적 의미가 강하다. 그러나 여기서 두 이론가가 언급하는 '인용문'에는 한 작가가 따옴표를 사용하여 명시적으로 남의 작품에서 직접 인용하는 방식도 포함된다.

김내성(金來成)은 『청춘극장』(1954)에서 '대통령' 장일수가 친일파 오창윤의 집을 방문했다가 동창생 최달근이 쏜 총에 다리에 부상을 입는 장면이 나온다. 장일수는 김준혁 외과에서 수술을 받은 뒤 청량리 외곽에서 요양하고, 역시 동창생인 '콘사이스' 신성호가 그를 자주 찾아온다. 장일수는 호탕하게 웃으며 여자의 대명사가 무엇인지 아느냐고 묻는다. 그러자 신성호는 "오오, 약한 자여! 그대의 이름은……" 하고 대꾸한다. 여기서 신성호의 말은 윌리엄 셰익스피어의 『햄릿』에서 한 구절을 그대로 인용한 것이다. 남편이 사망한 지 얼마 되지 않아 시동생 클로디어스와 재혼한 어머니 거트루드에게 크게 실망한 덴마크의 왕자 햄릿이 절망 가운데 내뱉는 독백이다.

인용과 관련하여 흔히 '인용 제목'으로 일컫는 상호텍스트성도 주목해 보아야 한다. 작가들은 다른 작가의 작품에서 제목을 취해 오는 경우가 적지 않다. 여기서도 직접 그대로 인용하는 방식과 간접적으로 인용하는 방식이 있다. 예를 들어 윌리엄 새커리는 『허영의 시장』(1848)의 제목을 서구에서 성경 다음으로 널리 읽힌다는 존 버니언의 『천로역정』(1678, 1684)에서 빌려왔다. 윌리엄 포크너의 『고함과 분노』(1929)는 윌리엄 셰익스피어의 『맥베스』(5막 5장)에서, 어니스트 헤밍웨이는 『누구를 위하여 종을 울리나』(1940)는 존 던의 산문 『긴급한 상황에서의 기도』(1624)에서 제목을 따왔다. 또한 토머스 울프의 『천사여 고향을 돌아보라』(1929)는 존 밀턴의 『실낙원』(1667), 존 스타인벡의 『분노의 포도』는 줄리아 워드 하우의 「전승가」와 상호텍스트적 관계를 맺고 있다.

이러한 '인용 제목'은 한국 문학 작품에서도 그다지 어렵지 않게 찾아볼 수 있다. 예를 들어 김소월(金素月)의 「못잊어」는 일제강점기 식민지 조선에서 인기를 끈 미국의 여성 시인 새러 티즈데일의 작품 「잊구려(Let it be forgotten)에서 영향을 받았을 가능성을 배제할 수 없다. 정지용(鄭芝溶)의 동시 「별똥」 역시 티즈데일의 「유성(The Falling Star)」과 여러모로 비슷하다. 김기림(金起林)은 「아츰해」를 영국의 형이상학파 시인 존 던의 「일출」에서, 「나비와 바다」를 스티븐 스펜더의 「바다 풍경」에서 제목은 말할 것도 없고 주제와 형식에서도 상호텍스트적 관계를 맺고 있다. 이 점에서는 이태준(李泰俊)의 「까마귀」도 마찬가지여서 작품 제목을 비롯하여 소재, 이미지, 상징, 주제 등을 에드거 앨런 포의 「갈마마귀」에서 빌려왔다.

인유나 암유는 인용과는 달리 다른 작품에 이미 알려져 있는 인물이나 사건이나 문장 등을 지시하되 직접 언급하는 대신 묵시적으로 그렇게 한다. 예를 들어 영국 시인 토머스 내쉬의 「역병 시대의 연도(連禱)」에서 "빛나는 것이 공중에서 떨어진다 / 여왕들은 꽃다운 나이에 죽는다 / 흙이 헬렌의 눈을 감겼다"라는 구절은 고대 그리스 신화에 등장하는 헬레네와 트로이 전쟁을 넌지시 언급한 것이다. "2020~2022년은 모든 것이 변한 해였다"는 문장은 코로나바이러스 감염증(COVID-19)을 염두에 두고 하는 말이다. 과거 작가들은 흔히 당대 독자들이 자신들이 사용하는 인유나 암유를 알아보리라고 가정하고 글을 썼다. 그러나 최근 들어 작가들은 고도로 전문적이거나 개별적인 독서 체험에 근거하여 인유나 암유를 사용하므로 웬만한 독서가가 아니라면 그것을 알아차리기란 그렇게 쉽지 않다. 이를 달리 말하면 독서 체험이 많고 문학적 소양이 많은 독자일수록 상호텍스트성을 제대로 이해할 가능성이 그만큼 크다.

상호텍스트성에서 말하는 모방은 일반적 의미의 모방은 말할 것도 없고 고전 시학에서 말하는 모방과도 성격이 조금 다르다. 서양에서 고대 시학은 시인들과 작가들이 해당 문학 장르에 속한 '고전적' 작품을 모방할 것을 적극 권하였다. 이러한 권고는 18세기 신고전주의 시대까지 꽤 오랫동안 계속되었다. 물론 고전 시학이나 신고전주의 이론에서도 단순하고 기계적인 모사(模寫)가 아니라 그 형식과 정신을 모방할 것을 권하였다. 특히 작가 자신의 시대에 걸맞게 고전 작품의 장르나 전통을 새롭게 변형할 것을 주문하였다.

가령 후대 작가들은 선대 작가들의 작품에서 장르나 문학 전통을 빌려온다. 서양문학에서 호메로스는 흔히 최초의 문학적 스승으로 일컫는다. 플라톤은 일찍이 그를 "최초의 스승"이요 "그리스 문화의 지도자"로 불렀는가 하면, 아리스토텔레스는 "호메로스야말로 시인이 무엇을 해야 하는지를 가장 먼저, 그리고 가장 잘 알고 있던 시인"이라고 칭찬하였다. 그래서 서양 작가들은 호메로스의 서사시에서 직간접으로 크고 작은 영향을 받았다. 예를 들어 고대 로마시대의 베르길리우스를 비롯하여 13세기의 단테 알리기에리를 거쳐 17세기의 존 밀턴, 그리고 20세기의 제임스 조이스 등이 하나같이 호메로스의 문학적 제자들이다. 호메로스의 영향은 비단 문학에 그치지 않고 미술, 연극, 영화, 애니메이션, 게임 같은 다른 예술 분야에서도 창조의 원천이 되어 왔다.

한국문학으로 그 범위를 좁혀보면 박태원(朴泰遠)도 호메로스의 방계 후손으로 볼 수 있다. 박태원은 일본의 호세이(法政)대학으로 유학을 떠나기 전부터 외국문학에 경도되어 있었다. 유학 중에는 당시 일본에서 화제를 불러일으킨 제임스 조이스의 작품을 읽었다. 조이스는 호메로스부터 적잖이 영향을 받았다. 식민지 조선에서 어니스트 헤밍웨이의 작품을 최초로 번역하여 소개한 것도 박태원이었다. 1931년 7월 그는 '몽보(夢甫)'의 필명으로 헤밍웨이의 유명한 단편소설 「살인자」를 '도살자'라는 제목으로 번역하여 《동아일보》에 소개하는 등 미국문학을 포함한 영문학에 관심이 많았다.

박태원은 『천변풍경』(1938)과 「소설가 구보씨의 일일」(1938)을 창작하면서 넓게는 '피카레스크 소설', 좀 더 좁게는 '여행소설' 전통에서 제임스 조이스로부터 크고 작은 영향을 받았다. 여행이나 산책을 중심 모티프로 삼을 뿐 아니라 '예술가소설' 전통을 따른다는 점에서 박태원은 조이스의 『젊은 예술가의 초상』(1916)과 『율리시스』(1922)에서 받은 영향을 엿볼 수 있다. 『천변풍경』에서는 사실주의와 모더니즘을 결합한 기법으로 소시민의 일상을 다룬다는 점에서 조이스의 『더블린 사람들』(1914)이 떠오른다. 일본 식민지의 수도 경성은 영국 식민지 아일랜드의 수도 더블린과 여러모로 비슷하다.

번안은 모방과 더불어 상호텍스트성의 중요한 갈래다. 번안이란 원작의 기본 뼈대라고 할 내용이나 줄거리는 그대로 두되 풍속, 인명, 지명 따위를 목표 문화권의 시대나 풍토에 맞게 바꾸어 고치는 방식을 말한다. 번역 연구나 번역학에서는 불가피한 경우를 제외하고는 번안을 피할 것을 권한다. 그러나 문학 연구에서 번안은 상호텍스트성과 관련하여 반드시 짚고 넘어가야 할 한 유형이다.

조중환(趙重桓)의 『장한몽(長恨夢)』은 한국 문학사에서 대표적인 번안 소설로 꼽힌다. 주인공 이름인 '이수일과 심순애'라는 이름으로 더욱 잘 알려진 이 작품은 1913년 《매일신보》에 연재되었다가 같은 해 단행본으로 간행되고 연극으로 공연되면서 그야말로 낙양의 지가를 올렸다. 그런데 이 작품은 조중환이 '창작'한 작품이 아니라 메이지 시대의 일본 작가 오자키 고요(尾崎紅葉)의 소설 『곤지키야샤(金色夜叉)』를 한국식으로 번안한 것이다. 1897년 1월부터 1902년 5월까지 《요미우리 신문(讀賣新聞)》에 연재되었지만 오자키 고요가 연재 도중에 사망하면서 미완성 작품으로 남게 되었다. 그러자 1909년 오자키의 문하생 출신의 소설가인 오구리 후요(小栗風葉)가 『곤지키야샤 종편』을 출간하였다.

조중환은 오자키의 『곤지키야샤』의 주인공들인 하자마 간이치(間貫一)와 그의 약혼녀 시기사와 미야(鴫沢宮), 사기사와와 결혼하는 도미야마 다다쓰구(富山唯継)를 이수일, 심순애, 김중배로 각각 이름을 바꾸었다. 또한 중요한 지리적 배경인 시즈오카(静岡)현 아타미 바닷가는 평양의 대동강 부벽루로 옮겨 놓았다. 그러나 조중환은 작품 후반부에 이르러서는 오구리의 『곤지키야샤 종편』도 참고하여 번안하였다. 전반적으로 조중환은 두 원작과 비교하여 "돈(물질)이냐 사랑(정신)이냐"의 주제를 강조하면서 권선징악의 구조를 좀 더 선명하게 드러내었다.

엄밀히 따지고 보면 『곤지키야샤』도 오자키 고요가 창작한 작품으로 보기 어렵다. 이 소설은 영국 소설가인 샬럿 메리 브레임의 작품 『여자보다도 더 연약한』(1890)에서 영향을 받았다. '버서 M. 클레이'라는 필명으로도 활동한 그녀는 주로 낭만적인 통속 소설을 창작하였다. 특히 이 작품에서 브레임은 여주인공이 물질의 유혹에 현혹되어 정신적으로 파멸해 가는 과정을 다룬다. 한편 오자키의 작품에서는 역시 영국의 여성 작가인 조지 엘리엇의 『사일러스 마너』(1861)의 그림자도 자주 어른거린다. 그렇다면 조중환은 비록 간접적이기는 하지만 영국문학의 영향권에서 크게 벗어나지 못한다. 물론 좀 더 근대문학과 현대문학을 연구 대상으로 삼는 이 연구에서는 조중환의 『장한몽』을 다루지는 않는다.

재해석은 원천 텍스트의 중심 플롯을 따르되 시대나 상황에 걸맞게 다시 고쳐 쓰는 방식이다. 예를 들어 미국 디즈니 영화사에서 제작한 애니메이션 영화 〈라이온 킹〉(1994)은 일본 만화가 데즈카 오사무(手

塚治虫)의 대표작 중 하나인 『밀림의 왕자 레오』(1954)의 플롯을 비교적 충실하게 따른다. 그런가 하면 〈라이온 킹〉은 윌리엄 셰익스피어의 『햄릿』에서 기본 플롯을 빌려오기도 한다. 김내성의 『청춘극장』도 좀 더 넓은 의미에서는 셰익스피어의 『로미오와 줄리엣』의 플롯을 따른다는 점에서 상호텍스트적 관계가 있다. 〈라이온 킹〉과 『청춘극장』은 기본 플롯을 제외하고 나면 원천 텍스트와는 거의 무관한 것처럼 보인다.

한마디로 현대 문학 이론에서 상호텍스트성이 차지하는 몫은 흔히 생각하는 것보다 훨씬 크다. 20세기 문학에서 이 용어는 유행어가 되다시피 하여 이제 한두 마디 입에 올리지 않으면 어딘지 모르게 시대에 뒤떨어진 듯한 느낌마저 든다. 그러나 학계와 문단에 널리 쓰이는 만큼 상대적으로 그것에 대한 비판도 만만치 않다. 가령 몇몇 이론가는 상호텍스트성의 그늘에 가려 암유나 인유와 패러디 같은 전통적인 개념이 빛을 보지 못한다고 불평한다. 상호텍스트성 때문에 문학 연구에서 저자의 위치가 크게 약화되었다고 우려하는 학자들도 있다. 특히 해럴드 블룸은 '영향의 불안' 이론에서 후배 작가가 자신의 창작 공간을 확보하려고 선배 작가를 '오독'하려는 무의식적 전략을 제시하기도 한다.

상호텍스트성에 대한 이러한 비판은 어떤 의미에서는 역설적으로 왜 그 개념이 왜 중요하고 필요한지 말해 준다. 그동안 저자에 기울어졌던 무게 중심을 언어와 독자 쪽으로 옮겨왔다는 것은 현대 문학 이론이 이룩한 쾌거 중 하나다. 산모가 갓난아이를 분만하면 그 아기는 인간으로서 독립적인 주체로 대접받듯이 저자도 일단 작품을 창작하여 이 세상에 내놓았으면 그 작품은 이제 저자의 곁을 떠난 것이 된다. 작품을 읽고 해석하고 분석하는 작업은 이제 독자나 비평가의 몫으로 돌아간다. 롤랑 바르트가 왜 굳이 '작품'과 '텍스트'를 변별하려고 했는지, 움베르토 에코가 "작품이 끝나면 작가는 죽어야 한다. 죽음으로써 그 작품의 해석을 가로막지 않아야 한다"고 주장했는지 알 만하다.

문학 텍스트는 고립적으로 존재하는 '닫힌' 체계가 아니라 '열린' 체계로 간주하는 것도 상호텍스트성에서 얻을 수 있는 장점이다. 상호텍스트성은 모든 문학 텍스트가 다른 텍스트들과 대화를 나눈다는 사실에 주목함으로써 텍스트 해석의 가능성을 활짝 열어놓았다. 이렇게 다른 작가의 작품과 상호텍스트적 관계를 맺는 작품은 앞으로 다른 작가들한테서 상호텍스트가 된다. 그리고 이러한 상호텍스트성은 문학이라는 제도가 살아 있는 한 끊임없이 계속될 것이다.

그러나 한국 근현대 문학에서 상호텍스트성은 쌍방향적이 아니라 오히려 일방향적인 성격이 강하였다. 신문학기 초기부터 한국문학은 다른 문화권의 문학과 영향을 서로 주고받았다기보다는 일방적으로 영향을 받다시피 하였다. 물론 그렇다고 한국문학이 외국문학을 오직 수동적으로 받아들였다는 말은 아니다. 한국 작가들은 영문학을 비롯한 외국문학의 영향을 받으면서도 어디까지나 창조적 변형을 꾀했기 때문이다. 그러므로 '상호텍스트성'의 '상호(inter-)'라는 접두어에 집착한 나머지 양방향성을 지나치게 의식해서는 안 된다. 쥘리아 크리스테바가 최근 들어 '상호텍스트성' 대신 '전위(轉位)'라는 용어를 사용하려는 것도 이러한 맥락에서 이해할 수 있다.

1920년대 중반 도쿄에서 외국문학을 전공하는 조선인 유학생을 중심으로 조직한 외국문학연구회에서 주도적인 역할을 하고 귀국 후에는 비교문학 연구에 선구적인 작업을 한 이하윤(異河潤)은 문화란 쌍방으로 전파되기보다는 오히려 일방적으로 전파된다는 점을 지적하였다. 그는 "문화는 높은 데서 낮은 곳으로 번져간다. 발달된 선진국의 문화가 후진국에 영향을 주는 것이다"라고 잘라 말한다. 그는 계속하여 "문학도 마찬가지다. 다른 나라와 인연을 끊고 혼자 고립하여 있을 수는 없다. 서로 영향을 주고 또 영향을 받는다"고 말한다.[20] 그러나 한국문학은 지금껏 외국문학에 영향을 끼친 것보다는 외국문학에게서 받은 영향이 훨씬 많다. 이하윤이 식민지 시대 한국문학을 '외국문학의 식민지'와 같다고 지적하는 것도 그 때문이다.

한마디로 한 문학 텍스트와 다른 문학 텍스트와의 복잡한 관계는 전통적인 원천이나 기원 연구 또는 영향 관계를 밝히는 역사 비평이나 비교문학 방법론으로써는 한계가 있을 수밖에 없다. 자국문학이 아닌 외국문학과의 관계를 밝힐 때는 더더욱 그러하다. 상호텍스트성은 전통적인 비교문학이나 역사비평에서 지금까지 말해 오던 영향 연구나 기원 또는 원천 연구의 범위를 훨씬 뛰어넘는다. 이러한 연구는 한낱 상호텍스트성의 하부 유형에 지나지 않는다. 전통적 방법론이 단순히 친자 관계를 밝히는 것이라면, 상호텍스트성의 개념은 문학 연구에서 인류의 진화 과정을 살피는 것이라고 할 수 있다.

새로운 포도주는 새로운 부대에 담아야 하듯이 새로운 시대에는

20 이하윤, 「비교문학의 영토」, 서울대학교 사범대학 국어과·동문회 편, 『이하윤 선집 2: 시론·수필』(서울: 한샘, 1982), 103쪽.

새로운 연구 방법론이 필요하다. 일제강점기와 해방 후 한국문학과 영문학의 관계를 비교하여 연구하는 데는 더더욱 상호텍스트성의 개념이 필요하다. 정치적으로뿐 아니라 문화적으로 격변기라고 할 20세기 전반기 한국문학은 영문학 작품과 다양한 관계를 맺으며 발전하였다.

더구나 일본 제국주의의 지배를 받던 식민지 현실에서 한국문학은 일본문학의 영향권도 비켜갈 수 없었다. 이러한 상황에서 한국문학과 영문학의 관계는 이중 삼중으로 굴절될 수밖에 없었다. 그래서 일제강점기 한국문학을 연구할 때는 수직적이고 수평적인 영향 관계는 말할 것도 없고 공시적이고 통시적인 관점에서 텍스트와 텍스트 사이에 존재하는 복합적이고 복잡한 관계를 염두에 두어야 한다. 이러한 관계를 규명할 수 있는 도구가 다름 아닌 상호텍스트성이다.

일제강점기 한국문학과 영문학의 관계를 다루는 이 책에서 나는 되도록 '영향'이나 '원천' 또는 '기원'이라는 용어를 사용하는 대신 '상호텍스트성'이라는 포괄적인 용어를 사용하였다. 다시 말해서 '상호텍스트성'이란 한국문학이 영문학에서 직간접으로 받은 포괄적 영향을 의미하는 일종의 제유적 개념이다. 좀 더 구체적으로 말해서 나는 ① 낱말, 구, 문장 등의 표현, ② 특정한 소재, ③ 텍스트를 둘러싸고 있는 맥락과 상황, ④ 이미지와 상징, ⑤ 문체, ⑥ 장르, ⑦ 문학 사조나 전통, ⑧ 모티프나 주제, ⑨ 작가의 전반적인 문학관이나 세계관 등에 초점을 맞춘다. 한마디로 명시적인 영향 관계는 말할 것도 없고 묵시적인 영향 관계도 함께 다룬다.

나는 이 책에서 한국 작가의 작품과 영문학 작품의 상호텍스트적 관계를 밝히면서 내적 증거 못지않게 외적 증거에도 무게를 실었다. 텍스트 안에서 이루어지는 내적 증거만 가지고서는 자칫 인상주의적이고 개인적 의견이라는 비판을 받을 수 있다. 그래서 나는 될수록 작가 자신의 글이나 인터뷰 같은 외적 증거를 제시함으로써 내적 증거를 뒷받침하려고 노력하였다. 내적 증거는 합리적 추론과 더불어 외적 증거의 뒷받침을 받을 때 비로소 의미가 있기 때문이다.

이 책에서 중점적으로 다룰 시인으로는 김소월, 정지용, 김기림, 소설가로는 이태준, 박태원, 김내성 등 여섯 명이다. 그러고 보니 하나같이 한국의 현대 문학을 빛낸 성좌들이 두루 망라되어 있다시피 하다. 세계문학이 지배적인 문학 담론으로 자리 잡은 지금, 한국문학이 영문학과 맺어 온 상호텍스트적 관계를 규명하는 연구는 자못 의미 있는 작업일 뿐 아니라 반드시 수행해야 할 작업일 것이다.

2장

김소월과 윌리엄 버틀러 예이츠

2장

김소월과 윌리엄 버틀러 예이츠

일제강점기 식민지 조선은 흔히 '아시아의 아일랜드'로 알려져 있었다. 누가 이 말을 처음 사용했는지는 정확히 알려져 있지 않다. 영국사 전공자 박지향(朴枝香)은 '역사와 문학 속의 아일랜드'라는 부제를 붙인 『슬픈 아일랜드』(2002)에서 한(恨)이라는 정서라는 관점에서 두 나라의 공통점을 언급한 뒤 "2차 세계대전 후 동경대학 총장을 지낸 야나이하라 다다오(矢內原忠雄)가 '한국은 우리의 아일랜드'라고 말했던가 보다"[1] 라고 조심스럽게 밝혔다. 그러나 좀 더 정확히 인용하자면 야나이하라는 "세상 사람들은 자주 조선을 이로써 아국(我國)의 아일랜드에 빗댄다"[2]고 말하였다. 일본이 영국과 비슷하고 조선은 영국의 속국 아일랜

1 박지향, 『슬픈 아일랜드』 개정판(서울: 기파랑, 2008), 19쪽.

2 矢内原忠雄, 『帝国主義下の印度ノ附アイルランド問題の沿革』(東京: 大同書院, 1937), 248쪽.

드와 비슷하다는 말이다. 양심적인 학자로 일본의 식민지 정책을 날카롭게 지적한 비판적 지식인 야나이하라다운 언급이다.

그러나 식민지 조선을 영국 지배를 받던 아일랜드에 맨 처음 빗댄 사람은 아마 미국 장로교 선교사로 연희전문학교를 설립한 호러스 그랜트 언더우드(한국 이름 元杜尤)의 아내 릴리어스 호튼 언더우드로 보아야 할 것 같다. 그녀는 『상투잡이와 함께 한 15년』(1904)에서 "한국인은 동양의 아일랜드 민족이다"라고 잘라 말하였다. 그러면서 그녀는 ① 낙천적이고, ② 임기응변적이고, ③ 충동적이고, ④ 다정다감하고, ⑤ 친절하고, ⑥ 관대하다는 점에서 두 민족이 서로 비슷하다고 조목조목 지적하였다.[3]

릴리어스 언더우드가 지적하는 이러한 유사점은 어디까지나 외국인의 눈에 비친 평가일 뿐 한국인의 관점에 본다면 무엇보다도 당시 조선이 일본 제국주의의 식민지 통치와 지배를 받고 있었다는 점에서 찾아야 한다. 야나이하라 다다오의 지적대로 아일랜드가 영국의 혹독한 식민지 지배를 받았듯이 조선도 일본의 가혹한 식민지 지배를 받았기 때문이다. 그래서 당시 식민지 종주국 일본에서 유학하던 조선의 젊은 학생들이나 식민지 조국 경성에서 학문을 닦던 젊은 지식인들은 조금 지나치다 싶을 만큼 아일랜드 문학에 무척 큰 관심을 기울였다. 그들은 조선이 아일랜드처럼 제국주의의 피해자라고 생각했기 때문이다.

3 Lillian H. Underwood, *Fifteen Years among the Top-knots, Or Life in Korea*, 2nd rev. ed. (New York: Young People's Missionary Movement of the United States and Canada, 1904), pp. 273~275.

‘아시아의 아일랜드’ 조선

아일랜드 문학으로 범위를 좁혀 보면 당시 젊은 조선 지식인들은 특히 윌리엄 버틀러 예이츠를 비롯하여 존 밀링턴 싱 같은 시인과 극작가에 큰 관심을 보였다. 특히 예이츠의 인기는 아일랜드를 지배하던 영국문학 작가들을 제치고 그야말로 압도적이었다. 그는 ‘아일랜드 문예부흥’ 운동을 일으켜 그것을 발판으로 삼아 영국한테 빼앗긴 주권을 되찾으려고 한 대표적인 문인이었기 때문이다. 어니스트 A. 보이드는 『아일랜드 문예부흥』(1916)에서 “많은 사람들에게 예이츠는 아일랜드 문예부흥 그 자체고 그것과 동의어며, 그들은 그를 아일랜드 문예부흥의 시작과 끝이라고 믿는다”[4]고 지적한다. 이렇듯 아일랜드 문예부흥과 영국 제국주의에 대한 저항 운동과는 떼려야 뗄 수 없을 만큼 서로 깊이 연관되어 있었다. 엄밀히 따지고 보면 아일랜드 문예부흥은 찰스 스튜어트 파넬이나 존 레드먼드가 주창한 아일랜드 자치안과 아서 그리피스가 창립한 신페인당의 독립 운동과도 서로 깊이 관련되어 있었다.

식민지 조선의 비극을 아일랜드의 비극으로 인식하고 아일랜드 작가들에 관심을 기울인 조선인 학생 중에서 최재서(崔載瑞)를 빼놓을 수 없다. 그가 1927년 경성제국대학 예과에서 발행하던 잡지 《청량(淸凉)》에 처음 발표한 글이 다름 아닌 예이츠에 관한 것이었다. 경성제대

4 Ernest Augustus Boyd, *Ireland's Literary Renaissance* (New York: John Lane, 1906), p. 122.

영문학 주임교수 사토 기요시(佐藤清)한테서 큰 영향을 받은 최재서는 1939년 2월 《동아일보》에도 세 차례에 걸쳐 예이츠의 삶과 예술에 관한 글을 발표하였다. 이 해에 예이츠가 사망했기 때문에 이 신문에서는 아일랜드 문예부흥 운동에 불을 지피고 아일랜드 문인으로 처음 노벨문학상을 받은 예이츠 추모 특집을 마련하면서 최재서에게 원고를 부탁하였다. 물론 1930년대 말엽부터 최재서는 일본 제국주의에 적극 협력하면서 아일랜드 문학에 대한 태도도 전과는 많이 달라졌다. 「조선문학의 현 단계」에서 그는 조선문학은 일본문학에 속한 하부 문학으로서 이제 두 문학의 관계를 아일랜드문학과 영국문학의 관계가 아니라 오히려 스코틀랜드문학과 영국문학의 관계로 보아야 한다고 지적하기에 이르렀다.[5]

경성제대에서 최재서의 일 년 선배인 이효석(李孝石)도 예이츠를 비롯한 아일랜드문학에 깊은 관심을 기울였다. 경성제1고등보통학교 시절부터 문학에 관심을 보인 이효석은 20대를 전후하여 최재서 못지않게 예이츠한테서 큰 영향을 받았다.

> 나는 20전후에는 無風帶를 가는 배로소이다. 조출한 범선 아름다운 꿈 가득히 싣고 고요하고 안온한 바다를 무심히 저어가는 흉금이 거뿐하고 童顔은 혈색 좋게 상기되었소이다. 예이츠에 심취하여 그의 탐구자의 인물에다 내 자신을 비기기를 즐겨하였소이

---

5 최재서, 「조선문학의 현 단계」, 《국민문학》(1942. 08); 노상래 역, 『전환기의 조선문학』(경산: 영남대학교출판부, 2006), 82~83쪽.

다. […] 그러나 예이츠의 인물과 같이 그것을 기어코 찾아내고야 말겠소이다. 파도 심하고 배 부서지고 옷이 찢겨졌다 할지라도. 이제 무풍대 시대를 생각하며 흔들리는 나침반을 조심스럽게 응시하고 있소이다.[6]

20대 전후의 문학청년 이효석은 예이츠의 탐구자처럼 꿈과 낭만을 찾아 떠나는 모험가였다. 그러나 실제로 그는 오히려 일본 제국주의의 폭풍우를 헤쳐 나가겠다는 결의에 찬 식민지 청년 지식인이었다. 이렇게 제국주의의 폭풍우를 헤쳐 나가기 위한 방책으로 이효석은 예이츠보다는 좀 더 민중에 맞닿아 있던 아일랜드의 극 작품에 깊은 관심을 기울이기 시작하였다. 그래서 그는 졸업 논문의 주제로 아일랜드의 대표적인 극작가 존 밀링턴 싱을 택하였다. 아일랜드 연극 운동을 19세기 영국 극작계의 "가장 위대하고 의미심장한 업적"으로 평가하는 이효석은 예이츠보다는 싱이 앞으로 세계적으로 인정받을 작가로 내다보았다.

최재서나 이효석에 조금 앞서 아일랜드 문예부흥과 예이츠에 관심을 기울인 조선인 지식인은 와세다(早稻田)대학에서 영문학을 전공하던 정인섭(鄭寅燮)이었다. 대학 시절 일찍이 조선의 운명이 아일랜드의 운명과 아주 비슷하다고 판단한 그는 아일랜드 문예부흥에 버금가는 '조선의 문예부흥'을 염두에 두고 예이츠를 비롯한 아일랜드 문인에 깊은 관심을 기울였다.

6 이효석, 「무풍대—오오 이팔청춘: 문인의 20시대 회상」, 『이효석 전집 6』(서울: 창미사, 1983), 269쪽.

> 방학이 되면 고향으로 돌아와 전설, 민화 등을 수집하는 게 나의 취미였다. 그것은 켈트 민족 특유의 신화·전설을 주제로 삼아 에이레의 문예부흥에 크게 공헌한 예이츠의 영향을 받았기 때문이었다. 나도 예이츠처럼 우리 나라의 신화나 전설 민화 등을 문학으로 승화시켜 우리의 문예부흥을 꿈꾸고 있었던 것이었다.[7]

정인섭은 이렇게 수집한 조선의 민담과 설화, 신화 등을 한데 묶어 1927년 일본어로 『온도루야와(溫突夜話)』를 일본 출판사에 출간하였고, 이 책은 발간된 지 몇 달 만에 3쇄를 찍을 만큼 일본에서 큰 인기를 끌었다. 1936년 그는 더블린 근교로 직접 예이츠를 방문하기도 하였다. 정인섭과 함께 외국문학연구회의 창립 회원으로 참여한 김명엽(金明燁, 필명 石香)도 《해외문학》 창간호에 기고한 글에서 예이츠와 싱을 구체적인 실례로 들면서 아일랜드 문예부흥에 관심을 기울였다.[8] 일본에서 유학하던 정인섭과 김명엽도, 경성제국대학에서 영문학을 전공하던 최재

---

7 정인섭, 「외길 한평생」, 『이렇게 살다가』(서울: 가리온출판사, 1982), 144쪽. 그는 「조선민속학회」, 『버릴 수 없는 꽃다발』(서울: 이화문화사, 1968), 250쪽에서도 이와 비슷한 내용으로 말한다. 김욱동, 『눈솔 정인섭 평전』(서울: 이숲, 2020), 132, 213~214쪽; 김욱동, 『외국문학연구회와 《해외문학》』(서울: 소명출판, 2020), 516쪽; Wook-Dong Kim, *Global Perspectives on Korean Literature* (London: Palgrave Macmillan, 2020), pp. 255~260; Wook-Dong Kim, "William Butler Yeats and Korean Connections," *ANQ* (November 2018). https://doi.org/10.1080/0895769X.2018.1543577; Wook-Dong Kim, "William Butler Yeats's Encounter with Korea," *ANQ* (July 2022). https://doi.org/10.1080/0895769X.2022.2105291 참고.

8 김석향, 「최근 영시단의 추세」, 《해외문학》 창간호(1917.01), 145~516쪽.

서와 이효석도 하나같이 아일랜드 문학에 관한 관심을 조선 민족운동의 일환으로 생각했던 것이다.

김소월과 예이츠

한 문화권에 속한 작가가 다른 문화권에 속한 외국 작가한테서 받는 영향은 흔히 직접적 방식과 간접적인 방식으로 이루어진다. 전자는 원문 텍스트든 번역해 놓은 텍스트든 외국문학 작품을 직접 읽고 나서 의식적으로 모방하거나 예술적 변용을 거쳐 새로운 작품으로 탈바꿈하는 경우다. 한편 후자는 외국문학 작품을 직접 읽지는 않았지만 서평이나 논문, 구두 또는 기타 방법을 통하여 간접적으로 전해 듣고 작품을 창작하는 경우다. 물론 이 두 가지 경우 모두에 해당하는 작가들도 얼마든지 있다. 이러한 직접 방식은 말할 것도 없고 간접 방식도 넓은 의미에서 상호텍스트성에 포섭된다.

흔히 '국민 시인'이라는 꼬리표가 붙어 다니는 김소월(金素月)은 간접적인 영향보다는 오히려 직접적인 영향을 받은 경우에 해당한다. 한 민족의 토착적인 정서를 바탕으로 작품을 쓴 탓에 그는 흔히 서구문학과는 거리가 먼 시인으로 생각하기 쉽다. 그러나 김소월은 일찍이 서구문학 작품의 세례를 한 차례 받았다. 어떤 의미에서는 서구문학의 세례를 받았기 때문에 그가 토착적 정서에 자의식을 느꼈다고 볼 수도 있다. 그것은 마치 외국어나 외국문학을 전공한 사람이 모국어나 자국문학에 자의식을 느끼고 깊은 관심을 기울이는 것과 같은 이치다.

김소월이 비로소 문학에 눈을 뜬 것은 1915년 평안북도 정주군의 오산학교 중학부에 진학하면서부터였다. 이 학교에서 그는 문학적 스승인 안서(岸曙) 김억(金億)과 사상적 스승인 고당(古堂) 조만식(曺晩植)을 만나면서 인생의 전환점을 맞았다. 김억은 외국 시에 그야말로 지칠 줄 모르는 관심을 보인 번역가요 시인이었다. 국어 교사 김억은 김소월의 문학적 재능을 일찍이 알아보고 그에게 문학 창작을 지도했을 뿐 아니라 1920년 김소월이 김억의 소개로 《창조》에 「낭인(浪人)의 봄」과 「그리워」 등 시 다섯 편을 발표하며 문단에 데뷔하는 데도 결정적인 역할을 하였다. 당시 김억이 《태서문예신보(泰西文藝新報)》 등에 외국 시를 번역한 작품을 많이 발표하였고, 그의 수재자요 애제자인 김소월은 그가 번역 작품을 열심히 읽었다. 김억이 라빈드라나드 타고르의 시를 번역할 때도 김소월이 영문 번역을 참고하여 번역 작업을 도와준 것으로 알려져 있다.

1919년 기미년 독립만세운동의 여파로 오산학교가 문을 닫자 김소월은 경성의 배재고등보통학교에 편입학하여 학업을 계속하였다. 그런데 경성은 정주와는 또 달라서 그는 외국문학 작품에 접할 기회가 훨씬 더 많아졌다. 예를 들어 그가 편집을 맡은 배재고보의 교지 《배재》 3호 첫 면에 윌리엄 버틀러 예이츠의 초기 작품 「그는 하늘의 옷감을 원하노라(He Wishes for the Cloths of Heaven)」가 원문으로 실려 있다. 그것은 김소월이 이 작품을 원문으로 읽었을 가능성을 뒷받침한다. 물론 그는 김억이 《태서문예신보》에 처음 번역하여 발표한 뒤 여러 번 고쳐 번역한 작품도 함께 읽었을 것이다.

배제고보를 졸업한 1923년 김소월은 일본에 건너가 오늘날의 히토쓰바시(一橋)대학인 도쿄상과대학에 입학하였다. 당시 관행으로 보면 본과보다는 아무래도 청강생 자격으로 입학했을 가능성이 높다. 그러나 그는 입학 직후 간토(關東) 대지진과 조선인 학살 사건으로 일본 민심이 흉흉해지자 신변의 위험을 느끼고 서둘러 귀국하였다. 겨우 다섯 달 남짓한 일본 유학이었지만 그때 그는 나름대로 직간접으로 외국문학 작품을 접했을 것이다.

일본에서는 19세기 말엽과 20세기 초엽 우에다 빈(上田敏)과 구리야가와 하쿠손(厨川白村) 등이 예이츠의 시 작품을 처음 번역하여 소개하기 시작하였고, 다이쇼(大正) 시대 대표 작가라고 할 아쿠타가와 류노스케(芥川龍之介)도 예이츠의 산문 작품을 번역하기 시작하였다. 당시 예이츠의 작품 번역뿐 아니라 그에 관한 연구도 활발하여 와세다대학을 중심으로는 히나쓰 고노스케(日夏耿之助)가, 호세이(法政)대학을 중심으로는 산구 마코토(山宮允)가 이 분야에 깊은 관심을 기울였다. 한편 최재서와 관련하여 앞에서 언급한 사토 기요시도 경성제국대학에 부임하기 3년 전 이미 도쿄제국대학 영문학회가 기획하고 겐큐샤에서 발간하던 '영문학 연구 총서'로 『아이레란도분가쿠켄큐(愛蘭文學研究)』(1923)를 출간하였다. 김소월은 김억과 마찬가지로 일본어 번역이나 원문으로 예이츠의 작품을 읽었을 것이다.

김소월이 영시에서 영향을 받았을 가능성을 처음 제기한 사람은 이양하(李敭河)였다. 이양하는 1962년 5월 서울대학교에서 발행하는 《대학신문》에 기고한 「소월의 진달래와 예이츠의 꿈」에서 김소월의 「진달래꽃」이 윌리엄 버틀러 예이츠의 「그는 하늘의 옷감을 원하노라」의 영향을 받고 썼을 가능성을 맨 처음 제기하였다. 이 점과 관련하여 이양하는 "소월이 예이츠의 생각을 따온 것일까? 예이츠의 시가 발표된 것이 1899년이고 보니 소월이 거기서 시상(詩想)을 얻었을 가능성은 있다. 그러나 꼭 그랬었다고 단정할 수는 없다"[9]고 조심스럽게 유보를 둔다. 그 뒤 30여 년이 지난 뒤 이영걸(李永傑)이 좀 더 적극적으로 이 문제를 거론하면서 김소월과 예이츠의 영향 관계를 비교문학의 관점에서 조명하려는 시도에 본격적으로 불을 댕겼다.

> 안서의 선별적인 譯詩 중에는 헐거운 의역과 함께 오역도 눈에 띄지만 『오뇌의 무도』에 실린 예이츠의 시편들은 전체적으로 소월의 詩作에 큰 영향을 끼쳤다. 소월 시집 『진달래꽃』은 안서의 역시집 『오뇌의 무도』에 실린 예이츠의 시편을 숙독한 자취를 드러낸다. 「진달래꽃」과 「꿈」의 연관 이외에도 「깊피믿는[믿든] 심성(心誠)」, 「님과 벗」, 「황촉(黃燭)불」, 「꽃촉(燭)불 켜는밤」 등에 각각 「The Lover Pleads with His Friends」, 「A Drinking Song」, 「The Old Men Admiring Themselves in the Water」, 「Down by the Salley Gardens」 등의 詩想이 반영되었다.[10]

9 이양하, 「영문학 산보: 소월의 진달래와 예이츠의 꿈」, 정병조 외 편, 『이양하 교수 추념문집』(서울: 민중서관, 1964), 63쪽; Wook-Dong Kim, "William Butler Yeats and Korean Connections", pp. 244~247; Wook-Dong Kim, *Global Perspectives on Korean Literature*, pp. 255~260.

10 이영걸, 「소월의 '진달래꽃'과 예이츠의 '꿈'」, 《문학예술》 4월호(1990), 24~33쪽; 이영걸, 『영미시와 한국시 II』(서울: 한신문화사, 1999), 176~209쪽.

조심스럽게 김소월과 예이츠의 영향 관계를 탐색한 이양하와는 달리 이영걸은 김소월이 아일랜드 시인한테서 영향을 받았다고 분명하게 못 박아 말한다. 더구나 이영걸은 그러한 주장을 펴는 근거로 두 시인의 구체적인 작품을 여러 편 언급한다. 물론 김소월이 예이츠의 영향을 받고 썼을 것으로 추측되는 작품으로는 이영걸이 위 인용문에서 언급한 작품 말고도 두세 편이 더 있다. 또한 김소월이 받은 영시의 영향은 시인으로는 비단 예이츠에 그치지 않고 미국 여성 시인 새러 티즈데일 같은 다른 시인들도 있다. 이영걸은 김소월과 예이츠의 영향 관계를 언급하면서도 과연 어떠한 면에서 어떻게 영향을 밝히는 데까지는 이르지 못하였다.

「깁피밋든心誠」과 예이츠의 「연인이 옛 친구를 두고 간청하다」

김소월이 윌리엄 버틀러 예이츠한테서 받은 영향은 1921년 6월 《동아일보》에 처음 발표했다가 이듬해 8월 《개벽》에 다시 기고한 「깁피밋든심성」에서 엿볼 수 있다. 오직 3행으로 된 이 작품은 그의 작품 중에서 2행시 「숨」에 이어 가장 짧은 작품에 속한다.

> 깁피밋든心誠이 荒凉한 내가슴속에,
> 오고가는 두서너親友를 보면서하는말이
> "인저는, 당신네들도 다 쓸데업구려!"[11]

---

11 김소월, 김용직 편, 『김소월 전집』(서울: 서울대학교출판부, 2001), 83쪽. 위 인용

첫 행의 "깁피밋든심성"이란 1인칭 시적 화자 '나'가 누군가를 굳게 신뢰하는 정성스러운 마음을 뜻한다. 그런데 '나'가 "곧이어 황량한 내 가슴 속에"라고 노래하는 것을 보면 신뢰하던 대상에게 배신당했음이 틀림없다. 아니나 다를까 '나'의 심성은 그동안 오며가며 허물없이 친하게 지내던 두서너 친우들에게 "인저는, 당신네들도 다 쓸데 업구려!"라고 말하기에 이른다. '황량한' 가슴속에서 하는 말이라고는 하지만 '심성'이 이렇게 대놓고 직접 단교를 선언하는 것을 보면 시적 화자가 입은 마음의 상처가 무척 크다는 것을 알 수 있다.

「깁피밋든심성」의 시적 화자가 친구들한테서 배신을 당하듯이 이 작품도 김소월의 다른 작품들에 가려 그동안 학자들이나 비평가들한테서 이렇다 할 관심을 받지 못하였다. 그것은 김소월이 1934년 크리스마스이브에 뇌일혈로 요절한 뒤 김억이 제자의 시와 평론 등을 간추려 간행한 『소월시초(素月詩抄)』(1939)에 이 작품이 빠져 있다는 사실에서도 드러난다. 그러나 「깁피밋든심성」은 김소월의 초기 작품에 관류하는 '님'의 결별과 배신이라는 전반적인 주제와 관련하여 자못 중요한 의미가 있다. 어찌 되었든 김소월은 이 작품을 창작하면서 예이츠의 작품 「연인이 옛 친구들을 두고 친구에 간청하다」에서 영향을 받은 것처럼 보인다.

을 비롯하여 김소월의 다른 작품 인용에서도 표기법은 김억이 편집한 『소월시초』에 따른다. 《동아일보》에 처음 실린 원문은 "깁히 밋던 심성이 荒凉한 내의 가슴 속 / 오고가는 두서너 친우를 보면서 말하기를…… / '아 인제는 당신네들도 쓸데업구려!"로 되어 있다. 앞으로 『김소월 전집』에서 인용할 때는 인용 쪽수를 본문 안에 직접 적기로 한다.

Though you are in your shining days,
Voices among the crowd
And new friends busy with your praise,
Be not unkind or proud,
But think about old friends the most:
Time's bitter flood will rise,
Your beauty perish and be lost
For all eyes but these eyes.[12]

예이츠는 1897년 7월 《새터데이 리뷰》에 이 작품을 「노래(Song)」라는 제목으로 처음 발표한 뒤 수정을 거쳐 지금의 제목으로 세 번째 시집 『갈대숲에 부는 바람』(1899)에 수록하였다. 다음은 김억이 이 작품을 번역하여 「구우(舊友)를 닛지말아라」라는 제목으로 『오뇌의 무도』에 수록한 것이다.

只今은 그대가비록 幸運을 만나
여러사람의 혀끗에 올으내리며,
새롭은벗이 끈지안코 그대를 칭찬하나,
無情스럽게도 말아라, 교만도말아라,
그러지를말고서, 녯벗을 생각하여라,

12 William Butler Yeats, *The Collected Works of W. B. Yeats: Volume I*, 2nd ed., ed. Richard J. Finneran (New York: Scribner, 1997), p. 68.

오래지아니하야, 洪水의설은'때'는 와서
그대의얼골엔 아름답은빗이 업서지리라.
그때, 아々 그리될때에야
녯벗을除하고는 다른사람이 다 닛고마리라.[13]

김소월의 작품과 예이츠의 작품은 주제에서 보면 일맥상통하는 점이 없지 않다. 두 작품 모두 우정의 소중함과 함께 진정한 우정이 무엇인지 노래하기 때문이다. 김소월이 믿었던 친구에게 배신당하는 심정을 노래하는 반면, 예이츠는 새로 사귄 벗에 너무 현혹되지 말고 오랫동안 사귀어 온 친구를 소중하게 여기라고 충고한다. 친구와 관련하여 예이츠가 앞으로 일어나게 될 일을 언급한다면 김소월은 과거에 겪은 경험을 언급하는 것이 조금 다르다.

그러나 보편적인 우정의 주제를 빼고 나면 김소월의 작품과 예이츠의 작품에서 유사점이나 공통점을 찾기란 쉽지 않다. 이러한 주제는 서양과 동양을 가르지 않고 그동안 수많은 시인이 노래해 온 것으로 김소월이 굳이 예이츠의 작품에서 영향을 받았다고 볼 수 없다. 가령 영국 속담에는 "어려울 때 친구가 진정한 친구다"라는 것이 있다. 중국 고전에서 선현들의 금언이나 명구를 뽑아 엮은 『명심보감(明心寶鑑)』에도 "주식형제천개유(酒食兄弟千個有) 급란지붕일개무(急難之朋一個無)"라는 말이 나온다. 즉 술과 밥을 함께 할 친구는 수천 명이 되지만 위급하고

13 서강대학교 인문과학연구소 편, 『오뇌의 무도·실향의 화원·해외서정시집』(서울: 서강대학교 인문과학연구소, 1986), 96쪽.

어려울 때 도와줄 친구는 한 명도 없다는 뜻이다.

김소월의 작품은 시어나 이미지는 말할 것도 없고 심지어 시적 상황에서도 예이츠의 작품과 사뭇 다르다. 김소월의 작품에서 시적 화자의 '심성'은 단호하게 친구들에게 이제 더 만나지 않겠노라고 절교를 선언하지만, 예이츠의 작품에서는 시적 화자(연인)가 피화자(연인의 친구)에게 옛 친구들을 소홀이 하지 말라고 충고할 뿐이다. 이영걸이 「깁피밋든심성」을 예이츠의 작품과 관련시킨 것은 아마 시어나 이미지 같은 형식보다는 시의 소재를 비롯하여 시적 상황과 모티프, 주제 때문일 것이다. 상호텍스트성의 관점에서 보면 김소월은 예이츠의 「연인이 옛 친구를 두고 간청하다」를 시적으로 변용한 것에 해당한다. 이러한 시적 변용은 상호텍스트성의 정도에서 가장 약한 수준에 속한다.

「님과 벗」과 예이츠의 「축배의 노래」

이영걸은 김소월이 「깁피밋든심성」을 창작하면서 예이츠의 「노래」에서 영향을 받았듯이 「님과 벗」을 창작하면서는 예이츠의 「축배의 노래」에서 영향을 받았을 것이라고 주장하였다. 1922년 8월 《개벽》 26호에 처음 발표한 「님과 벗」은 「깁피밋든심성」보다 2행이 많은 5행 시다.

> 벗은 서름에서 반갑고
>
> 님은 사랑에서 죠와라.
>
> 딸기꼿픠여서 香氣롭은때를

苦椒의 붉은열매 닉어가는밤을

그대여, 부르라, 나는 마시리. (85쪽)

김소월의 작품이 흔히 그러하지만 이 작품에도 자전적 요소가 짙게 배어 있다. 앞에서 언급했듯이 간토 대지진으로 서둘러 귀국한 그는 할아버지가 경영하던 광산 일을 도왔지만 실패하자 처가가 있는 구성군으로 이사하였다. 그러나 구성군에 개설한 《동아일보》 지국마저 실패하는 바람에 김소월은 실의에 빠지고 극도의 빈곤에 시달렸다. 가득이나 신경이 예민했던 김소월은 재정적 문제에다 일본의 감시와 회유까지 받자 술로 좌절감을 달랬다. 거의 폐인과 다름없이 이렇게 몇 년을 지내는 동안 그는 거의 시를 쓰지 않고 지낸다는 소문이 중앙 문단에까지 퍼질 정도였다. 이 무렵 김소월을 두고 김동인(金東仁)은 "지금 그는 말할 수 없는 술주정꾼이 되어 붓을 잡을 생각도 안하며 붓을 잡는다 하여도 그때의 그 힘이 그냥 남아 있을지가 문제라는 것이 어떤 그의 친지의 말이다"[14]고 말한 적이 있다. 이러한 상황에서 김소월이 술을 소재로 작품을 쓴 것은 어찌 보면 지극히 당연하다.

김소월이 「님과 벗」을 창작하면서 영향 받은 것으로 추측되는 예이츠의 작품을 살펴보기로 하자. 김소월이 「님과 벗」이라는 제목을 붙인 것과는 달리 예이츠는 아예 「술 노래」라고 붙였다.

Wine comes in at the mouth

14 김동인, 《매일신보》(1932.09.27).

And love comes in at the eye;
That's all we shall know for truth
Before we grow old and die.
I lift the glass to my mouth,
I look at you, and sigh.[15]

이 작품은 예이츠가 처음부터 창작 시로 쓴 것이 아니라 『주막집 여주인』이라는 18세기 이탈리아 극작품을 위하여 쓴 것이다. 극작가요 예이츠의 후견인이었던 그레고리 부인이 이 극을 영어로 번안하였고, 이때 예이츠가 이 극의 여주인공 미란돌리나의 대사로 이 시를 쓴 것으로 알려져 있다. 좀 더 구체적으로 말해서 주막집 여주인 미란돌리나가 여성에게 관심 없는 한 선장에게 연정을 품고 그에게 술을 권하며 부르는 노래다. 김억은 예이츠의 이 작품을 「술 노래」라는 제목으로 번역하여 『오뇌의 무도』에 수록하였다.

술은입으로 들어가고,
사랑은눈으로 들어가나니,
사람아, 늙어서죽기前에
반듯시알아둘것은 이것이러라.
나는 술잔을 입에대이고

15 *The Collected Works of W. B. Yeats*, p. 92.

그대를 바라보며, 탄식하노라.[16]

예이츠와 김소월의 두 작품에서 무엇보다도 먼저 눈에 띄는 것은 시 형식이 서로 닮았다는 점이다. 두 시인 모두 5~6행의 짧은 시행을 사용하여 한껏 감정을 표현한다. 또한 그들은 되도록 추상적인 낱말을 배격하고 구체적인 낱말을 살리려고 애쓴 흔적이 역력하다. 예이츠는 '술/포도주(wine)', '입(mouth)', '사랑(love)', '눈(eye)' 같은 보통명사를, '오다(come)', '알다(know)', '보다(look)', '한숨짓다/탄식하다(sigh)' 같은 인간의 기본 행동을 기술하는 동사를 즐겨 구사한다. 이 점에서는 김소월도 크게 다르지 않아서 '벗', '님', '서름(설움)', '사랑', '밤' 같은 보통명사와 '좋다', '붓다', '부르다', '마시다' 같은 기본적인 동사를 사용한다. 김소월이 '苦椒'라는 어려운 한자어를 사용하지만 한민족의 식생활에서 없어서는 안 될 고추를 가리키는 말이다. 이와 마찬가지로 예이츠가 '진리(truth)'라는 추상명사를 사용하는 것도 심오한 철학적 낱말이라기보다는 'know for truth'처럼 관용어로 자주 사용하는 말이다.

김소월의 「님과 벗」과 예이츠의 「술 노래」가 서로 닮은 점은 뭐니 뭐니 하여도 권주가라는 점에서 찾아야 한다. 영미 문화권에서는 술을 마실 때 예이츠의 작품을 권주가로 자주 읊는다. 예이츠는 마지막 두 행에서 "나는 술잔을 입에 대고 / 그대를 바라보며, 탄식하노라"라고 노래한다. 김소월도 마지막 행에서 "그대여, 부르라, 나는 마시리"라고 노래한다. 여기서 '부르라'라는 낱말은 조금 애매하고 모호하여 자칫

16 『오뇌의 무도·실향의 화원·해외서정시집』, 96쪽.

이중적으로 해석할 수 있다. 친구에게 같이 술을 마시도록 자신을 초대해 달라는 의미로 해석할 수도 있고, 옆에 있는 친구에게 술을 마실 테니 권주가를 불러 달라고 부탁하는 의미로 해석할 수도 있다. 어느 쪽으로 해석하든 김소월의 「님과 벗」은 술을 노래하는 작품임에는 틀림없다. 김소월은 권주가라는 시 장르나 전통에서 간접적이나마 영향을 받았다고 볼 수 있다.

김소월이 짧은 작품에 상반되는 대상이나 내용을 내세워 주제를 강조하거나 인상을 선명하게 하는 데 주로 사용하는 대조법을 효과적으로 구사한다는 점도 예이츠에게서 영향을 받았을 가능성을 배제할 수 없다. 예이츠는 대조법을 구사하여 술은 입으로 들어가지만 사랑은 눈으로 들어간다고 노래한다. 여기서 '입'은 물질성이나 육체성을 나타내고, '눈'은 영혼성이나 정신성을 나타낸다. 또한 '입'에서 이루어지는 행동은 화살처럼 한 방향으로 이루어지지만 '눈'에서 일어나는 행동은 부메랑처럼 쌍방향으로 이루어진다. 다시 말해서 사랑은 시감각(視感覺)을 통하여 두 사람 사이에서 이루어지게 마련이다. 더 나아가 시적 화자 '나'는 인간 모두가 살아 있는 동안 '진리'로 알아야 할 것은 바로 이 사실밖에는 없다고 밝힌다. 김소월은 첫 두 행에서 '벗'과 '님'을 대비한 뒤 마지막 세 행에서도 '서름/사랑', '딸기/고추', '나/그대', '부르다/마시다'를 서로 대비시킨다. 예이츠와 비교하여 김소월은 이러한 수사적 장치에 훨씬 더 의존한다.

한편 예이츠의 「술 노래」에서 시적 화자 '나'는 술을 마시려고 술잔을 입에 댄 채 피화자인 '그대'를 바라보면서 한숨을 내쉰다. 여기서 피화자 '그대'는 남성이 아닌 여성이고, 화자 '나'가 지금 술잔을 입술에 가져다 대면서 한숨을 내쉬는 것은 '그대'에게 미련과 아쉬움을 느끼기 때문이다. '그대'는 다름 아닌 아일랜드 공화주의 운동에 투신한 여성 혁명가 모드 곤으로 알려져 있다. 예이츠는 모드를 몹시 사랑했지만 그녀는 동료 혁명가 존 맥브라이드와 결혼하였다. 그녀가 미망인이 되자 예이츠는 다시 청혼하였고, 심지어 뒷날 그녀가 사망했을 때는 그녀의 딸에게 청혼할 정도로 평생 그녀를 잊지 못하였다. 물론 모드는 예이츠에게 예술의 여신 무사(뮤즈)처럼 시적 영감을 불러일으켜 주었지만 개인적 삶에서는 슬픔과 불행을 안겨준 여성이었다.

그러나 엄밀히 따지고 보면 「님과 벗」과 「술 노래」의 유사점이나 공통점은 여기서 멈추고 만다. 김소월이 그 이상으로 예이츠의 작품에서 영감이나 영향을 받았다는 증거를 찾기란 어렵다. 세계 문학사에서 술을 노래한 문학 작품은 수없이 많다. 가령 서양에서는 샤를 보들레르가, 동양에서는 이백(李白)과 송강(松江) 정철(鄭澈) 등이 아직도 뭇사람의 입에 자주 오르내리는 권주가를 남겼다. 대조법 또한 동양과 서양을 굳이 가르지 않고 여러 문화권의 시인들이 즐겨 사용하는 수사법 중 하나다.

김소월의 「님과 벗」에서는 예이츠의 작품에서 흔히 볼 수 있는 '님'에 대한 그리움이나 애틋함은 좀처럼 찾아보기 어렵다. 오히려 그는 '님'과 '벗'을 이항대립적으로 애써 구분 짓는다. 김소월의 다른 작품에서는 '님'에 무게가 실리지만 이 작품에서는 '벗'에게 무게가 실린다. 그가 즐겨 노래하는 '부재하는 님'은 이 작품에서는 좀처럼 찾아볼 수 없다. 시적 화자는 술에 도취되어 있어 님의 부재나 사랑의 아쉬움을 미처 깨닫지 못한다. 화자는 설움을 느낄 때면 '벗'이 반갑게 느껴지지만 '님'은 오히려 사랑할 때 좋아진다고 노래한다. 방금 앞에서 언급했듯이 김소월은 사업이 실패하면서 술로 실의와 좌절을 달래기 일쑤였다. 이러한 상황에서 그에게 절실한 것은 애틋한 감정을 서로 주고받는 '님'보다는 오히려 설움을 함께 나눌 수 있는 '벗', 즉 이성의 사랑이 아니라 술이었다.

이렇듯 김소월의 시적 화자한테서는 '벗'과 함께 마시는 술과 그것에서 오는 기쁨과 만족이 있을 뿐 '님'을 두고 탄식하거나 한숨짓는 행위는 좀처럼 찾아볼 수 없다. 무심코 지나치기 쉽지만 시적 화자가 "쌀기꼿픠여서 향기롭은때를 / 고초의 붉은열매 닉어가는밤을"이라고 노래하는 점도 찬찬히 눈여겨보아야 한다. 늦봄이나 초여름에서 자라는 딸기는 향기가 없을뿐더러 여름철과 가을철에 붉게 익어가는 고추는 권주가에는 그렇게 썩 어울리지 않는다. 한마디로 이 작품에서는 벗과 술에 방점이 찍혀 있을 뿐 예이츠의 작품처럼 이성에 대한 애틋한 감정이나 그것에서 비롯하는 삶의 선택에 대한 고민이나 삶 자체에 대한 통찰이나 인식은 거의 찾아보기 어렵다.

「꼿촉불 켜는밤」과 예이츠의 「샐리 정원 아래에서」

김소월이 예이츠한테서 영향을 받았다고 이영걸이 추측하는 작품 중에는 「꼿촉불 켜는밤」이 들어 있다. 김소월은 이 작품을 1925년 1월 《영대(靈臺)》 5호에 처음 발표했다가 뒷날 『진달내꼿』에 수록하였다. 그런데 이 잡지는 김소월과도 인연이 깊다. 임장화(林長和)를 편집인 겸 발행인으로 하여 1924년 창간한 이 잡지는 김동인, 이광수(李光洙), 김억, 김관호(金觀鎬), 김여제(金輿濟), 김찬영(金讚永), 전영택(田榮澤), 오천석(吳天錫), 주요한(朱耀翰) 등과 함께 김소월도 직접 창간에 참여했기 때문이다. 「꼿촉불켜는밤」은 4행 2연으로 되어 있다.

> 꼿촉불켜는밤, 깁픈골방에 맛나라.
> 아직절머 모를몸, 그래도 그들은
> "해달갓치 밝은맘, 저저마다 잇노라."
> 그러나 사랑은 한두番만 안이라, 그들은 모르고.
>
> 꼿燭불켜는밤, 어스러한窓아래 맛나라.
> 아직압길 모를몸, 그래도 그들은
> "솔대갓치 구든맘, 저저마다 잇노라."
> 그러나 세상은, 눈물날일 만하라, 그들은 모르고. (182쪽)

이 작품의 의미를 좀 더 쉽게 이해하려면 김소월이 왜 '촉불(촛불)'이라고 하지 않고 굳이 '꼿촉불(꽃촛불)'이라고 했는지 살펴보아야 한다. '꽃촛불'을 켜는 밤은 청춘남녀가 사랑을 나누는 특별한 밤이다. '깊은 골방', '아직 젊어', '해와 달 같이 밝은 마음', '솔대 같이 굳은 마음' 같은 구절을 보면 신혼 첫날밤을 밝히는 동방화촉(洞房花燭)의 그 촛불임이 틀림없다. 말하자면 신혼부부는 지금 순수하고 행복한 마음으로 미래를 굳게 약속하며 아름다운 사랑의 촛불을 태우고 있다. 「님과 벗」이 술을 권하는 작품이라면 「꽃촉불켜는밤」은 신랑과 신부의 첫날밤을 노래하는 작품이다.

김소월은 청춘남녀가 이렇게 축복과 환희 속에서 첫날밤을 보내는 나머지 그들에게 닥쳐올 온갖 불행을 미처 깨닫지 못한다고 안타까워한다. 그들은 아직 나이가 젊은 데다 미래의 일을 예측할 수 없다. 그래서 신혼부부는 해와 달 같은 '밝은' 마음으로, 소나무와 대나무 같은 '굳은' 지조로 서로에게 영원한 사랑을 굳게 맹세한다. 시적 화자는 '저마다'라는 말로도 모자라 '저'를 하나 덧붙여 '저저마다'라고 힘주어 말한다. 그러나 신랑은 신랑대로, 신부는 신부대로 저마다 사랑이 세월의 풍화작용을 받게 될 것이라는 엄연한 진리를 미처 깨닫지 못한다. 각 연의 마지막 행에서 시적 화자가 도치법을 구사하여 "그러나 […] 그들은 모르고"라고 노래하는 까닭이 바로 여기에 있다. 그들은 사랑이란 평생 '한두 번만' 찾아오는 것이 아니라는 사실을, 세상만사란 첫날밤처럼 행복한 순간만이 있지 않고 '눈물 날 일'이 더 많다는 사실을 아직 알아차리지 못한다.

그렇다면 청춘남녀는 왜 첫날밤의 환희를 계속 이어가지 못할까? 도대체 무엇이 그들의 행복을 가로막는 것일까? 이 물음에 대한 답은 '아직 젊어 모를 몸'과 '아직 앞길 모를 몸'이라는 두 구절에 들어 있다. 한마디로 그들이 아직 철이 들지 않았기 때문이다. 만약 그들이 좀 더 나이가 들어 '깊은 골방'이나 '어스러한 창'에서 뛰쳐나와 밝은 세상의 현실과 부딪친다면 세상일이란 젊을 시절 생각하던 것처럼 그렇게 장밋빛이 아니라는 사실을 깨닫게 될 것이다.

김소월이 「꽃촉불 켜는밤」을 창작하면서 영향을 받았다고 보는 예이츠의 작품은 「샐리 정원 아래에서(Down by the Salley Gardens)」다. 이 작품은 예이츠의 초기 시집 중 하나인 『오이신의 방랑과 기타 시편』(1889)에 수록되어 있다. 김억은 이 작품을 「버들동산」이라는 제목으로 번역하여 『오뇌의 무도』 재판본(1923)에 수록하였다. 예이츠의 작품과 김억의 번역을 나란히 인용해 보자.

Down by the salley gardens my love and I did meet;
She passed the salley gardens with little snow-white feet.
She bid me take love easy, as the leaves grow on the tree;
But I, being young and foolish, with her would not agree.

In a field by the river my love and I did stand,
And on my leaning shoulder she laid her snow-white hand.
She bid me take life easy, as the grass grows on the weirs;
But I was young and foolish, and now am full of tears.[17]

나는 내님과 만나엿노라,
내님은 눈인듯 하이한 적은발로
버드나무동산을 지내갓서라,
나무에 돗아나는 닙과도갓치

17 *The Collected Works of W. B. Yeats*, p. 18.

사랑은 슬어지기 쉽다고 내님은 말하여라,
그러나, 나는 어리고 어리석엇노라,
이리하야 내님의말을 듯지 안앗노라.

江물가에 눕엇는 벌판에
나는 내님과 섯섯노라,
내님은 눈인듯 하이한 그손을,
나의 숙인억개에 언젓서라,
언덕가에 자라는풀과도 갓치
목숨은 슬어지기 쉽다고 내님은 말하여라,
그러나, 나는 어니고[어리고] 어리석엇노라,
이리하야 只今 내눈에는 追懷의 눈물이 흘너라.[18]

이 작품에서 예이츠가 노래하는 '샐리 정원'은 그가 어린 시절을 보낸 외가 마을, 즉 슬라이고 군 근처 밸리서데어에 위치한 강의 강둑에 있다. 아일랜드 서북부에 위치한 이곳은 아직 도시화의 손길이 닿지 않아 자연이 그대로 숨 쉬고 있던 농촌 마을이다. 여기서 '샐리'란 표준 영어 'sallow'의 한 형태로 수양버들속(屬)의 버드나무를 가리킨다. 이

18 『오뇌의 무도·실향의 화원·해외서정시집』, 141쪽. 김억이 'salley garden'을 '버들 정원'으로 옮긴 것은 일본인 번역가가 '류엔(柳苑)'으로 옮긴 것에서 힌트를 얻은 것이다. 한편 김수영(金洙暎)은 '샐리 가든'을 '사라수(娑羅樹) 정원'으로 번역하였다. 히말라야와 남아시아가 원산지인 이 나무는 흔히 불교와 관련이 있어 일본에서는 주로 절에 심는다. 그러나 예이츠의 '샐리 가든'은 '사라수 정원'과는 다르다.

지방 사람들은 강가에 자라는 이 나무로 지붕을 이는 재료로 삼았다. 김억이 이 작품을 '버들동산'으로 옮긴 까닭도 바로 여기에 있다.

김소월이 「꽃촉불 켜는밤」을 창작하면서 예이츠의 「샐리 정원 아래에서」에서 받은 영감이나 영향은 이미 앞에서 다룬 다른 작품들과 비교하여 좀 더 뚜렷하게 드러난다. 첫째, 두 작품 모두 젊은 남녀('그들'과 '나와 내님')가 등장한다. 그런데 여러모로 미루어보아 두 남녀는 서로 사랑하는 사이거나 신혼부부임이 틀림없다. 두 남녀는 깊은 골방에서든 버드나무 동산이나 강가 벌판에서든 서로 만나 사랑을 속삭인다. 아직 나이가 어리고 어리석은 탓에 그들은 '님'의 말에 좀처럼 귀를 기울이지 않을뿐더러 비정한 세상의 일을 미처 깨닫지 못한다.

둘째, 두 작품의 시적 화자 '나'는 처음에는 삶의 진면목을 미처 깨닫지 못하다가 뒷날에 가서야 비로소 그 의미를 깨닫고 뒤늦게 후회한다. 예이츠의 작품에서 화자는 "그러나, 나는 어리고 어리석엇노라, / 이리하야 내님의말을 듯지 안앗노라"니, "그러나, 나는 어니고 어리석엇노라, / 이리하야 지금 내눈에는 추회의 눈물이 흘너라"니 하고 한탄한다. 이 점에서는 김소월의 작품도 크게 다르지 않아서 첫 연은 "그러나 사랑은 한두 번만 안이라, 그들은 모르고"로, 2연은 "그러나 세상은, 눈물날 일 만하라, 그들은 모르고"로 끝난다. 앞의 진술에 어긋나는 말을 이끌 때 쓰이는 접속사 '그러나'를 반복하여 사용한다든지 시적 화자가 눈물을 흘리며 후회한다든지 하는 점에서도 두 작품은 서로 비슷하다.

셋째, 두 작품의 시적 화자 모두 변하기 쉬운 사랑을 한탄한다. 「샐리 정원 아래에서」의 화자는 "나무에 돗아나는 닙과도 갓치 / 사랑은 슬어지기 쉽다고 내님을 말하여라"라고 노래한다. 봄에 피어난 나뭇잎이 가을이 되어 낙엽으로 떨어지는 것처럼 남녀가 맹세한 사랑도 시간이 지나면서 속절없이 변할 수 있기 때문이다. 「꼿촉불 켜는밤」의 시적 화자도 "그러나 사랑은 한두 번만이 아니라"라고 노래한다. 이렇게 사랑이 한두 번에 그치지 않는다는 것은 곧 첫날밤 촛불을 밝히고 송죽처럼 굳게 다짐한 사랑이 부질없이 깨어질 수 있다는 뜻이다.

「황촉불」과 예이츠의 「물에 비친 모습을 바라보는 노인들」

김소월의 「꼿촉불 켜는밤」에 이어 「황촉불」에서도 예이츠에서 받은 영감이나 영향을 읽을 수 있다. 김소월은 이 작품을 1921년 4월 《동아일보》에 처음 발표하고 이듬해 4월 《개벽》에 다시 기고한 뒤 시집 『진달내꼿』에 수록하였다. 그런데 이 작품은 제목에서도 볼 수 있듯이 방금 다룬 「꼿촉불 켜는밤」과 여러모로 닮았다.

黃燭불, 그저도깜앗케
스러져가는푸른창窓을 기대고
소리조차업는 흰밤에,
나는혼자 거울에 얼골을 뭇고
뜻업시 생각업시 드려다보노라.
나는 니르노니, "우리사람들
첫날밤은 꿈속으로 보내고

죽음은 조는동안에 와서,

別죠흔일도업시 스러지고마러라." (105쪽)[19]

김소월이 제목과 첫 행 첫머리에 사용한 '황촉불'은 이 작품에서 가장 핵심적 역할을 한다. 황촉은 밀랍으로 만든 초를 말하고, 황촉불은 그러한 초를 밝힌 불을 말한다. 한국시에서 촛불은 '님'만큼이나 그 의미의 폭이 무척 넓다. 가령 윤동주(尹東柱)가 「초 한 대」에서 "내 방에 품긴 향내를 맡는다. // 광명의 제단이 무너지기 전 / 나는 깨끗한 제물을 보았다"고 노래하듯이 촛불은 자신의 몸을 불태워 어둠을 밝히는 자기희생의 상징으로 흔히 쓰인다. 한편 윌리엄 셰익스피어의 『맥베스』(1606)에서 주인공이 "꺼져라, 꺼져라, 단명(短命)한 촛불이여! / 인생은 한낱 걸어 다니는 그림자에 지나지 않는다"(5막 5장)고 부르짖듯이 촛불은 짧고 덧없기 그지없는 비극적 삶을 상징하기도 한다.

지금 「황촉불」의 시적 화자 '나'도 푸른 유리창에 기대어 거울에 얼굴을 묻고 소리 없이 스러져가는 황촉불을 바라보며 삶의 의미를 음미해 본다. 신혼의 첫날밤의 달콤한 꿈도 어느덧 일장춘몽처럼 사라지고, 삶의 무게에 짓눌려 꾸벅 꾸벅 조는 사이 어느덧 죽음이 슬며시 찾아온다. 이렇게 속절없이 허무하게 지나가 버리는 가운데 삶은 '별죠흔일도업시' 촛불처럼 스러지고 만다. 이 점에서 첫 행의 '그저도'를 좀 더 찬

19 이 작품은 《동아일보》에 처음 발표한 것과 《개벽》에 다시 수록한 것과 『진달내꼿』에 수록한 것 사이에 적잖이 차이가 있다. 특히 마지막 "죽을때의 살뜰함은 조는동안에 오아라"를 《개벽》에서는 "이리하야 고흠도업시 흘러가나니"로 수정하였다.

찬히 주목해 보아야 한다. 《동아일보》에 처음 발표할 때 '그리고'로, 《개벽》에 다시 기고할 때는 '그리도'로 고쳤다가 마침내 『진달내꼿』에 수록할 때는 '그저도'로 바꾸었다. 이 부사는 '변함없이 이제까지', '다른 일은 하지 않고 그냥', '아무런 까닭도 없이'라는 뜻이다. 그러므로 "그저도쌈앗케"라는 구절은 이렇다 하게 좋은 일도 없이 촛불처럼 속절없이 스러지고 마는 인간의 삶과 맞닿아 있다. 또한 이 작품에서 거울은 자기인식을 깨닫게 해 주는 매개체 역할을 한다. 이상(李箱)에게 거울이 자아성찰의 매개체라면, 김소월에게 거울은 인간 실존의 허무를 깨닫게 해 주는 매개체다.

이번에는 김소월의 「황촉불」과 예이츠의 「물에 비친 모습을 바라보는 노인들」을 상호텍스트성의 관점에서 비교해 보자. 예이츠의 작품은 그의 시집 『일곱 숲에서』(1903)에 수록되어 있다. 김억은 이 작품을 「노인」이라는 제목으로 번역하여 『오뇌의 무도』에 수록하면서 식민지 조선에 널리 알려지기 시작하였다.

> I heard the old, old men say,
> "Everything alters,
> And one by one we drop away."
> They had hands like claws, and their knees
> Were twisted like the old thorn−trees
> By the waters.
> I heard the old, old men say,

"All that's beautiful drifts away
Like the waters."[20]

나는 들엇노라, 世故에늙은이의말이,
"세상의모든물건은 다變하야
우리도 한사람두사람 가고못와라."
고양이의톱갓튼 늙은이의손,
무릅은 쑤부러진 가시나문듯
냇물가에 어리운.
나는 들엇노라, 世故에늙은이의말이
"아름답은 온갓것은 가고말아라,
물결처럼 흘너가고, 올줄몰나라."[21]

이 작품의 시적 상황은 시적 화자 '나'가 손이 새의 발톱처럼 끄찌하고 무릎이 고목처럼 뒤틀린 노인들이 마치 나르키소스처럼 물에 비친 자신들의 그림자를 바라보며 나누는 대화를 엿듣는 것이다. 말하는 주체가 김소월의 작품에서는 시적 화자인 '나'고 예이츠의 작품에서는 노인들이지만, 작품 안에 독백이나 대화 내용을 인용부호를 사용하여 직접 인용한다는 점에서 두 작품은 서로 비슷하다. 더구나 인용문은 모든 것이 변화하고 소멸할 뿐 아니라 이러한 변화무쌍한 가운데 삶이

20 *The Collected Works of W. B. Yeats*, p. 80.
21 『오뇌의 무도·실향의 화원·해외서정시집』, 93쪽.

얼마나 허망한지 한탄하는 내용으로 되어 있다. 적어도 유위변전(有爲變轉)의 모티프나 주제를 다룬다는 점에서 두 작품은 상호텍스트적인 관계를 맺고 있다.

그러나 예이츠의 「물에 비친 모습을 바라보는 노인들」이 김소월의 작품과 맺고 있는 상호텍스트적인 관계는 「황촉불」보다는 차라리 「바다가변(變)하야 뽕나무밧된다고」에서 찾는 것이 좋을 것 같다. 1922년 4월 《개벽》 19호에 처음 발표한 이 작품은 『진달내꽃』에 수록할 때 16개의 소제목 중 하나로 삼을 만큼 김소월에게 각별한 의미가 있었다.

> 걋잡지못할만한 나의이설음,
> 저므는봄저녁에 져가는꼿닙,
> 져가는꼿닙들은 나붓기어라.
> 예로부터 닐너오며하는말에도
> 바다가변變하야 뽕나무밧된다고.
> 그러하다, 아름답은靑春의때의
> 잇다든 온갓것은 눈에설고
> 다시금 낫모르게되나니,
> 보아라, 그대여, 서럽지안은가.
> 봄에도三月의 져가는날에
> 붉은피갓치도 쏘다저나리는
> 저긔저꼿닙들을, 저긔저꼿닙들을. (103쪽)

이 작품의 시적 화자 '나'가 걷잡지 못할 만큼 큰 설움을 느끼는 것은 두말할 나위 없이 사랑하는 '님'과 헤어졌기 때문이다. 그러한 설움은 춘삼월 저녁녘 꽃잎이 하염없이 나부끼며 떨어지는 모습을 바라보면서 더더욱 커질 수밖에 없다. "예로부터 닐너오며하는말에도 / 바다가변하야 뽕나무밧된다고"라는 구절은 창상지변(滄桑之變) 또는 상전벽해(桑田碧海)를 두고 이르는 말이다. 이러한 변화가 불가능하다는 것이 아니라 세상이 극히 심하게 변한다는 것을 빗대어 말하는 표현이다. 시적 화자는 다시 힘을 주어 "그러하다"고 단정 지은 뒤 아름다운 청춘의 시절은 속절없이 지나가고 곧 젊은 시절의 온갖 것들이 낯설게 된다고 노래한다.

예이츠의 「물에 비친 모습을 바라보는 노인들」에서도 1인칭 시적 화자는 "세상의 모든 물건은 다 변하야 / 우리도 한사람 두 사람 가고 못와라"라고 노래한다. 또한 화자는 세상 만물을 흐르는 물에 빗대어 "아름답은 온갖 것은 가고 말아라, / 물결처럼 흘너가고, 올 줄 몰나라"라고 노래하기도 한다. 이 인용문에서는 고대 그리스 철학자 헤라클레이토스가 한 "한번 담근 강물에 두 번 발을 담글 수 없다"니 "만물은 유전(流轉)한다"니 하는 구절이 금방 떠오른다. 예이츠가 「물에 비친 모습을 바라보는 노인들」을 창작한 것은 30대 초였지만 그는 스무 살이 되기 전부터 이미 노년의 서글픔을 깨닫고 있었다.

「나의 집」과 예이츠의 「이니스프리의 호수 섬」

최근 김소월이 예이츠한테서 받은 영감이나 영향의 한 예로 「나의 집」과 「이니스프리 호수 섬(The Lake Isle of Innisfree)」이 거론되어 관심을 끌었다. 실제로 김소월이 「나의 집」을 창작하면서 예이츠의 작품에서 영향을 받았을 가능성은 지금까지 앞에서 다룬 작품들보다 훨씬 크다. 김소월은 이 작품을 1922년 2월 《개벽》 20호에 처음 발표한 뒤 자구를 조금 수정하여 『진달내ᄭᅩᆺ』에 수록하였다. 그는 이 작품을 「황촉불」과 마찬가지로 '바다가 변하야 ᄲᅩᆼ나무밧 된다고' 항목에 분류해 놓았다.

> 들ᄭᅡ에 ᄯᅥ러저 나가안즌메ᄭᅵ슭의
> 넓은바다의물ᄭᅡ뒤에,
> 나는지으리, 나의집을,
> 다시금 큰길을 압헤다 두고.
> 길로지나가는 그사람들은
> 제각금 ᄯᅥ러저서 혼자가는길.
> 하이한 여울턱에 날은점을ᄣᅢ,
> 나는 門ᄭᅡᆫ에 섯서 기다리리
> 새벽새가 울며지새는그늘로
> 세상은희게, ᄯᅩ는 고요하게,
> 번ᄶᅧᆨ이며 오는아츰부터,
> 지나가는길손을 눈녁여보며,
> 그대인가고, 그대인가고. (111쪽)[22]

22 《개벽》에 발표한 작품에서 첫 행은 "들우에ᄯᅥᆯ어진 메의 기슭"으로, 6행은 "제각ᄭᅳᆷ ᄯᅥᆯ어저 혼자길거리"로 되어 있다.

김소월은 이 작품에서 그의 초기 시에서 흔히 볼 수 있는 낭만성과 자연 친화성을 노래한다. 이 시에서도 시적 화자 '나'는 누군가를 간절하게 기다린다. 물론 이러한 기다림의 모티프는 「풀따기」에서처럼 시냇물에 풀잎을 따서 던지면서 '님'을 기다리는 소극적 행위와는 사뭇 다르다. 또한 「산우헤」에서 화자가 산 위에 올라가 멀리 바다를 바라보며 '님'을 기다리는 모습과도 큰 차이가 난다. 「나의 집」에 이르러 시적 화자는 좀 더 적극적으로 바다가 보이는 산기슭에 집을 짓고 문가에 서서 '그대'를 기다리겠다는 의도를 분명하게 드러낸다.

예이츠는 4행 3연 형식을 갖춘 「이니스프리 호수 섬」을 스물세 살 되던 1888년에 창작하여 1890년 《내셔널 옵서버》에 처음 발표한 뒤 시집 『캐슬린 백작부인과 다양한 전설 및 서정시』(1892)에 수록하였다. 식민지 조선에서 이 작품은 예이츠 작품 중에서 「그는 하늘의 옷감을 원하노라」와 함께 가장 먼저 번역되고 소개되었을 뿐 아니라 가장 널리 애송되었다는 점에서 특히 주목해 보아야 한다.

I will arise and go now, and go to Innisfree,
And a small cabin build there, of clay and wattles made:
Nine bean-rows will I have there, a hive for the honey-bee;
And live alone in the bee-loud glade.

And I shall have some peace there, for peace comes dropping slow,

Dropping from the veils of the morning to where the cricket sings;
There midnight's all a glimmer, and noon a purple glow,
And evening full of the linnet's wings.

I will arise and go now, for always night and day
I hear lake water lapping with low sounds by the shore;
While I stand on the roadway, or on the pavements grey,
I hear it in the deep heart's core.[23]

김소월이 일제강점기 한민족의 정서를 민요풍에 실어 표현하려고 했듯이 예이츠도 그동안 영국 문화에 눌려 잠들어 있던 아일랜드의 고유문화를 회복함으로써 영국 식민지 지배에 맞서려고 하였다. 그래서 예이츠는 이 작품을 쓰면서 영국 시인들과 비평가들이 세운 전통보다는 아일랜드 시골에서 오랫동안 구전되어 온 켈트 시가 전통에 시적 자양분을 섭취하였다. 켈트 문예부흥을 대변하는 이 시는 아일랜드의 여권에도 적혀 있을 정도로 아일랜드 국민에게 애송되는 작품이다.

여러 정황으로 미루어볼 때 김소월은 김억이 번역한 「이니스프리 호수 섬」에서 영향을 받았을 가능성이 크다. 이 점과 관련하여 장성현은 "「이니스프리」는 김억이 1924년 《영대》 1호에 「이니스쁘리의 섬」이란 제목으로 처음 번역해 소개한 이후 김소월, 김영랑(金永郞)을 비롯한

23 *The Collected Works of W. B. Yeats*, p. 35.

많은 시인들에게 영감을 주었다"[24]고 주장한다. 그러나 김소월이 「나의 집」을 《개벽》에 발표한 것이 1922년 2월이고 김억이 번역하여 《영대》에 소개한 것이 1924년 8월이므로 김억의 번역에서 직접 영향을 받았다고는 볼 수 없다. 다만 김소월이 아서 시먼스의 시집을 소유하고 있었고 시먼스의 작품 「올마가는 향기」를 번역하여 1921년 9월 《개벽》에 발표한 점으로 보아 예이츠의 작품을 원어로 직접 읽었거나 적어도 일본어 번역을 읽었을 가능성을 배제할 수는 없다. 어찌 되었든 김억이 식민지 조선에서 최초로 소개한 번역은 다음과 같다.

> 나는 니러나 이니스쯔리고 가서
> 그곳에 흙과 적은가지로 小舍을 지으랴노라,
> 그곳에 아홉이량의大豆와 꿀버리의깃을 두고
> 나는 혼자서 꿀버리가 우는 나무그늘에 살랴노라.
>
> 그곳에 平和는 잇으리, 귀뜰암이가 노래하는
> 아츰의 첫볏에서 쩌러지는, 한가한 평화가 잇으리,
> 夜半은 어득스럽고 대낫은 빨갓게 쓰겁으며,
> 저녁은 紅雀의나래가 갓듯히 차리.
>
> 나는 니러나 가서, 밤이나 낫으로 끈지안코

---

24 장성현, 「예이츠와 김소월 비교 연구: 영문학자의 입장에서」, 《19세기 영어권 문학》 24권 1호(2020.03), 141쪽.

江岸에서 적은 소리로 찰삭거리는 湖水를 들으려노라,

길가에나 灰色의 돌쌀은 길우에 서서,

나는 썩깁흔맘속의 물소리를 들으랴노라.[25]

김억의 다른 번역도 크게 다르지 않지만 이 작품의 번역은 이영걸의 말을 빌리자면 '헐거운 의역'이라고 아니할 수 없다. 이러한 의역과 오역은 특히 둘째 행에서 두드러지게 나타난다. 예를 들어 "귀뚤암이가 노래하는 / 아츰의 첫볏에서 써러지는"에서 귀뚜라미가 우는 것은 아침이 아니라 저녁이다. 예이츠는 탁월한 시적 능력을 발휘하여 시간 개념(아침과 저녁)을 공간 개념(베일과 귀뚜라미 울음소리)으로 바꾸어 놓는다. 그러므로 예이츠의 구절은 "베일에 덮인 아침부터 귀뚜라미 우는 저녁에 이르기까지"로 옮겨야 한다. 조선 중기의 시인 황진이(黃眞伊)는 일찍이 놀라운 시적 상상력을 구사하여 "冬至ㅅ달 기나긴 밤을 한 허리를 버혀 내여 / 春風 니불 아레 서리서리 너헛다가"라는 구절에서 시간 개념(밤)을 공간 개념(이불)으로 치환한다.

그렇다면 김소월은 「나의 집」을 창작하면서 예이츠의 「이니스프리 호수 섬」에서 어떻게 구체적으로 영감이나 영향을 받았는가? 좀 더 정확히 말해서 이 두 작품은 어떠한 점에서 상호텍스트적 관계를 맺고 있는가? 김소월이 아일랜드 시인한테서 받은 영향은 형식과 내용에서 크게 여섯 가지 지적할 수 있다. 무엇보다도 먼저 김소월의 작품과 예이츠의 작품은 시적 상황이 서로 비슷하다. 두 작품의 화자 모두 번잡

25 예이츠, 김억 역, 「이니스쯔리의 섬」, 《영대》 1호(1924.01).

한 도회에서 벗어나 조용한 전원에 조그마한 초가집을 짓고 자연과 더불어 지내기를 바란다. 다만 차이가 있다면 김소월의 작품에서 화자는 바다가 보이는 산기슭에 집을 짓고 싶은 반면, 예이츠의 화자는 호수에 있는 조그마한 섬에 오두막을 짓고 싶어 할 뿐이다.

더구나 김소월은 「나의 집」에서 음악성에 적잖이 무게를 둔다. 그는 음수나 음보를 갖춘 정형시로 창작하지는 않았지만 될수록 음절 수를 조절하여 리듬감을 살리고 노력하였다. 한편 예이츠의 작품은 각 행마다 약강조의 기본 패턴에 여섯 개의 강세를 둔 6보격(步格)으로 훨씬 더 정형적이다. 또한 각 연의 마지막 행은 네 개의 강세를 둔 4보격으로 되어 있다. 그런가 하면 예이츠가 각운(abab cdcd efef)을 비롯하여 두운법(頭韻法)과 모운법(母韻法)을 즐겨 사용한다. 두운법은 'cabin–clay', 'have–honey', 'glimmer–glow'에서 볼 수 있고, 모운법은 'I–arise', 'cabinwattles', 'nine–I'에서 볼 수 있다. 김소월도 두운법('지으리–집을', '다시금–두고'), 모운법('나가–안즌', '하이한–날은', '지나가는–길손을'), 중간운 또는 내적 각운 ('희게–고요하게')을 사용한다. 물론 음절이나 음보수를 기본 율격으로 삼는 한국시에서 두운법이나 모운법은 영시만큼 뚜렷한 효과를 거두기는 어렵지만 한국 시인 중에서 김소월만큼 이러한 음성적 효과에 주목한 시인도 드물다.

또한 김소월은 예이츠처럼 동일하거나 유사한 시어를 반복하여 사용하여 시적 정서를 한껏 끌어올린다. 가령 '길', '지나가는', '나는/나의', '그대', '떠러저/떠러저서', '하이한/희게', '길로 지나가는' 등은 이러한 경우를 보여 주는 좋은 예다. 특히 마지막 행에서는 '그대인가고'를 그대로 반복하여 마치 주문을 외는 것 같은 독특한 효과를 자아낸다. 또한 '그대인가 하고'라고 말하는 대신 '그대인가고'라고 줄여서 표현하여 시적 긴장을 높인다.

김소월은 예이츠처럼 반복법과 함께 도치법을 효과적으로 구사하여 의미를 강조한다. 예를 들어 첫 세 행에서 그는 통상적인 어순을 위반하여 '부사구 + 주어 + 목적어 + 부사구'의 구문을 구사한다. 7행부터 마지막 행까지도 '부사절 + 주어 + 부사구 + 동사 + 부사구'로 되어 있다. 특히 마지막 두 행에서는 정상적인 어순이라면 "그대인가고, 그대인가고 / 지나가는 길손을 눈녁여보며"로 해야 할 것이다. 한편 예이츠는 이 작품에서 도치법을 김소월보다 훨씬 더 많이 사용한다. 물론 기본적인 약강이나 강약의 기본 운율에 의존하는 영시에서는 흔히 '시적 특권'을 행사하여 다른 언어보다 어순을 훨씬 자유롭게 바꾸어 놓을 수 있다. 이 점을 염두에 두더라도 예이츠는 이 작품에서 도치법을 유난히 눈에 띄게 구사한다.

김소월은 여러 색채를 이용한 시각 이미지를 비롯하여 온갖 이미지를 구사한다는 점에서도 예이츠의 영향을 받았다고 볼 수 있다. 김소월은 "하이얀 여울 턱에 날은 점을 때"와 "세상은 희게, 또는 고요하게, / 번쩍이며"에서는 시각 이미지를 사용하는가 하면, "새벽새가 울며 지새는 그늘로"에서는 청각 이미지를 사용한다. 그런가 하면 "나는 지으리, 나의 집을"에서는 동적 이미지를 사용하기도 한다. 한편 예이츠는 꿀벌이 윙윙 거리는 소리를 비롯하여 귀뚜라미가 우는 소리, 호수물이 호변에 부딪치는 파도소리 등 청각 이미지가 지배적이다. 아침이면 베일처럼 자욱이 낀 안개와 호숫가를 따라 피어 있는 히스의 자줏빛 꽃은 시각 이미지다. 저녁녘에 날아가는 홍방울새가 날갯짓은 청각 이미지로 볼 수도 있고 동적 이미지로 볼 수도 있으며, 아예 공감각으로 받아들여도 크게 무리가 없다.

김소월은 이 작품에서 은유를 효과적으로 구사한다는 점에서 예이츠의 작품과 비슷하다. 「나의 집」에서 셋째 행 "나는 지으리, 나의 집을"은 「이니스프리 호수 섬」에서 예이츠가 "욋가지 엮어 진흙 바른 작은 오두막을 짓고"라고 노래하는 구절과 일맥상통한다. 또한 "하이한 여울턱에 날은 점을 때, / 새벽새가 울며 지새는 그늘로 / 세상은 희게, 또는 고요하게, / 번쩍이며 오는 아츰부터"라는 구절은 "베일에 덮인 아침부터 귀뚜라미 우는 저녁에 이르기까지"라는 구절과 비슷하다. 예이츠가 안개 낀 호숫가 아침을 흰 베일에 싸인 모습으로 표현한 것을 김소월은 온 세상이 희고 고요하게 밝아지는 모습으로 표현한다. 김소월이 산기슭이 들판에서 떨어져 나가 앉았다든지, 아침이 번쩍이며 찾아온다든지 하고 표현하는 구절은 신선한 은유다. 이 구절은 예이츠가 호수 섬 오두막에 평화가 찾아오는 모습을 이슬방울이 천천히 떨어지는 것에 빗대는 것과 비슷하다.

그런가 하면 주제에서도 김소월의 「나의 집」은 예이츠의 작품과 상호텍스트적 관계를 맺는다. 김소월의 작품에서 시적 화자 '나'는 예이츠의 작품에서 화자처럼 번잡한 도회나 속세에서 벗어나 자연과 더불어 살고 싶어 한다. 예이츠의 아버지는 아들이 어린 시절 그에게 헨리 데이비드 소로의 『월든』(1854)을 자주 읽어주곤 하였다. 또한 예이츠는 슬라이고의 외가에서 어린 시절을 보내면서 일찍부터 자연친화적인 생각을 키워나갔다. 그래서 그는 성장하면 언제가 외가의 시골 마을에 오두막을 짓고 소로처럼 자연에 파묻혀 조용히 살고 싶다고 생각하였다. 그러던 중 어느 날 복잡한 런던 시내 거리를 걷던 예이츠는 분수에서 물이 뿜어져 나오는 모습을 바라보고 갑자기 아일랜드 고향을 떠올리면서 이 작품을 썼던 것이다.

「진달내쏫」과 예이츠의 「그는 하늘의 옷감을 원하노라」

김소월의 「나의 집」이 예이츠의 「이니스프리 호수 섬」과 상호텍스트적 관계를 맺고 있다면, 「진달내쏫」은 아일랜드 시인의 「그는 하늘의 옷감을 원하노라」와 상호텍스트적 관계를 맺고 있다. 이양하와 이영걸이 일찍이 이 두 작품을 언급한 것도 다른 작품들과 비교하여 그만큼 상호텍스트적 관계가 가장 뚜렷하게 드러나기 때문이다. 이양하가 이 문제를 처음 제기한 지도 60년이 지난 지금 좀 더 심도 있게 두 작품의 상호텍스트적 관계를 논의할 때가 되었다. 앞에서 이미 지적했듯이 김소월과 예이츠의 비교는 단순히 낱말이나, 자구, 어조, 문장 등 언어적 표현에 그치지 않고 텍스트 외적인 상황과 역사적 맥락과 주제 등 포괄적인 관점에서 살펴보아야 비로소 두 사람의 영향 관계, 좀 더 정확히 말해서 상호텍스트적인 관계를 제대로 파악할 수 있다. 김소월 하면 「진달내쏫」을, 「진달내쏫」 하면 김소월을 금방 떠올릴 만큼 이 작품은 그를 대표하는 작품이기 때문이다.

나보기가 역겨워
가실때에는
말업시 고히 보내드리우리다.

寧邊에藥山
진달내꼿
아름짜다 가실길에 뿌리우리다.

가시는거름거름
노힌그꼿츨
삽분히즈려밟고 가시옵소서

나보기가 역겨워
가실때에는
죽어도아니 눈물흘니우리다. (165쪽)

이 작품을 두고 이양하는 일찍이 "많은 독자가 이 시의 주인공을 사내로 읽는 모양인데 이것은 이 시의 '톤(tone)'을 가리지 못하는 데서 오는 오해라고 생각한다. 이 시에서 말하고 있는 사람은 남자가 아니고 여자다"[26]고 지적하였다. 그런데 여기서 이양하는 '주인공'이라는 용어를 사용하지만 이 작품에서 '말하고 있는 사람'이라고 부연하는 것으로

26 이양하, 앞의 글, 62쪽.

보아 시적 화자를 가리키는 것이 분명하다. 엄밀히 말자면 시적 화자와 주인공은 동일하지 않다.

이양하는 「진달내꽃」의 시적 화자를 남성이 아닌 여성으로 간주하는 근거로 마지막 행 "사뿐히 즈려밟고 가시옵소서"라는 구절을 제시하였다. 이밖에도 후반부 3행에서 '드리오리다', '깔았오이다', '밟으소서'라고 경어체를 사용한다든지, 상대방을 공경하는 태도라든지, 시어의 구사라든지 하는 점으로 미루어보면 이 작품의 시적 화자는 어디까지나 여성임이 틀림없다는 것이다.

그렇다면 김소월은 어떤 여성을 염두에 두고 이 작품의 시적 화자를 상정했을까? 모르긴 몰라도 아마 그가 결혼하기 전에 만난 어떤 여성일 것으로 추정해 볼 수 있다. 서른두 해라는 짧은 생애 동안 그는 벽초(碧初) 홍명희(洪命憙)의 딸 실단(實丹)과 결혼하여 두 딸을 낳은 뒤 내리 아들 넷을 더 낳았다. 이와 비슷한 시기에 김소월은 오산학교에서 같이 공부하던 '오순'이라는 여성과 교제를 한 것으로 알려져 있다. 그러나 그는 이미 결혼한 상태인 데다 오순이 열아홉 되던 해 시집을 가게 되면서 두 사람의 인연은 끊어질 수밖에 없었다. 오순은 의처증이 심한 남편의 학대를 견디지 못하고 스물두 살의 젊은 나이로 사망하고 말았다. 김소월은 이루어지지 못한 사랑을 탄식하며 슬픔과 절망을 즐겨 시로 표현하였다. 시집 『진달내꽃』에 실린 초기 서정시 대부분이 '님'을 그리는 내용인 것은 바로 그 때문이다. 「못니저」나 「진달내꽃」과 함께 그의 대표 작품으로 흔히 꼽히는 「초혼(招魂)」은 그가 오순의 장례식에 참석한 직후 쓴 것이다.

「진달내꽃」에서도 김소월의 초기 작품에서 볼 수 있는 특징이 두루 나타난다. 가령 형식에서는 한민족의 정서를 토속적 시어로 민요적 가락에 실어 표현한다. 주제에서는 '님'과의 이별과 '님'의 부재, 그것에 대한 그리움이 뚜렷하게 드러난다. 또 이 작품은 숭늉처럼 구수하고 소박한 향토적인 냄새를 짙게 풍긴다. 박두진(朴斗鎭)은 일찍이 김소월 시의 특징을 이렇게 지적한 적이 있다.

> 이른바, 민요조라고 불리는 우리 심정에 오래 전해져 내려온 쉽고 간결한 가락, 소박하고 친근한 口語體의 精髓를 황홀한 7·5조가 그 바탕이 되어 있다는 것이 표현 형식의 주축이 되어 있는 첫째 조건이요, 내용으로 하는 정서의 보편적인 주제가 이별, 그리움, 한숨, 체념 등의 이른바, 우리에게 오래오래 이어 내려오는 민족 정서의 한 低邊인 '情恨'·'歎息'으로 젖어 있는 것이 둘째 이유의 핵심으로 여겨지는 것이다.[27]

이번에는 흔히 '하늘의 옷감'으로 줄여서 부르는 예이츠의 작품을 살펴보기로 하자. 그는 시집 『갈대숲에 부는 바람』에 처음 수록할 때는 제목을 "Aedh Wishes for…"로 했다가 뒷날 "He Wishes for…"로 고쳤다. 여기서 '애드(Aedh)'란 아일랜드 신화나 전설에 등장하는 죽음의 신으로 예이츠는 이 시집에 수록한 다른 작품에도 이 인물을 언급한다. 다만 그는 시적 화자를 신화적 인물에서 인간으로 바꾸어 놓았을

27 박두진, 『한국현대시론』(서울: 일조각, 1970), 74쪽.

뿐이다. 김억이 1918년 한국 최초로 번역하여 「꿈」이라는 제목으로 《태서문예신보》에 처음 발표한 뒤 『오뇌의 무도』에 수록한 것을 인용하기로 한다.

Had I the heavens' embroidered cloths,
Enwrought with golden and silver light,
The blue and the dim and the dark cloths
Of night and light and the half light,
I would spread the cloths under your feet:
But I, being poor, have only my dreams;
I have spread my dreams under your feet;
Tread softly because you tread on my dreams.[28]

내가 만일 光明의
黃金, 白金으로 짜아내인
하늘의繡노흔옷,
날과밤, 또는 저녁의
프르름, 어스렷함, 그리하고 어두움의
물들인옷을 가젓슬지면,
그대의 발아레 페노흘려만,
아 가난하여라, 내所有란 꿈박게업서라,

28 *The Collected Works of W. B. Yeats*, p. 70.

그대의발아레 내쑴을 페노니,

나의생각가둑한 쑴우를

그대여, 가만히 밟고서라[29]

예이츠의 작품 중에서도 비교적 짧고 단순하여 뭇 사람들이 애송해 온 이 작품은 '유명한 아일랜드 시 100편' 중 하나로 평가받는다. 잘 알려진 것처럼 예이츠는 평생 사랑하던 모드 곤을 염두에 두고 이 작품을 썼다. 앞에서 밝혔듯이 그녀는 지칠 줄 모르는 예이츠의 구애와 청혼을 한사코 거절하고 다른 남성과 결혼하였다. 월터 롤리 경(卿)이 영국 여왕 엘리자베스 1세를 위하여 진흙길에 자신의 외투를 벗어 깔아 준 것처럼 예이츠는 모드를 위하여 '꿈'으로 지은 옷을 깔아 주겠다고 노래한다. 전기 작가 조지프 혼에 따르면 예이츠는 한 강연에서 "「모자와 벨」은 귀부인의 마음을 얻을 수 있는 작품이지만 「하늘의 옷감」은 오히려 그 마음을 잃을 수 있는 작품이라고 자조 섞인 말투로 언급한

29 이옛츠(예이츠), 김억 역, 「쑴」, 《태서문예신보》 11호(1918.12.24); 『오뇌의 무도·실향의 화원·해외서정시집』, 93쪽. 김억은 예이츠의 제목과는 달리 「쑴」이라는 제목을 붙였고 '옷감' 대신 '옷'으로 오역하였다. 일본에서는 1905년(메이지 38) 구리야가와 하쿠손(厨川白村)이 예이츠의 이 작품을 「사랑과 꿈(戀と夢)」이라는 제목으로 처음 번역하여 소개하였다. 1918년(다이쇼 7)에는 고바야시 요시오(小林愛雄)와 사타케 린조(佐武林藏)가 공동으로 번역하여 「유메(夢)」라는 제목으로 『긴다이시카슈(近代詩歌集)』에 수록하였다. 김억은 이 두 번역에서 중역하였다. 예이츠 작품의 일본어 번역에 대해서는 김용권, 「예이츠 시 번(오)역 100년: "He wishes for the Cloths of Heaven"을 중심으로」, 《한국 예이츠 저널》(한국예이츠학회) 40호(2013): 153~184; 김욱동, 『번역의 미로』(서울: 글항아리, 2011), 125~127쪽 참고.

적이 있다.[30]

김소월의 「진달내쏫」이 예이츠의 「하늘의 옷감」과 맺고 있는 상호텍스트적 관계는 한두 가지가 아니다. 첫째, 예이츠가 아일랜드의 민담과 신화에 바탕을 두고 「하늘의 옷감」을 썼듯이 김소월도 평안북도 영변 약산에 전해 내려온 설화에 뿌리를 두고 「진달내쏫」을 썼다. 황해도 송화군에서 태어나 평양에서 학교를 다닌 춘성(春城) 노자영(盧子泳)은 약산동대(藥山東臺)의 진달래꽃에 얽힌 설화에 대하여 이렇게 밝힌 적이 있다.

> 藥山에는 바위틈마다 진달래꽃이오 여기저기 도라지꽃도 많이 핀다. 동대에는 밤마다 선녀가 나려오기 때문에 아침까지 안개가 낀다고 하며, 그리고 옛날 어떤 守令의 외딸이 이 약산에 왔다가 절벽에서 떨어져 죽은 후에 그의 넋이 진달래가 되어 이 약산을 뒤덮었다고 한다. 이처럼 이 약산은 전설과 민요와 정열로 묻힌 아름다운 勝地이다. 북국의 한 모퉁이 鐵甕城에는 언제나 정열의 묻힌 민요가 이 산을 찬미하고 있다.[31]

김소월이 「진달내쏫」에서 산에 피는, 하고 많은 꽃 중에서 왜 굳이 "영변에 약산 진달내꽃"이라고 노래하는지 알 만하다. 진달래꽃은 그

---

30 Joseph Hone, *W. B. Yeats: 1865~1939* (London: Macmillan, 1942), p. 154.

31 노춘성, 「약산동대」, 『인생 안내』(경성: 영창서관, 1938), 7쪽. 김학동, 『현대시인연구 I: 지속과 변화―통시성의 원리』(서울: 새문사, 1995), 447쪽.

가 태어난 평안북도 구성에도, 성장한 곽산에도, 그가 다닌 오산학교가 위치한 정주에 피어서도 안 된다. 또한 약산에 피어 있는 꽃은 반드시 진달래꽃이어야 하지 개나리꽃이나 찔레꽃이어서도 안 된다. 김소월이 "산에는 쏫 픠네 / 쏫 치픠네 / 갈 봄 녀름 업시 / 쏫치 픠네"(180쪽)라고 노래한 무명의 '산유화(山有花)'이어서는 더더욱 안 된다. 산유화를 흔히 특정 꽃 이름으로 착각하지만 실제로 그러한 이름의 꽃은 어디에도 없고 산에 피어 있는 꽃을 두루 일컫는 낱말이기 때문이다. 이 작품의 시적 화자 '나'가 굳이 영변 약산의 진달래꽃을 꺾어 떠나는 '님' 앞에 뿌리겠다고 말하는 데는 그럴 만한 까닭이 있다. 그것은 마치 접동새가 '진두강(津頭江)' 강가에 와서 울어야 하는 것과 같은 신화적 의미가 있다.

둘째, 예이츠가 「하늘의 옷감」에서 그렇게 했던 것처럼 김소월은 「진달내쏫」에서 1인칭 시적 화자를 등장시키고 표현 방식에서는 가정법을 구사한다. 다만 차이가 있다면 남성 1인칭 화자를 사용한 예이츠와는 달리 김소월은 여성 1인칭 화자를 사용하는 것이 다를 뿐이다. 더구나 두 작품 모두에서 1인칭 화자가 가정법을 사용하여 어떤 소망이나 염원을 표현한다는 점에서도 아주 비슷하다. 예이츠의 작품에서 첫 행 "Had I […] embroidered cloths"는 접속사 'if'가 생략된 가정법으로 주어와 동사가 도치되었다. 정상적인 문장이라면 "If I had […] embroidered cloths"가 될 것이다. 영어 문법에서 가정법 과거는 현재 사실에 어긋나는 것을 가정하는 화법이다. "만약 ~한다면(사실은 그러하지 않다), ~할 텐데(현재의 상황)"라는 뜻이다. 접속사 'if'를 수반하는 부사절 뒤에는 "I would spread […] your feet"처럼 주절의 동사에는 흔히 과거 조동사 'would/should/could/might'가 오게 마련이다.

한국어에도 가정의 상황을 전달하는 가정법은 있지만 영어를 비롯한 서양어처럼 그렇게 직설법과 엄격히 구분되어 사용하지는 않는다. 특히 한국어의 가정법과 서양어의 가정법은 형식에서 큰 차이가 난다. 한국어에서는 직설법이나 가정법이나 시제의 변화에 큰 차이가 없이 흔히 문맥으로 구별한다. 그러나 영어에서는 동사의 시제를 실제 상황이 발생하는 시점과 어긋나게 표현함으로써 상대방에게 자신의 의도를 정확하게 전달한다. 엄밀히 말하면 김소월은 가정법보다는 시간의 부사절을 사용한다고 보아야 한다. 한국어에서는 흔히 시간의 개념을 조건의 개념으로 대신 사용하기도 한다. 다시 말해서 "나 보기가 역겨워 / 가실 때에는"에서 '가실 때에는'은 '가시면' 또는 '가시게 되면'의 의미로 받아들일 수 있다.

셋째, 김소월은 예이츠처럼 일정한 율격을 갖춘 정형 서정시 형식을 따른다. 예이츠는 약강격(iambic)의 기본 운율에 강약약격(dactylic)과 약약강격(anapestic)을 사용할 뿐 아니라 이탈리아의 8행시 오타바 리마(ottava rima)를 변용하여 'ababcdcd'의 각운을 사용한다. 또한 그는 동일한 낱말이나 어구를 반복하여 사용하기도 한다. 가령 'cloths'와 'dreams'와 'light'를 각각 세 번 되풀이하고, 'spread'와 'tread'와 'under your feet'를 각각 두 번 되풀이한다. 여기에 제목에서 사용한 낱말까지 넣는다면 'cloths'를 무려 네 번 반복하고, 'heaven'은 두 번 반복하는 것이 된다. 이밖에도 예이츠는 두운법('had/heaven', 'dim/dark')과 모운법('I/my', 'being/dreams', 'dreams/feet', 'embroided/en-wrought'), 중간운 또는 내적 운('night/light', 'spread/tread') 등 온갖 기법을 구사하여 음악적 효과를 한껏 자아낸다.[32] 이렇게 음악성이 뛰어난 이 작품은 흔히 음악 작품으로 작곡되기도 하였다. 가령 이 작품은 리처드 B. 에번스가 작곡한 노래 모음집 〈예이츠의 노래〉에 수록되어 있다.

김소월도 예이츠 못지않게 전통적인 민요조 가락에 3음보 7·5조의 율격과 반복적인 어구 등을 구사함으로써 될수록 음악적 효과를 거두려고 노력한다. 예를 들어 첫 연 "나 보기가 역겨워 / 가실 때에는 / 말 업시 고히 보내드리우리다"에서 '나'·'가'·'말'은 모운법을 보여 주는 좋은 예다. 둘째 행 "가시는 거름거름 / 노힌 그꼿츨 / 삽분히 즈려밟고 가시옵소서"에서 '가시는/거름거름/즈려밟고'에서는 'ㅡ' 모음이, '노힌 그꼿츨'과 '가시옵소서'에서는 'ㅗ' 모음이 지배적으로 드러난다. 예이츠는 이 구절에서 '가시는'·'거름거름'·'가시옵소서'처럼 두운법을 구사한다. 또한 김소월은 "가실 길에 뿌리우리다. / 가시는 거름거름"처럼 동일하거나 유사한 어구를 반복하여 사용한다. 그런가 하면 첫 연과 마지막 연 처음 두 행에서는 수미상관법(首尾相關法) 또는 수미상응법(首尾相應法)을 구사하기도 한다.

김소월이 예이츠의 작품과 맺고 있는 상호텍스트적 관계는 유사한 낱말이나 구, 이미지, 어조 같은 표현 방식에서도 찾을 수 있다. 이 점

32 이 작품의 시 형식에 대해서는 Helen Vendler, *Our Secret Discipline: Yeats and Lyric Form* (Cambridge: Harvard University Press, 2007), pp. 92~93 참고. 벤들러가 지적한 것 외에 중요한 몇 가지를 더 추가할 수 있다.

과 관련하여 이야하는 "진달래를 밟고 꿈을 밟는데 사뿐히 밟으라는 데도 이 두 시는 일치된다. 그리고 두 시가 다 애인에게 사랑을 호소하는 것으로 볼 수 있는 점에 있어서도 서로 일치된다"[33]고 지적한다. 그러면 예이츠의 작품과 김소월의 작품에서 해당 행을 나란히 놓고 비교해 보기로 하자.

> But I, being poor, have only my dreams;
> I have spread my dreams under your feet

> 영변에약산
> 진달내꽃
> 아름짜다 가실길에 뿌리우리다

예이츠는 가난한 탓에 피화자 '그대'의 발밑에 하늘의 귀한 옷감을 펼치지 못하고 다만 자신의 꿈을 '펼치겠다'고 노래한다. 한편 김소월은 영변에서 꺾어온 진달래꽃을 한 아름 따다 피화자의 가는 길에 '뿌리겠다'고 말한다. 펼치거나 뿌리는 대상이 서로 다를 뿐 화자가 피화자를 위하여 어떤 행위를 하는 점에서는 크게 다르지 않다. 두 작품 모두에서 상대방에 대한 애틋한 마음과 희생과 헌신을 읽을 수 있다. 그런데 이러한 행위보다 훨씬 더 중요한 것이 피화자가 어떻게 꿈이나 꽃을 밟고 지나가는가 하는 점이다.

---

33 위의 글, 63쪽.

I have spread my dreams under your feet;

Tread softly because you tread on my dreams

가시는거름거름

노힌그꼿츨

삽분히즈려밟고 가시옵소서

예이츠는 은빛과 금빛으로 짠 하늘의 옷감이 있다면 그 옷감을 '그대'의 발아래에 깔아주겠다고 말한다. 여기서 '하늘의 옷감'은 천국에서나 볼 수 있는 귀하디귀한 옷감을 가리킬 수도 있고, 하늘에 떠 있는 해와 달과 별을 은유적으로 가리키는 표현일 수도 있다. 시적 화자 '나'는 아무리 귀하다고 하더라도 피화자인 '그대'를 위해서라면 무엇이든 기꺼이 바칠 각오가 되어 있음을 넌지시 내비친다.

그러나 안타깝게도 시적 화자 '나'는 너무 가난하여 그러한 옷감은 구할 수 없고 가지고 있는 것이라고는 오직 꿈밖에 없으니 대신 그 꿈을 깔아주겠다고 노래한다. 여기서 '가난'은 물질적 궁핍을 가리킨다기보다는 오히려 정신적 빈곤이나 지적 재능의 결핍 또는 상상력의 빈곤을 가리킨다. 그러나 화자는 꿈이 있으므로 그러한 빈곤이나 결핍을 얼마든지 극복할 수 있다는 가능성을 내비친다. 그러면서 시적 화자는 피화자에게 '나'의 꿈을 밟는 것이니 '부드럽게' 밟으라고 간곡히 부탁한다. 이 구절을 김억은 처음에는 '가만히 밟고서라'고 번역했다가 '가만히 밟고 지내라'로 고쳤다.

김소월은 3연 마지막 행을 여러 번 수정한 것으로 보아 이 행을 두고 무척 고심한 것 같다. 《개벽》에 처음 발표할 때는 "고히나 즈러밟고 가시옵소서"로 표기했지만 『진달내쏫』에 수록할 때는 위에 인용한 대로 "삽분히 즈려밟고 가시옵소서"로 고쳤다. 그런데 '즈려밟다'는 동사의 의미에 대해서는 학자들 사이에서 그동안 의견이 활시위처럼 팽팽하게 엇갈려 왔다. 가령 평안북도 정주에서 태어난 국어학자 이기문(李基文)은 발밑에 있는 물건을 힘주어 밟는 것을 뜻한다고 지적한다.[34] 그러나 '즈려밟다'는 '지려밟다'의 평안북도 사투리로 발이 땅에 닿을 듯 말 듯 하게 살짝 눌러 밟는다는 뜻으로 받아들이는 것이 작품의 문맥에 맞다.

한편 김소월은 이미지 구사에서도 예이츠의 「하늘의 옷감」과 상호텍스트적 관계에 있다. 예이츠는 황금색과 은색을 비롯하여 푸른색과 회색과 검은색 등 온갖 색깔의 이미지를 구사한다. 또한 '펼치다'와 '밟다' 같은 동적 이미지를 사용하기도 한다. 김소월의 「진달내쏫」도 이와 크게 다르지 않아서 영변에 활짝 피어 있는 진달래꽃에서 볼 수 있듯이 분홍색의 시각 이미지가 작품에 두드러지게 나타난다. 진달래꽃을 길에 뿌린다든지, 그 위를 걸음걸음 사뿐히 걷는다든지 하는 구절에서는 자연스럽게 동적 이미지가 떠오른다.

그러나 김소월의 「진달내쏫」은 위에 언급한 유사성이나 공통점에도 연 구분이나 어조, 시적 상황에서 예이츠의 「하늘의 옷감」과는 사뭇

34 이기문, 「소월 시의 언어에 대하여」, 《심상》 11권 1호(1982. 12), 17쪽. 이기문은 역사학자 이기백(李基白)의 동생으로 민족대표 33인의 한 사람인 남강(南岡) 이승훈(李昇薰)의 증손자다.

다르다. 예이츠의 작품은 8행 1연으로 구성되어 있지만 김소월의 작품은 4행 3연의 형식을 취한다. 영시의 특성에서 비롯하는 것이지만 예이츠의 작품이 각운을 사용하는 등 좀 더 정형성을 띤다. 또한 좀 더 찬찬히 살펴보면 이 두 작품은 어조에서도 적잖이 다르다는 것이 밝혀진다. 예이츠는 좀처럼 반어법을 구사하지 않지만 김소월은 반어법을 즐겨 구사한다. 김소월이 한민족의 전통적인 여성상에 주목하여 여성 화자의 인고(忍苦)와 극기, 순종적인 모습을 표현한 것으로 해석해 왔다. 자기를 역겹다고 버린 '님'을 원망하기는커녕 눈물조차 흘리지 않고 '말업시 고히' 떠나 보내주는 것으로도 모자라 진달래꽃까지 꺾어다 뿌려주겠다는 것이 한민족의 여인상이라는 것이다. 그러나 이 작품에서 김소월이 반어법을 구사하는 것으로 간주하면 슬프지만 겉으로는 슬픔을 나타내지 않는다는 애이불비(哀而不悲)의 정서를 표현한 것이라는 해석에는 문제가 없지 않다.

「진달내꼿」에는 김학동(金澤東)의 지적대로 "이별의 정서를 바탕으로 한 여인의 체념이나 그 속에 깔린 무서운 원망이 담겨져 있다"고 보아야 한다. 이러한 반어적 의미를 간과한 채 액면 그대로 받아들이다가는 자칫 이 작품의 의미를 놓칠 수 있다. 김학동은 "'죽어도 아니 눈물 흘리우리다'는 결코 울지 않겠다는 것이 아니다. 그보다 더한 슬픔과 원망이 사무쳐 있다"고 주장한다.[35] 김소월의 또 다른 작품 「먼후일(後日)」을 보면 이러한 반어법을 좀 더 쉽게 이해할 수 있다. "먼훗날 당신이 차즈시면 / 그때에 내말이 '니젓노라' […] 오늘도어제도 아니닛고

35 김학동, 『현대시인연구 I』, 447쪽.

/ 먼훗날 그때에 '니젓노라'"[36]에서 '니젓노라'를 네 번이나 반복한다는 것은 그만큼 잊지 못하겠다는 화자의 굳은 의지를 반어적으로 드러낸 것으로 해석해야 한다. 일상대화처럼 시에서도 강한 부정은 강한 긍정을 나타내는 때가 많다.

그런가 하면 시적 상황에서도 김소월의 「진달내꼿」은 예이츠의 「하늘의 옷감」과는 적잖이 다르다. 두 작품 모두 화자와 피화자 사이의 애틋한 연정을 다루는 것은 맞지만 그렇다고 하여 이별의 정한을 표현하지는 않는다. 예이츠의 작품에서는 아무리 눈을 씻고 찾아보아도 화자가 피화자를 떠나보낸다는 이별의 느낌을 좀처럼 찾아볼 수 없다. 그러므로 김억이 "나의 생각 가둑한 꿈 우를 / 그대여, 가만히 밟고 지내라"로 옮긴 것은 과잉 번역이다.[37] 예이츠는 'tread'를 'step', 즉 '밟다'는 의미로 사용할 뿐 '밟고 지나가다'는 뜻으로는 사용하지 않았다. 그러나 김소월은 "삽분히 즈려밟고 가시옵소서"라고 노래함으로써 이별을 명시적으로 밝힌다. 「진달내꼿」을 「가시리」나 「서경별곡」 같은 고려가요, 더 멀게는 신라시대 월명사(月明師)가 지은 향가 「도솔가(兜率歌)」 같은 작품과 관련짓는 것은 바로 그 때문이다.

그동안 최근 영문학과 국문학 분야 학자들이 김소월의 작품을 지나치게 윌리엄 버틀러 예이츠의 작품과 연관시키려고 해 왔다. 근대문학기 한국문학 작품에서 서양문학 작품에서 받은 영감이나 영향을 밝

---

36 『김소월 전집』, 3쪽.

37 김영랑도 《시문학》 2호(1930.05.20)에서 김억처럼 "삽분이 밟고 가시라, 그대 내 꿈을 밟고 가시느니"로 번역하였다.

히는 것은 아주 중요한 작업이지만, 그렇다고 단순한 낱말이나 자구 또는 상황 등이 비슷하거나 일치한다고 하여 영향을 받았다고 주장하는 것은 그다지 바람직하지 않다. 특히 이러한 현상은 김소월과 예이츠의 경우 더욱 두드러지게 나타난다. 한국 학계의 이러한 태도를 '예이츠 현상'이라고 부를 수 있을 것이다. 이러한 현상은 「엄마야 누나야」나 「바라건대는 우리에게우리의 보섭대일짱이 잇엇더면」가 「이니스프리 호수 섬」에서, 「가을」이 예이츠의 「낙엽(The Falling of the Leaves)」에서 영향 받은 작품으로 파악하려는 것은 영향 관계를 지나치게 확대하여 해석하려는 태도다.

한편 이와는 달리 아예 김소월이 「진달내꽃」을 창작하면서 예이츠의 「하늘의 옷감」을 '모작'하거나 '표절'했다고 주장하는 비평가나 학자도 있다. 가령 박방현(朴方鉉)은 "예이츠의 시 「꿈」과 소월 시인의 시 「진달래꽃」의 두 시는 시의 소재와 주제와 시적 이미지와 여러 시행과 시어들이 상호 일치함을 보여 준다"고 지적한다. 그러고 난 뒤 곧 이어 그는 "모든 시적 표현들이 우연의 일치라고 그 누구도 항변하지 못할 것이고 또한 이는 올바른 태도가 아닐 것이다. 여러 교수 분들의 부드럽고 유연한 표현 대신에 그 진실에 대해 적확하게 표현한다면 두 작품 사이엔 모작의 관계가 성립한다고 말할 수 있다"고 주장한다. 이보다 한 발 더 나아가 박방현은 "소월이 1902년생이므로 「진달래꽃」을 작시한 연령이 20대 전후일 것이다. 물론 시를 체험이 아닌 상상력에 의존해서 시를 쓸 수도 있겠으나 한 가정을 꾸려가는 가장으로서 이별의 서정을 주제로 한 시인 「진달래꽃」을 20세 전후의 소월이 쓸 수

있다는 것도 조금은 앞뒤가 맞지 않은 면도 있다고 볼 수 있다"고 지적한다.[38]

요컨대 김소월의 「나의 집」과 「이니스프리 호수 섬」, 「진달내꼿」과 예이츠의 「하늘의 옷감」의 영향 관계를 좀 더 정확히 밝히려면 이처럼 서로 대척점에 있는 두 태도의 중간쯤에서 답을 찾아야 한다. 낱말이나 어구 등의 단순한 유사성을 근거로 두 작품의 영향 관계를 주장하는 것이 무리라면, 그러한 유사성을 들어 '모작'이나 '표절'로 간주하는 것도 무리다. 서로 상반되는 이 두 태도는 좁게는 「진달내꼿」, 더 넓게는 김소월의 문학을 이해하고 연구하는 데 걸림돌이 될 수밖에 없다.

김소월의 「나의 집」과 「진달내꼿」은 예이츠의 작품을 흉내 내거나 표절한 것이라기보다는 시적 변용을 통하여 전혀 새로운 작품으로 창작했다고 보아야 한다. 이양하는 일찍이 "혹 그랬었다 하더라도[유사점이 있더라도] 그야말로 환골탈태라 할 것으로 이것이 소월의 시인으로서의 역량을 멸살하는 것이 아님은 두말할 나위 없다"고 주장하였다.[39] 김소월은 어떤 의미에서 시적 역량을 멸살하기는커녕 오히려 그러한 역량을 유감없이 발휘하였다. 한 시인이 다른 시인의 작품에서 취해 오되 취해 온 것을 어떻게 시적 변용을 통하여 자기 것으로 끌어올리느냐 하는 데 시인의 역량이 달려 있다. 김소월의 작품은 윌리엄 버틀러 예

38 박방현, 「시의 모작에 대한 논고: 「진달래꽃」과 「향수」를 중심으로」; m.blog.naver.com sbk2508; https://kwaus.org/writer_of_the_day/61614.

39 이양하, 「영문학 산보」, 63쪽.

이츠의 작품과 상호텍스트적 관계를 맺고 있을 뿐 모작이나 표절로는 결코 볼 수 없다. 만약 「진달내꼿」을 비롯한 작품을 예이츠 작품의 표절이나 모작으로 본다면 세계 문학사에서 표절이나 모작의 혐의를 받지 않을 작품이 거의 없다시피 할 것이다.

3장

정지용과 블레이크, 티즈데일, 스티크니, 롱펠로

3장
정지용과 블레이크, 티즈데일, 스티크니, 롱펠로

한국 근대 문학사를 살펴보면 1902년에 태어난 문인들이 의외로 많다는 데 새삼 놀라게 된다. 가령 김소월(金素月), 정지용(鄭芝溶), 김상용(金尙鎔), 나도향(羅稻香), 주요섭(朱耀燮), 채만식(蔡萬植) 등이 바로 그러하다. 그중에서도 김소월과 정지용은 한국 근대시의 토대를 다진 시인으로서 특히 눈길을 끈다. 정지용은 음력 5월에 태어났고, 김소월은 음력 8월에 태어났다. 이렇게 두 시인은 출생이 겨우 석 달밖에는 차이가 나지 않는데도 문학적 성향은 천양지차(天壤之差)다. 토착적이고 향토적인 정서를 민요조의 가락에 실어 표현한 김소월과는 달리, 정지용은 늘 현해탄 건너 쪽, 더 멀리는 태평양 건너 쪽으로 시선을 두던 서구지향적 시인이었다.

유종호(柳宗鎬)는 김소월과 정지용이 1902년생으로 동갑내기인데도 두 사람의 시 세계는 한 세대 이상의 차이가 난다고 밝힌 적이 있다. 그러면서 유종호는 "동갑내기 두 시인에게서 거의 전근대와 근대의 차이를 느낀다는 것은 20세기 한국 시가 동시 다발적으로 상이한 경향의 작품을 보여 주어 이른바 문예사조라는 준거들로 접근하는 것의 부질없음을 보여 준다"[1]고 지적한다.

그러나 두 시인의 시 세계 차이를 전근대와 근대의 차이로 보는 데는 무리가 따르고, 차라리 근대와 현대의 차이라고 보는 쪽이 더 설득력이 있을지 모른다. 이렇듯 한국 근대 시단을 대표하는 김소월과 정지용은 적어도 시 형식과 기법에서 큰 차이를 보여 준다는 데는 어느 누구도 부정할 수 없을 것이다. 김기림(金起林)이 정지용을 두고 "실로 우리의 시 속에 '현대의 호흡과 맥박'을 불어넣은 최초의 시인" 또는 "시의 유일한 매개인 이 언어에 대하여 주의한 최초의 시인"[2]으로 평가한 것도 이러한 맥락에서 이해할 수 있다.

이러한 차이에도 정지용과 김소월은 영문학을 비롯한 서양문학 작품에서 예술적 자양분을 섭취하려고 노력했다는 점에서 서로 적잖이 닮았다. 비록 정도의 차이는 있을망정 두 시인은 외국문학에 배타적인 태도를 취하는 대신 어떻게 하면 그것을 받아들여 자국의 것으로 만들 수 있을까 하고 고심하였다. 이렇게 그들은 외국문학 작품에서 영향을 받되 어디까지나 시적 변용을 통하여 독창적인 것으로 승화시키는 데

1 유종호, 『한국근대시사 1920~1945』(서울: 민음사, 2011), 4쪽.

2 김학동·김세환 공편, 『김기림 전집 2』(서울: 심설당, 1988), 62, 63쪽.

놀라운 재주를 보였다. 이를 달리 말하면 두 시인의 작품을 좀 더 깊이 있게 이해하려면 비교문학과 상호텍스트성의 관점에서 다루어야 한다는 것이 된다.

상호텍스트성에서 번역은 아주 중요한 역할을 한다. 번역 행위 그 자체를 상호텍스트성으로 볼 수는 없지만 시인이나 작가들은 흔히 다른 문인들의 작품을 번역하는 과정이나 다른 사람이 번역해 놓은 작품에서 크고 작은 영향을 받기 때문이다. 김소월이나 정지용에게도 번역은 외국문학을 자국문학으로 만드는 데 반드시 거쳐야 할 일종의 통과의례와 같았다. 예를 들어 김소월은 백거이(白居易), 맹호연(孟浩然), 이백(李白), 두목(杜牧), 왕유(王維) 등의 한시를 번역하였다. 김소월은 비단 동양 작품에 그치지 않고 윌리엄 워즈워스의 시 한 편과 심지어 기드 모파상의 단편소설을 번역하기도 하였다.

이 점에서는 정지용도 김소월과 크게 다르지 않아서 번역을 중요하게 생각하였다. 휘문고등보통학교 재학 중에는 라빈드라나드 타고르의 작품을 번역하였고, 일본에 유학하여 교토(京都) 소재 도시샤(同志社)대학에서 영문학을 전공하던 무렵과 졸업 후에는 윌리엄 블레이크와 월트 휘트먼 같은 영미 시인들의 작품을 주로 번역하였다. 한편 김소월과 정지용은 모국어를 잠시 접어두고 한때 일본어로 시를 창작하기도 하였다. 이 또한 복화술자처럼 식민지 종주국의 언어를 흉내 낸 것이라기보다는 일본어로 직접 시를 창작함으로써 모국어의 가능성과 한계를 실험했다고 보는 쪽이 더 옳을 것이다.

「카페 프란스」와 블레이크의 「병든 장미」

정지용은 도시샤대학에서 영문학을 전공하면서 특히 영국시와 미국시에 깊은 관심을 보였다. 정지용의 작품을 맨 처음 영문으로 번역한 대니얼 A. 키스터는 "정지용의 가장 가까운 서양의 시적(詩的) 친척은 아마 에즈러 파운드와 윌리엄 버틀러 예이츠일 것이다"라고 지적하였다. 그러면서 그는 정지용이 전자의 시인한테서는 "신선하고 암시적인 이미지 구사법"을, 후자의 시인한테서는 "인간적인 애정과 인생에 대한 사랑이 넘치는 이미지와 소리의 다양한 패턴"을 배웠을 것이라고 주장하였다.[3]

그러나 정지용은 이미지나 시어 구사에서는 파운드나 예이츠한테서 영향을 받았을지 모르지만 좀 더 구체적으로 그들한테서 직접 영향을 받은 흔적은 찾아보기 어렵다. 오히려 정지용은 다른 영국 시인들과 미국 시인들한테서 크고 작은 영향을 받았거나 좀 더 넓은 의미에서 상호텍스트적 관계를 맺고 있다. 그가 상호텍스트적 관계를 맺고 있는 영국과 미국 시인 중에는 초기 영국 낭만주의 문학을 대표하는 윌리엄 블레이크, 미국 시인으로는 새러 티즈데일, 트럼불 스티크니, 헨리 워즈워스 롱펠로 등을 꼽을 수 있다.

정지용이 블레이크한테서 영향을 받았다는 것은 도시샤대학 졸업 논문으로 「윌리엄 블레이크 시의 상상력」을 제출했다는 사실에서도

3 Daniel Kister, "Introduction," *Distant Valleys: Poems of Chong Chi-Yong*, trans. Daniel Kister (Berkeley: Asian Humanities Press, 1994), p. 1.

알 수 있다. 영어로 쓴 이 논문에서 그는 영국 낭만주의를 선도한 블레이크의 상상력이 발전해 가는 과정을 고찰한다. 정지용은 "블레이크의 상상력은 신비주의적이고 상징주의적"이라고 지적하면서 이러한 이유로 "물리적 세계에 대한 정확한 관찰 부족이 블레이크의 약점"이라고 결론짓는다.[4] 1930년 두 차례에 걸쳐 정지용은 《대조(大潮)》와 《시문학(詩文學)》에 블레이크의 작품을 번역하여 한국 문단에 소개하기도 하였다. 물론 이 영국 시인을 한국 문단에 처음 소개한 사람은 정지용이 아니라 변영만(卞榮晩)과 김억(金億)이었다. 변영만은 일찍이 1923년 3월 《동명(東明)》에 블레이크의 시 3편을, 김억은 같은 해 8월 《신생명(新生命)》에 블레이크의 시 5편을 번역하여 소개하였다.

정지용에게 블레이크를 처음 소개해 준 사람은 야나기 무네요시(柳宗悅)였을 것으로 추정된다. 일본에 블레이크 시를 처음 소개한 영문학자 중 한 사람인 야나기는 당시 도시샤여학교 전문부 교수로 재직하면서 도시샤대학에서 영문학을 강의하였다. 정지용이 졸업 논문 주제로 블레이크를 택하는 데도 아마 야나기의 영향이 적지 않았을 것이다.[5] 조선 민속예술에 관심이 깊던 야나기는 당시 조선인 학생들과 가깝게 지냈다. 한편 정지용이 흠모하던 시인 기타하라 하쿠슈(北原白秋)도 조선에서 유학 온 시인 지망생 정지용에게 블레이크를 소개했을 가능성을 배제할 수 없다.

---

4 이 논문은 2002년 《문학사상》이 발굴하여 10월호에 처음 공개하였다.

5 정지용이 야나기 무네요시와 블레이크한테서 받은 영향에 대해서는 Wook-Dong Kim, *Global Perspectives on Korean Literature* (London: Palgrave Macmillan, 2019), pp. 217~220 참고.

이러한 일련의 정황으로 미루어보면 정지용이 초기 작품에서 블레이크의 영향을 받았을 가능성이 무척 크다. 아니나 다를까 1926년 정지용이 교토 지역 조선인 유학생들의 친목 단체인 '교토학우회'에서 발행하던 잡지 《학조(學潮)》 창간호에 발표한 「카페 프란스」에서는 블레이크한테서 받은 영향을 엿볼 수 있다.[6] 이 작품의 시적 상황은 비 내리는 어느 날 밤 대학생인 듯한 젊은이 셋이 카페에 가서 시간을 보내는 모습이다. 1920년대 말엽에서 1930년대 초엽 일본 대학 주변에 있는 카페는 흔히 여성 종업원들이 젊은 대학생들에게 몸을 파는 등 퇴폐적인 장소로도 사용되었던 것으로 알려져 있다.

> 옴겨다 심은 棕櫚나무 밑에
> 빗두루 슨 장명등,
> 카뻬·뜨란스에 가쟈.
>
> 이놈은 루바쉬카
> 또 한놈은 보헤미안 넥타이
> 뻣적 마른 놈이 압장을 섰다.

6 정지용은 이 작품을 《학조》에 발표하기에 앞서 이 작품의 전반부를 일본어로 써서 1925년 기타하라 하쿠슈가 주재하던 《긴다이후케이(近代風景)》에 처음 발표하였다. 같은 해 정지용은 이 작품 전체를 역시 일본어로 《도시샤대학 예과 학생회지》에 실었다. 김시태(金時泰)는 정지용이 「카페 프란스」를 창작하면서 엘리엇의 「프루프록의 연가」에서 영향을 받았다고 주장하지만 도회를 배경으로 하고 작품 중 대화를 사용한다는 점을 제외하고는 이 두 작품 사이에서 이렇다 할 영향 관계를 찾을 수 없다. 김시태, 『현대시의 전통』(서울: 성문학, 1981), 186~193쪽.

밤비는 뱀눈처럼 가는데
페이브멘트에 흐늙이는 불빛
카뻬·뜨란스에 가쟈.
이 놈의 머리는 빗두른 능금
또 한놈의 心臟은 벌레 먹은 薔薇
제비처럼 젓은 놈이 뛰여 간다.

*

"오오 패롵(鸚鵡) 서방 ! 굳 이브닝!"

"굳 이브닝!" (이 친구 어떠하시오?)"
鬱金香 아가씨는 이밤에도
更紗 커—틘 밑에서 조시는구려!

나는 子爵의 아들도 아모것도 아니란다.
남달리 손이 희여서 슬프구나!

나는 나라도 집도 없단다
大理石 테이블에 닷는 내뺌이 슬프구나!

오오, 異國種 강아지야

내발을 빨어다오.

내발을 빨어다오.[7]

방금 앞에서 정지용을 김소월과 비교하면서 언급했듯이 이 작품에서는 정지용의 서구지향적 경향을 쉽게 엿볼 수 있다. 한민족의 구체적 삶에 뿌리를 둔 토착어나 구수한 평안 사투리를 찾아서 사용한 김소월과는 달리, 정지용은 외래어나 외국어를 유난히 많이 사용한다는 점이 무엇보다도 먼저 눈에 띈다. 우선 '카페 프란스'라는 작품 제목부터 구수한 숭늉보다는 커피 냄새를 풍긴다. '넥타이'나 '커틴(커튼)' 또는 '테이블'은 일상생활에서 자주 사용하는 외래어가 되어 이제 그것에 해당하는 마땅한 한국어 낱말을 찾을 수 없을 정도다. '루바쉬카'는 러시아 남성들이 입는 블라우스풍의 웃옷으로 이 무렵 젊은 대학생 사이에서 한때 유행하였다. '보헤미안 넥타이'는 사회 관습에 구애받지 않고 자유분방한 예술가들이 즐겨 착용하였다. '루바쉬카'에서는 젊은 지식층을 중심으로 힘을 얻고 있던 사회주의 냄새가, '보헤미안 넥타이'에서는 개인의 절대적 자유를 추구하던 아나키즘이나 사회주의적 낭만주의 냄새가 묻어난다.

3연 "페이브멘트에 흐늙이는 불빛 / 카페 프란스에 가쟈"에서는 외래어가 전체 낱말의 절반을 차지한다. 포장도로를 뜻하는 '페이브멘트'는 김광균(金光均)의 '와사등(가스등)'처럼 고층빌딩과 함께 도회를 상징

7 권영민 편, 『정지용 전집 1: 시』(서울: 민음사, 2016), 122~124쪽. 위 인용과 정지용 작품의 다른 인용은 『정지용 시집』(시문학사, 1935)에 따른다. 앞으로 이 시집에서 인용은 '1'이라는 숫자와 함께 인용 쪽수를 본문 안에 직접 적기로 한다.

하는 더할 나위 없이 좋은 기호다. 정지용은 「카페 프란스」에서 '패롵(앵무새)'이니 '꾿 이브닝'이니 하는 영어 표현을 사용하기도 한다. 한편 정지용이 《학조》에 처음 발표할 때는 '추립브(튤립)'를 사용했다가 『정지용 시집』에 수록할 때 '울금향'이라는 한자어로 고치고, '사라사' 대신 '경사'라는 번역어를 사용하는 것이 오히려 이상할 정도다.

이 작품의 1인칭 시적 화자 '나'는 조선의 젊은이로 지금 식민지 종주국 일본에서 공부하는 유학생으로 보아 크게 틀리지 않는다. "나는 나라도 집도 없단다"니 "오오, 이국종 강아지야"니 하는 구절은 이 점을 뒷받침한다. 이 작품에서 '나라'를 식민지 조국으로, '집'을 고향으로 바꾸어 놓아도 크게 틀리지 않는다. 시적 화자를 비롯한 그의 동료들은 이국에서 느끼는 외로움과 나라를 빼앗긴 설움을 이렇게 카페에서 달랜다.

"남달리 손이 희여서 슬프구나!"라는 구절에서는 1924년 김기진(金基鎭)이 《개벽》에 발표한 「백수(白手)의 탄식」과 상호텍스트적 관계를 맺는다. 김기진은 이 작품에서 "카페 의자에 걸터앉아서 / 희고 흰 팔을 뽐내어 가며 / '우 나로도!'라고 떠들고 있는 / 60년 전의 러시아 청년이 눈앞에 있다…… // Cafe Chair Revolutionist, / 너희들의 손이 너무 희구나!"[8]라고 노래한다. 정지용의 시적 화자도 김기진의 시적 화자처럼 카페에서 차를 마시며 겉으로만 민중을 외치는 나약한 지식인의 모습

8 김기진, 홍정선 편, 『김팔봉 문학전집』 4권(서울: 문학과지성사, 1989), 21쪽. 김기진은 이 작품을 창작하면서 일본 시인 이시카와 다쿠보쿠(石川啄木)의 작품에서 영향을 받았을 것이다. 하야시 요코(林陽子), 「'끝없는 토론 뒤'와 '백수의 탄식' 재고찰」, 《일본언어문화》(한국일본언어문화학회), 18호 (2011), 645~664쪽.

을 냉소적 시선으로 바라본다.

정지용이 「카페 프란스」를 창작하면서 영향을 받은 블레이크의 작품은 다름 아닌 「병든 장미(The Sick Rose)」다. 앞에서 언급한 변영만은 1923년 「병든 장미」를 「파리」와 「망각」과 함께 번역하여 《동명》에 처음 발표하였다. 1923년이라면 정지용이 휘문고등보통학교를 졸업하고 도시샤대학에 막 입학하던 해다. 그러므로 그는 이 한국어 번역을 읽었거나, 아니면 영어 원문이나 일본어 번역으로 읽었을 것이다. 정지용이 졸업 논문에서 「병든 장미」를 다루는 것을 보면 원문으로 읽었을 가능성이 무척 크다.

정지용의 작품과 블레이크의 작품에서 상호텍스트성을 엿볼 수 있다. 가령 4연의 밑줄 친 구절 "또 한 놈의 심장은 벌레 먹은 장미"가 그러하다. 이 구절과 관련하여 김학동(金澤東)은 "그 전대에서는 거의 찾아볼 수 없는 새로운 표현 기법으로 한국 근대시사에서 전환적 의미를 갖는다"고 지적한다. 또한 그는 "1920년대의 한국 시사에서도 돌발적인 현상"으로 "전혀 이질적이고 전위적인 차원에서 발상시킨 이 시인의 한 단면"이라고 주장하기도 한다.[9] 김학동이 그렇게 주장하는 것도 무리가 아닌 것이 정지용은 이 구절을 블레이크의 작품에서 영감이나 영향을 받고 썼기 때문이다. 가히 '돌발적'이고 '이질적'이라고 할 이 은유 "심장은 벌레 먹은 장미"는 블레이크가 1794년에 창작하여 시집 『경험의 노래』(1794)에 수록한 작품 「병든 장미」와 상호텍스트적 관계가 있다.

9 김학동, 『현대시인 연구 I』(서울: 시문학사, 1995), 490, 493~494쪽.

O Rose thou art sick.

The invisible worm,

That flies in the night

In the howling storm:

Has found out thy bed

Of crimson joy:

And his dark secret love

Does thy life destroy.[10]

밑줄 친 첫 행 "오 장미여, 너는 병들었구나!"는 정지용의 "또 한 놈의 심장은 벌레 먹은 장미"와 아주 비슷하다. 정열을 상징하는 꽃인 장미가 '병들었다'는 것은 2~4행에서 볼 수 있듯이 한밤중에 벌레가 몰래 찾아와 꽃봉오리를 갉아먹은 것을 말한다. 한국어 어법에서는 '장미가 병들었다'고 말하기보다는 '장미가 벌레 먹었다'고 말하는 쪽이 더 자연스럽다. 최인욱(崔仁旭)의 장편소설 『벌레 먹은 장미』(1953)는 통속소설로 낙양의 지가를 올린 작품이다. 이보다 앞서 일본에서도 사토 하루오(佐藤春夫)는 『데넨노유우쓰(田園の憂鬱)』(1918)라는 장편소설을 출간했는데 이 작품의 원래 제목은 『야메루바라(病める薔薇)』, 즉 '벌레 먹은 장미'였고 미국에서 영문판으로 출간될 때도 원래 제목 그대로 'The Sick Rose'라고 하였다.

---

10 William Blake, *The Complete Poetry and Prose of William Blake*, ed. David V. Erdman (Berkeley: University of California Press, 2008), p. 23.

블레이크는 2연에서 “너의 침실에서 / 진홍빛 기쁨을 찾아냈다. / 그 어둡고 비밀스런 사랑이 / 너의 생명을 망가뜨린다”고 노래한다. 장미가 정열적인 사랑을 상징하듯이 벌레 먹은 장미는 흔히 ‘어둡고 비밀스런 사랑’, 즉 불륜을 상징한다. 그렇다면 정지용은 블레이크의 작품에서 단순히 시어나 은유 같은 형식과 기교뿐 아니라 내용과 주제에서도 영향을 받았다고 볼 수 있다. 물론 주제란 삶의 태도에 대한 보편적 진술이므로 그것이 유사하거나 동일하다고 하여 영향 관계를 따지는 것은 어떤 의미에서는 무의미하고 부질없을지도 모른다. 그러나 적어도 유사한 시어와 상징적 이미지로써 동일한 주제를 다룬다는 점에서 정지용의 「카페 프란스」는 블레이크의 「병든 장미」와 상호텍스트적 관계를 맺고 있다.

한편 정지용의 「카페 프란스」는 블레이크의 또 다른 작품 「봄(Spring)」과도 상호텍스트적 관계를 맺는다. 마지막 연의 “오오, 이국종 강아지야 / 내발을 빨어다오 / 내발을 빨어다오”는 「봄」의 마지막 연과 아주 비슷하다. 1930년 정지용이 《대조》에 번역하여 소개한 블레이크 작품 중에는 「봄」이 들어 있어 이 작품에서 영향을 받았을 가능성이 크다. 『순수의 노래』(1789)에 수록된 이 작품의 마지막 연 첫 4행은 다음과 같다.

Little Lamb
Here I am,
Come and lick

My white neck.

Let me pull

Your soft Wool.

Let me kiss

Your soft face.

Merrily Merrily we welcome in the Yea[11]

이 작품의 시적 화자 '나'는 새끼 양에게 자기에게 다가와 흰 목에 입을 맞추어 달라고 부탁한다. 그러면서 화자는 새끼양에게 그의 부드러운 털을 잡아당기고 그의 부드러운 얼굴에 입을 맞추게 해 달라고 말한다. 정지용의 작품과 블레이크의 작품에 차이가 있다면 후자의 작품에서는 새끼양이 등장하고 전자의 작품에서는 강아지가 등장한다는 점이다. 또한 블레이크 작품의 화자는 새끼양에게 목을 핥아 달라고 부탁하는 한편, 정지용 작품의 화자는 발을 빨아 달라고 부탁한다. 그러나 시적 화자가 인간이 아닌 짐승에게 무엇인가를 부탁한다는 전반적인 상황에서 두 작품은 서로 닮았다.

새끼양과 강아지는 짐승이라는 점에서는 서로 일치하지만 그것이 상징하는 바는 저마다 다르다. 블레이크는 『순수의 노래』에 수록한 작품들이 으레 그러하듯이 「봄」에서도 아직 성인 세계에 오염되지 않은 동심의 세계, 좀 더 구체적으로 말해서 인간이 자연과 조화를 꾀하던 순수한 세계를 노래한다. 한편 정지용이 「카페 프린스」에서 말하는 '이

11 위의 책, 17쪽.

국종 강아지'는 블레이크의 새끼양과는 크게 다르다. 물론 정지용의 작품에서 '이국종 강아지'가 정확히 무엇을 가리키는지는 분명하지 않다. 사나다 히로코(眞田博子)는 그것을 축어적으로 해석하여 외국에서 들여온 애완용 강아지를 가리키는 것으로 간주한다. 그러면서 그녀는 이방인 신분으로 이국에서 공부하는 화자 자신을 '이국종 강아지'와 동일시한다고 지적한다.[12]

그러나 '이국종 강아지'를 시적 화자보다는 카페에서 일하는 일본인 여성 종업원을 가리키는 은유로 해석하는 쪽이 훨씬 더 합리적이다. 1940년대 가장 활발하게 비평 활동을 한 평론가 중 한 사람인 김동석(金東錫)도 '이국종 강아지'가 세 대학생이 '울금향 아가씨'로 부르는 일본인 여급을 가리킨다고 주장한 적이 있다. 그렇다면 일본 제국주의의 통치를 받는 식민지 지식인들이 카페 여성 종업원을 성적 희롱의 대상으로 삼음으로써 식민지 지식인으로서 느끼는 울분을 달래고 정신적 승리감을 보여 주는 상징적 행위로 볼 수 있다.

「별똥」과 티즈데일의 「유성」

정지용의 작품은 영국 작품과 상호텍스트적 관계를 맺을 뿐 아니라 미국 작품과도 그러한 관계를 맺는다. 예를 들어 1930년 정지용이 1930년 10월 《학생》 2권 9호에 처음 발표한 「별똥」은 여러 정황으로 미루어보아 미국의 여성 시인 새러 티즈데일의 「유성(The Falling Star)」에서

12 사나다 히로코, 『최초의 모더니스트 정지용』(서울: 역락, 2014), 126쪽.

영감이나 영향을 받았을 가능성이 크다. 2음보의 운율에 겨우 5행밖에 되지 않는 정지용의 「별똥」은 동요에 가깝다. 실제로 이 무렵 그는 「호수 1」, 「호수 2」, 「지는 해」, 「감나무(홍시)」, 「병(甁)」, 「바람」 같은 동요를 많이 썼다. 그런데 「별똥」의 역사는 1926년으로 거슬러 올라간다. 정지용은 이 작품을 본디 산문으로 썼다가 뒷날 시로 다시 고쳐 썼다. 「서쪽 한울」과 「감나무」를 비롯한 다섯 편의 시를 '동요'라는 표제로 묶어 1926년 《학조》 창간호에 발표하면서 그 첫머리에 "별똥 떠러진 고슬 나는 꼭 밝는날 차저가랴고 하엿섯다. 별으다 별으다 나는 다 커버렷다"(1: 285)고 적었다. 정지용은 이 구절을 운문으로 고쳐 《학생》에 발표했다가 다시 첫 시집에 수록하였다.

더구나 정지용은 첫 시집을 출간한 뒤 1937년 12월 《소년》 1권 6호에 「별똥이 떨어진 곳」이라는 작품을 다시 발표하였다. 「별똥」을 그대로 인용하기에 앞서 그는 별똥과 관련하여 어렸을 적에 겪은 일화 한 토막을 소개하였고, 뒷날 이 글을 『지용 문학독본』(박문출판사, 1948)에 수록하였다.

> 밤뒤를 보며 쪼그리고 앉었으라면 앞집 감나무 위에 까치 둥어리가 무섭고, 제 그림자가 움직여도 무서웠다. 퍽 치운 밤이었다. 할머니만 자꾸 부르고, 할머니가 자꾸 대답하시어야 하였고, 할머니가 딴 데를 보시지나 아니하시나 하고, 걱정이었다.
>
> 아이들 밤뒤 보는 데는 닭 보고 묵은 세배를 하면 낫는다고, 닭 보고 절을 하라고 하시었다. 그렇게 괴로운 일도 아니었고, 부끄러

워 참기 어려운 일도 아니었다. 둥어리 안에 닭도 절을 받고, 꼬르르 꼬르르 소리를 하였다.

별똥을 먹으면 오래오래 산다는 것이었다. 별똥을 줏어왔다는 사람이 있었다. 그날 밤에도 별똥이 찌익 화살처럼 떨어졌었다. 아저씨가 한번 모초라기를 산 채로 훔켜 잡아온, 뒷산 솔푸데기 속으로 분명 바로 떨어졌었다.[13]

정지용이 어린 시절 할머니를 데리고 한밤중에 집밖에 있는 뒷간에서 대변을 보던 경험을 적은 글이다. 한밤중에 뒷간에 가는 버릇을 일종의 병으로 간주하여 그것을 낫게 하려면 닭에게 철 지난 세배를 해야 한다는 민간 신앙이 흥미롭다. 방금 앞에서 블레이크의 「봄」과 관련하여 언급한 새끼양과 시적 화자의 자연친화적 관계가 떠오르는 대목이다. 뒷간 이야기는 자연스럽게 별똥으로 이어진다. 그런데 정지용은 별똥이 집에서 일하는 일꾼인 듯한 아저씨가 메추라기를 잡아온 뒷산 소나무 풀덤불에 떨어졌다고 말한다. 그가 「별똥이 떨어진 곳」에서 인용하는 작품은 맞춤법이나 띄어쓰기를 제외하고는 그 이전에 발표한 작품과 거의 동일하다. 『정지용 시집』에 수록된 「별똥」은 다음과 같다.

별똥 떠러진 곳,
마음해 두었다

13 권영민 편, 『정지용 전집 2: 산문』(서울: 민음사, 2016), 35쪽. 권영민은 『문학독본』의 표기법과 띄어쓰기를 오늘날의 것으로 바꾸었다. 앞으로 『정지용 전집』에서 인용은 숫자 '2'와 함께 인용 쪽수를 본문 안에 직접 적기로 한다.

다음날 가보려,

벼르다 벼르다

인젠 다 자랐오. (1: 283)

이 작품의 시적 화자는 두말할 나위 없이 나이 어린 시골 소년이다. 정지용은 이 작품에서 유년기의 아름다운 꿈과 순수한 동심을 노래한다. 이 작품뿐 아니라 정지용의 작품이 거의 대부분 동심의 세계와 맞닿아 있다고 볼 수 있다. 앞에서 잠깐 언급한 김동석은 정지용의 첫 시집에 관한 서평에서 "『정지용 시집』의 본질은 동심에 있다 할 것이다"라고 잘라 말한다. 그러면서 김동석은 정지용이 영문학을 전공했으면서도 흔히 '영문학의 대문호'로 일컫는 윌리엄 셰익스피어보다 영원한 동심의 상징이라고 할 『피터 팬』(1911)의 저자 J. M. 베리에 더 관심을 기울인다고 밝힌다.[14]

예로부터 유성이 떨어지면 사람이 죽거나 나라에 불길한 일이 일어난다는 미신이 있다. 그러나 동심의 세계에서 유성은 불길한 전조가 아니라 오히려 신비스럽고 경이로운 대상일 뿐이다. 그래서 별똥이 떨어진 곳은 어린이들에게는 늘 꼭 한 번은 가 보아야 할 미지의 세계요 동경의 세계다. 정지용이 「별똥이 떨어진 곳」에서 메추리를 잡은 뒷산 소나무 풀덤불을 언급하는 것은 바로 그 때문이다. 그러나 언젠가는 한 번 그 별똥이 떨어진 곳에 가서 그것을 꼭 찾아보겠다고 다짐하다가 어느덧 성인의 문턱을 넘어서게 되는 것이 서글픈 삶의 과정이다.

14 김동석, 「시를 위한 시」, 『예술과 인생』(서울: 박문서관, 1947), 52쪽.

미국 여성 시인 새러 티즈데일은 오늘날 미국이나 한국의 독자들에게는 거의 잊히다시피 했지만 일제강점기에는 가장 인기 있는 외국 시인 중 한 사람이었다. 뛰어난 감성과 음악적 언어로 그녀는 일본 제국주의의 통치를 받던 암울한 시대 식민지 조선의 독자들에게 큰 위안을 안겨주었다. 이러한 인기는 일찍이 1925년부터 티즈데일의 작품이 번역되어 널리 읽혔다는 점에서도 입증된다. 뒷날 교육 행정가로 활약하는 천원(天園) 오천석(吳天錫)은 《조선문단》 2호에 「아말피의 밤노래」 등 그녀의 작품 4편을 번역하여 처음 소개하였다. 1927년에는 '외국문학연구회'에서 활약한 이하윤(異河潤)이 《해외문학》 2호에 「이져바리여요」를 번역하여 발표하였다. 흥미롭게도 정지용도 주간을 맡던 《경향신문》에 「잊지 말자」를 번역하여 소개하였다.[15] 티즈데일의 다섯 번째 시집 『불꽃과 그림자』(1920)에 처음 수록된 「유성」은 정지용이 「별똥」을 창작한 1930년 이전에 한국어로는 아직 번역되어 있지 않았다. 그러므로 정지용은 아마 이 작품을 영어 원문이나 일본어 번역으로 읽었을 가능성이 크다. 일본에서는 일찍이 1920년대부터 티즈데일의 작품이 번역되어 소개되었다.

> I saw a star slide down the sky,
> Blinding the north as it went by,
> Too burning and to quick to hold,

15 티즈데일의 이 작품은 김소월의 『먼 후일』과 여러모로 비슷하다. 두 작품이 1920년에 발표되어 김소월이 그녀한테서 직접 영향을 받았을 가능성은 낮지만 시적 상황과 언어 구사에서 상호텍스트적 관계를 맺는다.

Too lovely to be bought or sold
Good only to make wishes on
And then forever to be gone.[16]

정지용의 「별똥」은 우연의 일치라고 보기에는 여러모로 티즈데일의 「유성」과 아주 비슷하다. 무엇보다도 먼저 두 작품의 제목부터가 동일하다. 티즈데일의 작품 제목 'The Falling Star'를 '유성'으로 옮겼지만 순수한 토박이말로 하면 '별똥'이다. 티즈데일은 'star'라는 낱말을 사용했지만 정지용은 '별똥별' 대신 '별똥'을 사용한다는 점도 눈여겨보아야 한다. 우주과학의 관점에서 보면 유성이란 혜성이나 소행성에서 떨어져 나온 티끌이나 태양계를 떠돌던 먼지 등이 지구 중력에 이끌려 대기 안으로 들어오면서 대기와 마찰하여 불타는 현상을 말한다. 그러므로 엄밀한 의미에서 유성은 별이 아니라 별의 분비물, 글자 그대로 '별똥별'이다.

더구나 정지용의 「별똥」과 티즈데일의 「유성」 사이에는 이러한 외형적 유사성 외에 내재적 유사성도 적지 않다. 가령 운율, 시어, 어조 같은 시 형식에서 서로 많이 닮았다. 전자의 작품이 2음보의 5행 정형시이고, 후자의 작품은 전자보다 2행이 많은 6행 정형시다. 두 시인 모두 어린이들이 쉽게 이해하고 외울 수 있는 단순하고 소박한 낱말을 즐겨 구사한다. 티즈데일은 4음보의 짧은 첫 행에서는 'saw', 'star', 'slide', 'sky' 처럼 두운법을 네 번 구사하고, 둘째 행에서는 'blinding'과 'by'처럼 두

16 Sara Teasdale, *Collected Poems of Sara Teasdale* (New York Macmillan, 1966), p. 195.

운법과 모운법을 함께 구사한다. 또한 'aabbcc'의 각운을 사용하여 음악적 효과를 한껏 자아낸다. 물론 한국시는 영시와는 달라서 정형성을 살릴 방법이 그다지 많지 않지만, 그래도 정지용은 첫 행의 '별똥'과 '떨어진', 셋째 행의 '다음날'과 '가보려', 마지막 행의 '다'와 '자랐오'에서는 모운법(母韻法)을 살리려고 애쓴다. 또한 "마음해 두었다"에서는 '마음에'라고 하지 않고 일부러 '마음하다'라는 동사를 만들어 사용함으로써 러시아 형식주의자들이 말하는 '낯설게 하기' 기법을 구사한다. 그런가 하면 "벼르다 벼르다"처럼 같은 어구를 반복하여 음악성을 높이려고 시도하기도 한다.

이렇듯 두 작품 모두 여러모로 동시나 동요를 떠올리게 한다. 실제로 티즈데일의 「유성」은 발표되자마자 미국에서 동시로 각광을 받았을 뿐 아니라 뒷날 노래로 만들어져 어린이들 사이에서 널리 불렸다. 이 점에서는 「별똥」도 마찬가지여서 정지용이 《학조》 창간호에 '동요'라는 항목에 묶어 발표했다는 점은 이미 앞에서 언급하였다. 최근 한 국내 출판사에서는 그의 동시를 한데 묶어 『별똥 떨어진 곳』이라는 동시집을 출간하기도 하였다.

정지용의 「별똥」은 소재 선택에서도 티즈데일의 「유성」과 아주 비슷하다. 구전 민요와 전래 동요 또는 민간 속설에 기반을 둔 두 작품은 성인의 세계에 때 묻지 않은 천진난만한 동심의 세계를 소재로 삼는다. 두 작품의 시적 화자는 별똥의 아름다움과 신비에 매료되면서도 막상 그것을 손에 넣을 수 없다는 사실에 적잖이 실망한다. 티즈데일의 작품에서 시적 화자 '나'는 유성이 너무 빨리 떨어지는 바람에 도저히 손으로 붙잡을 수 없을 뿐 아니라 너무 아름다워 돈을 주고 사고팔 수도 없다고 노래한다. 그러면서 서양에 전해 내려오는 민담에 따라 유성에게는 소원을 비는 수밖에 없다고 말한다. 이러한 서양의 속설은 라이너 마리아 릴케의 「유성」에서도 엿볼 수 있다. 릴케는 이 작품에서 유성이 "갑자기 우리의 소원의 장애물을 뛰어넘었다"고 노래한다. 정지용도 별똥을 주어서 먹으면 오래 살 수 있다는 한국 속설에 근거하여 「별똥」을 썼다. 이 작품의 시적 화자가 별똥이 떨어진 곳에 가 그것을 찾으려고 벼르는 것은 바로 이러한 속설 때문이다.

티즈데일의 「유성」과 정지용의 「별똥」은 이렇게 동심과 민속의 소재가 비슷하듯이 주제에서도 서로 비슷하다. 첫째, 두 작품은 이상과 현실, 외견(겉모습)과 실재(참모습), 기대와 결과 사이에서 빚어지는 삶의 아이러니를 중심 주제로 다룬다. 별똥이나 유성을 붙잡는다는 것은 마치 하늘에 걸린 무지개를 붙잡는 것처럼 불가능하다. 그래서 17세기 영국의 형이상학파 시인 존 던은 「유성을 잡아라」라는 작품에서 아름답고 정절이 있는 여성을 찾는다는 것은 마치 하늘에서 떨어지는 유성을 붙잡는 것만큼이나 어렵다고 노래한다. 최근 이 작품은 여성을 비하하거나 폄훼한다고 하여 페미니즘 비평가들로부터 집중포화를 받았다.

현실 세계에서 불가능한 것을 실현 가능한 것으로 꿈꾸는 것이 유년과 소년의 특권이다. 유년과 소년에서 청년을 거쳐 성년에 이른다는 것은 곧 조금씩 아름다운 꿈을 포기하고 현실을 받아들이는 과정과 크게 다르지 않다. 티즈데일의 「유성」과 정지용의 「별똥」에서 별똥은 이제는 돌아갈 수 없는 행복한 유년시절, 즉 실낙원을 떠올리게 하는 슬픈 기억으로 남아 있다. 한편 어떤 의미에서 이 두 작품은 궁극적 아름다움이란 본질적으로 성취할 수 없다든지, 삶이란 짧고 속절없다든지 하는 보편적 주제를 다룬다는 점에서도 상호텍스트적 관계를 맺고 있다.

「유리창 1」과 티즈데일의 「보상」

정지용이 작품을 쓰면서 새러 티즈데일의 작품과 맺고 있는 상호텍스트적 관계는 「별똥」에 이어 「유리창 1」에서도 엿볼 수 있다. 그는 이 작품을 창작하면서 티즈데일의 「보상(Compensation)」에서 직간접으로 영감이나 영향을 받았다. 정지용은 「유리창 1」을 1930년 1월 《조선지광》 89호에 처음 발표한 뒤 『정지용 시집』에 수록하였다.

> 琉璃에 차고 슬픈것이 어린거린다.
> 열없이 붙어서서 입김을 흐리우니
> 길들은양 언날개를 파다거린다.
> 지우고 보고 지우고 보아도
> 새까만 밤이 밀려나가고 밀려와 부디치고,
> 물먹은 별이, 반짝, 寶石처럼 백힌다.
> 밤에 홀로 유리를 닦는것은
> 외로운 황홀한 심사 이어니,
> 고흔 肺血管이 찢어진 채로
> 아아 늬는 山ㅅ새처럼 날러 갔구나! (1: 50)

이 작품은 정지용이 그의 첫 딸이자 막내를 폐렴으로 일찍 세상을 떠나보내고 느낀 슬픔과 그리움을 노래한 작품으로 알려져 있다. 정지용의 작품과 상호텍스트적 관계를 맺는 티즈데일의 「보상」은 「유성」과 마찬가지로 시집 『불꽃과 그림자』에 실려 있다. 티즈데일의 이 시는 그녀의 작품 중에서도 비교적 잘 알려져 있다. 정지용은 도시샤대학 영문학과를 졸업하고 모교인 휘문고등보통학교에서 교사로 근무하던 무렵 「유리창 1」을 쓰면서 아마 영어 원문을 읽었거나 일본어 번역을 읽었을 것이다.

I should be glad of loneliness
And hours that go on broken wings,
A thirsty body, a tired heart
And the unchanging ache of things,
If I could make a single song
As lovely and as full of light,
As hushed and brief as a falling star
On a winter night.[17]

정지용의 「유리창 1」은 시적 화자, 시적 상황과 배경, 시어, 이미지, 어조, 주제 등에서 티즈데일의 「보상」과 적잖이 닮았다. 두 작품 모두 1인칭 시적 화자 '나'가 등장한다. 「유리창 1」에서는 명시적으로 '나'를 사

17 위의 책, 125쪽.

용하지 않지만 둘째 행 "열없이 붙어 서서 입김을 흐리우니"에서 행위의 주제는 두말할 나위 없이 '나'다. 한국어 어법에서 1인칭 주어는 이처럼 맥락에 따라 생략하기 일쑤다. 두 시의 화자는 남모를 외로움과 슬픔과 고통을 느낀다. 또한 두 작품 모두 겨울밤을 시간적 배경으로 삼는다는 점에서 비슷하다. 「보상」의 공간적 배경은 잘 드러나 있지 않지만 「유리창 1」처럼 실내로 보아도 크게 무리가 되지 않는다. 이렇게 일 년 중에서도 겨울, 겨울 중에서도 추운 밤이기에 시적 화자가 느끼는 외로움은 더더욱 클 수밖에 없다. 티즈데일 작품의 화자가 "갈증 나는 몸, 피곤한 마음"을 느끼듯이 정지용 작품의 화자도 한밤중에 홀로 창가에 서서 유리를 닦을 만큼 몸과 마음이 무척 심란하다.

한편 정지용은 티즈데일처럼 입김, 폐, 심장, 가슴 등 인간 신체나 날개처럼 새 같은 날짐승과 관련한 낱말을 즐겨 사용한다. 특히 두 작품에서 별과 날개는 화자가 느끼는 죄의식이나 회한, 상실감, 자기연민 같은 감정과 깊이 연관되어 있다. 앞에서 언급했듯이 별과 유성은 흔히 죽음과 연관되어 있다. 두 작품에서 '언 날개'와 '부러진 날개'도 별과 비슷한 상징적 의미가 있다. 정지용의 「유리창 1」에서 '언 날개'는 폐렴으로 죽어 이제 더 숨을 쉬지 못하는 어린아이를 보여 주는 더할 나위 없이 적절한 은유다. 티즈데일도 시적 화자의 무료하고 외로운 시간을 새의 '부러진 날개'에 빗댄다.

그런가 하면 정지용의 「유리창 1」은 상반되는 요소를 결합하여 독특한 감정을 유발하는 모순어법을 구사한다는 점에서도 티즈데일의 「보상」과 비슷하다. 티즈데일이 첫 행에서 "나는 외로움을 기뻐하리"라고 노래하는 것은 모순어법이다. 외로움과 기쁨은 마치 물과 불처럼 서로 상반되는 감정이다. 또한 "사랑스럽고 빛으로 가득 찬" 노래라면 몰라도 "유성처럼 소리 없고 단명한" 노래를 만든다는 것도 모순어법으로 볼 수밖에 없다. 정지용도 마지막 셋째 행에서 "외로운 황홀한 심사이어니"라고 모순어법을 사용한다. 어린 딸아이를 일찍 떠나보낸 아비의 마음이야 외롭고 쓸쓸하기 그지없을 터지만, 유리창에서 죽은 아이의 영혼이 어느덧 별이 되어 빛나는 모습을 바라보는 그는 잠깐 동안이나마 '황홀한' 기분을 맛보지 않을 수 없다. 내세를 믿는 화자라면 죽은 자식을 다시 만날 수 있다는 소망이 있기에 비록 순간적이지만 '황홀한' 정신적 기쁨을 느낄지도 모른다.

「유리창 1」에서 정지용은 티즈데일의 「보상」에서 영향을 받되 어디까지나 자신의 시적 의도에 맞게 자유롭게 변용하여 사용한다. 통사론적 관점에서 보면 티즈데일은 '만약 ~라면(If I could make) ~할 것이다(I should be)'라는 가정법의 구문을 구사한다. 두말할 나위 없이 그녀가 사용하는 가정법 과거는 현재 상태에서 불가능하거나 가능성이 극히 낮은 상황을 가정하여 말하는 방식이다. 그러나 정지용의 작품에서는 직설법 문장 "유리에 차고 슬픈것이 어린거린다"로 시작하여 "아아 늬는 산ㅅ새처럼 날러 갔구나!"로 끝난다. 그래서 어린 딸을 잃은 시적 화자가 느끼는 외로움이 좀 더 직설적으로 드러난다.

더구나 정지용은 선명하고 감각적인 이미지를 구사하여 자식을 잃은 아버지의 비애를 묘사하되 감정을 절제하여 표현하는 솜씨가 아주 뛰어나다. 시적 화자는 한 겨울밤 유리창에 서서 죽은 딸을 생각하며 슬픔에 잠겨 있다. '차고 슬픈 것'이 유리창에 어린다는 것은 아마 입김으로 생긴 성에일 것이다. 창가에 계속 서서 입김을 불면 성애는 조금씩 녹으면서 새처럼 '언날개'를 퍼덕이는 것처럼 보인다. 이렇게 날개를 퍼덕이는 새는 마지막 두 행에서 엿볼 수 있듯이 "고흔 폐혈관이 찢어진 채로" 마치 산새처럼 날아가 버렸다. 가냘픈 폐혈관이 찢어졌다고 말하는 것을 보면 폐렴을 앓던 어린아이가 겪은 고통이 어떠했는지, 또 그 모습을 지켜보는 아비의 심정이 어떠했는지 쉽게 짐작이 간다. 이 무렵 아직 페니실린이 개발되기 전이고 '도리아농'이라는 약이 있었다고는 하지만 구하기 힘들어 폐렴은 어린아이에게는 그야말로 치명적인 병이었다.

시적 화자가 느끼는 그리움과 슬픔은 6행 "물먹은 별이, 반짝, 보석처럼 백힌다"에 이르러 그야말로 찬란한 빛을 내뿜는다. 이 구절의 감칠맛은 '반짝'이라는 의태어와 시행 사이에 휴식을 두는 쉼표의 사용에 있다. '별'과 '보석' 사이에 이 '반짝'이라는 부사를 놓음으로써 번개나 전기 스파이크처럼 작은 빛이 잠깐 나타났다가 사라지는 모양을 시각적으로 보여 준다. 또한 '반짝'이라는 낱말 앞과 뒤에 쉼표를 찍어 중간 휴식법을 구사하는 것도 정지용이 아니고서는 좀처럼 구사할 수 없는 절묘한 기법이다.

이 '물 먹은 별'에 대하여 권영민(權寧珉)은 "밤하늘의 별빛이 그 가장자리로 번져서 별의 크기가 더욱 커 보이는 경우를 말한다"고 해석한다. 즉 물기를 머금은 별을 뜻하는 표현으로 풀이한다. 그러나 '물 먹은 별'은 축어적 표현보다는 죽은 아이의 영혼을 표상하는 상징적 이미지로 보아야 할 것 같다. 동양에서나 서양에서나 별은 죽은 사람의 영혼과 깊이 관련되어 있다. 한편 이 '물 먹은 별'은 죽은 자식의 영혼 못지않게 시적 화자의 눈에 맺힌 눈물을 가리키기도 한다. 한겨울의 밤이 파도처럼 밀려나갔다가 다시 밀려오는 모습을 '열없이' 바라보는 화자의 눈가에 갑자기 이슬처럼 눈물이 맺힌다. 이렇게 눈물 어린 눈으로 사물을 바라보면 별이나 보석처럼 반짝이며 일그러져 보인다.[18] 더구나 눈가에 맺힌 눈물은 유리창에 반사되면 더더욱 반짝 빛날 것이다.

「향수」와 스티크니의 「므네모시네」

정지용의 작품과 상호텍스트적 관계를 맺는 영문학 작가 중에서도 트럼불 스티크니를 빼놓을 수 없다. 정지용의 대표작이라고 할 「향수」는 19세기 말과 20세기 초엽에 활약한 미국 시인 스티크니의 「므네모시네(Mnemosyne)」와 여러모로 상호텍스트적 관계를 맺는다. 이 미국 시인은 서른 살에 요절한 데다 작품의 양도 그다지 많지 않아 그의 고국에서조차 일반 독자들은 말할 것도 없고 심지어 영문학 전공자들에게도 별로 알려져 있지 않다. 이러한 상황에서 그는 동아시아에서는 더더욱 '무명' 시인에 가까웠다. 그래서 그런지 그동안 정지용과 스티크니의 영향 관계가 거의 논의되지 못하였다. 그러나 정지용은 스티크니가 사용한 핵심적인 시어 몇 마디와 시적 상황에서 받은 영감을 주춧돌로 삼

18 권영민의 해석에 대해서는 『정지용 전집 1』, 50쪽 참고. 필자의 해석에 대해서는 김욱동, 『지구촌 시대의 문학』(서울: 황금알, 2009), 56~59쪽 참고.

아 아름다운 한옥 같은 시 한 편을 창작하였다.

「향수」는 정지용의 작품 가운데에서 초기 시에 속한다. 그가 이 작품을 처음 쓴 것은 휘문고등보통학교 졸업을 앞둔 무렵이거나 막 졸업한 직후로 추측된다. 1922년 그는 이 학교를 졸업했지만 바로 이 해에 학제가 4년 과정에서 5년 과정으로 개편되면서 일 년을 더 다녀야 하였다. 1923년 도시샤대학에 입학 허가를 받은 뒤 그는 일본에 건너가기에 앞서 고향 충청북도 옥천을 방문하여 「향수」를 창작한 것으로 알려져 있다.

정지용은 대학 재학 중이던 1927년 3월 《조선지광》 65호에 이 작품을 발표하였다. 그런데 정지용은 「향수」 끝에 창작 연대를 "1923년 3월"로 표기한 것으로 보아 발표 시기보다 몇 년 전에 창작했음을 알 수 있다. 1923년 3월이라면 정지용이 고등학교를 졸업하기 몇 달 전이다. 이 무렵 그는 그의 아이디어로 시작한 문학동인지 《요람》에 이 작품을 처음 실린 것 같다.[19] 정지용의 창작 태도로 미루어보아 동인지에 실린 작품은 《조선지광》에 발표한 「향수」나 그의 첫 시집 『정지용 시집』에 수록한 것과는 아마 조금 다를 것이다.

19 경성법학전문학교 재학 시절 정지용과 함께 문학 활동을 한 박팔양(朴八陽)에 따르면 정지용이 아이디어를 내어 1918년부터 《요람》이라는 문학동인지를 발행하였다. 박팔양은 1937년에 쓴 글에서 "「향수」라 題한 作을 비롯해서 얼마 전에 출판된 『정지용시집』 중에도 「압천(鴨川)」·「카페·프란스」·「슬픈 인상화(印象畵)」·「슬픈 기차(汽車)」·「풍랑몽(風浪夢)」 등은 전부 《요람》에 등재하였던 作이오"라고 밝힌다. 그렇다면 「향수」는 정지용이 1922년 3월 마포 현석리에서 썼다는 처녀작 「풍랑몽」에 이어 두 번째로 쓴 작품인 셈이다.

넓은 벌 동쪽 끝으로
옛이야기 지줄대는 실개천이 회돌아 나가고,
얼룩백이 황소가
해설피 금빛 게으른 울음을 우는 곳,

—그 곳이 참하 꿈엔들 잊힐리야.

질화로에 재가 식어지면
뷔인 밭에 밤바람 소리 말을 달리고,
엷은 졸음에 겨운 늙으신 아버지가
짚벼개를 돋아 고이시는 곳,

—그 곳이 참하 꿈엔들 잊힐리야.

흙에서 자란 내 마음
파아란 하늘 빛이 그립어
함부로 쏜 활살을 찾으려
풀섶 이슬에 함추름 휘적시든 곳,

—그 곳이 참하 꿈엔들 잊힐리야.

傳說바다에 춤추는 밤물결 같은

검은 귀밑머리 날리는 어린 누의와
아무러치도 않고 여쁠것도 없는
사철 발벗은 안해가
따가운 해ㅅ살을 등에지고 이삭 줏던 곳,

—그 곳이 참하 꿈엔들 잊힐리야.

하늘에는 석근 별
알 수도 업는 모래성으로 발을 옮기고,
서리 까마귀 우지짖고 지나가는 초라한 집웅,
흐릿한 불빛에 돌아 앉어 도란 도란거리는 곳,

—그 곳이 참하 꿈엔들 잊힐리야. (103~105)

정지용의 작품이 흔히 그러하지만 특히 이 작품은 토착 한국어의 구사, 세련된 언어 조탁, 온갖 감각적 이미지 등이 함께 어우러져 독특한 효과를 자아낸다. 다음에 인용하는 스티크니의 「므네모시네」와 비교해 보면 정지용의 작품이 어떻게 상호텍스트적 관계를 맺고 있는지 쉽게 알 수 있다.

It's autumn in the country I remember.

How warm a wind blew here about the ways!

And shadows on the hillside lay to slumber

During the long sun–sweetened summer–days.

It's cold abroad the country I remember.

The swallows veering skimmed the golden grain

At midday with a wing aslant and limber;

And yellow cattle browsed upon the plain.

It's empty down the country I remember.

I had a sister lovely in my sight:

Her hair was dark, her eyes were very sombre;

We sang together in the woods at night.

It's lonely in the country I remember.

The babble of our children fills my ears,

And on our hearth I stare the perished ember

To flames that show all starry thro' my tears.

It's dark about the country I remember.

There are the mountains where I lived. The path
Is slushed with cattle–tracks and fallen timber,
The stumps are twisted by the tempests' wrath.

But that I knew these places are my own,
I'd ask how came such wretchedness to cumber
The earth, and I to people it alone.

It rains across the country I remember.[20]

정지용의 작품과 스티크니의 작품을 비교하기에 앞서 먼저 이 미국 시인에 대하여 잠깐 살펴보는 것이 좋을 같다. 앞에서 잠깐 언급했듯이 스티크니는 식민지 조선은 말할 것도 없고 그의 고국 미국에서조차 '무명' 시인과 거의 다름없기 때문이다. 스위스 제네바에서 태어난 스티크니는 19세기 말엽 일찍이 유럽을 제집 드나들 듯 하며 세계정신을 호흡하였다. 미국 트리니티대학의 고전문학 교수였던 아버지한테서 라틴어와 그리스어를 배운 그는 하버드대학교에 입학하여 조지 산타야나의 제자로 뒤에 그와 친분을 쌓았다. 1895년 졸업한 뒤 그는 프랑스 소르본대학교에서 8년 동안 고전문학을 전공하였다. 이때 그는 파리에 머물던 헨리 애덤스와도 친교를 맺었다.

20 Trumbull Stickney, *The Poems of Trumbull Stickney* (Boston: Houghton, Mifflin, 1905), pp. 29~30.

스티크니는 프랑스의 이 명문 대학에서 고대 그리스 시에 나타난 경구나 금언에 관한 논문으로 미국인으로서는 최초로 문학박사 학위를 받았다. 1903년 박사학위를 받자마자 그는 모교 하버드대학교에서 그리스 문학과 고전문학 강사로 부임하였다. 그러나 안타깝게도 이듬해 서른 살의 젊은 나이에 뇌종양으로 삶을 마감하는 바람에 시적 재능을 마음껏 펼칠 수 없었다. 윌리엄 페인이 1903년 미국 초월주의자들이 펴내던 잡지 《다이얼》에 기고한 글에서 스티크니를 두고 '완성된 시인'이라기보다는 '장래가 유망한 시인'이었다고 말한 것은 그 때문이다.

영문학사의 관점에서 보면 스티크니는 19세기의 말엽의 낭만주의와 20세기 초엽의 모더니즘, 세기말과 이미지즘을 잇는 징검다리 역할을 하였다. 다시 말해서 윌리엄 워즈워스와 퍼시 버시 셸리 같은 시인들과 에즈러 파운드와 T. S. 엘리엇 같은 시인 사이에 걸쳐 있었다. 그러나 만가적(挽歌的)이고 가을 분위기를 물씬 풍기는 스티크니의 작품은 새로운 시대의 개막을 알리기보다는 오히려 지나간 시대의 끝자락을 화려하게 장식하였다. 이 무렵 미국에서 활약한 몇몇 시인과 비교해 볼 때 스티크니의 시적 재능은 그렇게 뛰어나다고 보기 어렵다. 가령 스티크니와 같은 해에 태어난 로버트 프로스트와 에이미 로웰만 하여도 미국 문학사에 우뚝 서 있는 거인들이다. 스티크니를 새롭게 재평가한 사람은 미국 시인이며 비평가인 존 홀랜더였다. 또한 그를 일반 독자들에게 널리 알린 것은 예일대학교 비교문학 교수 해럴드 블룸이었다. 그는 『서구 정전』(1994)과 『가장 훌륭한 영시』(2004)에서 스티크니의 작품을 수록하면서 "미국 노스탤지어를 보여 준 더할 나위 없이 완벽한 본보기"로 찬사를 아끼지 않았다.

스티크니가 이 작품의 제목으로 삼은 '므네모시네'는 한국 독자들에게는 조금 낯설게 느껴진다. 그도 그럴 것이 그것은 그리스 신화에 등장하는 여신의 이름이기 때문이다. 대지의 여신 가이아와 하늘의 남신 우라노스가 남녀 여섯 명씩 모두 열두 명의 티탄 족 신을 출산하는데 그 여신족의 세 번째가 바로 므네모시네다. 므네모시네는 다시 제우스 신 사이에서 예술을 관장하는 아홉 여신 무사이를 낳는다. 다 같이 그리스 신화에 등장하는 인물이라고 하여도 므네모시네는 마치 구약성서에 나오는 가부장의 이름처럼 발음하기도 까다롭고 기억하기도 힘들다. 그러고 보니 '므네모시네'라는 이름은 기억을 관장하는 신에 썩 잘 어울린다. 기억 상실을 뜻하는 영어 '앰니지어'는 바로 이 여신의 이름에 뿌리를 두고 있다. 기억 상실에 걸린 사람은 다름 아닌 므네모시네 여신의 총애를 잃어버린 사람인 셈이다.

정지용은 「향수」를 창작하기 전이나 창작할 무렵 원문 시나 번역된 「므네모시네」를 읽었을 것이다. 1920년대 식민지 조선에서는 스티크니의 작품은 아직 번역되지 않은 채 미개척지로 남아 있었다. 만약 정지용이 이 미국 시인의 작품을 읽었다면 아마 휘문고보에 다닐 무렵 영어 원문이나 일본어 번역으로 읽었을 가능성이 크다. 당시 정지용은 영어에 관심이 많았을 뿐 아니라 영어에 남다른 재능을 보였다. 휘문고보 시절에 읽지 않았다면 뒷날 도시샤대학에서 영문학을 전공할 때 야나기 무네요시의 영시 강의를 들으면서 이 작품을 읽었거나, 아니면 기타하라 하쿠슈한테서 이 작품을 소개받아 읽었을지도 모른다. 이 무렵 상징주의와 세기말에 심취해 있던 기타하라는 한때 와세다대학에서 영문학을 전공한 적이 있기 때문에 이 작품을 읽었을 가능성이 크다.

스티크니가 한국 독자들에게 처음 알려진 것은 1955년으로 바로 이 해에 영문학자 김용권(金容權)이 루이스 보건의 『20세기 미국 시론』(1951)을 번역하여 출간하였고, 이 번역서에는 트럼불 스티크니의 「므네모시네」가 실려 있다. 김용권은 무슨 이유에서인지는 몰라도 원래 제목 대신 '추억'이라는 제목을 붙였다. 김용권은 2년 뒤 이 책을 다시 수정하여 『미국의 현대시』(1957)라는 제목으로 간행하면서 스티크니의 작품 번역을 수정하지 않은 채 초판 그대로 두었다. 정지용이 「향수」를 쓴 시기와 김용권의 번역이 나온 시기 사이에는 무려 20년 넘게 차이가 난다.

『20세기 미국 시론』이 출간되던 해 김현승(金顯承)은 가을을 맞이하여 가장 생각나는 시에 관하여 써 달라는 잡지사의 청탁을 받고 수필을 썼다. 이 글에서 그는 폴 베를렌의 「낙엽」을 비롯한 윌리엄 버틀러 예이츠의 「낙엽」, 기욤 아폴리네르의 「비가 내린다」, 샤를 보들레르의 「잃어버린 연인에게」, 프란시스 잠의 「가을이 오면」, 그리고 라이너 마리아 릴케의 「가을날」 같은 시를 소개하면서 작품에 대한 자신의 인상을 곁들인다. 이러한 작품들과 함께 가을을 생각나게 하는 또 다른 시로 김현승이 언급하는 작품이 바로 스티크니의 「추억」이다.

> 추억에 관계된 말이 나왔으니 말이지 이 추억이야말로 가을의 특징을 이루는 중요한 소재일 것이다. 그것은 희망이 봄의 특징을 이룬다는 상대적인 의미에서도 그렇거니와, 어쨌든 가을에는 추억에 관한 시가 많다. 그 많은 추억의 시편들 가운데에서도 생각

> 나는 것은 미국 시인 트럼블[트럼불] 스티크니의 걸작 「추억」이다. […] 얼마나 다사롭고 눈물겹게 만드는 추억의 시편인가? 이 시 한 줄 한 줄은 민감한 독자들의 추억을 오래토록 사로잡을 것이다. 그 가운데에서도 끝 연 마지막 두 행은 얼마나 눈물겹고 감각적인 표현인가?[21]

여기서 김현승이 소개하는 「추억」은 김현승이 직접 번역했을 수도 있고, 남이 번역해 놓은 것을 번역자를 밝히지 않고 그냥 인용했을 수도 있다. 이 글에서 김현승은 베를렌의 「낙엽」과 관련하여 "번역을 통하여 읽으면 이 시의 진가는 전연 드러나지 않는다. 오히려 통속적이고 아주 낡은 느낌조차 없지 않다"고 밝힌다. 이렇게 말하는 것을 보면 김현승은 프랑스어로 쓴 시를 원문으로 직접 읽을 수 있었던 것 같다. 베를렌의 시를 원문으로 읽을 수 있을 정도라면 영어로 쓴 스티크니의 작품을 읽는 것은 그렇게 어렵지 않았을 것이다. 그런데 김현승이 직접 영어 원문에서 번역했다면 도대체 왜 제목을 '추억'으로 바꾸고 마지막 두 연을 생략하고 옮겼는지도 풀어야 할 과제로 남는다. 한편 영어나 프랑스어 같은 서양어보다는 일본어 해독력이 뛰어난 그는 어쩌면 일본어 번역본에서 이 작품을 중역했을 가능성도 배제할 수 없다. 그러나 여러 정황으로 미루어보아 김현승은 김용권이 번역한 것을 조금 고쳐 실었을 가능성이 훨씬 더 크다.

김용권의 번역이나 김현승이 인용하는 번역을 보면 정지용이 한국

21 김현승, 『고독과 시』(서울: 지식산업사, 1977), 110쪽.

어 번역 시에서 영향을 받고 썼다기보다는 오히려 번역자가 정지용의 「향수」를 의식하며 번역했다고 보는 쪽이 더 옳다. 번역 연구나 번역학에서는 이러한 유형의 번역을 흔히 '역역(逆譯)'이라고 일컫는다. 번역자가 구사하고 있는 몇몇 시어를 보면 역역했음을 알 수 있다. 가령 첫 연 마지막 행 "산마루 감돌아 그림자 조용하던 곳", 그리고 2연 마지막 행 "누른 소 넓은 들에 한가로이 풀 뜯던 곳", 그리고 4연 둘째 행 "내 귓전에 어린 자식들 도란거리고" 등이 그러하다. 번역자는 시행마다 '곳'이라는 낱말로 끝낸다. 한마디로 정지용의 「향수」를 읽지 않고서는 좀처럼 할 수 없는 번역이다.[22]

그렇다면 정지용의 「향수」는 스티크니의 「므네모시네」와 어떠한 점에서 상호텍스트적 관계를 맺고 있는가? 두 작품을 면밀히 분석해 보면 정지용은 시적 소재와 상황을 비롯하여 시적 화자, 배경, 시어, 이미지, 어조 같은 시 형식뿐 아니라 내용과 주제에 걸쳐 폭넓게 영향을 받고 있음을 알 수 있다. 무엇보다도 먼저 정지용은 스티크니처럼 고향을 작품의 소재로 삼는다. 스티크니가 '므네모시네'라는 제목에서 '기억'에 무게를 두듯이 정지용도 '향수'라는 제목에서 고향에 대한 그리움을 환기시킨다. '기억'과 '향수'는 마치 샴쌍둥이처럼 떼려야 뗄 수 없을 만큼

22 김용권은 스티크니의 「므네모시네」를 우리말로 번역하면서 그의 선배인 최승묵한테서 적잖이 도움을 받았다. 이 점과 관련하여 김용권은 「역자 후기」에서 "문리과대학 영문학과의 崔升默 형은 번역을 도와주고, 修正과 淸書의 수고를 맡아 주셨읍니다. 譯詩는 거의 崔兄 자신의 번역이라 해도 좋을 만큼 수고를 아끼지 않으신 것들입니다"라고 밝힌다. 번역은 말할 것도 없고 창작에도 깊은 관심을 기울인 최승묵은 특히 정지용의 작품에 조예가 깊었던 것으로 알려져 있다. 최승묵은 정지용의 「향수」를 염두에 두고 김용권이 번역한 스티크니의 작품을 고쳐 주었다고 볼 수 있다.

서로 긴밀하게 연결되어 있다.

이렇게 고향을 소재로 삼는 정지용의 작품과 스티크니의 작품은 배경에서 서로 닮았다. 두 작품의 공간적 배경은 두말할 나위 없이 도회의 손길이 닿지 않는 한적한 시골 마을이다. 「므네모시네」에서 시적 화자가 기억하는 고향은 제목으로 보나 내용으로 보나 미국보다는 아무래도 스티크니가 어린 시절을 보낸 스위스나 이탈리아의 시골 마을인 듯하다. 물론 미국에서도 얼마든지 이러한 시골 풍경을 찾아볼 수 있을 터지만 앞에서 이미 밝혔듯이 스티크니는 유년 시절과 소년 시절을 주로 유럽에서 보내다가 일곱 살이 되어서야 비로소 미국에 건너갔다. 미국에 건너가서도 시골보다는 주로 도회에서 시간을 보내기 때문에 그가 이 작품에서 기억하는 시골은 아무래도 미국보다는 유럽으로 보는 쪽이 더 옳다.

한편 정지용의 작품 배경은 굳이 충청북도 옥천이라고 못 박아 말할 필요는 없지만 넓은 들판 동쪽으로 실개천에 시냇물이 흐르고 황소가 우는 농촌 마을임이 틀림없다. 한편 스티크니가 「므네모시네」의 시간적 배경을 가을과 겨울로 삼듯이 정지용도 가을과 겨울을 주요 배경으로 삼는다. "질화로에 재가 식어지면"이라는 구절에서 겨울을, "사철 발벗은 안해가 / 따가운 해ㅅ살을 등에지고 이삭 줏던 곳"이라는 구절에서는 가을을 느낄 수 있다.

스티크니는 영시 중에서 가장 대표적인 정형시라고 할 소네트를 주로 썼지만 이 시에서는 소네트보다 두 배 가까운 24행 시 형식을 사용한다. 비록 24행에 이르는 비교적 긴 시를 쓰면서도 그는 규칙적으로 각운(a bab cac a dad……)을 밟고 있는 것이 무척 놀랍다. 한편 「향수」의 시행 총수는 25행으로 「므네모시네」보다 한 행 짧다. 물론 시행 수가 엇비슷하다고 하여 두 작품이 유사하다고 볼 수 없다. 상호텍스트성에서는 양적 유사성 못지않게 질적 유사성이, 외적 유사성 못지않게 내적 유사성이기 중요하기 때문이다.

두 작품의 시 형식에서 굳이 유사성을 찾는다면 후렴구에서 찾아야 한다. 스티크니는 여섯 개의 3행 연구(聯句)에 후렴구 1행을 역시 여섯 행에 걸쳐 삽입한다. ① "It's autumn in the country I remember", ② "It's cold abroad the country I remember", ③ "It's empty down the country I remember", ④ "It's lonely in the country I remember", ⑤ "It's dark about the country I remember", ⑥ "It rains across the country I remember"가 바로 그것이다. 그런데 여기서 한 가지 찬찬히 눈여겨볼 것은 여섯 번에 걸쳐 'I remember'를 반복하고, 항목 ①~⑤에서는 'country'를 사용하지만 항목 ⑥에서는 그 낱말을 사용하지 않는다는 점이다. 또한 항목 ①~⑤는 3행 연구 앞에 놓여 있지만 항목 ⑥은 3행 연구 뒤에 놓여 있다. 이렇듯 스티크니는 후렴을 사용하되 기계적으로 반복하는 대신 내용을 조금씩 바꾸어 반복함으로써 변화를 꾀한다.

한편 정지용은 "그 곳이 참하 꿈엔들 잊힐리야"라는 동일한 후렴구를 토씨 하나 바꾸지 않고 다섯 번에 걸쳐 그대로 사용한다. 그래서 동일한 주제를 변주하는 것 같은 스티크니의 작품과는 달리, 정지용의 작품에서는 이 후렴구가 노래 가사의 후렴처럼 기계적으로 되풀이하므로 자칫 진부하고 지루한 느낌이 든다. 이 작품이 그동안 노래로 만들어져 널리 불리는 것도 이러한 후렴구과 관련이 없지 않다.

시연과 후렴구 같은 외적 형식보다 더욱 닮은 것은 정지용이 「향수」에서 구사하는 시어다. 가령 '들/field', '얼룩백이 황소/yellow cattle', '바람/wind', '질화로/hearth', '재가 식어지면/perished ember', '뷔인/empty', '엷은 조름겨운/slumber', '따가운 해ㅅ살/sun–sweetned', '흙/earth', '검은 귀밋머리/dark hair', '어린 누의/sister lovely', '이삭/golden grain', '석근 별/all strarry', '도란 도란거리는/babble', '잊힐리야/I remember' 등은 이러한 현상을 보여 주는 더할 나위 없이 좋은 예다. 그러나 정지용이 비록 스티크니가 사용한 시어를 사용하되 어디까지나 문맥에 따라 달리 사용한다는 점을 잊어서는 안 된다. 김학동은 "정지용만큼 언어를 자유롭게 구사하여 새로운 경지를 열어 보인 시인도 그리 흔치 않을 것이다"[23] 라고 지적한다. 이렇게 새로운 시의 경지를 열려면 단순히 남의 시어를 빌어다 사용하는 것으로는 어림도 없다. "아 다르고 어 다르다"는 한국 격언이 시에서처럼 절실하게 느껴지는 경우는 없기 때문이다. 정지용처럼 모국어에 대한 예리한 감각의 소유자가 아니고서는 그동안 죽은 것과 다름없던 낱말이나 표현을 깨워 숨 쉬게 하기란 무척 어려울 것이다.

예를 들어 스티크니는 "누런 소떼가 들판에서 풀을 뜯고 있었지"라고 노래하지만, 정지용은 "얼룩백이 황소가 / 해설피 금빛 게으른 울음을 우는 곳"이라고 노래한다. '누런 소떼'와 '얼룩백이 황소'는 색깔은 비슷할지 모르지만 그 모습이 다르다. 스티크니가 언급하는 소는 아마 우유를 짜기 위한 젖소이거나 식용으로 사육하는 소일 것이고, 정지용이

23 김학동, 『현대시인 연구 I』, 473쪽.

노래하는 '얼룩빼기 황소'는 농사일을 하는 데 주로 사용하는 한우 품종의 하나인 칡소일 것이다. 그뿐 아니라 전자의 소는 들판에서 묵묵히 풀을 뜯어 먹고 있지만, 후자의 소는 석양빛 뉘엿뉘엿한 때 소리 내어 울고 있다. 청각 이미지를 시각 이미지로 바꾸어 놓는 "해설피 게으른 울음 우는 곳"이라는 구절은 정지용처럼 타고난 언어 감각 없이는 좀처럼 구사하기 어려울 것이다.

또한 스티크니의 "난로 속 타버린 재를 들여다보면 / 불꽃이 남아 있어 내 눈물에 별처럼 어른거려 보이네"라는 구절을 정지용은 "질화로에 재가 식어지면 / 뷔인 밭에 밤바람 소리 말을 달리고"로 바꾼다. 스티크니는 눈물이 글썽거리는 화자의 눈에 아직 재 속에 남아 있는 불꽃에 반사되어 별처럼 어른거려 보인다고 노래한다. 그러나 정지용은 질화로의 불이 소진되어 재만 남았다고 말함으로써 어느덧 겨울밤이 깊어졌음을 내비친다. 또한 정지용이 추수가 끝나고 텅 비어 있는 을씨년스러운 밭에 세차게 불어대는 바람소리를 달리는 말에 빗대는 솜씨가 여간 놀랍지 않다. 한겨울에 세차게 몰아치는 바람소리를 사납게 달리는 말에 빗대는 솜씨는 청각 이미지를 동적 이미지와 결합하는 공감각적 상상력이 빚어낸 것이다. 이 구절은 정지용이 「갑판(甲板) 우」에서 "배는 華麗한 짐승처럼 짓으며 달려나간다"(1: 108)느니 "바다는 뿔뿔이 / 달어 날랴고 했다. // 푸른 도마뱀떼 같이 / 재재발렀다"(1: 25)느니 하는 구절처럼 무척 신선하다.

그런가 하면 '누의'와 '검은 귀밋머리'라는 시어도 마찬가지여서 정지용의 "검은 귀밑머리 날리는 누의와"라는 구절은 스티크니의 구절과는 함축적 의미에서 적잖이 차이가 난다. 머리카락이 검다는 점을 빼고 나면 스티크니의 작품에 나오는 누이와 정지용의 누이는 사뭇 다르다. 전자의 작품에서는 화자가 "보기에도 사랑스러운 누이"는 웬일인지 "두 눈에는 무척 수심이 가득한" 모습을 하고 있다. 또한 화자는 "밤이면 우리는 함께 숲속에서 노래를 불렀지"라고 노래한다. 그러나 정지용의 작품에서 누이는 노래를 부르기는커녕 신발도 제대로 신지 못하는 가난한 올케와 함께 해가 저물 무렵 들판에서 힘겹게 이삭을 줍고 있을 뿐이다. 고향에 대한 향수에 가려 자칫 놓치기 쉽지만 일제강점기 농촌에서는 이삭을 주어 식량을 보충할 만큼 생활이 몹시 궁핍하였다.

정지용의 「향수」는 스티크니의 「므네모시네」처럼 어린 시절 행복하게 지낸 고향에 대한 그리움을 중심 주제로 다룬다. 다섯 번에 걸쳐 반복하는 후렴구 "그 곳이 참하 꿈엔들 잊힐리야"에서 볼 수 있듯이 시적 화자 '나'는 비록 누추할망정 고향을 못내 그리워한다. 화자가 기억 속에 떠올리는 고향은 아름답고 평화롭기 그지없는 모습이다. 그러나 스티크니가 노래하는 고향의 모습은 존 홀랜드도 일찍이 지적했듯이 어디까지나 '뿌리 뽑힌' 풍경이다. 성년이 되어 돌아간 고향은 어린 시절의 아름다운 모습은 온데간데없고 춥고 어둡고 외롭고 을씨년스러울 모습만이 남아 있을 뿐이다. 그것은 스티크니가 현재와 과거, 유년 시절과 성인 시절을 마치 빛과 그림자처럼 선명하게 대비시킨다는 점에서도 알 수 있다. 가령 "우리 아이들 재잘거리는 소리 내 귓가에 맴돌고"로 시작하는 후반부 연부터는 시제가 과거에서 현재로 바뀐다. 스티크니는 후반부에 이르러 'fills', 'stare', 'show', 'are', 'is'처럼 동사를 현재시제로만 사용한다. 이 작품의 전반부에서 화자가 사용하는 'blew', 'lay', 'skimmed', 'browsed', 'had', 'was', 'were', 'sang' 같은 과거시제 동사와는 뚜렷한 대조를 이룬다.

스티크니의 작품에서 시적 화자 '나'가 현재를 다룰 때는 으레 부정적이다. 과거시제를 주로 사용하는 전반부와 비교해 보면 현재시제를 주로 사용하는 후반부는 어둡고 외롭고 쓸쓸하다. 예를 들어 활활 불이 피어오르던 난로는 벌써 불이 꺼지고 시커먼 재로 변한 지 이미 오래다. 시골 산길은 소떼가 다닌 발자국과 바람에 쓰러진 통나무로 진창인데다가 폭풍우가 내릴 때 벼락을 맞았는지 나무 그루터기마저 보기 흉하게 비틀려 있다. 어린 시절에 아름답고 풍요롭던 고향의 모습은 온데간데없고 이처럼 비참한 모습을 하고 있다. "그토록 비참한 것이 어떻게 / 땅을 가로막고 있는지, 어떻게 내가 홀로 이곳에 살러 왔는지"라는 마지막 구절에서는 화자가 느끼는 비애와 절망감을 읽을 수 있다.

8연 첫 행 "아이들 재잘거리는 소리 내 귓전을 때리고"라는 구절도 언뜻 보면 긍정적인 것 같지만 좀 더 꼼꼼히 따져보면 곧 부정적인 것임이 밝혀진다. 정지용의 「향수」에서 "흐릿한 불빛에 돌아 앉어 도란 도란거리는 곳"과는 크게 다르다. 스티크니의 화자는 어느덧 성년이 되어 결혼을 하고 아이들까지 둔 한 가정의 가장이요 지아비가 되었다. 그런데 그가 꺼진 난롯불을 바라보며 눈물을 흘리는 것을 보면 결혼 생활이 그렇게 순탄한 것 같지 않다. 어쩌면 지금 아내와 사별했거나, 아니면 이혼하고 아이들을 데리고 홀로 살고 있는지도 모른다. 스티크니는 결혼하기도 전에 요절하였고, 살아 있을 적에는 동성연애자라는 혐의가 어두운 그림자처럼 그의 뒤를 따라다니며 괴롭혔다. 요즈음에는 동성연애자의 결혼을 법적으로 허용하는 단계에 이르는 등 사정이 많이 달라졌지만 스티크니가 살던 19세기 말엽과 20세기 초엽만 하여도 동성애는 미국 사회에서도 저주와 거의 다름없었다. 윤리적으로 지탄을 받거나 사회적으로 매장당하다시피 하였다.

이렇게 잃어버린 고향에 대한 안타까움, 즉 실낙원을 노래하는 「므네모시네」는 정지용의 작품 중 「향수」 못지않게 「고향」과도 상호텍스트적 관계를 맺는다. 「향수」보다 5년 뒤에 발표한 이 작품에서 정지용은 스티크니처럼 고향 상실의 슬픔과 비애를 노래한다.

> 고향에 고향에 돌아와도
> 그리던 고향은 아니러뇨.
> 산꽁이 알을 품고
> 뻐꾸기 제철에 울건만,
>
> 마음은 제고향 진히지 않고
> 머언 港口로 떠도는 구름.
>
> 오늘도 메끝에 홀로 오르니
> 힌점 꽃이 인정스레 웃고,
>
> 어린 시절에 불던 풀피리 소리 아니나고

메마른 입술에 쓰디 쓰다.

고향에 고향에 돌아와도
그리던 하늘만이 높푸르구나. (1: 290)[24]

이 작품에서 정지용은 '고향'이라는 말을 무려 여섯 번에 걸쳐 사용하지만 그 의미는 크게 두 가지로 뚜렷하게 대조를 이룬다. 예를 들어 1연 첫 행의 "고향에 고향에 돌아와도"에서 '고향'은 지금 화자가 돌아와 목격하는 실제로 존재하는 현실 속의 고향이다. 한편 첫 연 2행 "그리던 고향은 아니러뇨"에서 '고향'은 유년 시절의 고향, 즉 마음속에 간직해 오며 그리던 이상향으로서의 고향이다. 다시 말해서 현실적 고향과 이상적 고향이 사뭇 대조적이다. 산꿩이나 뻐꾸기 또는 흰 꽃이 화자에게 아무리 유년 시절의 옛 고향을 환기시켜 주어도 화자의 마음은 한낱 구름처럼 이국의 항구로 떠돌 뿐이다. 마지막 연 마지막 행 "그리던 하늘만이 높푸르구나"라는 구절에서는 실재하는 고향과 마음속 고향의 거리감이 무척 크게 느껴진다.

그런데 이렇게 두 고향 사이에 적잖이 거리가 있게 느껴지는 것은 단순히 고향의 모습이 달라졌기 때문이 아니다. 2연에서 화자가 "산꽁이 알을 품고 / 뻐국이 제철에 울건만"이라고 노래하는 것을 보면 지금

24 3연의 "마음은 제고향 진히지 않고 / 머언 항)로 떠도는 구름"은 안서 김억의 「고름맺기」의 마지막 행 "마음은 아츰 저녁 떠도는 구름"과 비슷하다. 김억은 젊은 연인이 언제나 변치 말자고 약속한 사랑에 느끼는 불안한 마음을 노래한다면 정지용은 타향에서 살고 있다가 다시 찾아온 고향에 느끼는 이질감을 노래한다.

화자가 찾아온 고향은 여전히 옛날의 모습 그대로다. 4연에서 "오늘도 메끝에 홀로 오르니 / 흰점 꽃이 인정스레 웃고"라고 노래하는 것을 보아도 고향의 모습은 달라진 것이 별로 없다. 다만 달라진 것은 고향이 아니라 시적 화자 자신이다. 일찍이 고향을 떠나 도회에서 살아 온 화자는 자신이 태어나 자라난 옛 고향이 낯설게만 느껴진다. 세월의 강물을 건너오면서 그는 유년기나 소년기에 간직한 아름답고 신비스러운 꿈과 이상을 상실해 버렸기 때문이다.

정지용은 「고향」을 발표하기 7년에 쓴 「넷니약이 구절」이라는 작품에서 "나거서도 고달피고 / 돌아와 서도 고달폇노라. / 열네살부터 나가서 고달폇노라"[25]라고 노래한 적이 있다. 열네 살 때 고향을 떠나서도 고달프게 살았고, 지금 고향에 다시 돌아와서도 고달프다는 것이다. 「고향」에서 정지용은 마음속의 고향을 잃어버린 애절함을 "어린 시절에 불던 풀피리 소리 아니냐고 / 메마른 입술에 쓰디쓰다"는 공감각으로 표현한다. 이렇게 씁쓸한 기분을 미각적 이미지로 표현하는 솜씨가 여간 놀랍지 않다. 「향수」의 "해설피 금빛 게으른 울음을 우는 곳"에서 공감각을 구사하여 황소 울음소리를 누런 황금빛으로 채색해 놓음으로써 청각적 이미지를 시각적 이미지로 바꾼 바로 그 시적 상상력이다.

뒷날 백석(白石)이 그리하듯이 정지용은 토속적인 모국어를 찾아내어 시어로 구사하는 솜씨가 무척 뛰어나다. 정지용의 시어와 비교해 보면 스티크니의 시어는 차라리 일상어에 가깝다. 프랑스 상징주의 시인

25 권영민 편, 『정지용 전집 3: 미수록 작품』(서울: 민음사, 2016), 45쪽. 앞으로 이 시집에서 인용은 '3'이라는 숫자와 함께 인용 쪽수를 본문 안에 직접 적기로 한다.

폴 발레리는 일찍이 산문을 걸어가는 글에, 시를 춤을 추는 글에 빗댄 적이 있다. 그의 비유를 빌려 말하자면 스티크니의 작품이 지친 발걸음으로 뚜벅뚜벅 시골길을 걸어가는 모습이라면, 정지용의 작품은 어깨를 들썩이며 경쾌하게 춤을 추는 모습이라고 할 수 있다.

그런데도 박방현(朴方鉉)과 이병렬(李秉烈)은 정지용의 작품을 스티크니의 「므네모시네」를 표절한 것이거나 모작한 것이라고 주장한다.[26] 그들이 그러한 근거로 내세우는 것이 고작 시어나 시구의 차용과 길이의 유사성이다. 그러나 지금까지 자세히 살펴보았듯이 정지용은 「향수」를 창작하면서 스티크니의 작품에서 영감이나 영향을 받은 것은 분명하지만 결코 모작하거나 표절한 것으로는 볼 수 없다. 오히려 시적 변용을 통하여 전혀 새로운 작품을 창조해 냈다고 보는 쪽이 훨씬 더 합리적이다. 정지용의 「향수」와 스티크니의 「므네모시네」를 좀 더 꼼꼼히 읽어 보면 정지용이 비록 스티크니의 작품에서 몇몇 시어를 빌려왔을망정 놀라운 시적 변용을 거쳐 전혀 새로운 작품으로 승화시킴으로써 매우 독창적인 작품을 만들어냈다는 사실이 밝혀진다.

이 두 작품을 면밀히 비교하면서 분석해 보면 볼수록 오히려 정지용의 타고난 시적 재능에 새삼 놀라게 된다. 스티크니의 작품이 광산에서 막 채굴해낸 원광석이라면, 정지용의 작품은 빛을 내뿜는 금강석이라고 할 수 있다. 정지용은 아직 다듬지 않은 원광석을 제련하고 연마하여 「향수」라는 아름다운 금강석으로 만들어내었다. 적어도 이 점에서 정지용은

26 박방현, 「시의 모작에 대한 논고: 「진달래꽃」과 「향수」를 중심으로」; https://kwaus.org/writer_of_the_day/61614; 이병렬, 『강의실 밖 문학 수업』(파주: 유리창, 2011); http://blog.naver.com/lby56/150029792199.

뛰어난 언어의 연금술사라고 하여도 크게 틀리지 않을 것이다.

이와 관련하여 유종호는 정지용이 스티크니의 「므네모시네」를 읽었을 가능성을 굳이 배제할 필요는 없지만 "「향수」는 제 땅에 제 발로 우뚝 서 있는 우리 근대시의 수작이며 설령 선행 작품에서 영감을 받았다 하더라도 모든 것을 환골탈태한 당당한 우리의 고전"이라고 지적한다. 유종호 계속하여 "전례 없이 적정하고 다채로운 기층 낱말의 구사와 조직, 유장하면서 감칠맛 나는 리듬감, 쉽게 잊히지 않는 갖가지 정경, 복합적인 구도, 간절하면서도 애상적인 속기(俗氣)에서 자유로운 「향수」는 시인이 고향과 조국과 모국어에 바친 최고 헌사(獻詞)의 하나일 것"이라고 극찬한다. 이 작품을 한국시의 '명품'으로 간주하는 그는 "명품을 찾아내는 것과 함께 명품을 지키는 것도 비평의 소임"이라고 주장한다. 한편 유종호는 정지용이 「향수」를 1923년에 썼고 「므네모시네」는 1929년에서야 비로소 『미국시 선집』에 수록되어 있어 정지용이 이 작품을 읽었을 가능성이 별로 없다고 주장하기도 한다.[27]

유종호의 지적대로 「향수」가 한국 근대시의 수작으로 한국 문학에 우뚝 선 기념비라는 데 이의를 제기할 사람은 그다지 많지 않을 것이다. 그러나 정지용이 다른 시인들의 작품에서 직접 또는 간접 영감이나 영향을 받았을 가능성을 차단해 버리는 것은 옳지 않다. 스티크니의 『극시』가 출간된 것이 1902년이고, 그가 2년 뒤 요절한 뒤 곧바로 그의 친구 조지 캐벗 로지, 윌리엄 본 무디, 존 엘러턴 로지가 유고 시집 『트럼불 스티크니의 시』를 출간한 것은 1905년이다. 그러므로 「므네모시네」가 1929년에서

27 유종호, 『과거라는 이름의 외국』(서울: 현대문학사, 2011), 195~229쪽.

야 비로소 『미국시 선집』에 수록되었다고 하여 정지용이 「향수」를 창작하기 전 「므네모시네」를 읽었을 가능성을 완전히 배제할 수는 없다.

더구나 문학 연구는 비교문학과 상호텍스트성이라는 창문을 늘 열어놓고 세계문학을 호흡할 때 비로소 설득력이 있다. 서정주(徐廷柱)의 시구처럼 국화꽃 한 송이를 피우기 위하여 봄부터 소쩍새가 그렇게 울고 천둥이 먹구름 속에서 또 그렇게 울었듯이 한 문학 작품이 태어나기 위해서도 자국문학의 창 안과 외국문학의 창 밖에서 의미 있는 교류가 이루어져야 하기 때문이다. 유종호는 "문학 작품이란 넓은 의미에서는 공동 제작이라는 측면이 강하다. 한 사람의 김소월이 있기 위해서는 수많은 구전 민요와 전래 동요와 번역 시와 20세기 초의 창작 시가 필요하였다"[28]고 말한다. 김소월보다 서구 지향성 훨씬 강한 정지용의 경우에는 더더욱 그러할 것이다. 정지용이 스티크니 작품을 실제로 읽었든 아니면 간접적으로 전해 들었든 상호텍스트적 관점에서 두 작품을 비교하여 분석하는 것은 바람직할뿐더러 필요하다. 한국문학을 비교문학적 관점에서 외국문학과의 상호텍스트적 관계를 밝히는 것 역시 한국문학의 '명품'을 지키는 것 못지않게 소중한 비평 작업이기 때문이다. 정지용이 스티크니한테서 영향을 받고 「향수」를 썼다고 하여 이 작품의 완성도가 떨어지거나 명성에 조금이라도 흠이 가는 것은 결코 아니요 오히려 그의 시적 능력이 돋보일 따름이다.

28 유종호, 『한국근대시사, 1920~1945』, 25쪽.

「향수」와 「별똥」과 롱펠로의 「화살과 노래」

정지용의 「향수」가 비단 트럼불 스티크니의 작품하고만 상호텍스트적 관계를 맺는 것은 아니다. 찬찬히 눈여겨보지 않아서 그러하지 이 작품에서 정지용은 스티크니에 몇 십 년 앞서 활약한 또 다른 미국 시인 헨리 워즈워스 롱펠로의 작품에서도 시어나 이미지 등을 빌려온다. 「향수」에서 시적 화자가 시골 고향에서 보낸 유년 시절과 동심의 세계를 한껏 묘사하는 3연을 다시 한 번 찬찬히 살펴보자.

흙에서 자란 내 마음
파아란 하늘빛이 그리워
함부로 쏜 활살을 찾으러
풀섶 이슬에 함추름 휘적시던 곳

위 인용문에서도 볼 수 있듯이 정지용은 '활'이나 '활살', '화살'이라는 낱말을 여러 작품에서 즐겨 사용한다. 가령 「넷니약이 구절」에서 "늙으신 아버지의 착하듸 착한 수염이나, / 활처럼 휘여다 부친 밤한울이나"(3: 46)라든지, 「불사조」에서 "너는 박힌 화살, 날지 안는 새, / 나는 너의 슬픈 울음과 아픈 몸짓을 진히노라"(1: 312)라든지 하는 구절이 바로 그것이다. 활이나 화살은 한편으로는 동심의 세계를 의미하고 다른 한편으로는 깊은 심리적 또는 정신적 외상을 상징한다.

정지용이 「향수」를 《조선지광》에 처음 발표할 때는 셋째 행을 "되는대로 쏜 화살을 차지러"라고 했다가 『정지용 시집』에 수록할 때는 이 구절을 "함부로 쏜 활살을 찾으러"로 바꾸었다. 즉 '함부로' 대신 '되는대로'를, '화살' 대신 '활살'을 사용하였다. 얼핏 대수롭지 않은 자구 수정처럼 보일지 모르지만 생각해 보면 볼수록 타고난 언어 감각을 엿볼 수 있는 대목이다. '되는대로'보다는 '함부로'가 훨씬 더 시적이고, '화살'보다는 '활살'이 훨씬 더 형상적이다. 『월인석보(月印釋譜)』의 "큰 일훔난 象 ᄐᆞ시고 甲 니브시고 활살 ᄎᆞ시고 槍 자ᄇᆞ시고"라는 구절에서도 볼 수 있듯이 '활살'은 15세기부터 19세기까지 쓰이던 순수한 토박이말이다. 더구나 '함부로'는 '활살'과 함께 두운법과 모운법을 이룬다. 이 연을 좀 더 자세히 뜯어보면 '흙', '하늘', '함부로', '활살', '함추름', '휘적시던' 등 성문파열음 'ㅎ'을 그야말로 땅 바닥에 꽃잎을 흩뿌려 놓은 듯하다.

정지용이 영향을 받은 롱펠로의 작품은 다름 아닌 「화살과 노래(The Arrow and the Song)」다. 그러고 보니 유럽에서 문학적 자양분을 섭취했다는 점에서도, 하버드대학교에서 강의를 했다는 점에서도, 또한 고전 문학에 조예가 깊다는 점에서도 롱펠로는 스티크니와 비슷하다. 정지용은 「화살과 노래」 중에서도 특히 첫 연에서 시어와 이미지를 빌려온다.

> I shot an arrow into the air,
> It fell to earth, I knew not where;
> For, so swiftly it flew, the sight
> Could not follow it in its flight.[29]

29 Henry Wadsworth Longfellow, *The Complete Poetical Works of Henry Wadsworth*

롱펠로의 작품에서 시적 화자는 화살을 '함부로' 쏘았다고 말하지는 않는다. 다만 "하늘을 향하여 나는 화살을 쏘았지"라고 노래함으로써 간접적으로 일정한 목표 없이 닥치는 대로 쏘았다는 사실을 암시할 뿐이다. 그러나 하늘을 향하여 쏜 화살이 일정한 목표가 있을 리 만무하다. 이렇게 하늘을 향하여 화살을 쏜 것은 '함부로' 쏜 것이고, '함부로' 쏜 것은 곧 하늘을 향하여 쏜 것과 다름없다.

더구나 정지용과 롱펠로 모두 성인의 관점에서 시적 화자의 유년 시절을 회상한다. 롱펠로는 간접적으로 시골에서 보낸 유년 시절을 노래하는 반면, 정지용은 화자의 입을 빌려 좀 더 구체적으로 "흙에서 자란 내 마음"을 노래한다. 롱펠로의 화자나 정지용의 화자나 성인이 된 상태에서 모든 이해타산이나 이해관계에서 벗어난 채 티 없이 맑은 유년 시절의 무한한 꿈과 낭만을 아쉬움과 회한으로 회고한다.

정지용이 롱펠로의 「화살과 노래」한테서 영향을 받은 것은 비단 「향수」 한 작품에만 그치지 않는다. 앞에서 이미 티즈데일의 「유성」과 관련하여 언급한 「별똥」에서도 정지용은 롱펠로의 작품에서 비록 간접적이나마 이미지와 상징, 주제 등을 빌려온다. 정지용은 이 두 작품을 거의 비슷한 시기에 썼다. 「별똥」과 롱펠로의 「화살과 노래」의 마지막 연을 나란히 놓고 비교해 보자.

> 별똥 떠러진 곳
> 마음해 두었다

Longfellow (Boston: Houghton, 1886), p. 68.

다음날 가보려
벼르다 벼르다
인젠 다 자랐오

Long, long afterward, in an oak
I found the arrow, still unbroke;
And the song, from beginning to end,
I found again in the heart of a friend.[30]

두 작품에서 무엇보다도 먼저 눈에 띄는 것은 동요풍의 정형 서정시라는 점이다. 「별똥」은 2음보에 3·3조가 지배적인 운율로 구성되어 있다. 낱말이 단순하고 짧아 한두 번 읽으면 누구나 외울 수 있을 정도다. 한편 「화살과 노래」는 4행 3연으로 구성되어 있다. 4행 영시는 흔히 페르시아 시에서 빌려 온 것으로 알려져 있어 서양보다는 동양의 정취를 느끼게 된다. 더구나 시 전편에 걸쳐 'aabb'의 단순한 각운으로 되어 있어 음악적 효과를 자아내기에도 안성맞춤이다. 두 작품 모두 반복법을 구사한다는 점에서도 유사하다.

더구나 주제에서도 두 작품은 서로 비슷하다. 「향수」의 시적 화자는 공중을 향하여 마구 쏘아올린 화살을 풀섶 이슬에 옷을 적셔가며 찾으려고 하지만, 「별똥」의 시적 화자는 찾아보기로 마음속에 벼르기만 하다가 어느덧 훌쩍 어른이 되고 만다. 직접 찾아 나섰든 아니면 마음

30 위의 책, 68쪽.

속으로만 찾으려고 했든 화살과 별똥별은 나이 어린 소년이 품고 있는 꿈과 이상과 신비를 잘 보여 준다. 이 점에서는 롱펠로의 「화살과 노래」도 마찬가지여서 티 없이 맑디맑은 유년 시절의 꿈과 낭만을 노래하는 작품이다.

물론 좀 더 엄밀히 따져 보면 롱펠로의 「화살과 노래」에서는 '화살'만 노래하는 것이 아니라 '노래'에도 무게가 실려 있다. 상징적으로 화살은 남에게 마음의 상처를 입히는 불친절하거나 가혹한 말이나 행동을 의미한다. 한편 노래는 이와는 반대로 남을 즐겁게 해 주는 말이나 고상한 행동을 상징한다. 화살과 노래는 일단 화자 곁을 떠나면 세상 어딘가에 머물러 상처를 주기도 하고 기쁨과 위안을 주기도 한다.

정지용이 여러 작품을 창작하면서 영국문학과 미국문학에서 영감이나 영향을 받은 것은 사실이다. 다만 그가 언제 그리고 어떠한 과정을 거쳐 영미 시인들의 작품을 읽게 되었는지 지금으로서는 정확하게 확인할 길이 없다. 그러나 여기서 주목해야 할 것은 그가 누구한테서 시적 상황, 시어, 이미지, 시 형식, 주제 등을 빌려오든 한 번도 그대로 차용하는 법이 없었다는 점이다. 정지용은 윌리엄 블레이크, 새러 티즈데일, 트럼불 스티크니, 헨리 워즈워스 롱펠로 같은 시인의 작품에서 영감이나 영향을 받았지만 그것들을 자신의 상상력이라는 용광로 속에서 다시 용해하여 자신만의 독특한 것으로 새롭게 만들어내었다. 이 점에서 정지용은 가히 언어의 연금술사라고 할 만하다. 최재서(崔載瑞)도 일찍이 정지용의 '시적 조사(措辭)'의 능력을 높이 평가한 적이 있다.

이 言語의 魔術은 어디서 오는가? 그는[정지용은] 말의 비밀을 알고 또 그 비밀을 활용할 줄 아는 유일한 조선 시인이다. 그는 남들이 이 같이 허비하는 뭇 말을 한 알 두 알씩 주서다가 고물수집가와 같이 어루만지고 닦고 하여 윤을 낸다. 그래도 그는 그 말을 내놓지 않는다. 그는 祕藏이 보물의 가치를 배가한다는 이치를 영리하게도 깨닫고 있기 때문이다."[31]

정지용의 모국어 구사력을 높이 평가한다는 점에서는 이양하(李敭河)도 최재서와 크게 다르지 않아서 "말의 비밀을 알고 말을 휘잡고 조종하고 구사하는 데 놀라운 천재를 가진 시인"[32]이라고 평한 적이 있다. 김동석은 "내 손으로 내 목을 매달 듯 조선말을 말살하려던 작가와 평론가가 있는 이 땅에서 한평생 조선시를 부뜰고 느러질 수 있었다는 데는 지용 아니면 어려운 무엇이 있다"[33]고 말하면서 모국어에 대한 정지용의 애정을 높이 평가한다.

엄밀히 말하자면 한국어로 시를 쓰면서 서구어에서 시어를 빌려온다는 것이 이치에 잘 들어맞지 않는다. 한 나라의 언어는 오직 그 언어에서만 느낄 수 있는 독특한 맛과 향기 그리고 냄새가 있게 마련이다. 다른 언어로 옮기는 순간 그러한 독특한 맛과 향기와 냄새는 사라져 버리거나 다른 것으로 변해 버리기 일쑤다. 그러므로 한 나라의 시어는

31 최재서, 「문학·작가·지성」, 『최재서 평론집』(서울: 청운출판사, 1961), 307쪽.

32 이양하, 『이양하 미수록 수필선』(서울: 중앙일보, 1978), 112쪽.

33 김동석, 「시를 위한 시」, 48쪽.

다른 언어로는 옮길 수 없다고 하여도 크게 틀리지 않는다. 로버트 프로스트가 "시란 번역하는 과정에서 잃어버리는 그 무엇," 즉 다른 나라 말로 옮기고 난 뒤 남아 있는 것이라고 정의한 것은 바로 그 때문이다. 특히 정지용처럼 언어 감각이 뛰어난 시인의 작품은 외국어로 번역하기란 무척 어려우며 조금 과장해서 말하면 거의 불가능하다.

정지용은 「시와 언어」에서 "시의 신비는 언어의 신비다. 시는 언어와 Incarnation적 일치다. 그러므로 시의 정신적 심도는 필연적으로 언어의 精靈을 잡지 않고서는 표현 제작에 오를 수 없다"(2: 292)고 말한다. 여기서 그가 한국어로 옮기지 않고 굳이 영어 그대로, 그것도 대문자로 'Incarnation'이라는 낱말을 사용하는 것에 주목해야 한다. 라틴어 '인카르나티오(incarnatio)'에서 갈라져 나온 이 말은 본디 종교 용어로 성육신(成肉身)을 가리킨다. 신적인 존재가 인간의 몸 안으로 들어와 인간 안에 머무는 것을 이르는 말이다. 기독교에서 말하는 성육신이란 신약성경에서 "말씀이 육신이 되어 우리 가운데 사셨다"(「요한복음」 1장 14절)는 내용을 한자로 표기한 것에 지나지 않는다. 또한 예수 그리스도가 신의 아들로 태어난 것을 가리키기도 한다. 정지용이 독실한 가톨릭 신자라는 사실을 염두에 두면 그가 여기에서 하필 왜 이 용어를 사용하는지 알 만하다.

그러나 정지용은 이 용어를 단순히 종교적 의미로만 사용하지 않는다. 실제로 그는 좁게는 시, 넓게는 문학, 그리고 더 넓게는 예술 일반과 관련한 개념으로 사용한다. 문학가나 예술가가 추상적 관념이나 생각을 구체적인 이미지나 상징을 빌려 극적으로 표현하는 것을 일컫는다. 그러니까 '형상화'나 '구현'이라는 용어와 거의 같은 뜻이다. 정지용이 다른 장르와 비교하여 시가 신비스럽다고 말하는 것은 바로 시인이 언어를 신비스럽게 구사하기 때문이다. 이렇듯 그는 예술의 한 장르인 시를 종교적 차원으로까지 끌어올리려고 하였다.

김기림은 1936년 『정지용 시집』이 시문학사에서 처음 출간되었을 때 《조광》에 발표한 서평에서 밤빛 라사 망토에 검정 넥타이를 단정하게 맨 정지용의 옷차림을 먼저 언급한다. 이렇게 단아한 옷차림으로 정지용은 '불결한 주위'로부터 자신을 보호라도 하려는 것 같다고 밝힌다. 그러면서 김기림은 계속하여 "저 센티멘탈 로맨티시즘의 잡초와 관목이 우거진 1920년대의 저물음의 조선 시단이라는 황무지를 걸어가는 모양을 상상만 해 보아도 우린 유쾌하다"[34]고 말한다.

김기림의 말대로 정지용은 "물제비처럼 단아한 감성"으로 한국 시에 새로운 지평을 열었다. 그런데 정지용이 이렇게 한국 시에 새 지평을 여는 데는 영국과 미국 시인들로부터 직간접으로 영감을 받거나 영향을 받았다. 한국 문학사에서 정지용처럼 영국문학의 여러 작품과 상호텍스트적 관계를 맺으며 시를 창작한 시인도 아마 찾아보기 힘들 것이다.

---

34 김기림, 「정지용 시집을 읽고」, 『김기림 전집 2』, 370쪽.

4장

김기림과 던, 스펜더, 엘리엇, 오든

4장
김기림과 던, 스펜더, 엘리엇, 오든

근대 문학기에 활약한 한국 문인 중에는 영문학을 전공한 사람들이 유난히 많이 눈에 띈다. 다른 문학 장르는 접어두고라도 시 장르로 국한하여 보더라도 정지용(鄭芝溶)을 비롯하여 이하윤(異河潤), 박용철(朴龍喆), 김상용(金尙鎔), 이양하(李敭河), 양주동(梁柱東), 정인섭(鄭寅燮), 김기진(金基鎭), 최재서(崔載瑞), 윤동주(尹東柱), 김광섭(金珖燮), 임학수(林學洙), 김기림(金起林) 등 열 손가락이 모자라 모두 꼽을 수 없을 정도다. 이처럼 일제강점기에 영문학은 다른 외국문학에 비하여 가장 관심을 받은 분야 중 하나였다. 1926년 일본 제국주의 정책 입안자들이 경성제국대학을 창설할 때도 외국문학 전공은 영문학이 유일하였다.

영문학 작품에서 영감이나 영향을 받거나 상호텍스트적 관계를 맺고 작품을 쓴 문인 중에서도 김기림은 앞 장에서 다룬 정지용과 함께 특히 눈여겨보아야 한다. 김기림은 모더니즘과 주지주의를 비롯한 영미 비평 이론을 식민지 조선에 소개했을 뿐 아니라 더 나아가 이러한 비평 이론을 바탕으로 시를 창작하여 한국문학의 폭을 넓히고 깊이를 더하는 데 크게 이바지했기 때문이다. 이 점과 관련하여 김학동(金澤東)은 "그 당시에 김기림만큼 이론과 실제를 겸한 시인도 없었다. 그는 해박한 지식과 이론을 근거로 시작 활동을 한 것이다"[1]라고 지적한다.

이렇듯 김기림이 시인과 비평가로 활발하게 작품 활동을 한 데는 무엇보다도 그의 영문학 전공이 큰 도움이 되었다. 1908년 함경북도 학성(뒷날 성진으로 편입)에서 태어난 김기림은 경성(鏡城)의 보성고등보통학교에 입학했다가 중퇴하고 일본에 건너가 도쿄 메이쿄(名教)중학교를 거쳐 니혼(日本)대학 문학예술과를 졸업하고 귀국하였다. 1929년부터 《조선일보》 사회부와 학예부 기자로 근무하던 그는 방응모(方應模) 재단이 주는 장학금을 받아 1936년 다시 일본에 건너가 도호쿠(東北)제국대학 법문학부 영문과에 입학하여 1939년에 졸업하였다. 그가 제출한 졸업 논문은 영국의 문예 비평가인 I. A. 리처즈의 시론에 관한 것이었다.[2] 당시 도호쿠제국대학 영문과에는 일본의 유명한 영문학자 도

1 김학동, 『김기림 연구』(서울: 새문사, 1988), 18쪽; 김학동, 『현대시인 연구 I』(서울: 새문사, 1995), 697쪽.

2 김기림의 졸업 논문 제목은 「I. A. Richard's Theory of Poetry」였다. 이 무렵 일본에서 영문학 전공 학부 졸업 논문은 이렇게 흔히 영문으로 썼다. 이 논문 제목은 일본영문학회 기관지 《에이분가쿠겐큐(英文學硏究)》(1939. 12)에 기재되어 있다. 도후쿠제대 법문학부 서무과에 보관되었을 이 졸업 논문은 1945년 7월 센다이(仙臺) 미국 공습으로 소실되었지만 한국어로 번역하여 『시의 이해』(서울: 을유문화사, 1950)에 '부록'으로 실려 있다. 김기림이 리처즈의 저서를 처음 읽은 것은 니혼대학 시절이었다. 김기림의 문학비평에 관해서는 김욱동, 『비평의 변증법: 김

이 고치(土居光知) 교수가 있었다. 윌리엄 블레이크를 비롯한 영국 낭만주의 시인 전공자인 도이는 제임스 조이스, D. H. 로렌스, 올더스 헉슬리 같은 현대 영국 작가들을 일본에 처음 소개한 것으로 유명하다. 도이는 비단 영문학에 그치지 않고 문화인류학, 비교신화학, 고전 문예학, 동서 비교문학 등에 걸쳐 폭넓게 관심을 보인 인문학자였다. 그러므로 김기림이 도이로부터 직접 또는 간접 영향을 받았음은 쉽게 미루어 볼 수 있다.

그래서 그런지 김기림의 시 작품을 읽다 보면 동시대의 어느 시인보다도 영문학의 그림자가 자주 어른거린다. 일본에서 고등학교 과정을 마친 데다 일본의 두 대학에서 문학을 전공한 그는 누구보다도 영문학을 비롯한 서양문학의 정신을 깊이 호흡했기 때문일 것이다. 1940년 《삼천리》 잡지는 문인을 상대로 20~30대에 탐독한 책에 관하여 설문조사를 한 적이 있다. 김기림은 20대에 탐독한 책으로는 동향 출신인 최서해(崔曙海)의 「탈출기」를 꼽았고, 30대에 탐독한 책으로는 영국 소설가 D. H. 로렌스의 『아들과 연인』(1913)을 꼽았다.[3] 김기림의 처녀작이라고 할 「가거라 새로운 생활로」에서 1인칭 시적 화자 '나'는 "'바비론'으로 / '바비론'으로 / 적은 여자의 마음이 움직인다. / 개나리의 얼굴이 / 여린 별을 향할때……"[4]라고 노래한다. 여기서 바빌론은 한때 찬

환태·김동석·김기림』(파주: 이숲출판, 2022), 193~325쪽 참고.

3 김기림은 이상을 처음 만나고 난 뒤 받은 인상에 대하여 "무슨 싸늘한 물고기와도 같은 손길이었다. 대리석처럼 흰 피부, 유난히 긴 눈사부랭이와 짙은 눈썹, 헙수룩한 머리 할 것 없이, 구보가 꼭 만나게 하고 싶다던 그 사내는, 바로 젊었을 적 D. H. 로렌스의 사진 그대로인 사람이었다"고 술회한다.

4 김기림, 박태상 편, 『원본 김기림 시 전집』(서울: 깊은샘, 2014), 118쪽. 앞으로

란한 메소포타미아 문화를 이룩한 고대 도시를 가리키지만 서구 문명과 문학을 제유적으로 표현한 것으로 보아도 크게 틀리지 않는다. 이렇게 서구 문명 쪽으로 마음을 움직이는 것은 작품 속의 '적은 여자'만이 아니라 시인의 길로 막 들어선 김기림도 마찬가지였다.

「아츰해」와 던의 「해돋이」

김기림이 작품을 창작하면서 영문학 시인들이나 소설가들한테서 받은 영향이나 그들의 작품과 맺고 있는 상호텍스트성은 우리가 흔히 생각보다 무척 크다. 그의 작품을 꼼꼼히 읽어보면 17세기 형이상학파의 대표적인 시인이라고 할 존 던을 비롯하여 흔히 '옥스퍼드 세대' 또는 '옥스퍼드 그룹'의 한 사람으로 1930년대 활약한 스티븐 스펜더, '모더니즘의 대부'로 현대시의 새로운 지평을 연 T. S. 엘리엇, W. H. 오든, 문학 이론가 I. A. 리처즈 같은 문인들에게서 직간접으로 큰 영향을 받았음을 알 수 있다. 한국 근대와 현대 문학사에서 김기림처럼 영문학에서 그렇게 폭넓게 영향을 받은 작가도 아마 찾아보기 쉽지 않을 것이다.

김기림이 영국 모더니즘 계열의 시인들한테서 한차례 강하게 문학적 세례를 받았다는 것은 이미 잘 알려진 사실이다. 엘리엇을 비롯한 모더니스트들은 형이상학파 시인들한테서 영감이나 영향을 받았다. 모더니스트뿐 아니라 뒷날 신비평이 발전하는 데 크게 이바지한 문학 비

김기림의 시 작품은 모두 이 전집에서 인용하기로 하고 쪽수는 본문에 직접 밝힌다.

평가 I. A. 리처즈도 존 던한테서 진 빚이 적지 않다. 한마디로 김기림은 여러 경로로 이 형이상학파 시인을 알게 되었다. 그래서 그런지 1930년대 초엽 김기림의 데뷔 시절 작품에서는 존 던한테서 받은 영향을 비교적 쉽게 엿볼 수 있다. 그중 하나가 다름 아닌 「아츰해」라는 작품으로 이 시는 던의 「해돋이(The Sun Rising)」라는 작품과 상호텍스트적인 관계를 맺는다. 영국 성공회 목사인 존 던은 성직자답게 경건한 종교시를 많이 썼지만 종교시 못지않게 젊은 남녀의 애정을 다룬 에로틱한 연애시를 쓰기도 하였다.

Busy old fool, unruly Sun,
Why dost thou thus,
Through windows, and through curtains, call on us?
Must to thy motions lovers' seasons run?
Saucy pedantic wretch, go chide
Late school–boys and sour prentices,
Go tell court–huntsmen that the king will ride,
Call country ants to harvest offices;
Love, all alike, no season knows nor clime,
Nor hours, days, months, which are the rags of time.

Thy beams so reverend, and strong
Why shouldst thou think?

I could eclipse and cloud them with a wink,
But that I would not lose her sight so long.
If her eyes have not blinded thine,
Look, and to-morrow late tell me,
Whether both th' Indias of spice and mine
Be where thou left'st them, or lie here with me.
Ask for those kings whom thou saw'st yesterday,
And thou shalt hear, "All here in one bed lay."

She's all states, and all princes I;
Nothing else is;
Princes do but play us; compared to this,
All honour's mimic, all wealth alchemy.
Thou, Sun, art half as happy as we,
In that the world's contracted thus;
Thine age asks ease, and since thy duties be
To warm the world, that's done in warming us.
Shine here to us, and thou art everywhere;
This bed thy center is, these walls thy sphere.[5]

이 작품은 존 던이 사망한 뒤 『노래와 소네트』(1633)라는 시집에 처

5 John Donne, *Selected Poems of John Donne* (London: Penguin, 2006), p. 6.

음 수록되었다. 시적 상황은 비교적 단순하여 1인칭 시적 화자 '나'는 자기와 연인이 잠자리에서 일어나 서둘러 일하러 가는 대신 하루 종일 침대에 누워 있을 수 있도록 태양에게 제발 떠오르지 말라고 부탁한다. 화자는 지금 동쪽 하늘에 둥근 해가 떠오르면서 날이 밝아지자 연인과 헤어지게 되는 것을 못내 아쉬워한다. 그러면서 화자는 태양에게 늦게 학교에 가는 지각생들, 게으른 도제들, 왕의 사냥 준비를 하는 궁정 사냥꾼들, 시골 개미들에게나 어서 잠자리에서 일어나라고 재촉하라 말한다.

김기림은 그의 초기 작품에 속하는 「아츰해」를 1931년 4월 《조선일보》에 처음 발표하였다. 이 작품은 '3월의 푸리즘'이라는 제목 밑에 실은 「적(赤)」을 개작한 것이다. 이 작품에는 '태양'·'별'·'아침'·'바다' 등 앞으로 김기림이 그의 작품에서 즐겨 사용할 시어나 이미지 또는 상징을 처음 사용한다는 점에서도 자못 중요하다. 시집 『태양의 풍속』(1939)에는 「삼월의 씨네마—아츰해」라는 제목으로 실려 있다.

> 별들은 지구우에서 날개를걷우어가지고 날어갑니다. 변하기쉬운 戀人들이여. 푸른하눌에는 구름의 층층대가 걸려있읍니다. 부즈런한事務家인 太陽君은 아침여섯시인데도 벌서 침상에서 일어나서 별의잠옷을 벗습니다. 그러고 총총히 층층대를올러가는것이 안개가 찢어진틈틈으로 보입니다.
>
> —할로 바다와육지
>
> 그의걸음거리는 전설속의 임금답지도않게 고무뽈처럼가볍습니다. (188쪽)

존 던의 작품과 김기림의 작품에서 무엇보다도 먼저 눈에 띄는 것은 제목과 시적 상황이 닮았다는 점이다. 두 작품 모두 해가 뜨는 일출을 소재로 삼아 밤이 지새는 것을 못내 아쉬워하는 연인들의 심정을 노래한다. 김기림은 존 던처럼 의인법을 구사하여 태양에게 인간의 속성을 부여한다. 서양에서나 동양에서나 해와 달을 남성과 여성으로 각각 의인화하는 것이 보통이다. 첫 행에서 태양을 의인화하여 "바쁘고 늙은 바보, 고집불통 태양"이니 "건방지게 아는 척 하는 가엾은 태양"이니 하고 부른다. 한편 김기림은 태양을 자본주의의 산업사회의 샐러리맨에 빗대어 "부지런떠는 사무가인 태양군"이라고 부른다. 이 구절에서는 샐러리맨이 아침 일찍 일어나 서둘러 집을 나서 사무실을 향하여 '총총히 층층대'를 올라가는 모습이 떠오른다. "할로 바다와 육지"라는 구절에서도 엿볼 수 있듯이 시적 화자는 출근길에 만나는 사람들에 가볍게 아침인사를 나누는 것도 흥미롭다.

두 번째 문장 "변하기 쉬운 연인들이여, 푸른 하늘에는 구름의 층층대가 걸려 있습니다"에서 '변하기 쉬운 연인들'은 누구를 가리키는 것일까? 일차적으로는 아침에 해가 떠오르면서 희미하게 자취를 감추는 별들을 가리키는 것으로 볼 수 있다. 어둠이 걷히자 별이 푸른 하늘에 걸려 있는 구름의 층층대를 밟고 성급히 사라지기 때문이다. 그러나 '변하기 쉬운 연인들'은 존 던의 「해돋이」처럼 침대에 함께 누워 있던 연인들로 볼 수도 있다. '연인들이여'라고 돈호법을 구사하는 것을 보면 더더욱 그러한 생각이 든다. 푸른 하늘에 벌써 구름이 층층대처럼 둥둥 떠 있으니 어서 일어나 일상으로 돌아가라고 재촉하는 말처럼 들린다.

마지막 두 행 "그의 걸음거리는 전설 속의 임금답지도 않게 / 고무뽈처럼 가볍습니다"라는 구절을 좀 더 찬찬히 눈여겨보아야 한다. 굳이 전설 속의 이야기가 아니더라도 조선시대 전제 군주만 하여도 걸음걸이가 '임금님답게' 위엄 있고 권위가 있었다. 시적 화자가 전제 군주를 언급하는 것은 고무공처럼 탄력성 있고 바쁘게 움직여야 하는 현대 산업사회의 샐러리맨과 대비하기 위해서다. 존 던도 "궁정 사냥꾼들에게 가 왕이 오늘 사냥을 할 거라고 말하고"니, "네가 어제 본 왕에 대해 물어보아라"니 하고 말하면서 두 번에 걸쳐 '왕'을 언급한다.

존 던의 작품에서 시적 화자는 날이 밝으며 느끼는 연인들의 아쉬움에 대하여 태양에게 "왜 당신은 / 창문과 커튼 사이로 우리를 방문하는가?"라고 꾸짖는다. 한편 김기림의 작품에서 화자는 "별들은 지구우에서 날개를 걷우어 가지고 날어갑니다"니, "푸른 하눌에는 구름의 층층대가 걸려 있습니다"니 하고 완곡하게 말한다. 이렇게 표현 방식은 조금 달라도 연인이 밤이 일찍 지새는 것을 무척 아쉬워한다는 점에서는 서로 일맥상통한다.

김기림이 「아츰해」에서 구사하는 파격적인 이미지와 기상천외한 표현 기법에 대하여 김학동은 "특이한 발상법이 아닐 수 없다"[6]고 지적한다. 그도 그럴 것이 김기림은 존 던을 비롯한 형이상학파 시인들이 즐겨 사용하던 여러 기법을 유감없이 사용하기 때문이다. 가령 다양한 경험을 포섭하려고 노력한 던은 서로 상반되는 감성과 지성, 물질과 정신을 하나로 결합하여 통일된 감수성을 보여 주려고 애썼다. 특히 그

---

6 김학동, 『현대시인 연구 Ⅰ』, 704쪽.

는 언뜻 이질적으로 보이는 대상에서 유사성을 찾아내어 추상적인 사상을 마치 '장미 향기'처럼 감각적으로 느끼게 해 주려고 하였다. 이렇게 얼핏 유사성이 없어 보이거나 엉뚱한 상황을 병치하는 기발한 아이디어를 사용한다는 점에서 김기림도 던과 크게 다르지 않다. 흔히 '기상(奇想)'으로 일컫는 이러한 수법은 언어의 유희적 사용과 충격적인 은유, 역설, 위트, 유머 등의 사용에서도 드러난다. 태양이 잠자리에서 일어나 '별의 잠옷을 벗는다'는 표현도 신선하려니와 안개가 걷힌 부분을 '찢어진 틈'이라고 표현하는 것도 상당히 충격적이다. 적어도 이렇게 기상천외한 비유와 충격적인 이미지를 사용한다는 점에서 김기림의 시는 존 던의 형이상학파 시와 많이 닮았다.

김기림은 「아츰해」에서 1920년대의 낭만적 감상이나 정조에서 벗어나 좀 더 이지적이고 냉철한 태도를 취한다. 그가 말하는 '오후의 예의'에 대비되는 '오전의 시학'을 여실히 보여 주는 작품이다. 이 무렵 그는 《폐허》 동인들로 대표되는 퇴폐적이고 낭만주의적인 시인들에서 흔히 볼 수 있는 이른바 '감성의 분열'을 경계하였다. 김기림이 낭만주의 시 전통에서 젖을 떼고 오히려 형이상학파 전통에서 예술적 자양분을 섭취한다는 점에서 모더니즘과 주지주의를 정립한 존 던이나 그를 계승한 T. S. 엘리엇과 아주 비슷하다.

자칫 놓치고 그냥 넘어가기 쉽지만 김기림은 존 던처럼 지동설을 부정하고 천동설을 주장한다는 점에서도 닮았다. 던이 "이 침대가 너의 중심이고, 이 벽이 그대의 구(球)다"라든지, "세상이 우리 속에 응축되어 있다"라든지 노래한다는 것은 시적 화자와 연인이 누워 있는 침대가 곧

우주의 중심이라고 말하는 것과 다름없다. 실제로 중세기에는 인간의 신체가 전 우주를 축소해 놓은 것과 같다고 생각하여 '소우주'라고 불렀다. 영문법 책에는 과학적 진리를 진술할 때는 늘 현재시제로 써야 한다고 되어 있고, 그 구체적인 실례로 흔히 "해는 동쪽 하늘에서 떠서 서쪽 하늘로 진다"는 문장을 제시한다. 그러나 그것은 실제 과학적 사실과는 거리가 멀다. 지금 과학적 진리로 받아들이는 태양 중심론적 천체 이론에 따르면 해가 움직이지 않고 그 대신 지구가 해 주위를 돈다. 지구를 우주의 중심으로 간주하는 프톨레마이오스의 지구 중심론적 천동설은 니콜라우스 코페르니쿠스와 갈릴레오 갈릴레이의 지동설이 나오면서 거짓으로 판명된 지 이미 오래다. 존 던의 시에서도 핵심적인 비유는 역시 프톨레마이오스의 지구 중심론적 천동설에 기초를 둔다.

존 던이 「해돋이」라는 집을 프톨레마이오스의 지구 중심론적 천동설의 토대 위에 세웠듯이 김기림도 「아츰해」를 천동설의 기초 위에 세운다. "부즈런한 사무가인 태양군은 아침 여섯시인데도 벌서 침상에서 일어나서 별의 잠옷을 벗습니다"니, "그의 걸음거리는 전설속의 임금답지도 않게 / 고무뽈처럼 가볍습니다"니 하는 구절은 태양 중심론적 지동설로써는 도저히 설명할 길이 없다. 물론 존 던이나 김기림이나 과학적 진리가 아닌 시적 진리를 말하고 있어 그들의 작품이 잘못 되었다고는 말할 수 없을 것이다.

그러나 존 던의 작품과 김기림의 작품 사이에 유사점 못지않게 상이점도 있다. 두 작품은 특히 주제에서 적잖이 차이가 난다. 던의 시적 화자가 "사랑은 모두 똑같아 계절도, 기후도 모른다. / 시간도, 날도 달도, 그것은 오직 시간의 넝마조각일 뿐"이라고 노래하는 것을 보면 그에게 천체의 운행에 따른 자연의 시간은 이렇다 할 의미가 없다고 생각하는 듯하다. 시적 화자는 사랑을 이 세상의 어떤 가치보다도 우위에 둔다. 이러한 연애지상주의를 부르짖는 태도는 연인을 두고 화자가 "그녀는 모든 국가요, 나는 모든 왕자이니. / 그 밖에는 아무것도 아니다"라고 노래하는 데서도 단적으로 드러난다.

한편 김기림은 연애의 소중함을 노래하기보다는 현대 산업사회의 건강한 일상을 노래한다. 「아츰해」에 등장하는 태양은 이제는 더 전설이나 신화 또는 군주국에 등장하는 호사스런 제왕이 아니라 어디까지나 현대 사회의 평범한 샐러리맨에 지나지 않는다. 옛날의 제왕처럼 호사스럽게 늦게까지 잠자리에 누워 있을 수도 없고, 황금 마차를 타고 하늘을 질주하지도 않는다. 아침 6시가 되면 어김없이 잠자리에서 일어나자마자 부지런히 일터로 출근해야 하는 평범한 소시민일 뿐이다. 이 점과 관련하여 김학동은 "김기림의 경우, '아침해'는 슬픔으로 표상되는 별들을 어둠과 함께 지구에서 몰아내는 건강성으로 표상되어 있다. 이런 현상은 이 작품에만 국한된 주제 의식이 아니라, 그 초기 시편들에 일관되는 특색이기도 하다"[7]라고 지적한다.

김기림의 「아츰해」에서 태양은 한편으로는 미래지향적인 건강한 삶의 태도와 생명력을 상징하고, 다른 한편으로는 그가 말하는 '지성의 태양'을 상징한다. 그는 『비다와 나비』의 머리말에서 '지나친 감상주의'와 '봉건적 뭇 요소'가 빚어낸 조선 시단의 '비근대적'이고 '반근대적'인

7 위의 책, 704쪽.

분위기와 관행을 폐기하지 않고서는 여전히 근대에 '눈을 띠지 못한 시골띠기'요 '반도(半島) 개고리'로 남아 있을 수밖에 없다고 지적한다. 그러면서 김기림은 "이 두 가지의 저기압과 불연속을 휩쓸어 버리기 위한 가장 힘 있는 무기로서는 다름 아닌 지성의 태양이 필요하였던 것이다"(257쪽)라고 주장한다. 그에게 태양이 상징하는 지성이야말로 낙후한 한국문학의 어둠을 거두어내고 세계문학의 대열에 합류할 수 있는 길을 밝혀 주는 소중한 빛이다.

김기림의 「아츰해」가 존 던의 「해돋이」와 외적 또는 공적 상호텍스트적 관계를 맺는다면 이번에는 김기림의 「들은 우리를 부르오」와는 '내적' 또는 '개인적' 상호텍스트 관계를 맺는다. 제1장에서 이미 밝혔듯이 내적 또는 개인적 상호텍스트성이란 한 시인이나 작가의 작품이 자신의 작품과 맺고 있는 관계를 말한다. 이러한 유형의 상호텍스트성은 무의식적으로 일어나기도 하지만 의식적인 개작의 형태로 나타나기도 한다. 1934년 4월 《신동아》에 처음 발표했다가 「아츰해」와 함께 『태양의 풍속』에 수록한 「들은 우리를 부르오」의 첫 연에서 김기림은 이렇게 노래한다.

> 경박한 참새들은 푸른'포풀라'의지붕밑에서 눈을떠서 분주히 노래하오.
> 바다의 붉은가슴이 타는해를 투겨올리오.
> 별들은 구름을타고 날어가오. (160쪽)

첫 행의 '경박한 참새들'은 '변하기 쉬운 연인들'과 맞닿아 있다. '바다의 붉은 가슴'이 동쪽 하늘에 떠오르는 태양을 튕겨 올린다는 구절은 아침 6시에 침상을 박차고 일어나는 모습과 "할로 바다와 육지"라고 아침인사를 하는 모습과 비슷하다. 더구나 별들이 구름을 타고 날아간다는 마지막 행에서는 「아츰해」의 "별들은 지구 우에서 날개를 걷우어 가지고 날어갑니다"라는 구절이 쉽게 떠오른다. 의식적이든 무의식이든 김기림의 상상력에는 이 두 작품이 서로 깊이 연관되어 있다.

「바다와 나비」와 스펜더의 「바다 풍경」

김기림의 「바다와 나비」는 이른바 '오든 그룹'의 한 사람으로 1930년대 영미 시단을 화려하게 장식한 영국 시인 스티븐 스펜더의 작품과 상호텍스트적인 관계를 맺는다. 이러한 영향 관계를 맨 처음 지적한 사람은 이양하였다. 1962년 5월 서울대학교에서 발행하는 《대학신문》에 기고한 「바다와 나비」라는 글에서 이양하는 "나비가 바다를 靑무밭으로 알고 내려간다는 그럴 듯하고 아름다운 표현은 분명히 스티븐 스펜더의 다음 詩에서 온 것이다. 우연의 일치라 하기에는 너무도 奇特할 뿐 아니라 이 시를 쓴 이 시절에 김기림 씨가 오든, 스펜더, 루이스 일파의 시인들을 많이 읽고 있던 것을 알고 있기에 감히 서슴지 않고 이렇게 말하는 것이다"[8]라고 밝힌다. 그러면서 이양하는 이러한 주장을 펴는 근거로 스펜더의 「바다 풍경(Seascape)」에서 마지막 두 연을 인용한다.

8 정병조 외 편, 『이양하 교수 추념문집』(서울: 민중서관, 1964), 64쪽.

여기서 이양하는 시대착오적 과오를 범한다. 나비가 푸른 바다를 청무밭으로 착각하고 내려간다는 구절은 이양하의 말대로 "그럴 듯하고 아름다운 표현"임에는 틀림없다. 그러나 이 표현이 "분명히 스티븐 스펜더의 시 [「바다 풍경」]에서 온 것"이라고 '감히 서슴지 않고' 못 박아 말하는 것은 잘못이다. 물론 김기림이 스펜더를 비롯한 오든 그룹의 작품을 즐겨 읽은 것은 부정할 수 없는 사실이지만 「바다와 나비」를 쓰면서 스펜더의 작품을 읽기란 불가능하다.

스펜더는 「바다 풍경」에 'M.A.S.를 추모하여'라는 부제를 붙였다. 여기서 'M.A.S.'란 2차 세계대전이 막바지로 접어들던 1945년 독일에서 비행기 사고로 사망한 그의 형 마이클 앨프리드 스펜더를 가리킨다. 그러니까 이 작품은 죽은 형을 추모하여 쓴 만가(挽歌) 형식의 시다. 한편 김기림이 「바다와 나비」를 쓴 것은 1939년으로 두 작품의 발표는 시간적으로 적어도 6년 차이가 난다. 그러므로 스펜더가 김기림 작품에서 영향을 받았다고 말할 수는 있어도 그 반대로는 말할 수 없다. 어찌 되었든 김기림의 「바다와 나비」가 스펜더의 「바다 풍경」과 유사한 것은 사실이다. 이 두 작품의 상호 관계를 좀 더 자세히 살펴보기 위하여 스펜더의 작품 전문을 먼저 인용해 보기로 하자.

> There are some days the happy ocean lies
> Like an unfingered harp, below the land.
> Afternoon guilds all the silent wires
> Into a burning music for the eyes

On mirrors flashing between fine—strung fires
The shore, heaped up with roses, horses, spires
Wanders on water tall above ribbed sand.

The motionlessness of the hot sky tires
And a sigh, like a woman's from inland,
Brushes the instrument with shadowy hand
Drawing across those wires some gull's sharp cry
Or bell, or shout, from distant, hedged—in, shires;
These, deep as anchors, the hushing wave buries.

Then from the shore, two zig—zag butterflies
Like errant dog—roses cross the bright strand
Spiralling over waves in dizzy gyres
Until the fall in wet reflected skies.
They drown. Fishermen understand
Such wings sunk in such ritual sacrifice.

Remembering legends of undersea, drowned cities.
What voyagers, oh what heroes, flamed like pyres
With helmets plumed have set forth from some island
And them the seas engulfed. Their eyes

Distorted to the cruel waves desires,

Glitter with coins through the tide scarcely scanned,

While, far above, that harp assumes their sighs.[9]

형의 죽음을 추모하는 이 작품은 여러모로 만가답다. 가령 악기도 전쟁의 승리를 알리는 나팔이 아니라 구슬픈 소리를 내는 하프다. 김기림의 작품과 가장 상호텍스트적인 성격이 짙은 3연을 번역하면 다음과 같다.

그때에 해안에서 이리저리 날던 나비 두 마리가

길을 잘못 든 들장미처럼 빛나는 해안을 건너

아찔하게 소용돌이치며 파도 위로 내려앉아

마침내 하늘이 반사된 곳으로 빠져든다.

나비들은 익사한다. 어부들은 알고 있지

그런 날개들이 그런 祭物이 되어 가라앉는다는 것을.[10]

이번에는 김기림의 작품 「바다와 나비」 전문을 인용해 보자. 4연 26행의 「바다 풍경」과는 달리 3연 7행의 김기림의 작품은 스펜더 작품의 3연보다 겨우 한 행이 더 많고 마지막 연과 행의 수가 똑같다.

---

9 Stephen Spender, *Selected Poems* (London: Faber and Faber, 2009).

10 위 인용문은 필자가 번역한 것이다. 이양하는 3연을 "그리고는 한 쌍 나비가 갈지자로 드날리는 꽃잎 모양 / 따뜻한 모랫벌을 건너서 비친 하늘 가운데 / 흰 꽃을 찾아 대양 위에 바다 외양간을 헤맨다. / 나비는 물에 빠진다. 보는 사람들은 / 이러한 날개가 이러한 祭式의 희생으로 찢김을 안다"로 번역하였다. 그의 번역은 의역치고는 조금 지나치다고 할 만큼 원문과 거리가 있다.

아모도 그에게 수심을 일러 준일이 없기에
흰나비는 도모지 바다가 무섭지않다.

청무우밭인가해서 나려갔다가는
어린날개가 물결에 저러서
공주처럼 지처서 도라온다.

삼월달바다가 꽃이피지않어서 서거푼
나비허리에 새파란초생달이 시리다. (39쪽)

김기림은 1939년 4월 《여성》에 「나비와 바다」라는 제목으로 발표했다가 두 낱말의 순서를 살짝 바꾸어 세 번째 시집 『바다와 나비』를 제목으로 삼았다. 얼핏 이질적으로 보이는 나비라는 곤충과 바다라는 무생물을 관련시킨 이 작품은 아마 그의 작품에서 가장 인상적이면서도 널리 알려진 시 중 하나일 것이다. 흰색과 청색과 푸른색 등 시각 이미지와 동적 이미지가 선명하여 나비가 펄펄 나는 모습이 눈앞에 자연스럽게 그려진다.

얼핏 보아도 김기림의 작품은 이양하의 지적대로 스펜더의 「바다 풍경」의 3연과 적잖이 닮았다. 무엇보다도 먼저 두 시는 나비가 흰 파도가 물결치는 바다를 들판으로 착각하고 꽃을 찾으러 간다는 시적 상황이 아주 비슷하다. 나비가 한 마리냐 두 마리냐, 흰 나비냐 다른 색깔의 나비냐 하는 것은 여기서 그다지 중요하지 않다. 다만 중요한 것은 들판이나 산 같은 육지에 날아다녀야 할 나비가 바다 위로 날아와 파도 위에 앉으려고 한다는 점이다. 나비가 이렇게 파도에 앉으려고 하는 것은 푸른 하늘이 바닷물 위에 반사되어 마치 초록 들판처럼 보이기 때문이다. 나비는 마침내 날개가 물에 젖어 이제는 더 날지 못한 채 물에 빠져 죽는다. 스펜더는 「바다 풍경」을 창작과 관련하여 이 작품의 창작에 대하여 이렇게 밝혔다.

> 이 시의 아이디어는 바다에 대한 비전이다. 시인은 만약 그가 이 비전을 분명히 진술할 수만 있다면 의미 있는 일일 것이라고 믿는다. 바다의 비전은 절벽 아래 펼쳐 있는 바다에 관한 것이다. 절벽 위에는 들판, 울타리, 집들이 있다. 말들은 도로를 따라 마차를 끌고, 개들은 내륙 멀리서 짖어대고, 멀리서는 종소리가 들린다. 대양이 해안을 반사하고 흡수하는 듯한 매우 맑게 어떤 개인 여름 날, 바다 위 높은 곳에서는 해안이 울타리, 장미, 말들, 사람들로 붐비는 것처럼 보인다. 그러고 난 뒤 팽팽한 바다의 반짝이는 작은 파도는 햇살을 반사하는 하프의 현과 같다. 이러한 현 사이에 해안이 반사되어 있다. <u>나비가 파도 위로 날아다니는데 나비들은 파도를 육지의 흰 들판으로 착각하고 꽃들을 찾고 있다</u>. 이런 날이면 바다에 반사된 육지는 마치 바다 밑에 놓여 있듯이 바다 속으로 들어가는 것처럼 보인다.[11]

---

11 Stephen Spender, *The Making of a Poem* (London: Hamish Hamilton, 1955), p. 50. 김용직(金容稷)은 김기림의 작품과 관련하여 "이 시에서 나비는 꽃의 이미지와 함께 죽음의 이미지를 수반시킨다. 청무우 밭으로 오인된 바다 위를 가냘픈

밑줄 친 부분은 스펜더가 앞에서 방금 인용한 「바다 풍경」의 3연에 대하여 언급하는 대목이다. 시에서는 "해안을 건너 / 아찔하게 소용돌이치며 파도 위로 내려앉아 / 마침내 하늘이 반사된 곳으로 빠져든다"고 노래할 뿐 도대체 왜 나비가 파도가 넘실거리는 바다 위를 날아다니는지는 좀처럼 알 수 없다. 그러나 위 인용문을 보면 나비는 바다를 들판으로 착각하고 꽃을 찾고 있는 것이 드러난다. 김기림이 "청무우밭인가 해서 나려갔다가는"이라는 구절과 아주 비슷하다.

김기림의 「바다와 나비」는 형식과 기교에서도 스펜더의 작품과 유사 상호텍스트적 관계를 맺는다. 예를 들어 유사한 시어를 구사한다든지, 온갖 감각적 이미지와 리듬을 살린다든지 하는 점에서도 두 시는 서로 닮았다. '바다가 늙는다'에서는 의인법을 구사하고, '뜯지 않은 하프처럼'에서는 직유법을 사용하고, "wanders on water, walking"에서는 'w' 음을 살려 두운법을 효과적으로 구사한다. 김기림도 "나비허리에 새파란 초생달이 시리다"에서는 'ㅅ' 음을 살린 두운법을, "흰 나비는 도모지 바다가 무섭지 않다"와 "어린 날개가 물결에 저저서", "공주처럼 지처서 도라온다"에서는 '아'와 '어'와 '오'의 모운법을 살려 자유시 형식에 나름대로 음악성을 꾀한다.

그런데 김기림의 「바다와 나비」는 스펜더의 「바다 풍경」과는 유사성 못지않게 상이성이 있다. 예를 들어 스펜더는 바다의 여러 속성, 그중

날개로 나는 나비의 심상은 꽃에 해당한다. 그리고 이때 바다는 墓場의 분위기를 연상케 한다"고 주장한다. 그러나 스펜더의 작품과는 달리 김기림의 작품에서는 좀처럼 죽음의 이미지를 찾을 수 없다. 김용직, 「한국시의 스티븐 스펜더 수용」, 『한국근대문학논고』(서울: 서울대학교출판부, 1987), 176쪽.

에서도 바다의 파괴력과 기만적 성격에 초점을 맞춘다. 바다는 좀처럼 인간에게 겉으로는 야만적이고 무자비한 힘을 보여 주지 않고 숨기기 일쑤다. 스펜더가 "어부들은 알고 있지"라고 말하는 것은 바로 그 때문이다. 평생 바다에서 살아오다시피 하는 어부들은 누구보다도 바다의 속성을 잘 알고 있을 터다. 바다의 이러한 속성을 미처 깨닫지 못하는 사람들이나 동물은 바다의 희생 제물이 될 수밖에 없다. 「바다 풍경」의 마지막 연에서 스펜더는 "기억하노니 바다 밑 전설과 가라앉은 도시들. / 어떤 항해자들이, 아 장작더미처럼 불타던 어떤 영웅들이 / 섬에서 걸어 나왔더냐 / 그리하여 바다가 그들을 집어삼켰더니, 그들의 눈은 / 잔인한 파도의 욕망에 비틀려 / 거의 살펴볼 수 없는 조수 속에서 동전처럼 반짝이는데 / 그들 위에서 하프는 그들의 한숨을 내쉰다"고 노래하는 까닭이 바로 여기에 있다.

스펜더 작품의 주제에 대하여 이양하는 "바다는 죽음과 영원을 말하고 바다에 흡수되는 언덕은 덧없는 인간의 營爲를 말하는 것으로서 이 시는 상당히 농후하고 豊戱한 한 상징시로 읽을 수 있다"[12]고 지적한다. 바다를 항해하던 배들이 난파하고 배에 싣고 가던 많은 금은보화가 물에 잠기고 도시들이 매몰된 것을 생각하면 바다는 이양하의 말대로 죽음과 파괴의 상징이라고 할 수 있다. 인간과 비교해 보면 바다의 위력은 가공할 뿐 아니라 잠재적 폭력과 야만성을 감춘 채 인간을 호도하고 속이기 일쑤다.

한편 김기림은 스펜더와는 달리 좁게는 바다, 더 넓게는 자연의 기

---

12 정병조 외 편, 『이양하 교수 추모문집』, 65쪽.

만성이나 무관심을 노래하지 않는다. 김기림의 세계관은 스펜더보다는 좀 더 낙관적이고 좀 더 포용적이다. 여기서 스펜더는 형 마이클의 죽음을 애도하여 이 작품을 썼다는 점을 다시 한 번 상기하는 것이 좋을 것이다. 스펜더의 작품에서 나비는 바닷물에 빠져 죽지만 김기림의 작품에서 나비는 비록 지친 몸일망정 물에 빠져 죽지 않고 살아서 육지로 다시 돌아온다. 나비가 실수로 바다로 내려간 것은 어느 누구도 나비에게 바다가 청무우밭이 아니니 착각해서는 안 된다고 가르쳐 준 적이 없기 때문이다.

이양하는 김기림의 작품이 스펜더 작품과 비교하여 "희박한 '이미지스트'의 시라고 할 수 있겠다. 스펜더의 시와 한자리에 놓고 말할 것은 되지 못할 것이나 바다 위를 나는 나비의 아름다운 '이메지'를 우리 시에 더하였음에는 틀림이 없다"[13]고 지적한다. 이렇듯 이양하는 김기림의 「바다와 나비」를 '희박한' 이미지즘의 작품으로 평가하지만 이미지즘으로 말하자면 그의 작품은 스펜더의 작품 못지않게 강렬하다. 가령 김기림은 ① 자유로운 제재의 선택, ② 구체적인 사실, ③ 정확한 시어, ④ 명확한 표현, ⑤ 대상의 집중 등을 중시했다는 점에서 가히 이미지즘의 실천가라고 할 만하다. 오히려 스펜더는 "from distant, hedged-in, shires"라는 구절에서 볼 수 있듯이 이미지스트들이 자칫 불필요한 듯하다고 하여 경계해 마지않는 형용사를 즐겨 사용한다. 이렇듯 김기림은 이미지즘의 구사에서도 스펜더의 작품에 뒤지지 않을 뿐 아니라 그것과는 전혀 다른 새로운 작품으로 승화시켰다.

---

13 위의 책, 65쪽.

이양하는 바다 위를 나는 나비가 한국 시단에 준 '아름다운 이미지'에 각별한 의미를 부여한다. 그러나 그보다 훨씬 중요한 것은 그 이미지가 과연 무엇을 상징하느냐 하는 점이다. 김기림이 누구보다도 식민지 현실에 민감했다는 점을 염두에 둘 때 「바다와 나비」는 단순히 서구 이미지즘을 표방한 작품만으로는 읽히지 않는다. 김기림이 좁게는 이미지즘, 더 넓게는 모더니즘의 세례를 받은 것은 부정할 수 없는 사실이지만 그는 동시에 이 작품에서 서구의 형식과 기교를 빌려 혹독한 일본 제국주의를 비판한다.

이와 관련하여 김기림의 경성중학교 제자인 이활(李活)은 일제강점기라는 시대적 상황에 비추어 이 작품을 읽는다. 즉 나비는 예술지상주의라는 '꽃만 좇아다니는 어린 시인'의 상징으로, 바다는 일제가 전쟁으로 치달으면서 전쟁에 협력하지 않던 예술가들과 지식인들을 체포하던 가혹한 일본 국군주의의 상징으로 해석한다. 이활은 "허무한 이 시의 작가 기림은 상심했는가, 3월 달(이 시를 지은 당시의 시대상) 바다가 (일제의 전쟁 정책 때문에) 꽃이 피지 않아서 서글픈 나비 허리에 새파란 초생달이 유난히도 시리단다"고 말한다. 그러면서 이활은 "어쩌면 이 시는 시에의 아방튀르에 나섰다가 고작 바다 건너 도쿄에서 전사하고만 우리 시의 최초의 순교자 이상(李箱)을 시의 언덕 너머에 상기하면서 썼는지도 모른다. 삼월 달 바다에 꽃이 피지 않아서 서글픈 이상의 「날개」에도 그래서 초승달이 시린지도 모르겠다"고 지적한다.[14]

---

14 이활, 『정지용·김기림의 세계: 역사의 물살에 흘러간 비극의 문학』(서울: 명문당, 1991), 277~278쪽.

김기림의 작품에서 바다와 나비가 가리키는 의미의 폭은 스티븐 스펜더의 작품과 비교하여 훨씬 더 넓다. 바다는 근대나 문명 세계를, 나비는 근대문명을 받아들이려는 서구지향적인 인물을 상징한다. 문학과 예술로 좁혀 말하면 모더니즘 같은 서구의 문예사조를 받아들이려는 문인들을 경고하는 작품으로도 읽힌다. 이러한 관점에서 보면 「바다와 나비」는 서구 모더니즘을 지향하다가 여러 시대적 상황에 부딪혀 좌절한 김기림의 자화상으로 보아도 크게 무리가 되지 않는다.

한편 김기림은 나비의 운명을 비단 식민지 조선에 국한하지 않고 그 범위를 좀 더 동아시아로 넓힌다. 탈아입구(脫亞入歐)의 깃발을 높여 쳐들고 서구 문물을 일찍 받아들여 근대화를 이룩했던 일본도 점차 나비의 신세가 되기 시작하였다. 일본 제국주의 또한 서구 문명 앞에 좌절하지 않을 수 없었다. 김기림은 시집 『바다와 나비』의 머리말에서 "1939년 제2차 세계대전의 반발은 벌써 피할 수 없는 '근대' 그것의 파산의 예고도 들렸으며 이 위기에선 '근대'의 초극이라는, 말하자면 세계사적 번민에 우리들 젊은 시인들은 마조치고 말았던 것이다"(257~258쪽)라고 밝힌다.

김기림의 「바다와 나비」는 앞에서 언급한 「아츰해」처럼 영국문학 작품뿐 아니라 국내 작품과도 상호텍스트적 관계를 맺는다. 재일본동경조선유학생학우회의 기관지 《학지광(學之光)》의 발간에 참여하면서 이 잡지에 시와 수필과 논설을 자주 기고한 소월(素月) 최승구(崔承九)의 「조(潮)에 접(蝶)」이 바로 그것이다. 한자로 표기해서 그러하지 '조에 접'을 한글로 풀어쓴다면 김기림의 '바다와 나비'와 거의 동일하다. 최승구는 이 작품에서 나비와 바다의 관계를 이렇게 노래한다.

남국의 바다 가을날은
아즉도 따뜻한 볏을 沙汀에 흘니도다.
저젓다 멀넛다 하는 물입술의 자최에
납흘납흘 아득이는 흰 나뷔
봄 아지랑이에 게으른 꿈을 보는 듯.
[…]
아아! 나뷔여, 나의 적은 나뷔여
너 홀노 어대로 가는가.
너 가는 곳은 滅亡이라.
바다는 하날과 갓치 길메
暴惡한 波濤는
너의 藝術을 파뭇으려 할지라.
무섭지 안이한가, 나뷔여
검은 海藻에 숨은 고래는'
너를 덤석 삼키려
기다렷다 발컥 이러나는 큰 물결은
너를 散散 바숴려.[15]

이 작품의 주제는 "포악한 파도는 / 너의 예술을 파뭇으려 할지라"라는 구절에서 엿볼 수 있다. 아름답고 연약한 나비는 예술을 상징하고, 바다의 거센 파도는 예술을 위협하는 누추한 일상을 상징한다. 그

15 김학동, 『현대시인 연구 I』, 76~77쪽에서 재인용.

래서 시적 화자는 바다로 향하는 나비를 향하여 "아아! 나뷔여, 나의 적은 나뷔여 / 너 홀노 어대로 가는가"라고 노래한다. 나비가 바닷물에 닿는 순간 산산조각으로 부수어질 것이라는 사실을 잘 알고 있는 화자로서는 나비의 운명이 애처롭게 느껴지기 때문이다.

김학동은 최승구의 「조에 접」이 김기림의 「바다와 나비」와 비슷하다고 지적한 적이 있다. 이와 관련하여 김학동은 "'바다'와 '나비'의 이미지는 훨씬 뒤 1930년대의 김기림을 위시하여 몇몇 시인이 구사한 적이 있다. 그러나 그 연원은 어디에 있는지 지금으로서는 잘 알 수가 없다"[16]고 지적한다. 김학동의 지적처럼 최승구가 나비와 바다의 상징적 이미지를 과연 어디서 영감이나 영향을 받았는지 지금으로서는 알 수 없다. 다만 뒷날 김기림이 「바다와 나비」에서, 스티븐 스펜더가 「바다 풍경」에서 최승구가 구사한 유사한 상징적 이미지를 구사했을 뿐이다.

『기상도』와 엘리엇의 『황무지』

1939년 김기림은 임화(林和)와 김태준(金台俊)이 관여하던 학예사에서 두 번째 시집 『태양의 풍속』을 발간하였다. 그는 이 시집의 「어떤 친한 '시의 벗'에게」라는 머리말에서 "이 책은 昭和 5년 가을로부터 쇼와 9년 가을까지의 동안 나의 총망한 숙박부에 불과하다. 그러니까 내 일은 이 주막에서 나를 찾지 마러라"(63쪽)라고 적었다. 그렇다면 그가

16 김학동, 『현대시인 연구 I』, 77쪽; 김학동, 「소월 최승구의 시 세계」, 『최소월 작품집』(서울: 형설출판사, 1982), 104~107쪽.

이 시집에 수록한 작품은 1930년부터 1934년 사이에 쓴 것들이다. 그러므로 출간 시기로 보면 1936년 7월 창문사에서 출간한 『기상도』가 첫 시집인 셈이다. 이 시집은 92편의 시를 수록한 두 번째 시집과는 달라서 장편 시 한 편을 수록하였다. 1935년 《중앙》 4월과 5월호에 「기상도 I·II」를 발표하고 같은 해 《삼천리》 9호와 11호에 「차륜(車輪)을 듣는다」와 「올배미의 노래」 등을 발표한 뒤 개작하여 단행본 시집으로 발간하였다. 『기상도』는 '구인회' 멤버로 김기림과 가까이 지낸 이상이 장정을 맡고 500부 한정판으로 출간하였다. 이 시집이 출간되자마자 최재서는 "시시한 일상생활의 세계를 떠나 여하튼 미지의 세계로 드러가는 듯한 신선한 인상을 받는다"고 지적한다. 또한 그는 "淸蜜같이 달고도 날카로운 감수성"을 지닌 작품이라고 높이 평가한다.[17]

김기림은 《중앙》에 이 시의 일부를 처음 연재하면서 "한 개의 현대의 교향악을 기획한다"[18]고 밝혔다. 그의 말대로 『기상도』가 교향악이라면 4악장의 고전주의 교향곡보다는 5악장 또는 그 이상을 갖춘 낭만주의 이후의 교향곡과 비슷하다고 할 수 있다. 이 장시는 ① 「세계의 아츰」, ② 「시민 행렬」, ③ 「태풍의 기침시간」, ④ 「자최」, ⑤ 「병든 풍경」, ⑥ 「올배미의 주문」, ⑦ 「쇠바퀴의 노래」 등 모두 7부로 구성되어 있다. 현대의 교향곡답게 김기림은 『기상도』의 「세계의 아츰」을 이렇게 시작한다.

17 최재서, 『문학과 지성』(경성: 인문사, 1938), 83, 84쪽. 최재서가 김기림의 감성을 달콤한 청밀에 빗댄 것처럼 김기림은 정지용의 시적 감수성을 "물제비처럼 단아한 감성"이라고 표현한다.

18 《중앙》 3권 5호(1935), 104쪽.

비눌

돛인

해협은

배암의잔등

처럼 살아낫고

아롱진 '아라비아'의 衣裳을 둘른 젊은 산맥들

바람은 바다ㅅ가에 '사라센'의 비단폭처럼 미끄러웁고

오만한풍경은 바로 오전칠시의 절정에 가로누엇다. (25쪽)

이 작품은 종래의 시에 익숙한 독자들에게 파격적인 행갈이, 충격적인 이미지, 논리의 비약 등에서 그야말로 신선한 충격을 안겨주었다. 김소월(金素月)의 작품은 말할 것도 없고 심지어 정지용의 작품과 비교해 보아도 서구 모더니즘 시에 한 발 더 바짝 다가간 느낌이 든다. 『기상도』의 이러한 형식의 특징을 누구보다도 가장 먼저 감지한 비평가는 바로 최재서였다. 「현대시의 생리와 성격」은 이 작품에 관한 최초의 문학 비평일 뿐 아니라 지금까지 나온 비평문 중에서 가장 뛰어나다. 이 글은 비단 『기상도』에 대한 비평에 그치지 않고 최재서의 문학관을 엿볼 수 있다는 점에서도 자못 중요하다. 가령 그는 "시는 인습에 대한 영원한 반역이다. 시는 새로운 인생관이나 새로운 철학을 갖이지 않어도 좋다"[19]고 잘라 말한다. 이 작품이 출간되자마자 쓴 이 글에서 최재서

19 최재서, 『문학과 지성』, 81쪽. 그는 "사상적 혁명의 출발점은 결코 이지가 아니라

는 ① '이메지(心像)의 잡다성', ② '논리적 연락(連絡)의 결무(缺無)', ③ '수약적(收約的) 효과' 등 크게 세 가지 특성에 주목한다.

항목 ①에 대하여 최재서는 김기림이 시간적으로는 현대를, 공간적으로는 전 세계를 소재로 삼기 때문에 삶의 모든 영역에서 이미지를 빌려온다고 지적한다. 이 점과 관련하여 최재서는 "그 이메지는 氣象學, 地文學, 정치사, 고전 등으로부터 여객기, 傳書鳩, 성층권 '에텔'에 미쳤고, 기타 시에 나올 만한 혹은 아직까지 나오지 않었든 모든 이메지가 등장하였다"[20]고 밝힌다. 그러면서 그는 시재(詩材)의 확대야말로 현대시의 가장 중요한 특징 중 하나라고 높이 평가한다.

항목 ②에 대하여 최재서는 김기림이 한 이미지에서 다른 이미지로, 한 시행에서 다른 시행으로, 한 연에서 다른 연으로 이렇다 논리적 연관성이 없이 비약함으로써 독자들을 적잖이 당혹스럽게 한다는 점을 솔직히 인정한다. 그러면서 최재서는 문학이란 논리보다는 직관이나 감성에 의존하니 만큼 이 또한 불가피하다고 역설하면서 김기림의 기법을 두둔한다. 최재서는 "이것은 현대파 시인들이 즐겨 사용하는 수법이여서 가장 유명한 실례는 영국의 엘리옷트이다"[21]라고 지적한다. 이렇게 최재서는 김기림이 『기상도』를 쓰면서 엘리엇한테서 영감이나 영향을 받았다는 것을 최초로 언급한 비평가다. 그는 김기림의 작품이

감각이다"니 "사상의 탄생은 엄연히 감각적인 문제이다. 감각이 움즉이는 바를 이지는 다만 지사할 뿐이다"(82쪽)라고 밝히기도 한다. 「현대시의 생리와 성격」은 『최재서 평론집』(서울: 청운사, 1961), 350~405쪽에 재수록 되어 있다.

20 최재서, 『문학과 지성』, 78~79쪽.

21 위의 책, 79쪽.

언뜻 보면 산만한 것 같지만 실제로는 엘리엇의 작품처럼 내적 통일성을 성취했다고 주장하기도 한다. 그러한 경우를 보여 주는 구체적인 실례로 최재서는 『기상도』 중 「자최」와 「병든 풍경」을 든다.

항목 ③에 대하여 최재서는 김기림이 '수약적' 방식, 즉 필수불가결하지 않은 것을 과감하게 생략하는 기법도 현대시의 특징이라고 지적한다. 김기림이 작품의 난해성을 무릅쓰고 전통적 형식을 파괴하는 데는 크게 두 가지 이유에서 비롯한다고 주장한다. 첫째, 모든 것을 설명하다 보면 가득이나 긴 장시가 너무 방대하게 늘어날 수 있다. 둘째, 이러한 기법은 현대인의 취향에 걸맞게 언어의 경제성과 속도감의 효과를 얻을 수 있다.

최재서는 『기상도』에서 무엇보다도 감성과 지성의 결합하는 김기림의 시적 재능을 높이 평가한다. "氏의 감각은 신선하다, 발랄하다, 스마트하다 하야 일면적으로 감상하기엔 너무도 이지적인 또 일면을 갖이고 있다. […] 대상을 설명치 않고 그 감각 속에 지적 요소를 함축시킴으로써 그 實在를 直覺케 하는 것이 이 시인의 테크닉인 듯 싶다"[22]고 밝힌다. 그러면서 그는 「병든 풍경」의 도입부에서 구체적인 실례를 든다.

보랏빛 구름으로 선을둘른
회색의 '칸바스'를 등지고
꾸겨진 빨래처럼
바다는

22 위의 책, 85쪽.

산맥의 突端에 걸려 퍼덕인다. (39쪽)

최재서에게 이 시행들이야말로 '이중적 심상' 기법으로 감성과 이성, 감각과 지성의 결합을 보여 주는 더할 나위 없이 훌륭한 예다. 그는 위 인용문을 "찌그러진 현대인의 비애를 가장 예각적으로 형상화한 것"이라고 평가하면서 김기림의 『기상도』를 17세기 영국의 형이상학파 시와 관련시킨다.

> 金氏의 詩的 感覺은 우리에게 메타피지칼派 詩人의 作品을 연상시킨다. 사실상 氏의 詩는 現代 歐羅巴 主知主義 詩人들의 感化를 많이 받은 듯싶다. 그러나 메타피지칼 詩의 本質을 '思想의 情熱的 把握'이라고 정의한다면 氏의 詩가 엄밀한 意味의 메타피지칼 詩가 되기엔 배후에 思想的 燎所가 좀 희박한 듯싶다. 對象을 知的으로 파악하랴는 노력은 보히면서도 故意로 혹은 無意識的으로 思想을 기피하랴는 傾向이 있다.[23]

여기서 찬찬히 주목해 볼 것은 최재서가 따옴표로 표기한 '사상의 정열적 파악'이라는 구절이다. 이 구절은 엘리엇이 「형이상학파 시인들」이라는 글에서 17세기 영국의 존 던이나 조지 허버트 같은 형이상학파 시인들을 언급하면서 그들의 시적 특성을 지적한 표현이다. 엘리엇에 따르면 앨프리드 테니슨이나 로버트 브라우닝 같은 19세기 빅토리아

23 위의 책, 89쪽.

시대의 시인들과는 달리 형이상학파 시인들의 작품에서는 '감성의 분리'가 일어나지 않았고, 그들은 "사상을 마치 장미의 향기처럼" 느꼈다. 『기상도』와 관련하여 최재서가 말하는 '사상의 정열적 파악'이란 바로 감성과 지성을 분리하지 않은 채 관념과 사상을 감성으로 파악하는 것으로 엘리엇이 말하는 '감성의 통합'과 동일한 개념이다.

김기림은 감성과 지성의 종합이나 통합을 단순히 형이상학파 시의 특징으로 파악하지 않고 더 나아가 '과거의 시'에 대립하는 '새로운 시', 즉 현대시의 특징으로 간주한다. 「시의 모더니티」라는 글에서 그는 '과거의 시'와 '새로운 시'를 이항대립적으로 구분 짓는다. 즉 그는 전자와 후자의 특징을 ① 독단적－비판적, ② 형이상학적－즉물적, ③ 국부적－전체적, ④ 순간적－경과적, ⑤ 감정 편중－정의(情意)와 지성의 종합, ⑥ 유심적－유물적, ⑦ 상상적－구성적, ⑧ 자기중심적－객관적으로 간주한다.[24]

더구나 최재서는 김기림의 작품이 단순히 형이상학파 시에 그치지 않고 '현대 구라파 주지주의 시인들'의 작품에서도 '감화'를 받은 것 같다고 주장한다. 그는 '감성의 통합'을 쥘 라포르그나 샤를 보들레르 같은 19세기 프랑스 상징주의 시인들의 작품에서도 찾아볼 수 있다고 지적한다. 그런가 하면 이러한 현상은 라포르그의 작품을 무척 흠모하던 엘리엇의 작품에게서도 마찬가지로 엿볼 수 있다는 것이다.

물론 모든 비평가가 최재서처럼 『기상도』를 긍정적으로 평가하는

24 김학동·김세환 공편, 『김기림 전집 2』(서울: 심설당, 1988), 84쪽. 앞으로 이 책에서 인용은 숫자 '2'와 함께 인용 쪽수를 본문 안에 직접 밝히기로 한다.

것은 아니어서 적지 않은 학자들이 그동안 이 작품을 부정적으로 평가해 왔다. 예를 들어 송욱(宋稶)은 「한국 모더니즘 비판」에서 엘리엇과는 달리 김기림에게는 역사의식이 결여되어 있다고 지적하면서 "천박하게도 외국풍이 즉 모더니즘이라고 생각하였다"고 혹평한다.[25] 이렇게 『기상도』를 부정적으로 평가한다는 점에서는 김종길(金宗吉)과 이창배(李昌培)도 크게 다르지 않다. 김기림의 장시에 대하여 김종길은 '내적 통일성'이 결여되어 있다고 주장하고, 이창배는 "이미지즘의 시 단계를 벗어나지 못했다"면서 한낱 '의사(疑似) 『황무지』'에 지나지 않는다고 평가한다.[26]

이러한 비판을 떠나 김기림이 『기상도』를 쓰면서 엘리엇한테서 직간접으로 영감이나 영향을 받았거나 적어도 그의 작품과 상호텍스트적 관계를 맺는다는 것은 부인할 수 없는 사실이다. 또한 김기림은 엘리엇 이론과 작품의 토대 위에 시론의 집을 지었다. 김기림은 비평문에서 수많은 외국 이론가들과 시인들을 언급하지만 그중에서도 가장 많이 언급하는 문인이 다름 아닌 엘리엇이었다. 1948년 엘리엇이 노벨 문학상을 수상했을 때는 「T. S. 엘리엇의 시: 노벨 문학상 수상을 계기로」라는 글을 《자유신문》에 기고하기도 하였다. 이 글에서 김기림은 "1917년 빛나는 시집 『프루프록 기타 제장(諸章)』을 들고 나타났던 그는 어느새 1920년대에는 영시단을 완전히 독차지하다시피 했으며 그리해서 1930

25 송욱, 『시학평전』(서울: 일조각, 1970), 189쪽.

26 김종길, 『진실과 언어』(서울: 일지사, 1974). 이창배, 「한국 영미시가 한국의 현대시에 미친 영향」, 《한국문학연구》 3호 (1980), 7~52쪽.

년대의 영시단의 새 세대는 실로 그의 나래 밑에서 자라서 솟아난 것이다"(2: 384)라고 지적한다. 김기림은 이 글과 함께 「창머리의 아츰」이라는 엘리엇의 작품을 번역하여 싣기도 하였다.

김기림이 엘리엇의 『황무지』와 시론을 구체적으로 실천하려고 시도한 작품이 『기상도』다. 이 점과 관련하여 김학동은 "엘리어트의 『황무지』나 스펜더의 『비엔나』 등이 모두 장시로서 현대의 혁명적 충동을 주었다는 그의 시론을 실천한 것이 『기상도』라 할 수 있다"[27]고 지적한다. 그렇다면 김기림은 『기상도』를 창작하면서 멀게는 형이상학파 시인들, 가깝게는 엘리엇한테서 구체적으로 어떠한 영감이나 영향을 받았는가? 좀 더 정확히 말해서 김기림의 작품은 그들의 작품과 어떠한 점에서 상호텍스트적 관계를 맺고 있는가? 무엇보다도 먼저 눈에 띄는 유사점은 두 작품 모두 장시 형식을 취한다는 점이다. 김기림은 『시론』(1947)에서 현대 사회에서 장시의 필요성을 역설하였다.

> 長詩는 장시로서의 독특한 領分을 가지고 있다. 어떠한 점으로 보아 더 복잡다단하고 굴곡이 많은 現代文明은 그것에 적합한 시의 형태로서 차라리 극적 발전이 가능한 장시를 환영하는 필연적 요구를 가지고 있는 것처럼 보이기도 한다. 현대시에 혁명적 충동을 준 엘리엇의 『황무지』와 최근으로는 스펜더의 『비엔나』와 같은 시가 모

27 김학동, 『김기림 연구』, 41쪽. 한편 김기림과는 달리 이인수(李仁秀)는 엘리엇의 『황무지』에서 영감이나 영향을 받고 영문으로 「Variations on the Theme of Despair」라는 작품을 써서 한국 최초의 영문 사화집이라고 할 『진달래 숲(Grove of Azalea)』(1947)에 수록하였다.

두 장시인 것은 거기에 어떠한 시대적 약속이 있는 것이나 아닐까. 나는 있다고 생각한다. (2: 100~101)

김기림은 종래의 서정시라는 작은 그릇으로써는 복잡하게 얽히고 설킨 현대사회의 다양한 모습을 충분히 담아낼 수 없다고 판단하였다. 서정시 장르가 현대사회에서 시대착오에 가깝다고 생각하는 그는 장시가 시인이 선택해야 할 사항이라기보다는 오히려 '필요적 요구'라고 주장한다. 시에서 장시에 무게를 싣는 것은 소설에서 장편소설에 무게를 싣는 것과 같다. 복잡다단한 현대사회를 표현하는 데는 단편소설로써는 한계가 있을 수밖에 없을 것이다. 최재서는 1937년에 발표한 「중편소설에 대하야」에서 "원래로 조선의 現象에 있어서는 단편보다는 중편이 합리적이고 또 용이치 않을가 생각한다. 단편이 그 본령으로써 요구하는 인생의 관조라든가 심경의 투시는 현대 우리 처지에 그리 적합치 않은 듯싶다"[28]고 지적한다. 물론 복잡한 현대사회를 다루는 데는 중편소설보다는 오히려 장편소설이 좀 더 '합리적' 선택일지 모르지만 최재서는 장편소설은 그것대로 한계가 있다고 지적한다. 장편소설 작가는 독자에게 흥미를 주어야 한다는 부담이 있을 뿐 아니라 장편소설을 구상할 때 무엇보다도 '문학적 향연'을 염두에 둘 수밖에 없다는 것이다.

엘리엇의 『황무지』가 434행이고 『기상도』가 424행이어서 두 작품은 겨우 10행밖에 차이가 나지 않을 만큼 길이가 아주 비슷하다. 다만 엘

28 최재서, 『문학과 지성』, 164~165쪽. 「중편 소설에 대하야」는 『최재서 평론집』, 340~346쪽에 재수록 되어 있다.

리엇의 작품이 ①「죽은 자의 매장」, ②「체스 게임」, ③「불의 설교」, ④「물에 의한 죽음」, ⑤「천둥이 전해 준 말」 등 5부로 구성된 반면, 김기림의 작품은 7부로 구성되어 있는 것이 조금 다를 뿐이다. 또한 자유시 형식을 취한다는 점에서도 두 작품은 서로 비슷하다. 이렇게 장시와 자유시 형식으로 말하자면 김기림은 엘리엇의 『황무지』 말고도 스티븐 스펜더의 『비엔나』(1934)에서도 영향을 받았다. 그러나 스펜더의 작품은 621행 4부 형식을 취하고 있어 『기상도』보다 3분의 1가량이 더 길다. 그러므로 김기림이 스펜더에서 받은 영향은 아무래도 외형적 형식보다는 내용이나 주제에서 찾아야 한다.

『기상도』와 『황무지』의 유사성은 장시에 이어 산문성에서도 찾아볼 수 있다. 모더니즘 전통에 서 있는 두 작품은 서정시의 율격을 지양하고 내재율에 무게를 두는 산문성에 크게 의존한다. 김기림은 「피에로의 독백」에서 "시는 맨 처음의 司祭官과 예언자의 생활수단이었다. 그 후에 그것은 또 다시 궁정에 횡령되었다가 '부르조아'에게 몸을 팔았다. 그러나 '民衆'의 성장과 함께 시는 민중에게까지 접근하여 갔다. '리듬'은 시의 귀족성이며 형식주의다. 민중의 일상 언어의 자연스러운 상태에서 발견하는 미와 탄력과 조화가 새로운 산문 예술이다"(2: 303)라고 밝힌다. 김기림은 『기상도』에서 엘리엇이 『황무지』에서 시도한 것처럼 산문성에 기반을 둔 자유시를 썼다.

더구나 김기림은 '극적 독백' 기법을 구사한다는 점에서도 「황무지」와 닮았다. 이 기법은 고대 로마시대로 거슬러 올라갈 수 있을 만큼 서양문학사에서 그 역사가 꽤 길지만, 엘리엇은 현대적 상황에 걸맞게 이

기법을 변형하여 사용하였다. 이 기법을 '현대화'한 그는 『황무지』 전체에 걸쳐 극적 독백 기법을 즐겨 사용하되 어디까지나 시적 화자, 장소, 시간 등을 자유롭게 바꾸었다. 가령 로버트 브라우닝만 같아도 극적 독백에는 시적 화자와 청자뿐 아니라 암묵적으로 독자를 위한 공간도 마련되어 있지만 엘리엇은 이러한 요소들을 무시하기 일쑤였다. 엘리엇은 파운드와 마찬가지로 시인의 목소리와 시적 화자의 목소리 사이의 긴장에 의존하는 대신 파편화된 다양한 목소리, 궁극적으로는 시인의 목소리라고 할 복합적 목소리를 만들어 내려고 노력하였다.

이렇게 『황무지』는 서로 다른 다양한 목소리로 구성되어 있어 처음 읽는 독자들에게는 때로 혼란스럽기 그지없다. 지금 누가 말하는지, 화자가 지금 어디에 있는지 가늠하기 어려울 때가 있다. 시적 화자, 배경, 청자 등을 비교적 분명하게 제시하는 브라우닝의 극적 독백과는 달리 엘리엇의 극적 독백은 이러한 요소가 애매하고 모호하다. 이를 달리 말하면 엘리엇은 시적 화자의 역할을 좀 더 막연하고 복잡하게 만들었다는 것이 된다. 김기림도 엘리엇처럼 「시민 행렬」의 마지막 부분에서 시적 화자의 역할을 애매하게 만들었다.

祈禱는 죄를지을수잇는 구실이 되엇습니다.
"감사합니다.
아—멘"
"감사합니다. 마님 한푼만 적선하세요.
내얼골이 요로케 이즈러진것도

내팔이이렇게부러진것도

마님과니말이지 내어머니의죄는 아니랍니다."

"쉿! 무명용사의 기념행렬이다." (28쪽)

첫 행 "기도는 […] 되엇습니다"의 화자는 누구이고, "감사합니다. / 아—멘"의 화자는 누구이며, "감사합니다. […] 내 어머니의 죄는 아니랍니다"에서 시적 화자는 과연 누구인가? 또한 마지막 행 "쉿! 무명용사의 기념행렬이다"에서 화자는 도대체 누구란 말인가? 겨우 8행밖에 되지 않는 짧은 행에 김기림은 시적 화자를 여러 명 등장시킨다. 위 인용문에서는 엘리엇이 「죽은 자의 매장」에서 "인간의 아들아, 너는 말할 수도 추측할 수도 없다. 너는 다만 부서진 우상(偶像)의 한 더미나 알고 있기에"[29]라고 노래하는 구절이 떠오른다.

김기림은 엘리엇처럼 문학을 비롯하여 음악 같은 예술, 역사, 대중문화에서 빌려 오는 온갖 암유나 인유를 그야말로 머리가 아찔할 정도로 많이 사용한다. 엘리엇은 『황무지』에서 "이 시의 제목뿐 아니라 설계와 많은 부수적인 상징은 성배(聖杯) 전설에 관한 제시 L. 웨스턴 여사의 저서 『풍요 제식에서 기사 이야기』(케임브리지대학출판부, 1920)에서 시사를 받았다. […] 나는 인류학의 또 다른 저서, 즉 우리 세대에 깊은 영향을 끼친 저서 『황금 가지』에서 전반적으로 빚을 졌다"[30]고 밝힌

29 T. S. Eliot, *The Waste Land and Other Poems* (London: Faber and Faber, 2010), p. 63. 여기서 "a heap of broken images"에서 'images'를 '우상'으로 옮겼지만 어떤 의미에서는 "이미지" 또는 '심상'으로 볼 수도 있다.

30 위의 책, 71쪽.

다. 이 두 저서 말고도 엘리엇은 고대 그리스 시인 사포의 작품을 비롯하여 로마시대 시인 가이우스 페트로니우스의 『풍자』와 베르길리우스의 『아이네이스』와 오비디우스의 『변신』, 신구약 성경, 『우파니샤드』, 샤를 보들레르의 『악의 꽃』(1857), 폴 베를렌의 소네트, 헤르만 헤세의 『혼돈의 일별』(1920) 등 여러 작품에서 암유나 인유를 구사한다. 영국문학으로 좁혀 보면 제프리 초서의 『캔터베리 이야기』(1400), 윌리엄 셰익스피어의 여러 희곡 작품, 토머스 키드의 『스페인 비극(1587), 존 웹스터의 『흰 악마』(1612), 에드먼드 스펜서 「축혼가」, 앤드류 마블의 시 등에서 직간접으로 영향을 받기도 한다.

이렇게 온갖 암유와 인유에 의존한다는 점에서는 김기림도 엘리엇과 크게 다르지 않다. 김기림은 『기상도』에서 아라비아와 사라센 같은 이슬람 문화를 비롯하여 기독교 문화와 유교를 언급한다. 셰익스피어의 작품과 요한 볼프강 폰 괴테의 『파우스트』(1808) 같은 문학 작품을 언급하는가 하면, 소크라테스, 게오르크 빌헬름 프리드리히 헤겔, 공자(孔子), 장제스(蔣介石)의 아내 쑹메이링(宋美齡) 같은 정치가와 영국 수상 램지 맥도널드, 그 밖의 유럽 독재자들을 언급한다. 그런가 하면 의사 콜베르, 검은 셔츠만 입은 파시스트, 망향가를 부르는 흑인, 네덜란드 선장, 무명용사 같은 인물들을 언급하기도 한다.

지리적으로 보면 『기상도』에는 미국, 영국, 프랑스, 독일, 아프리카, 동남아, 중국, 식민지 조선 등 오대양 육대주가 모두 등장하다시피 한다. 「속 오전의 시론」에서 김기림은 이미지즘 이전의 모든 유파의 시인들에게 "너는 어째서 오늘도 장미와 노을과 별과 '캐나리아'와 해변과 꿈과 동경과 중세적 연애와 해로라비와 천사와 아가씨의 정원과 갈매기와 묘지와 요람과 참새들과만 놀고 있느냐"(2: 183~184)라고 꾸짖는다. 그러면서 그는 새 시대의 시인이라면 아무리 보잘 것 없거나 비천한 것일지라도 마땅히 작품 소재로 삼아야 한다고 역설한다.

> 娼女의 목쉰 소리, 기관차의 '메카니즘', 뭇솔리니의 연설, 공동변소의 박애사상, 公園의 기만, 헤겔의 변증법, 전차와 인력거의 경주—우리들의 주위를 돌고 있는 이 분주한 문명의 전개에 대하여는 그들은[이미지즘 이전의 시인들]은 일체 이것들을 非詩的이라고 하여 얼굴을 찡그리고 돌아선다. 오늘의 시인에게 요망되는 "포즈는 실로 그가 문명에 직면하는 것이다. 그래서 거기서 그의 손에 부닥치는 모든 것은 그의 재료가 될 수가 있다. 그러나 그는 항상 그 속에서도 그 현란하고 풍부한 재료에 압도되지 않기 위하여 강인한 감성과 건실한 지성의 날을 갈아야 될 것이다. 예를 들면 일찍이 "엘리엇은 '빅토리안'의 꿈나라와 '죠지안'의 전원과 '이마지스트'의 美學의 동산에서 시를 현대문명의 '황무지' 속에 끌어내 오기까지는 좋았으나, 그는 드디어 방대한 현실에 압도되어서 겨우 슬프고도 충실한 '카메라'와 같이 享受할 뿐이었다. 나아가서 그는 굳센 비판까지는 가지지 못하였다. (2: 183~184)

위 인용문에서 찬찬히 주목해 볼 대목은 맨 마지막 문장이다. 김기림은 엘리엇이 빅토리아 여왕 시대의 몽상 세계와 조지 왕조 시대의 전원과 이미지즘의 '미학의 동산'에서 현대문명의 '황무지'로 현대시를 끌어낼 뿐 아니라 카메라 수법으로 현대문명의 모습을 충실하게 반영하는 데 나름대로 성공을 거두었다고 평가한다. 다만 한 가지 아쉬운 것은 그가 현대 문명을 비판하는 데까지 이르지 못했다는 점이다. 김기림은 「속 오전의 시론」에서도 "엘리엇·헉슬레·웨스트 등의 오늘날의 '새타이어' 문학에서 울려 나오는 것도 문명에 대한 이 조소의 소리에 틀림없다. 하나 그들은 분노까지는 가지 못하였다"(2: 177)고 지적한다.

그러나 『황무지』와 『기상도』를 면밀히 비교해 보면 엘리엇의 현대문명 사회 비판이 여간 날카롭지 않다는 것을 알 수 있다. 오히려 김기림은 현대문명을 야심차게 비평하려고 시도했는지는 몰라도 막상 『기상도』는 그 비판이 너무 산만하고 조리가 없어 현실감이 떨어진다. 이 작품은 엘리엇의 표현을 빌리면 한낱 "부서진 우상의 한 더미"에 지나지 않는 것처럼 보인다. 앞에서 언급했듯이 김종길이 『기상도』에 내적 통일성이 결여되어 있다고 지적한 것도 이 점과 무관하지 않다.

김기림이 엘리엇한테서 받은 영향이라면 역시 최재서가 언급한 모더니즘 기법을 빼놓을 수 없다. 김기림은 엘리엇처럼 낭만주의나 빅토리아 시대의 전통적인 기법으로써는 현대의 복잡한 경험을 표현할 수 없다고 판단한다. 그래서 김기림은 『기상도』에서 최재서가 지적한 잡다한 이미지의 나열, 논리적 연락의 결여, 수약적 효과 등의 기법을 사용한다. 이 세 가지 기법을 비교적 한꺼번에 엿볼 수 있는 곳이 바로 「시민 행렬」의 첫 구절이다.

넥타이를한 흰食人種은

니그로의요리가 칠면조보다도좋답니다.

살갈을 히게하는 검은고기의 偉力.

醫師콜레르씨의 처방입니다.

헬메트를쓴 피서객들은

난잡한 전쟁경기에 열중햇습니다.

슯은獨唱家인 심판의호각소리.

너무 흥분하엿슴으로

내복만입은 파씨스트.

그러나 이태리에서는

설사제는 일체 禁物이랍니다.

필경 양복입는법을 배워낸 宋美齡 여사.

아메리카에서는

여자들은 모두 해수욕을 갓스므로

빈집에서는 망향가를 불으는니그로와 생쥐가 둘도없는동무가 되엇습니다. (27쪽)

위 인용문을 읽다보면 시각·청각·후각·촉각 등 온갖 이미지가 한데 뒤섞여 있고, 이미지와 이미지 사이에는 이렇다 할 논리적 연관성도 없으며, 산문 작품에서는 생각할 수도 없을 만큼 세부 사항이 상당 부분 생략되어 있다. 1~4행은 '흰 식인종'과 관련한 내용이고, 5~7행에서 피서객들이 헬멧을 쓰고 해변에서 난잡하게 전쟁놀이를 벌이는 그로테스크한 모습을 다룬 내용이다. '슮은 독창가'가 전쟁놀이의 심판 노릇을 하는 것을 보면 피서객들은 예술가들인 것 같다.

8~11행은 베니토 무솔리니가 이끄는 이탈리아의 파시즘에 관한 내용으로 방금 앞의 구절처럼 그로테스크하다. 아니면 너무 흥분한 나머지 내복만 입은 이탈리아 파시스트는 전쟁놀이에 참여한 피서객 중 한 사람일지도 모른다. 설사제를 언급하는 것은 흥분으로 가라앉히는 약으로도 사용하기 때문일 것이고, 이탈리아에서 설사약을 사용하지 못하도록 하는 것은 아마 흥분이 가라앉으면 파시즘이 제대로 맥을 추지 못하기 때문일 것이다. 그런가 하면 마지막 행은 장제스의 아내로 20세기 전반기 중국 정치에서 막강한 영향력을 행사한 쑹메이링의 미국 방문을 언급한다. 백인 여성들이 해수욕을 하러 가는 바람에 빈집에 남아 있는 그녀는 흑인과 생쥐와 친구처럼 지낸다.

더구나 첫 두 행 "넥타이를 한 흰 식인종은 / 니그로의 요리가 칠면조보다도 좋답니다"라는 구절은 다의적이어서 여러 의미로 해석할 수 있다. 이 구절을 액면 그대로 축어적으로 해석하여 서구식 옷차림을 한 아프리카 식인종 흑인이 백인들이 먹는 칠면조 요리보다는 흑인의 인육으로 만든 요리를 더 좋아한다는 뜻으로 받아들일 수 있다. 그 다음 구절 "살갈을 히게하는 검은고기의 위력. / 의사 콜레르씨의 처방입니다"라는 구절은 이 점을 뒷받침한다. 한편 '흰 식인종'은 흑인이 아니라 동료 인간을 착취하는 백인으로, '니그로의 요리'를 흑인 요리사가 만드는 요리로 해석할 수도 있다. 그렇다면 이 구절은 은유적으로 어둠의 대륙에 기독교의 복음과 문명의 빛을 전해 준다는 그럴 듯한 구실로 그동안 약소국가를 침략하여 정신적으로나 문화적으로 지배해 온 백인 식민주의자를 가리키는 것으로 받아들일 수도 있다. 말하자면 20세기 현대의 식인종이라고 할 백인은 인육을 먹는 것이 아니라 사람을 부려서 노동이나 천연자원 등을 강탈한다. 말하자면 현대의 식인종은 사람의 고기를 먹는 대신 사람의 영혼을 갉아먹는다.

김기림은 『시의 이해』(1950)에서 「프루프록의 연가」에 대하여 "하나하나의 영상은 그것대로는 그리 의미가 없다. 떼놓고 보면 왜 거기 있는지도 모른 집 잃은 아이처럼 멍해 보인다"고 말한다. 그러나 집 잃은 아이처럼 보이는 영상(이미지)이라도 엘리엇 같은 뛰어난 시인이라면 마치 모자이크처럼 일정한 패턴을 만들어낼 수도 있을 것이다. 김기림은 "한번 중심 주제가 제시되고 거기 대한 제 임무를 받으면 곧 그 이웃의 다른 영상들과도 서로 작용하면서 고용된 중심 제목으로 향하여 협동하는 것이다"(2: 241)라고 지적한다.[31] 김기림의 이 말은 비단 「프루프록의 연가」에 그치지 않고 『황무지』에도 거의 그대로 적용된다. 그러나 『황무지』와는 달리 김기림의 『기상도』에서 이미지는 집을 잃고 여전히 길에서 헤매고 있을 뿐이다.

김기림이 『기상도』를 창작하면서 『황무지』에서 받은 영감이나 영향은 뭐니 뭐니 하여도 작품의 중심 주제에서 찾을 수 있다. 엘리엇은 인

31 『시의 이해』는 1950년 4월 을유문화사에서 간행되었다. 리처즈의 문학 이론을 토대로 '과학적 시학'을 제시한다. 김기림에 앞서 이양하는 리처즈의 『과학과 시』(1926)를 1932년 일본어로 번역하여 『詩と科學』이라는 제목으로 일본의 유수 출판사 겐큐사에서 출간하였고, 해방 후 1947년 다시 한국어로 번역하여 을유문화사에서 출간하였다. 그러나 리처즈의 이론을 체계적으로 분석하여 시론을 정립한 것은 김기림이 처음이다.

류 역사에서 그 유례를 찾아보기 어려운 1차 세계대전을 겪은 뒤 현대인의 공포, 공허, 소외, 절망 등을 보여 주려고 한다. 『황무지』는 제목 그대로 정신적 불모와 폐허를 다룬다. 이러한 주제는 「죽은 자의 매장」에서 엘리엇이 "부서진 우상의 더미, 그곳에는 해가 내려 쪼이고, / 죽은 나무는 아무런 피난처도, 귀뚜라미는 아무런 위안도 주지 않고, / 메마른 돌에는 물소리조차 없다"[32]고 절망적으로 노래하는 구절에서 엿볼 수 있다.

김기림도 『기상도』에서 1차 세계대전 이후 현대인이 첨예하게 느끼는 절망과 고뇌와 정신적 불모를 다룬다. 이 작품은 기상학적인 기상도가 아니라 인류가 지난 2천여 년 동안 쌓아올린 문명을 잿더미로 만든 정치 기상도일 뿐 아니라 더 나아가 1차 세계대전 이후 팽배한 실존적 위기의식을 보여 주는 도덕적 기상도요 정신적 기상도기도 하다. 이러한 기상도를 형상화하려고 엘리엇이 '황무지'를 핵심적 은유로 삼았다면 김기림은 '태풍'을 핵심적 은유로 삼는다. 다만 차이가 있다면 동아시아의 아들인 김기림은 서양 문명의 파괴와 정신적 공허에 그치지 않고 한 발 더 나아가 동양 문명의 파괴와 정신적 공허에도 무게를 싣는다는 점이다. 김기림은 태평양과 인도양을 따라 밀물처럼 거세차게 밀려드는 서구 문명으로 전통적인 동양 문화가 뿌리째 붕괴되던 모습을 묘사한다. 강력한 태풍이 인류가 그동안 쌓아 온 물질문명을 송두리째 앗아가듯이 서유럽과 미국은 문명의 태풍으로 동양 문명을 흔들고 있다.

32 Eliot, *The Waste Land and Other Poems*, p. 71.

찢어지는 휘장의 저편에서
갑짝이 유리창이 투덜거린다……

—「자최」

휘청거리는 삘딩의 긴 허리.
비틀거리는 전주의 미끈한다리.

—「자최」

삐뚤어진 성벽우에
부러진 소나무하나……

—「병든 풍경」

집웅을 베끼운 골목어구에서
쫓겨난 孔子님이 잉잉 울고섯다"

—「자최」

찢어지는 휘장, 갑작스럽게 투덜거리는 유리창, 휘청거리는 높은 빌딩, 비틀거리는 전신주, 태풍에 삐뚤어진 성벽 위에 걸쳐 있는 부러진 소나무 등은 동양 문명의 몰락을 보여 주는 더할 나위 없이 좋은 이미지들이다. 김기림이 위 인용문에서 구사하는 이미지들은 엘리엇이 『햄릿』과 관련하여 사용한 용어를 빌려 말하자면 태풍이 한바탕 휩쓸고 지난 뒤의 모습과 그것에 대한 공포감을 보여 주는 '객관적 상관물'이다. 김기림은 엘리엇처럼 자신의 정서나 감정, 사상 등을 그대로 드러내는 대신 이미지나 사물, 사건을 통하여 객관화 하려고 한다.

특히 동양 문화의 전통이 허물어졌다는 것은 집에서 쫓겨난 공자가 태풍으로 폐허가 되다시피 한 골목 어귀에서 울고 서 있다는 구절에서 단적으로 엿볼 수 있다. 동양의 예수 그리스도라고 할 공자와 그의 제자들이 세운 유가 또는 유교 전통은 지난 몇 천 년 동안 동양의 집을 떠받들어 온 기둥과 같았다. 그런데 그 공자가 지금 골목 어귀에서 '잉잉' 울고 있다는 것은 유가나 유교의 힘이 이제 더 힘을 발휘하지 못한다는 것을 뜻한다. 공자의 초라한 모습은 「자최」에서 동양을 처음 서양에 널리 알린 마르코 폴로를 기념하려고 세워놓은 동상이 목이 잘린 채 네거리 우뚝 서 있는 모습과 함께 동양 문화의 비극적 종말을 여실히 보여준다. 위에 인용한 구절을 엘리엇의 『황무지』 몇 구절과 비교해 보자.

> 보랏빛 공중에 부서지고 개조하고 폭발하는
> 저 산 너머 도시는 무엇인가.
>
> 허물어지는 탑들 예루살렘 아테네 알렉산드리아
> 비엔나 런던
> 유령 같구나.
>
> —「천둥이 전해준 말」

> 산 속의 이 황폐한 골짜기에서
> 예배당 주위의 무너진 무덤 위에서
> 희미한 달빛 아래 풀들이 노래하고 있다.
> 그곳에 있는 것이라곤 텅 빈 예배당과 바람의 집뿐

창문도 없고 문은 흔들거린다.

—「천둥이 전해준 말」

김기림은 동아시아의 아들일 뿐 아니라 일본 제국주의의 지배를 받던 식민지 조선의 지식인으로 이중의 고뇌와 절망을 느낄 수밖에 없었다. 조선총독부의 검열 때문에 드러내 놓고 일제를 비판할 수는 없었지만 행간에서 가혹한 식민지 정책에 대한 비판은 읽을 수 있다. 김기림은「시민 행렬」에서 식민지 조국의 현실로 잠깐 눈을 돌린다.

옆집의 수만이는 석달만에야
아침부터 지배인영감의 자동차를 불으는 지리한職業에 취직하엿고
독재자는 책상을 따리며 오직
"斷然히! 단연히" 한개의副詞만발음하면 그만입니다.
동양의안해들은 사철을 불만이니까
배추장사가 그들의 군소리를 담어가려오기를 어떻게
기다리는지몰릅니다. (28쪽)

위 인용문에서는 일제강점기 식민지 조선의 궁핍한 삶의 모습을 어렴풋하게나마 엿볼 수 있다. 여기서 수만이는 특정 인물이라기보다는 당시 식민지 상황에서 일자리를 찾던 조선 청년을 가리키는 제유다. 수만이는 그래도 운 좋게도 그나마 일자리를 찾지만 조선 청년의 대부

분은 실업자였다. 지배인 영감은 모르긴 몰라도 아마 회사를 운영하는 일본인이거나 그의 하수인인 조선인일 것이다.

또한 「시민 행렬」에는 하는 일이라고는 고작 책상을 치며 오직 '단연히'라는 부사만을 외치는 독재자가 등장한다. 그는 국적이 밝혀지지는 않지만 쇼와 시대를 연 일본 천황 히로히토(裕仁)거나 사이토 마코토(齋藤實)에 이어 내각총리대신이 된 오카다 게이스케(岡田啓介), 좀 더 좁혀 실질적으로 식민지 조선을 지배한 조선총독 우가키 가즈시게(宇垣一成)일 것이다. 1931년 만주사변의 승리에서 자신감을 얻은 일제는 중화민국을 비롯한 대륙으로의 침략을 본격화 하면서 한반도를 일본의 중국 대륙 진출의 전진 기지로 삼았다. '조선사상범 보호관찰령' 등을 공포하여 사상 통제를 강화하고 내선일체(內鮮一體)로 한국 민족주의를 말살한 한편, 전쟁 준비에 몰두하면서 식민 통치의 고삐를 더욱 바짝 조이기 시작하였다. 물론 여기서 독재자는 좀 더 범위를 넓혀 세계 각국의 독재자를 가리킬 수도 있다. 가령 당시 독일에서는 총리 아돌프 히틀러가 대통령직을 겸하면서 총통의 자리까지 차지하였다.

일제강점기 조선의 여성들은 남성들과 비교하여 이중 삼중으로 고통을 겪었다. 여성들은 "동양의 안해들은 사철을 불만이니까"라는 구절에서도 엿볼 수 있듯이 하루도 마음 편할 날이 없었다. 남성 중심의 가부장제가 아직 큰 힘을 떨치고 있는 데다 일제의 식민주의라는 또 다른 굴레가 여성을 옥죄고 있었기 때문이다. 그래서 그들이 기다리는 것이란 고작 배추를 팔러 오는 장사꾼이 들려주는 가십거리나 굳이 하지 아니 하여도 좋을 군말이다.

그런데 김기림은 엘리엇처럼 아무리 비참하여도 끝내 희망의 끈을 놓지 않는다. 엘리엇은 현대 세계가 정신으로 황량하고 불모 상황에서 '삶 속의 죽음' 또는 '죽음 속의 삶'을 영위한다고 파악하는 것은 부정할 수 없는 사실이지만, 4부 「천둥이 전해 준 말」에 이르러서는 미약하게나마 희망의 메시지를 읽을 수 있다. 갑자기 천둥이 치며 비가 내려 메마른 황무지를 촉촉하게 적신다. 천둥이 전해 주는 말은 고대 인도의 경전 『우파니샤드』에서 따온 '다타(Dahha) · 다야드밤(Dayadhvam) · 담야타(Damyate)', 즉 "주라, 공감하라, 제어하라"는 세 메시지다. 천둥은 한겨울이 지나고 봄이 되면서 죽은 땅에서 라일락이 솟아오르듯이 현대인들에게 고뇌와 절망을 딛고 참다운 의미의 새로운 삶에 도달하라고 말한다. 『황무지』의 맨 마지막 구절 "샨티 샨티 샨티(Shantih shantih shantih)"도 '인간의 이해를 초월한 평화'라는 뜻으로 역시 『우파니샤드』에서 따온 것이다.

엘리엇은 이렇듯 황폐화된 인간성과 현대 문명을 날카롭게 해부하는 동시에 부활과 구원의 가능성을 모색하였다. 김기림이 "4월은 잔인한 달 / 죽은 땅에서 라일락의 기르며"로 시작하는 『황무지』의 첫 구절을 인용하며 "엘리엇의 『황무지』에서는 끝없는 절망밖에는 나올 것이 없다"(2: 260)고 잘라 말하는 것은 그다지 설득력이 없다. 지금까지 많은 비평가나 학자가 지적해 왔듯이 이 작품은 환멸과 절망의 시 못지않게 동경과 소망의 시로 읽어야 할 것이다.

이렇게 절망에 굴복하지 않고 희미하게나마 희망의 메시지를 전한다는 점에서는 김기림도 엘리엇과 크게 다르지 않다. 7부 「쇠바

귀의 노래」에서 김기림은 시적 화자의 입을 빌려 '정부의 게시문'을 발표한다.

> 시민은
> 우울과 질투와 분노와
> 끗없는 탄식과
> 원한의 장마에 곰팡이핀
> 추근한 우비이랑벗어버리고
> 날개와같이 가벼운
> 태양의 옷을 갈아입어도 좋을게다." (51쪽)

이 마지막 구절에서 핵심적인 두 낱말은 다름 아닌 '장마'와 '태양'이다. 『기상도』에서 장마는 '기상도'와 마찬가지로 단순히 기상학적 개념이 아니라 도덕적·정신적 개념이요 지적 개념이다. 장마는 우울·질투·분노·탄식·원한 같은 마음을 좀먹는 부정적인 감정일 뿐 아니라 더 나아가 새로운 사상과 세계관을 가로막는 지난 시대의 모든 낡은 제도를 가리킨다. 김기림은 그러한 것들을 마치 헌옷을 훌훌 벗어버리듯이 폐기하고 새 시대에 걸맞은 새 옷으로 갈아입자고 제안한다.

한편 태양은 김기림의 작품에서 아침과 바다와 함께 신선하고 건강한 삶의 표상이다. 그가 말하는 '오전의 생리'를 보여 주는 더할 나위 없이 좋은 상징적 이미지다. 여기서 「태양의 풍속」에서 "太陽아 / 다만 한번이라도 좋다. 너를 부르기 위하야 나는 두루미의 목통을 비러 오

마. 나의 마음의 문허진 터를 닦고 나는 그 우에 너를 위한 작은 宮殿을 세우련다"(79쪽)라고 노래한다. 또한 「아츰해」의 "부즈런한 事務家인 太陽君은 아침 여섯시인데도 벌서 침상에서 일어나서 별의 잠옷을 벗습니다"라는 구절을 다시 한 번 떠올리게 하는 대목이다. 김기림은 『기상도』에서 시민들에게 "太陽의 옷을 갈아입어도 좋을 게다"라고 말한다. 태양이 '별의 잠옷'을 벗고 아침의 옷을 갈아입었듯이 이제 시민들도 장마철 동안 입었던 곰팡이 핀 '추근한 우비'를 벗어버리고 산뜻하게 '태양의 옷'으로 갈아입으라고 권유한다. 두말할 나위 없이 병적인 감성과 낡은 인습과 전통을 모두 몰아내고 진취성과 건강성의 회복하라는 권유다. 이렇듯 김기림은 『기상도』에서 죽음과 부활, 파멸과 재생의 순환 원리에 바탕을 둔다.

김기림이 이 작품에서도 앞에서 이미 지적한 개인적 또는 내적 상호텍스트성을 시도한다는 점을 찬찬히 눈여겨보아야 한다. 앞에서 이미 중국의 근대 정치적 혼란과 관련하여 장제스의 아내 쑹메이링을 언급하였다. "아메리카에서는 / 여자들은 모두 해수욕을 갓스므로 / 빈집에서는 망향가를 불으는 니그로와 생쥐가 둘도 없는 동무가 되엇습니다." 그런데 흥미롭게도 마지막 구절은 「감상(感傷)에의 반역」에서 김기림이 이미 사용한 구절이다. 센티멘털리즘을 경계하면서 그는 현대인이라면 센티멘털리즘이 한낱 '흑노의 미덕'에 지나지 않는다는 사실을 깨달았을 것이라고 말하였다. 그러면서 김기림은 "지금쯤 슬픈 望鄕歌를 부르는 못난이 니그로가 어디 있을까"(2: 110)라고 수사적 물음을 던진다. 시인이 자신이 쓴 작품에서 한 구절이나 시행을 빌려오는 경우는 더러 있지만 이렇게 자신이 쓴 산문에서 문장을 거의 그대로 빌려오는 경우는 여간 드물지 않다.

그러나 김기림의 『기상도』와 개인적 또는 내적 상호텍스트성이 가장 명시적으로 드러나는 작품은 역시 「폭풍 경보」다. 1932년 12월 《신동아》에 처음 발표했지만 무슨 이유에서인지 시집에 수록하지 않은 작품이다. 창작 시기로 보아도 두 작품은 비교적 가깝다. 김기림은 『기상도』의 3부 「태풍의 기상시간」에서 제2보로 태풍경보를 발령하며 이렇게 말하였다.

> 猛烈한 颱風이
> 太平洋上에서
> 일어나서
> 바야흐로
> 北進中이다.
> 風雨强할것이다.
> 亞細亞의 沿岸을 警戒한다. (32쪽)

태평양에서 일어난 태풍이 북진하여 중국 대륙을 강타할 것이라고 예고하는 장면이다. 그래서 태풍 피해를 막기 위하여 정부에서는 단파·장파·초단파 등 전파를 총동원하여 시민들에게 태풍에 대비할 것을 알린다. 그런데 위 장면은 『태양의 풍속』의 「폭풍경보」와 비슷하다.

東北—

—萬八千킬로 米突의 地點—

暴風이다.

사나운 몬지와 불길을 차 일으키며

暴風을 뚫고 나가는 散兵線

살과 살이 부대침 번쩍이는 불꽃—

군중의 굼틀거림—웨침.

투닥 탁 탁

"저 兵丁 정신 차려라.

총알이 너의귀밋 3인치의 空間을 날지안니?"

亞細亞의 地圖는 戰慄한다. (517쪽)

김기림은 『기상도』에서는 「폭풍경보」의 '폭풍'을 '태풍'으로 살짝 바꾸어 놓을 뿐 기본 구성에서는 서로 적잖이 닮았다. 다만 『태양의 풍속』에서는 폭풍을 군대의 은유로 표현하는 것이 조금 다를 뿐이다. 폭풍은 산병선, 즉 전체 군부대의 앞쪽이나 옆쪽에서 행동하는 소규모 부대처럼 맹렬한 기세로 전진해 나간다. 물론 『기상도』와 마찬가지로 이 작품에서도 폭풍은 상징적 의미가 크다. 더구나 군대의 은유에서 볼 수 있듯이 『태양의 풍속』에서 태풍은 강력한 군사력으로 약소국가를 위협하는 강대국이나 국군주의를 뜻한다. 특히 1930년대 중엽 동아시아의 정치 상황에 비추어보면 폭풍은 2차 세계대전의 전주곡이라고 할

중일전쟁을 예고하는 것으로 받아들여도 크게 무리가 없을 것이다.

『새노래』와 오든의 「스페인」

김기림에게 2차 세계대전의 종식과 조국 해방은 그의 문학을 가르는 분수령 역할을 하였다. 그는 모순과 불합리로 근대가 마침내 파산했으므로 '근대의 종언'과 함께 '초근대'의 도래를 선언하였다. 근대가 무지와 빈곤으로 '정신의 황무지'로 전락했다고 진단한 그는 1946년 2월 전국문학자대회에서 발표한 「우리 시의 방향」에서 "봉건적 귀족에 대하여 한 근대인임을 선언하는 것은 르네상스인의 한 영예였다. 오늘에 있어서 다시 초근대인임을 선언하는 것이야말로 새 시인의 자랑일 것이다"(2: 142)라고 천명하였다. 이 선언에서도 볼 수 있듯이 김기림은 시에서 새롭게 방향 전환을 꾀하였다. 이러한 방향 전향의 산물이 1948년 4월 아문각에서 간행된 『새노래』다. 이 시집은 『태양의 풍속』이나 『기상도』 또는 『바다와 나비』와 비교해 볼 때 가히 양자적 도약이라고 할 만큼 무척 큰 차이가 난다.

김기림은 『새노래』 맨 앞에 일종의 제사(題辭)로 칼 샌드버그의 시 「옥수수 껍질을 벗기는 사람」을 인용한다. "나는 새 도시와 새 백성들을 노래하는 걸세 / 참말이지 과거는 한줌 재일 따름 / 참말이지 어저께는 지나간 바람결 / 西天에 진 落日이네 / 참말이지 세상엔 아모것도 없느니 / 오직 수없는 내일의 바다뿐 / 수없는 내일의 창공뿐."[33] 김기림

33 무슨 이유에서인지는 몰라도 김기림은 샌드버그의 작품 중 가장 핵심적이라

이 이 시를 인용하는 데서도 알 수 있듯이 『새노래』에 관류하는 주제는 해방의 환희와 새 시대의 도래 그리고 새 나라의 건설이다. 이 무렵 그는 시인으로서 '역사의 귀동자 어린 공화국'을 건설하는 데 온힘을 쏟았다.

김기림이 『황무지』를 창작하면서 T. S. 엘리엇한테서 시적 영감이나 영향을 받았다면 『새노래』에 수록한 작품들을 창작하면서는 W. H. 오든한테서 적잖이 영향을 받았다. 이 무렵 김기림은 이제 더 엘리엇한테서 예술적 자양분을 섭취할 수 없다는 사실을 깨닫고 '오든 세대' 시인들에게로 눈을 돌렸다. 김기림이 오든한테서 영향을 받았다는 것은 그가 오든의 장편시 「스페인」의 일부를 번역하여 『문학개론』(1946) 첫머리에 실었다는 점에서도 입증된다. 또한 이 책의 5장 '문학의 장르'에서 김기림은 엘리엇의 작품과 오든의 작품을 비교한다. 더구나 『시의 이해』(1950)의 5부 '시의 효과'에서도 그는 『황무지』와 오든의 「스페인」을 비교하기도 한다.

오든과 스펜더는 엘리엇, 제임스 조이스, 후기의 윌리엄 버틀러 예이츠 등이 예술적으로는 비록 '혁명적'일지 모르지만 정치적으로 '보수적'이고 '반동적'이라는 점을 분명히 하였다. 그들의 뒤를 이어 김기림도 「시의 르네상스」에서 마침내 엘리엇 시대는 가고 오든과 스펜더의 시대가 왔다고 지적한다.

> 대전이 끝나고 뒤를 이어 20년대의 약 10년간은 영국도 방자망

고 할 마지막 3행(I am a brother of the cornhuskers who say / at sundown: / Tomorrow is a day)을 생략하였다.

크레뮤가 말한 불안의 시대였다. 그동안의 영시단에는 누구나 아다시피 T. S. 엘리엇이 군림하고 있었다. 절망과 眩暈과 조소와 무력[무기력]과—그러한 것이 土色 운무와 함께 런던 거리를 쉽싸고[휩싸고] 있는 숨 막히는 시대였다. 그러나 그것은 결코 사람사람이 언제까지고 견디고 있을 분위기는 아니었다. 30년대의 개막과 함께 이 '황무지'에는 '재건'의 기운이 움직이기 시작했다" (2: 123)[34]

김기림이 엘리엇의 '황무지'를 개척하여 새로운 사회를 '재건'하려고 모델로 삼은 시인은 다름 아닌 오든이었다. 김기림은 기회 있을 때마다 오든의 「스페인」을 좋아한다고 밝히곤 하였다. 그에게 엘리엇이 '불안의 시대'의 대변자였다면 오든은 '희망의 시대'의 대변자였다. 김기림은 엘리엇의 작품을 오든의 「스페인」과 비교하면서 '미래에 대한 굳은 신념'이 오직 오든의 '역사적 투시'에서만 나올 수 있다고 내다보았다. 엘리엇과 오든의 문학관이 첨예하게 대립되는 것은 엘리엇이 미국에서 태어나 영국 시민으로 귀화한 반면, 오든이 영국에서 태어난 미국으로 귀화한 데서도 상징적으로 드러난다. 오든은 세실 데이 루이스와 스티븐 스펜더 등과 함께 모더니즘의 대부 엘리엇이 대표하는 1920년대 정신에

34 김기림은 "영국에서는 그 엄혹한 엘리엇의 주지주의의 온상에서 자란 오든·스펜더·데이 루이스 등이 사회주의의 신념을 들고 나왔었다"(90쪽)고 말한다. 김준환에 따르면 1934년부터 1950년 사이 김기림이 W. H. 오든, 스티븐 스펜더, 세실 데이 루이스를 언급한 글은 약 12편에 이른다. 김준환, 「스펜더가 김기림의 모더니즘에 끼친 영향 연구」, 《현대영미시연구》(한국현대영미시학회) 12권 1호(2006.06), 75~76쪽.

반기를 들면서 마르크시즘 같은 정치 문제를 시의 소재와 주제로 삼음으로써 영국 시단에 새바람을 불러일으켰다. 이른바 '오든 그룹'의 지도자인 오든은 마치 임상의처럼 병든 사회를 사회의식과 정신분석의 도구로 파헤쳐 주목을 끌었다.

『새노래』에 수록된 몇 작품을 다루기 전에 먼저 오든의 「스페인」을 살펴보기로 하자. 이 작품은 제목에서도 명시적으로 드러나 있듯이 오든이 2차 세계대전의 전초전이라고 할 스페인 내전에 참여하고 난 뒤 쓴 작품이다. 당시 이 내전에 참여한 문인들로는 오든 말고도 어니스트 헤밍웨이, 그의 세 번째 아내 마서 겔혼, 존 도스 패서스, 하인리히 만, 조지 오웰, 앙드레 말로, 스티븐 스펜더 등이 있었다. 그들은 마누엘 아사냐가 이끄는 좌파 인민전선 정부 편에서 프란시스코 프랑코를 중심으로 한 우파 반란군에 맞서 싸웠다. 파시즘을 증오하던 작가들은 스페인을 '유럽 파시즘의 무덤'으로 만들자는 코민테른의 주장에 동조하여 스페인 내전에 뛰어들었지만 그들은 곧 이상과 현실의 괴리를 절감하고 적잖이 실망하였다. 더구나 이오시프 스탈린이 정적 레프 트로츠키, 그리고리 지노비예프, 레프 카메네프 등을 숙청하고 마침내 소련이 독일과 불가침 조약을 맺자 오든을 비롯한 작가들은 스페인 내전에서 손을 떼고 말았다.

오든이 스페인에서 직접 목격하고 느낀 공화주의에 대한 희망과 환멸을 그린 작품이 바로 「스페인」이다. 오든은 4행 36연으로 구성된 이 장시를 1937년 팸플릿으로 처음 출간했다가 조금 수정을 거쳐 「스페인 1937」이라는 제목으로 그의 시집 『또 다른 시대』(1940)에 수록하였다.

오든은 처음 두 연을 이렇게 시작한다.

Yesterday all the past. The language of size
Spreading to China along the trade-routes; the diffusion
Of the counting-frame and the cromlech;
Yesterday the shadow-reckoning in the sunny climates.

Yesterday the assessment of insurance by cards,
The divination of water; yesterday the invention
Of cartwheels and clocks, the taming of
Horses. Yesterday the bustling world of the navigators.[35]

오든은 첫 행에서 "어제는 모두 과거"라는 언뜻 동어반복처럼 보이는 구절로 시작한다. 작품 전반부에서는 스페인의 과거 역사를, 중간부에서는 현재의 비극적 상황, 그리고 후반부에는 미래에 대한 전망을 언급한다. 즉 그는 그동안 스페인이 걸어온 길을 통시적으로 과거·현재·미래로 나누어 노래한다. 교역로를 개척하여 중국까지 무역을 하고, 차바퀴와 용수철 장치를 발명하며 말[馬]을 길들이고 항해자들이 전 세계로 뻗어나가는 등 스페인의 찬란했던 과거 모습을 읊는다. 그러나 스페인의 역사가 이렇게 모두 찬란하고 화려한 것만은 아니어서 이단자의 재판과 처형, 마녀재판 같은 어두운 그림자가 짙게 깔려 있다.

35 W. H. Auden, *Selected Poems* (New York: Vintage Books, 1979), p. 51.

4연의 마지막 행에 이르러 갑자기 과거에서 현재로 바뀐다.

The trial of heretics among the columns of stone;
Yesterday the theological feuds in the taverns
And the miraculous cure at the fountain;
Yesterday the Sabbath of witches; but to-day the struggle

Yesterday the installation of dynamos and turbines,
The construction of railways in the colonial desert;
Yesterday the classic lecture
On the origin of Mankind. But to-day the struggle.[36]

지금까지 앞 연에서 노래한 신화시대에서 르네상스와 종교개혁 시대를 거쳐 19세기의 과학과 기술의 발전, 식민지 지배 같은 '어제'의 역사는 잠차 사라지고 그 자리에 '오늘'의 비참한 현실이 갑자기 들어선다. "그러나 오늘은 투쟁"이라는 결의에 찬 구절이 바로 그것이다. '그러나'라는 접속 부사가 찬란한 스페인의 과거에 찬물을 끼얹는다. 두말할 나위 없이 민간인 30여만 명을 포함하여 무려 50여만 명의 사상자를 낸 공화파와 국민파 사이의 치열한 내전을 언급하는 대목이다. 14연에서 시적 화자 '나'는 자신이 곧 스페인이라고 말하면서 그를 위하여 기꺼이 싸울 것이라고 천명한다.

36 위의 책.

"What's your proposal? To build the just city? I will.

I agree. Or is it the suicide pact, the romantic

Death? Very well, I accept, for

I am your choice, your decision. Yes, I am Spain."[37]

그러나 "To–morrow, perhaps the future"로 시작하는 20연에 이르러 '어제'(과거)도 '오늘'(현재)도 뒷전으로 슬며시 물러나고 대신 '내일'(미래)이 얼굴을 내민다. 다음은 스페인의 미래를 다루는 23연이다.

To–morrow for the young the poets exploding like bombs,

The walks by the lake, the weeks of perfect communion;

To–morrow the bicycle races

Through the suburbs on summer evenings. But to–day the struggle.[38]

위 인용문에서 먼저 눈에 띄는 것은 "내일은 젊은이들을 위해 폭탄처럼 폭발하는 시인들의 것"이라는 대목이다. 오든은 미래 세계를 구원하는 데 문학과 예술에 한 가닥 희망을 건다. 그러나 20행의 첫 구절

37 위의 책.

38 위의 책. 김기림은 이 연을 "내일을 청춘을 위하여 폭탄처럼 터지는 시인들 / 호수가의 散步路 빈틈없는 通情의 週間들 / 내일은 여름밤 城 밖으로 통하는 / 자전거 경주, 그러나 오늘은 싸움뿐"으로 번역하였다. 김학동·김세환 공편, 『김기림 전집 3』(서울: 심설당, 1988), 6쪽. 이 번역은 본디 김기림의 『문학개론』 첫머리에 실려 있다.

"내일은 어쩌면 미래"라는 구절에서 엿볼 수 있듯이 과거나 현재와는 달리 미래에 대한 전망에 대해서는 불확실성을 드러낸다. 「스페인」 전편의 내용을 한 문장으로 요약한다면 "화려하고 찬란한 과거는 이미 지나갔고 미래의 일은 불투명하여 알 수 없으니 현재 해야 할 일은 오직 파시즘에 맞서 투쟁하는 것뿐이다"가 될 것이다. 스펜더는 스페인 내전에 이르기까지의 스페인의 역사를 다룬 뒤 국제여단이 내전을 돕기 위하여 스페인에 도착하던 일, 그리고 앞으로 내전이 가져올 미래의 스페인을 진단한다. 그러나 방점은 여전히 현재의 스페인에 찍혀 있다.

오든은 정치적 입장은 양면적이어서 보수니 진보니 하고 쉽게 단정 지을 수 없다. 그는 "시는 아무런 일도 일어나게 할 수 없다"고 말하면서 시의 자기목적성을 강조한 반면, 「스페인」이나 「1939년 9월 1」 같은 작품에서는 좌파적 정치 성향을 비교적 강하게 드러내었다. 김기림이 오든을 좋아한 것은 진보주의적 입장에서 정치적 견해를 피력하는 작품을 썼기 때문이다. 김기림은 「시의 현실」에서 "우리는 일찍이 20세기의 신화를 쓰려고 한 『황무지』의 시인이 겨우 정신적 火田民의 신화를 써놓고는 그만 歐洲의 초토 위에 무모하게도 중세기의 신화를 재건하려고 한 전철은 똑바로 보아 두었을 것이다"(2: 33)라고 말하면서 엘리엇의 '변절'을 경계한다. 그가 엘리엇의 대안으로 제시하는 새로운 시인들이 앞에서 언급했듯이 오든을 비롯한 스펜더와 데이 루이스 같은 시인들이다.

전후의 영국의 시에서는 엘리엇의 작품에서 보는 것처럼 일관해서 현실의 반영이 농후한 것은 오래전부터의 일이었다. 드디어 30년대에 들어서부터 《뉴 시그내튜어》《뉴 컨튜리》에서 출발한 젊은 시인들은 이러한 현실의 수동적 반영에조차 불만을 품고 보다 더 적극적인 관심을 가지고 대전 이후의 영시에 제2의 변혁을 가져오면서 있었던 것이다. (2: 102)

영국시가 1930년대를 분수령으로 제2의 변혁이 일어났다면 김기림의 시 작품은 『새노래』를 분수령으로 크게 달라진다. 이 시집의 제목 그대로 1948년 이후 그는 기존의 작품과는 변별되는 '새로운' 작품을 창작하였다. 이러한 변화는 2년 전 『바다와 나비』를 출간할 때 이미 감지할 수 있었다. 이 시집의 머리말에서 김기림은 "詩의 問題도 실상은 이러한 人類의 問題 속에 무처 있는 것이다. 詩의 問題만을 동따로 찾어 댕긴다던지 解決하려는 것은 쓸데없는 일 같다. 人類의 問題를 거처서 그 속에서 詩의 問題도 解決해 나가는 것 그 길밖에는 없을상 싶다"(259쪽)고 천명한다. 또한 김기림은 「시의 용어」에서도 "시인이 피로한 말을 가지고 시를 써야 한다고 하면 그 이상 불행한 일이 어디 있느냐. 영국에 있어서 엘리엇의 불행은 이러한 곳에도 있었고 또 오든·스펜더·루이스 등의 행복은 또 여기도 있는 것이라고 생각한다"(2: 171)고 지적한다.

이러한 현상을 대변이라도 하듯이 1930년대 중반 식민지 조선에 '오든 그룹'에 속한 시인들의 작품이 한꺼번에 번역되어 나왔다. 1934년 임학수는 오든의 「낙엽」을 번역하여 《동아일보》에 처음 소개하였다.

1935년 9월 박용철은 데이 루이스, 오든, 스펜더의 작품을 한 편씩 번역하여 《신동아》에 발표하였다. 1936년 10월 임학수는 다시 데이 루이스와 스펜더의 작품을 번역하여 《조선일보》에 발표하였다. 1939년 9월에도 임학수는 데이 루이스, 스펜더, 오든의 작품을 번역하여 역시 《조선일보》에 발표하였다. 임학수는 1939년 『현대 영시선』을 학예사에서 출간하였고, 이 번역 시집에는 스펜더의 「밤에」와 「비행장 근처의 풍경」 두 편이 수록되어 있다. 그런가 하면 그는 1940년 6월에도 《조선일보》에 「동난(動亂) 하의 영문단」이라는 비평문과 함께 스펜더의 『정지한 중앙(The Still Centre)』(1939)의 일부를 번역하였다. 1937년에는 이성범(李成範)이 데이 루이스의 논문 「시에 대한 희망」을 번역하여 《자오선》 창간호에 싣기도 하였다.

임학수의 뒤를 이어 김기림도 스펜더의 작품을 소개하였다. 김기림은 시론을 전개하면서 「새 인간성과 비평 정신」과 「시와 현실」 같은 글에서 스펜더를 언급했을 뿐 아니라 직접 「급행열차」 같은 그의 시를 번역하여 소개하기도 하였다. 그렇다면 김기림은 『새나라』에 수록한 작품을 쓰면서 「스페인」에서 상호텍스트성과 관련하여 과연 어떻게 영향을 받았는가? 그는 먼저 미시적으로 시어나 자구에서 영향을 받았다.

가령 「오늘은 악마의 것이나」에서 시적 화자는 "오늘은 악마의 것이나 / 내일은 우리의 것이다"(481쪽)라고 노래한다. 이 구절은 "To-day the inevitable increase in the chances of death"와 "To-morrow, perhaps, the future"를 조금 바꾸어 놓은 것으로 볼 수 있다. 「새나라송(頌)」의 "어린 技師들 어서 자라나 / 굴뚝마다 우리들의 검은 꽃무끔 /

연기를 올리자"라는 구절은 "O descend as a dove or / A furious papa or a mild engineer, but descend"와 비슷하다. 그런가 하면 「우리들의 악수」의 "피샤의 탑을 지탕하는 물리학도 / 드디어 견질 수 없는 / 기우러지는 것들의 운명이다"라는 구절은 오든의 "On the crag by the leaning tower: / "Oh my vision. O send me the luck of the sailor"와 상호텍스트적 관계를 맺는다. 이렇듯 김기림은 시어나 구절에서 이미지와 상징에 이르기까지 형식에서 오든의 작품에서 직간접으로 영향을 받았다.

더구나 김기림은 『새나라』에 수록한 작품을 창작하면서 오든의 「스페인」에서 전반적인 구성과 주제에서도 영감을 얻었다. 오든이 스페인의 역사를 통시적으로 조감하면서 당시 일어나던 내전을 다룬다는 점은 이미 앞에서 언급하였다. 과거는 찬란한 영광과 함께 치욕으로 얼룩져 있고 현재는 끔찍한 내전을 겪고 있지만 오든은 불투명할망정 미래에 대한 전망을 포기하지 않는다. 김기림은 「우리들의 악수」에서 오든처럼 과거를 청산하고 새로운 미래를 다짐한다.

> 뚫어저가는 帝國
> 關節이 부은 資本主義
> 피샤의塔을 지탕하는 物理學도
> 드디어 견질수없는
> 기우러지는것들의 運命이다
> 萬가슴 萬萬가슴을
> 견딜수없이 구루는것은

未來로 뻗은 두줄기 빛나는 鋼鐵

보랏빛 未明에 감기운 길이다

우리들의 握手는

來日

한바퀴 地球가 도라간곳에서 하자 (408~409쪽)

김기림은 오든처럼 제국의 몰락과 자본주의의 쇠퇴를 부푼 가슴으로 맞이한다. 그에게 제국의 몰락과 자본주의의 쇠퇴는 역사적 필연에 따른 결과다. 김기림은 "만가슴 만만가슴을"으로 시작하는 6행부터는 '보라빗 미명'에서 밝은 미래를 기대한다. 이러한 단호한 태도는 "만가슴 만만가슴을"에서 점증법을 구사한다든지, 시각 이미지와 동적 이미지를 구사한다든지 하는 데서도 드러난다. 더구나 마지막 3행 "우리들의 악수는"에서 '우리'라는 낱말에 주목해야 한다. 김기림은 지금까지는 주로 1인칭 단수 화자 '나'를 사용해 왔지만 『새나라』에서는 '나'를 밀어내고 그 자리에 '우리'를 세워 놓는다. 이전의 시집과 비교하여 이 시집에서는 개아보다는 집단, 개인 의식보다는 공동체 의식이 앞선다. 미래에 대한 밝은 전망은 그가 '내일'이라는 낱말을 마지막 행의 '한바퀴' 앞에 두어 한 행으로 처리하지 않고 독립적인 행으로 처리하는 데서도 엿볼 수 있다.

이렇게 김기림이 한반도의 과거·현재·미래를 통시적으로 조감하면서 새 시대와 새 나라를 노래하는 것은 오든이 「스페인」에서 어제·오늘·내일을 노래하는 것과 아주 비슷하다. 김기림의 「부푸러 오른 5월

달 아스팔트는」은 이러한 경우를 보여 주는 더할 나위 없이 좋은 예로 꼽을 만하다. 그는 이 작품 끝에 '1947년 메이데이절(節)에'라고 적은 것으로 보아 해방 후 두 번째로 맞는 노동절을 기념하기 위하여 쓴 것임이 틀림없다.

> 이길을 일찍이 왕과 정승의 행차 흐통을치며 지나갔다
> 다음에는 원수의 군대와 경찰이 흐기[호기]피우며 휘돌른길
> 아리랑 웅어리며 새벽서리 밟고 젊은이들 전쟁으로 끌려가든 길
>
> 오늘은 네줄씩 각지낀 人民의 行列이 온다
> 이마가 그스러 뼈대굵은 노동자의 行進이다
> 그옆에 가는것은 메투리 행견친 農軍이 아니냐
> 事務員과 教員과 記者도 그곁에 있고나
>
> 뚫어진 몬지길이나
> 내일은 아스팔트 고르다저 물뿌려두고
> 백성의 行列을 모두들 기다리리 (395~396쪽)

첫 연은 1행의 '일찌기'에서 볼 수 있듯이 한반도의 과거 역사를 기술하는 대목이다. 시적 화자는 전제 군주국이었던 조선시대와 일본 제국주의의 식민지 통치를 받던 시절을 언급한다. "아리랑 웅어리며 새벽서리 밟고 젊은이들 전쟁으로 끌려가든 길"이란 군국주의로 나선 일제

가 1938년부터 육군특별지원병제도를 실시하여 '지원병'이라는 명목으로 조선인 청년들을 전쟁터로 동원한 사건을 말한다.

'오늘은'으로 시작하는 2연은 일제의 식민지 통치의 굴레에서 벗어난 해방 공간을 언급한다. 노동자와 농부에서 사무원과 교원, 신문기자에 이르기까지 사회 각계각층이 해방의 기쁨을 맛보며 거리를 행진한다. 그런데 여기서 김기림이 '국민' 대신 '인민'이라는 용어를 사용하는 것이 눈길을 끈다. '국민'이라는 용어를 사용하지 않은 것은 아마 당시 대한민국이 아직 정식으로 수립되기 전인 데다 이 용어가 국가 구성원으로서의 의미가 짙기 때문일 것이다. 1947년 1월 《문학평론》에 김기림은 「인민공장에 부치는 노래」를 발표하기도 하였다. 더구나 이 무렵 어수선하던 해방 정국에서 임화와 이태준(李泰俊)의 인민전선 노선에 서 있던 김기림은 이원조(李源朝)의 권유로 문학가동맹 시분과위원장 자리를 맡았다.

한편 3연은 2행의 '내일은'에서 볼 수 있듯이 해방 이후의 한반도의 미래를 언급한다. 일본 식민지의 긴 터널을 막 빠져나온 지금 한반도의 상황을 길에 빗댄다면 '뚫어진 몬지길'일 수밖에 없다. 그러나 시적 화자의 가슴에는 '내일'은 '어제'나 '오늘'과는 다를 것이라는 희망이 살아서 꿈틀거린다. 낡은 길에서 먼지를 털어내고 문명의 상징이라고 할 아스팔트 도로를 건설할 것이고, 그 새로운 닦은 길에는 백성의 행렬이 이어질 것이기 때문이다. 2연에서 '인민'이라는 낱말을 사용하다가 3연에 이르러서는 '백성'이라는 용어를 사용하는 점을 주목해 보아야 한다. 본디 '백성'이라는 용어는 봉건주의적이고 반민주적인 성격이 강하지만 여기서 김기림은 지배계층에 대립하는 '민중'의 개념으로 사용한다.

김기림은 「부푸러 오른 5월달 아스팔트는」에서처럼 「우리들의 악수」에서도 무너져가는 제국과 부은 관절처럼 병을 앓고 있는 자본주의의 붕괴를 운명으로 받아들이면서 새로운 사회주의 사회의 건설을 바라마지 않는다. 『새노래』는 그의 이러한 염원을 표현한 작품들을 수록한 시집이다. 이 시집의 후기로 쓴 「새노래에 대하여」에서 김기림은 '센티멘탈 로맨티시즘의 홍수'에서 막상 시를 건져내놓고 보니 깨끗하기는 하지만 '피가 흐르지 않는 미라'와 같았다고 말한다. 여기서 '미라' 같은 작품은 두말할 나위 없이 모더니즘과 주지주의의 시를 일컫는 말이다. 그래서 그는 시를 다시 소생시키려면 '사람의 흘린 피와 더운 입김'을 적절하게 뒤섞어야 한다고 주장한다. 그에 따르면 는 『새나라』에 수록한 작품은 "실천의 혜지와 정열 속에서 통일하는 한 全人間의 소리"[39]다.

김기림이 '전인간의 소리'를 표현하려고 한 『새나라』는 그 이전에 출간한 시집들과 비교하여 정치적 색채가 훨씬 짙다. 정치적 메시지를 앞에 내세우려는 나머지 이 시집에 수록한 작품 중에는 참다운 의미의 시인지 시의 형식을 빌린 정치 선전 문구인지 구별하기 어려운 작품도 더러 있다. 김경린(金璟麟)은 김기림을 만나 "『새노래』도 시냐?"라고 공박하였고, 김기림은 그만 말문이 막혀 "당신은 내 전철을 밟지 마라"고 얼버무렸다고 전한다.[40] 김경린은 김기림의 작품에서 적잖이 영향을 받았고 그의 수필집 『바다와 육체』(1948)가 간행될 때는 장정과 삽화를 맡

39 『원본 김기림 시 전집』, 495~496쪽.

40 이활, 『정지용·김기림의 세계』, 391~392쪽.

을 만큼 가까운 사이였다. 사회주의 주제를 다루는 김기림의 작품 중에서도 아마 「벽을 헐자」는 첫 손가락에 꼽힐 것이다.

壁을 헐자
그대들과 우리들 사이의
그대들속의 작은 그대들과 또 다른 그대들 사이의
우리들속의 작은 우리들과 또 다른 우리들 사이의

아마도 그것은 金과 銀과 象牙로 쌓은 恥辱의城일지도
모른다 그러면 더욱 헐자

낡은 장벽을 뭁어버린우에 거기
새날의 大路를 뽑자
그대들과 우리 다
함께 갈 大路를 뽑자 (429~430쪽)

1연에 시적 화자가 말하는 '그대들'과 '우리들'은 누구를 말하는 것일까? 두말할 나위 없이 해방기에 이념적으로 첨예하게 대립하던 보수 진영과 진보 진영, 자유주의를 내세우는 우파 진영과 사회주의를 내세우는 좌파 진영을 말한다. 시적 화자는 이 두 진영 사이에 놓여 있는 장벽을 허물자고 제안한다. 이러한 장벽은 심지어 '우리들'과 '그대들' 안에도 존재한다고 밝힌다. 금과 은과 상아로 쌓은 '치욕의 성'이란 아마 권력과 재력으로 빚어진 갈등과 반목일 것이다. 화자는 더더욱 그러한 장벽을 허물어야 한다고 힘주어 말한다. 그러한 장벽을 모두 허물지 않고서는 '새날의 대로'를 건설하기란 불가능하기 때문이다. 그래서 시적 화자는 이념의 갈등과 대립을 뛰어넘어 함께 힘을 모아 사회주의 사회라는 대로를 건설하자고 부르짖는다.

김기림이 "실천의 혜지와 정열 속에서 통일하는 한 전인간의 소리"를 표현하려는 시도는 엄연한 현실에서는 좀처럼 받아들여질 수 없는 이상에 지나지 않았다. 그는 「눈짓으로 이해하는 전선(戰線)」에서 "손을 버리자 / 자유 찾는 불ㅅ길이 이는 곳마다 / 우리들의 동무는 있다 / 말이 아니라 / 눈짓으로 이해하는 / 전선이 있다"(412쪽)고 노래한다. 그러나 사회주의 노선은 일사불란하고 획일적인 행동을 강조할 뿐 '눈짓으로 이해하는' 기회주의적 절충이나 타협을 좀처럼 허용하지 않는다. 그래서 김기림은 결국 좌익에서도 우익에서도 환영받지 못하는 박쥐 신세가 되었다.

이렇게 정치 문제에 어중간한 태도를 취한 점에서 김기림은 오든과 비슷하다. 한국전쟁 중 납북되어 생사조차 확인되지 않은 김기림이 미처 깨닫지 못했지만 뒷날 오든은 사상적으로 전향하였다. 말년에는 영국 국교에 귀의하였고, 인간 실존을 '사랑'의 관점에서 조명하는 시를 썼다. 또한 오든은 스페인 내전에 참여한 것을 후회하며 「스페인」을 '부정직한' 작품이라고 밝히면서 『시 선집』에 수록하지 않았다. 오든은 이 작품에서 수사적으로는 효과적일지 모르지만 자신이 믿지 않는 정치적 견해를 표현했다고 판단하였다. 진정한 문학의 식물은 사회주의 리얼리즘의 토양에서는 제대로 자라서 열매를 맺을 수 없다는 사실을 깨닫고 그는 1939년 마침내 미국으로 이민을 갔다. 후세 세대 시인들에게 그는 옥스퍼드대학 출신의 엘리트인 데다 중산층으로 사회주의를 실천하는 데는 한계가 있을 수밖에 없었다.

젊은 시절 영문학을 전공하고 해방 후에는 대학 강단에서 영문학을 강의한 김기림은 시인으로 등단할 무렵부터 의식적 또는 무의식적으로 이미 영미 시인들의 영향권 안에 깊숙이 들어가 있었다. 가령 「아츰 해」를 쓸 1930년대 초엽 그는 존 던 같은 형이상학파 시인들로부터 영향을 받았다. 김기림의 작품은 시어, 이미지, 기상 등에서 이 영국 시인의 작품과 상호텍스트적 관계를 맺는다. 장시 『기상도』를 창작하면서 김기림은 T. S. 엘리엇의 『황무지』로부터 영향을 받았다. 장시와 이미지, 구성 같은 형식뿐 아니라 20세기 초엽 전 세계를 휩쓴 정신적 불모와 공허 같은 세계관에서 두 작품은 적잖이 닮았다.

그러나 김기림은 2차 세계대전과 더불어 일본 제국주의의 식민지 굴레에서 벗어난 어수선한 해방기에 모더니즘과 주지주의의 문학관을 버리고 좌파 성향의 정치 이데올로기에 관심을 기울였다. 1939년 《인문평론》에 발표한 「모더니즘의 역사적 위치」에서 "모더니즘이란 듣기만 해도 몸서리치는 말이다"고 잘라 말하는 데서 볼 수 있듯이 이 무렵 김기림은 모더니즘과 주지주의의 옷을 훌훌 벗어버리고 사회주의의 옷으로 갈아입었다. 김기림은 새로운 시민 질서를 모색하던 시기에 출간된 『새노래』에 수록한 작품들을 창작하면서 이번에는 영국 시단에서 엘리엇의 대안으로 떠오른 W. H. 오든의 작품 「스페인」에서 크고 작은 영향을 받았다.

이렇듯 김기림의 시적 행로는 1920년대에서 1940년대에 이르는 영미 시단의 궤적과 거의 일치한다. 그러나 그는 단순히 영미 시인들을 추종했다거나 모방했다기보다는 오히려 그들의 작품에서 영감이나 영향을 받은 뒤 전혀 새로운 작품으로 자신만의 시세계를 구축하려고 노력하였다. 1933년 조선 시단을 회고하는 글에서 그는 버지니아 울프를 언급하며 "오늘의 시인은 그의 예술적 生長의 과정에서 과거의 詩史의 모든 발전 단계를 경험한 후 거기서부터 별다른 새 세계를 준비하는 시인일 것이다"(2: 61)라고 말하였다. 그런데 이 말은 곧 김기림이 자신을 두고 하는 말로 읽어도 크게 틀리지 않는다. 물론 그의 작품 중에는 성공을 거둔 작품도 있지만 『새노래』에 수록한 작품처럼 실패한 작품도 있다. 그러나 시인은 어디까지나 성공한 작품으로 평가받을 뿐 실패한 작품으로는 평가받지 않는 것이다.

5장

이태준과 에드거 앨런 포와 오스카 와일드

5장

이태준과 에드거 앨런 포와 오스카 와일드

이태준(李泰俊)에게는 동시대의 다른 작가들에 비하여 소설 작품의 완성도가 높아 흔히 '조선의 모파상'이라는 꼬리표가 붙어 다닌다. 그가 한국 문학사에서 근대 단편소설을 완성한 작가라는 사실에 이의를 제기할 사람은 아마 그다지 많지 않을 것 같다. 최재서(崔載瑞)는 "시에는 지용(芝溶), 문장에는 태준(泰俊)"이라고 평하였고, 김기림(金起林)은 이태준을 두고 "우리들이 가진 가장 우수한 스타일리스트"라고 평하였다. 그런가 하면 이은상(李殷相)은 그의 작품이 "반드시 현 문단의 자랑스러운 보배일 뿐 아니라 조선말 조선땅 조선사람과 긴 생명을 가질 줄 나는 확신한다"고 말하였다.[1] 이렇듯 조선 문단에서 이태

1 최재서가 "나는 조선적인 시인과 조선적인 작가로서 鄭芝溶 씨와 李泰俊 씨를 누

준은 정지용과 함께 일제강점기에 시와 소설 분야에서 쌍벽을 이루고 있었다.

그런데 여기서 한 가지 흥미로운 것은 방금 앞 장에서 언급한 최재서, 정지용, 김기림 등은 하나같이 경성제국대학이나 일본 대학에서 영문학을 전공한 사람들이라는 점이다. 구마키 쓰토무(熊木勉)에 따르면 이태준은 1925년 4월 와세다(早稲田)대학 전문부 정치경제학과 청강생으로, 같은 해 9월에는 와세다 전문학교 정치경제과에 역시 청강생으로 입학했지만 그 이듬해 5월 등록을 하지 않아 제명되었다.[2] 그 뒤 1926년 4월 그는 조치(上智)대학 예과에 입학하여 1년 반 남짓 다니다가 1927년 11월 중퇴하고 귀국하였다. 문학에 뜻을 둔 이태준은 조치대학 예과에서는 정치경제학이 아닌 문학을 주로 공부하였다. 당시 그는 진장섭(秦長燮)과 이하윤(異河潤)을 비롯한 도쿄에서 외국문학을 전공하던 유학생들과 함께 '문학회'를 조직하려고 했지만 그 계획은 무산되고 말았다.

귀국 후 이태준은 개벽사에 입사하여 《신생》과 《어린이》 같은 잡지를 편집하고 《중외일보》를 비롯한 신문사의 기자로 근무하면서 작품 활동을 시작하였다. 어떤 의미에서는 이태준이 외국문학을 전공하

구보다도 경애한다"고 말한 뒤 "시에는 지용, 문장에는 태준"이라는 말이 통용된다고 밝힌다. 최재서, 「문학·작가·지성」, 『최재서 평론집』(서울: 청운출판사, 1961), 310쪽; 김기림, 「스타일리스트 이태준 씨를 논함」, 김학동·김세환 공편, 『김기림 전집 3: 문학론』(서울: 심설당, 1988), 172쪽; 이은상, 「머리말」, 이태준, 『달밤』(경성: 한성도서, 1934).

2 熊木勉, 「李泰俊の日本體驗」, 《朝鮮学報》 216호(2010.07), 85쪽; 박진숙(朴眞淑), 「이태준 초기 연보의 재구성과 단편소설 「누이」에 대한 고찰」, 《현대소설연구》 69호(2018), 203쪽.

지 않았기 때문에 오히려 외국문학에 주눅 들지 않고 마음껏 독자적인 공간을 확보할 수 있었는지도 모른다. 더러 예외가 없는 것은 아니지만 제도 교육을 많이 받은 작가일수록 작품이 어딘지 모르게 관념적으로 흐르는 경향이 있기 때문이다. 비유적으로 말하자면 '지식인 작가'의 작품에서는 설탕이나 당밀 대신 사카린 같은 인공감미료 맛이 나고 땀 냄새 대신 먹물 냄새가 난다. 다시 말해서 그들은 삶의 경험을 구체적으로 형상화하여 독자들에게 보여 주는 대신 독자들을 가르치려 들기 일쑤다.

물론 그렇다고 이태준이 영문학을 비롯한 외국문학에 전혀 관심을 기울이지 않았다는 것은 결코 아니다. 그는 나름대로 세계문학을 호흡하려고 애쓴 흔적이 여기저기서 엿보인다. 가령 이 무렵 식민지 조선의 작가들이 흔히 그러했듯이 이태준도 안톤 체홉과 이반 투르게네프를 비롯하여 요한 볼프강 폰 괴테, 표도르 도스토옙스키, 레프 톨스토이, 쥘 르나르, 기 드 모파상, 앙리 프레데릭 아미엘 같은 작가들한테서 직간접으로 영향을 받았다.

영문학 쪽으로 좁혀보면 이태준은 미국 시인 에드거 앨런 포와 월트 휘트먼, 헨리 데이비드 소로, 영국 작가 오스카 와일드 같은 다양한 작가들한테서 크고 작은 영향을 받았다. 다만 이태준은 외국문학 작품에서 영감을 받되 어디까지나 자신의 예술 영역을 구축하는 발판으로 삼았을 뿐이다. 더구나 그가 국문학 전통에 굳게 뿌리를 박은 채 국학과 상고주의에 깊은 관심을 기울이게 된 데는 휘문고등보통학교 재학 시절 국어 교사로 근무하던 가람 이병기(李秉岐)한테서 받은 영향이 컸다.

이태준과 에드거 앨런 포

이태준이 「까마귀」를 창작하면서 에드거 앨런 포의 「갈까마귀(The Raven)」에서 영감이나 영향을 받았을 가능성을 맨 처음으로 제기한 사람은 최재서였다. 최재서는 「단편 작가로서의 이태준」에서 "「까마귀」는 포의 「대아(大鴉)」에 힌트를 받은 형적이 역력하다"고 지적하였다. 그러면서도 그는 "그러나 死와 孤獨에 대한 思索은 作者 獨自의 것이다. 死의 恐怖라는 것도 결국 現實生活에서 미끄러저 가는 사람의 孤獨의 幽靈이다"라고 지적하였다.[3] 그러나 최재서는 제목 그대로 이태준의 두 번째 단편집 『까마귀』를 서평 형식으로 다루면서 단편소설 작가로서 이태준의 특징을 다룰 뿐 포와의 영향 관계를 직접 다루지는 않았다.

뒷날 이태준의 외종질인 김명렬(金明烈)은 최재서에 이어 이 두 작품과 관련하여 이태준과 포와의 영향 관계가 좀 더 구체적으로 다루어 관심을 끌었다. 김명렬은 "이태준의 「까마귀」가 에드거 앨런 포의 'The Raven'의 영향을 받은 것은 의심할 바 없는 사실이다"라고 단정 짓는다. 그러면서 그는 "무엇보다도 소설의 주인공이 폐결핵을 앓는 여인을 만난 후 그녀의 임박한 죽음을 예감하면서 포와 그의 시 'The Raven'과 그 시에 나오는 인물인 레노어(Lenore)를 언급하는 등, 그런 관계에 대한 명시적인 내적 증거가 있기 때문이다"라고 밝힌다.[4] 이러한 주장을

---

3 최재서, 『문학과 지성』(경성: 인문사, 1938), 178쪽.

4 김명렬, 「Edgar Allen Poe의 "The Raven"과 이태준의 「까마귀」」, 《한국문화》 32호(2003), 129쪽.

펴는 근거로 김명렬은 이러한 명시적인 내적 증거 말고도 외적 증거를 제시하기도 한다. 그러나 이태준의 「까마귀」와 포의 「갈까마귀」를 좀 더 면밀히 살펴보면 김명렬이 제시한 몇몇 유사점 외에 다른 중요한 점에서 상호텍스트적 관계를 맺고 있음이 밝혀진다.

그렇다면 이태준은 포의 작품을 언제 그리고 어떻게 알고 읽게 되었을까? 휘문고등보통학교 재학 시절 그는 이미 이 미국 시인의 작품을 읽었을 것으로 추정된다. 1920년대 초엽 이 학교에는 앞으로 한국 문단에서 활약할 정지용, 김영랑(金永郎), 박종화(朴鍾和), 박팔양(朴八陽) 등이 선후배로 문학에 심취해 있었다. 이 무렵 이태준은 학적부의 '기호 및 지망' 란에 '문학'이라고 기재할 정도로 문학에 깊은 관심을 기울였다. 또한 그는 학교 잡지 《휘문》 2호를 발간할 때 학예부장으로 활약하기도 하였다. 이러한 정황으로 미루어보아 그는 아마 이 무렵 포의 작품을 접했을 것이다.

그러나 이태준이 포를 비롯한 외국문학 작품을 좀 더 직접 접하게 된 것은 동맹휴교를 주도했다는 이유로 휘문고보에서 퇴학당한 뒤 1924년 가을 일본에 건너가 고학할 때였다. 당시 그는 도쿄 소재 조선인 유학생의 단체인 '재일본동경조선유학생학우회'에 가입하여 그 기관지 《학지광》에 글을 발표하는 한편, 문학과 예술에 관심 있던 다른 유학생들과 친교를 맺었다. 당시 문학 전공자로는 앞에서 언급한 이은상을 비롯하여 나도향(羅稻香), 염상섭(廉想涉)과 교류하였고, 화가로는 김용준(金瑢俊), 길진섭(吉鎭燮), 김주경(金周經), 김지원(金志遠) 등과 교류하였다. 이 무렵 이태준이 외국문학 작품에 탐닉해 있었다는 것은 김용준의 회고에서도 엿볼 수 있다.

> 당시의 우리들의 우리라면 어폐가 있을지 모르나 경향은 어떠하였느냐 하면 그때 한참 휩쓸든 쏘씨알리즘의 사조에는 비교적 냉정하였었다. 그와는 정반대라면 반대의 유미적 사상, 악마주의적 사상 혹은 니체의 초인적인 사상 또는 체홉과 같은 적막한 인생관을 토대로 한 사상 등을 동경하는 일종의 파루나상(고답파)들이었다. 泰俊 군은 그때부터 안톤 체홉, 투르게네프 등을 읽고 나에게 체홉의 단편을 읽기를 권하기도 하였다.[5]

당시 이태준은 김용준에게 체홉의 단편소설을 읽기를 권할 정도로 러시아 문학에 심취해 있었다. 이태준은 러시아 작가들 외에 다른 외국 작가들에게도 관심을 기울였다. 구인회(九人會) 비판에 대한 답변으로 쓴 「누구를 위해 쓸 것인가?」에서 이태준은 모파상을 인용하면서 자신의 견해를 옹호하였다. 그러나 그는 외국문학을 섭렵하는 과정에서 에드거 앨런 포 같은 영미문학 작가들의 작품도 읽었을 것이다.

위 인용문에서 '파루나상(고답파)들'이라는 용어를 특히 주목해 볼 필요가 있다. 김용준이 '고답파'라고 부연하듯이 '파루나상'이란 19세기 후반 낭만주의의 지나친 감성과 주관성과 함께 예술적 사회주의에 반기를 들고 나타난 문학 운동인 '파르나시앙(Parnassians)'을 일본어식으로 표기한 것이다. 이 운동을 처음 펼친 문인들은 예술의 여신 무사이(뮤

5 김용준, 「백치사(白痴舍)와 백귀제(白鬼祭)」, 《조광》(1936.08), 97~98쪽.

즈)가 살았다는 파르나소스 산의 이름을 따서 잡지를 발간하였고, 이 예술 운동의 이름은 바로 이 잡지 이름에서 비롯하였다. 프랑스의 테오필 고티에는 예술이란 그 자체로 목적일 뿐 다른 어떤 것을 위한 수단이 될 수 없다고 천명하면서 이 운동에 처음 불을 지폈다.

이렇게 고티에와 르콩트 드릴에서 시작하여 찰스 스윈번과 에드먼드 고스, 앤드류 랭 같은 영국 작가들에서 꽃을 피운 이 운동은 '예술을 위한 예술'을 부르짖은 세기말 예술가들과 20세기 초 에즈러 파운드와 T. S. 엘리엇 같은 이미지즘 시인들이 다가올 길을 미리 닦아 놓았다. 당시 일본 학자들은 이 운동에 가담한 사람들을 '고답파'라고 불렀다. 이처럼 이태준은 당시 사회주의에 맞서 탐미주의적이고 악마주의적인 사상에 심취해 있었다.

위 인용문은 이태준의 문학관의 면모 과정을 엿볼 수 있는 좋은 단서가 된다. 뒷날 그는 사회주의에 관심을 두었지만 작가로서 막 데뷔할 무렵만 하여도 문학의 사회적 기능보다는 문학의 예술적 기능에 무게를 두는 심미주의 문학에 기울어져 있었다. 물론 이 당시에도 그가 문학의 사회 참여를 적극 반대한 것은 아니었고 다만 참여 문학 쪽보다는 포가 지향하던 순수문학 쪽에 경도되어 있었을 뿐이다. 마찬가지로 해방기를 전후하여 문학가동맹에 가입하여 사회주의에 경도되었지만 이때도 임화(林和)나 김남천(金南天) 같은 문인들과는 결이 조금 달랐다.

포가 미국 문단에 「갈까마귀」를 내놓기까지의 과정은 그렇게 순탄하지 않았다. 그는 맨 처음 이 작품의 원고를 《그레이엄 매거진》을 간행하던 친구 조지 그레이엄에게 가져갔지만 거절당하였다. 그 뒤 그는 이 작품을 《아메리칸 리뷰》에 가명으로 싣기로 하고 원고료로 고작 9달러를 받았다. 포는 「갈까마귀」를 1843년 1월 뉴욕시에서 발행하던 신문 《이브닝 미러》에 처음 본인의 이름으로 발표한 뒤 같은 해 2월 시인이요 문학 비평가인 제임스 러설 로웰이 간행하던 잡지 《파이니어》에 다시 실었다. 그 뒤 《뉴욕 트리뷴》과 《브로드웨이 저널》과 《서던 리터러리 메신저》 같은 미국의 유수 잡지들이 앞을 다투어 이 작품을 싣기 시작하였다. 이렇게 이 작품의 인기가 계속 치솟자 뉴욕의 한 출판사가 『갈까마귀와 기타 시』(1945)라는 시집을 출간하였고, 이 시집은 단행본으로 출간되자마자 그야말로 폭발적인 인기를 끌었다.

이렇게 미국에서 포의 작품이 선풍적인 인기를 끌자 19세기 말부터 일본에서도 그의 작품이 큰 인기를 끌기 시작하였다. 탐정소설가 히로이 다로(平井太郎)는 포에 열광한 나머지 이 미국 작가의 이름을 음차하여 아예 '에도가와 란포(江戸川乱歩)'로 필명을 삼을 정도였다. 메이지 20년(1887) 아에바 고손(饗庭篁村)이 《요미우리 신문(読売新聞)》에 포의 단편소설 「검은 고양이」, 「모르가의 살인」, 「안경」 등을 잇달아 일본어로 번역하여 소개하였다. 1931년부터는 두 출판사에서 『포 소설전집』을 발간할 만큼 포는 폭발적인 인기를 끌었다. 포의 시 작품도 예외가 아니어서 1935년 와세다대학 영문과 교수 히나쓰 고노스케(日夏耿之介)가 포의 『갈까마귀』를 번역하여 『오가라스(大鴉)』라는 제목으로 단행본으로 출간하였다. 히나쓰는 당시 학식과 시적 재능을 겸비했다고 하여 흔히 '가쿠쇼 시진(学匠詩人)'으로 일컫던 사람이다. 그만큼 그는 당시 일본 학계와 문단에서 영문학 연구가와 시인, 번역가로 명성을 떨쳤다.

김명렬은 이태준이 포한테서 영향을 받았다는 외적 증거로 1936년 그의 외삼촌이 잠시 도쿄를 방문했을 때 긴자(銀座)의 기노쿠니야(紀伊國屋) 서점에서 히나쓰 고노스케가 번역한 『오가라스』를 구입한 사실을 든다. 이태준은 당시 경험을 「기종신서일지란(幾種新書一枝蘭)」에 비교적 자세히 기록하였다.

> 마침 白蠻會 洋畵展도 구경할 겸 그 회장을 가진 긴자의 紀伊國屋 서점으로 갔다. 한참 新版書를 구경하다가 黃眠道人 日夏耿之介의 譯인 에드가 알랜 포의 시 『大鴉』 한 권을 샀다. 솜과 낙엽으로 만든 듯한 거칠고도 부드러운 황지에 박은 책인데 권두에는 에드아르 마네 筆인 까마귀의 凸판과 동판이 들어 있다. 꽤 精譯한 것인 듯 권미에 '予の作詩休止期に於ける創作的嗜感を[も]感興も譯詩すなはち之也'란 후기가 있다.[6]

첫 구절의 '백만회'란 길진섭이 김환기(金煥基)를 비롯한 몇몇 조선인 화가들과 함께 만든 단체로 당시 긴자에서 첫 서양화 전시회를 열었다. 이태준은 이 전시회에 대하여 길진섭은 포비즘의 경향에 선에 대한 관심을 보였고 김환기는 '퍽 하이칼라'였다고 말했다고 전한다. 그런데 김명렬은 히나쓰가 번역서 끝에 "予の作詩休止期に於ける創作的嗜感を

6 상허학회 편, 『이태준 전집 5: 무서록 외』(서울: 소명출판, 1915), 349쪽. 앞으로 이태준의 산문은 이 책에서 인용하고 인용 쪽수는 권수 '5'와 함께 본문 안에 직접 밝히기로 한다.

感興とする譯詩すなはち之也"라고 적어 놓은 구절에 주목한다. 즉 "내가 시작을 쉬고 있을 시기에 창작적 기호(또는 호감)를 감흥이라고 생각한 번역시가 바로 이것이다"는 뜻이다.[7] 김명렬은 이태준이 굳이 이 구절을 인용하는 것으로 보아 「까마귀」의 구상 단계부터 포의 작품에서 영향을 받았음을 알 수 있다고 주장한다.[8]

에드거 앨런 포에 관한 관심은 비단 일본뿐 아니라 식민지 조선에서도 컸다. 포의 작품이 처음 번역된 것은 1922년 10월로 소설가 김명순(金明淳)이 "The Raven"과 "To Helen"을 「대아」와 「헬렌에게」라는 제목으로 번역하여 《개벽》에 처음 소개하였다. 김명순은 같은 해 11월 포의 단편소설 "Assignation"을 「상봉」이라는 제목으로 같은 잡지에 발표하였다. 그녀는 이 작품의 번역 끝에 첨가한 '부언(附言)'에서 "만일 포라는 신비가 업섯드면 지금까지 우리는 인생에 대한 豫見을 가지지 못하고 구린내가 나는 자연주의 속에서 가티 썩엇슬는지도 알 수 업섯습니다"라고 밝힌다. 그러면서 김명순은 계속하여 "요즘 우리 문단 及 사상계에서는 아즉까지 舊套를 벗지 못하고 공연히 허위적 공리에 눈어두워서 악마예술의 진의를 잘 이해도 못하면서 비난하는 膚淺한 상식가가 만흔듯합니다"[9]라고 개탄한다.

1927년 정인섭(鄭寅燮)은 "The Mask of the Red Death"를 「적사

7 김명렬은 이 일본어 문장을 "나의 창작적 열정을 일으킨 번역시가 바로 이 시이다"라고 대충 번역하고, 소명출판의 『이태준 전집』 편집자들은 "나의 시 창작 휴지기에 있어서의 창작적 기감(?)을 감흥으로 한 번역시가 즉 이것이다"로 번역하였다. 그러나 '嗜感'은 '嗜好'나 '好感'의 오식일 가능성이 크다.

8 김명렬, 「Edgar Allan Poe의 "The Raven"과 이태준의 「까마귀」」, 130쪽.

9 김명순, 「상봉」 '부언', 《개벽》 통권 29호(1922.11), 36쪽.

(赤死)의 가면」이라는 제목으로 번역하여 《해외문학》 창간호에 소개하는 동시에 「포오를 논하여 외국문학 연구의 필요에 급(及)하고 《해외문학》의 창간을 축함」이라는 장문의 논문을 같은 잡지에 발표하였다. 특히 정인섭이 이 무렵 포에 관심을 기울인 것은 와세다대학에서 영문학을 전공할 당시 방금 앞서 언급한 히나쓰 고노스케의 영향을 받았을 것이다. 1928년 강영한(姜泳翰)은 "The Black Cat"을 「검둥 고양이」라는 제목으로 번역하여 《원고시대》 창간호에 실었다. 그런가 하면 'Y생'이라는 필명을 사용하는 번역자는 "Annabel Lee"를 번역하여 《무명탄(無名彈)》 창간호에 소개하였다.[10] 1931년 1월에는 김상용이 이 작품을 다시 번역하여 《신생》에 소개하였고, 같은 해 6월에는 이하윤이 "The Gold-Bug"를 「황금충」으로 번역하여 《조선일보》에 소개하였다.

그러나 정인섭에 앞서 식민지 조선 문단에 포의 예술지상주의 이론과 작품을 본격적으로 소개한 것은 노월(蘆月) 임장화(林長和)였다. 정인섭처럼 와세다대학에서 영문학과 현대 미술사를 전공한 뒤 도요(東洋)대학에서 철학을 전공하고 귀국한 임장화는 식민지 조선에 서구 문예 이론을 소개하는 데 앞장섰다. 1924년 8월 그는 발행인 겸 편집인으로 있던 《영대(靈臺)》에 발표한 「예술지상주의의 신자연관」에서 포를 '표현파의 개조(開祖)'로 높이 평가하며 "자연의 형태를 理想力으로써 조정하여 창조의 무한 자유를 고조하려는 것이 포의 예술을 일관한 主調

10 이광수는 한때 'Y생'이라는 필명을 사용한 적이 있어 「애너벨 리」의 번역자가 춘원일 가능성이 배제할 수 없다.

였다"[11]고 지적하였다. 임장화는 이러한 예술관을 보여 주는 좋은 예로 포의 산문시 「침묵」을 약역(略譯)하여 소개하기도 하였다.

「까마귀」와 포의 「갈까마귀」

이태준은 「까마귀」를 1936년 1월 《조광》에 처음 발표한 뒤 그 이듬해 출간한 두 번째 단편집 『까마귀』에 수록하였다. 이 작품은 1930년대 중반 그가 여러 단편에서 보여 준 현실주의적 경향에서 조금 비켜나 있다. 환상적 분위기가 감도는 이 작품의 줄거리는 비교적 단순하다. 이름이 밝혀지지 않은 주인공 '그'는 일반 독자들에게 별로 인기가 없는 젊은 작가로 지금 경성 근교에 위치한 지인의 별장에서 겨울을 나며 작품을 쓴다. 그런데 그는 이곳에서 우연히 폐결핵 환자로 별장 부근 마을에 요양하러 와 있던 한 젊은 여성을 만난다. 이 여성은 주인공의 '꽤 충실한' 독자인 것으로 밝혀진다. 주인공은 여성에게 삶에 대한 희망을 불어넣어 주려고 노력하지만 마침내 여성은 사망하고 만다. 이 작품의 발단, 전개, 절정, 결말의 구성 과정을 보면 포가 단편소설 이론에서 그토록 힘주어 주장하던 '인상의 통일' 또는 '단일한 효과'를 얻으려고 애쓴 흔적이 역력하다.

그렇다면 이태준은 「까마귀」를 창작하면서 포의 작품 「갈까마귀」에

11 임노월, 박정수 편, 『춘희 외』(서울: 범우사, 2005), 255쪽. 흥미롭게도 당시 포에 관심을 기울인 임장화와 김명순은 도쿄에서 연인 사이였고, 함께 '토월회'에 객원 멤버로 참여하였다. 김명순과 헤어진 뒤 임장화는 '일엽(一葉)'이라는 법명으로 더욱 잘 알려진 김원주(金元周)와 사귀었다.

서 어떠한 영감이나 영향을 받았는가? 다시 말해서 이 두 작품은 어떠한 점에서 상호텍스트적 관계를 맺고 있는가? 이태준의 작품은 단편소설이고, 포의 작품은 길이가 조금 긴 시 작품이다. 그런데도 작품의 화자와 작중인물, 작품 소재와 주제 등에서 두 작품은 상호텍스트적 관계를 맺는다. 「까마귀」의 주인공 '나'는 자기 방에서 폐결핵을 앓는 여성과 까마귀를 두고 이야기를 나눈 날 밤 그녀에게 연민과 함께 사랑을 느끼면서 이렇게 생각한다.

> '슬픈 아가씨여, 죽더라도 나를 사랑하면서 죽어 다오! 애인이 없이 죽는 것은 애인을 남기고 죽기보다 더욱 슬플 것이다.…… 오래 전부터 병균과 싸워 온 그대에겐 확실히 애인이 있을 수 없을 게다.'
>
> 그는 문풍지 떠는 소리에 덧문을 닫고 남포의 불을 낮추고 포의 슬픈 시 「레이벤」을 생각하면서,
>
> "레노어? 레노어?"
>
> 하고, 포가 그의 애인의 망령을 불렀듯이 슬픈 음성을 소리쳐 보기도 하였다. 그 덮을 것도 없이 애인의 헌 외툿자락에 싸여서, 그러나 행복스럽게 임종하였을 레노어의 가엾고 또 아름다운 시체는, 생각하여 보면 포의 정열 이상으로 포근히 끌어안아 보고 싶은 충동도 일어났다. 포가 외로운 서재에 앉아 밤 깊도록 옛 책을 詳考할 때 폭풍은 와 문을 열어 젖뜨렸고, 검은 숲속에서는 보이지도 않는 까마귀가 울면서 머리 풀어헤친 아름다운 레노어의 망령이 스르르

방 안 한구석에 들어서곤 하였다.

'오오! 나의 레노어! 너는 아직 확실히 애인을 갖지 못했을 거다. 내가 너를 사랑해 주며 내가 너의 죽음을 지키는 슬픈 애인이 되어 주마.'[12]

위 인용문에서 이태준은 에드거 앨런 포와 그의 '슬픈 시' 「갈까마귀」와 레노어를 직접 언급한다. 포의 작품 제목을 '갈까마귀'나 '대아'라고 하지 않고 굳이 원어 그대로 '레이벤(레이븐)'이라고 옮긴 것이 조금 의아할 따름이다. 이태준은 포의 작품을 읽었을 뿐 아니라 그 작품을 창작하게 된 정황과 과정까지도 비교적 상세하게 알고 있었다.

그러나 달리 생각해 보면 이태준은 전기적 사실과 작품을 동일선상에 파악하는 실수를 범하였다. "그 덮을 것도 없이 애인의 헌 외툿자락에 싸여서, 그러나 행복스럽게 임종하였을 레노어의 가엾고 또 아름다운 시체는, 생각하여 보면 포의 정열 이상으로 포근히 끌어안아 보고 싶은 충동도 일어났다"는 문장은 이태준이 포의 전기적 사실에서 유추해 낸 것일 뿐 실제 작품에는 나오지 않는다. 포의 나이 어린 아내 버지니아 클렘은 포가 이 작품을 쓸 당시 폐결핵의 병마와 싸우고 있었지만 아직 사망한 상태는 아니었다. 다시 말해서 이태준은 실제 역사적 인물인 버지니아와 허구적 인물인 레노어를 동일 인물로 간주하였다.

더구나 이태준이 「까마귀」에서 언급하는 포의 전기적 사실도 조금

12 이태준, 『이태준 전집 2: 돌다리 외』(서울: 소명출판, 2015), 23쪽. 앞으로 이태준 작품 인용은 모두 이 전집에 따르고 인용 쪽수는 권수 '2'와 함께 본문 안에 직접 적기로 한다.

과장되어 있다. 버지니아 클렘과 결혼할 무렵 포는 빚에 쪼들리고 친척들에게 경제적 도움을 청하고 심지어 길거리에서 구걸할 만큼 극심한 빈곤을 면치 못한 것은 사실이다. 그러나 『갈까마귀』를 단행본으로 출간하고 난 뒤 폭발적인 인기를 끌면서 그동안 파산 상태에서 궁핍한 생활을 하던 포의 생활도 점차 안정을 되찾기 시작하였다. 시인 측에서든 출판사 측에서든 포의 궁핍은 상업적 성공을 염두에 두고 빚에 쪼들리는 시인의 이미지를 과장한 혐의가 짙다.

이 시집이 출간된 지 한 달도 되지 않아 10쇄를 거듭하자 포는 독자의 취향이 환상적이고 초자연적 경험을 다루는 작품에 있다는 사실을 깨닫고 이쪽 방향으로 선회하였다. 죽기 전까지 버지니아는 비록 경제적으로 풍족한 편은 아니었어도 물질적으로 그다지 궁핍한 편은 아니었을 뿐 아니라 유능한 간호사의 보살핌을 받았다. 버지니아가 사망하자 포는 아내의 살아 있는 모습을 그대로 간직하고 싶다면서 그녀의 시체를 쳐다보려고도 하지 않았다. 그러므로 레노어를 버지니아와 동일시하는 것은 말할 것도 없고 시적 화자 '나'를 시인 포 자신으로 간주하는 것도 그렇게 바람직하지 않다.

또한 이태준이 "포가 외로운 서재에 앉아 밤 깊도록 옛 책을 상고할 때 폭풍은 와 문을 열어 젖뜨렸고, 검은 숲속에서는 보이지도 않는 까마귀가 울면서 머리 풀어헤친 아름다운 레노어의 망령이 스르르 방안 한구석에 들어서곤 하였다"고 말하는 것도 실제 사실과는 적잖이 다르다. 「갈까마귀」 어디에도 폭풍이 불어와 서재의 문을 열어젖혔다는 언급은 없다. 다만 시적 화자는 책을 보고 잠깐 졸고 있을 때 방문을 노크하는 소리가 들려 문을 열어 볼 뿐이다. 갈까마귀가 서재에 들어오는 것은 방문이 아닌 창을 통해서다. 이 작품에서 폭풍이 언급되는 것은 마지막에서 2연이다. 시적 화자는 "'그 말을 작별 인사로 하자. 새든 악귀든!' 나는 벌떡 일어나 절규했다— / '폭풍 속으로, 밤의 저승세계로 돌아가라!'"라고 노래한다.

더구나 깊은 밤 숲속에서 까마귀가 울자 머리를 풀어헤친 아름다운 레노어의 망령이 스르르 방 안 한구석에 들어서곤 했다는 것도 포가 이 작품에서 전혀 언급하지 않은 내용이다. 화자는 갈까마귀에게 "슬픔에 가득 찬 이 영혼에게 말해 다오. 혹, 저 머나먼 에덴동산에서나마 / 천사들이 레노어라고 이름 지은, 그 성스러운 여인을 안을 수 있을지—"라고 부탁할 뿐이다. 이태준은 아마 이 구절을 포의 단편소설 「라이지어」나 「어셔 집안의 몰락」에 나오는 내용과 착각한 것 같다.

문학 장르에서 보면 이태준의 「까마귀」와 포의 「갈까마귀」 사이에는 언뜻 이렇다 할 유사성이 없는 것처럼 보일지 모른다. 「갈까마귀」는 6행 18연 장시로 강약 8음보 운율로 구성된 정형시다. 그러나 포의 작품은 운문으로 쓴 시되 영시의 대표적인 형식인 소네트처럼 이미지로써 화자의 감정이나 생각을 간명하게 표현하는 서정시가 아니라 일정한 줄거리가 있는 '내러티브 시', 즉 담시(譚詩)다.[13] 담시는 전통적인 발라드처럼 배경·작중인물·행동과 함께 발단·갈등·해결 같은 플롯 형식을 갖추고 있어 고대 서사시 전통을 상당 부분 그대로 이어받는다. 따지고

---

13 영어 'narrarive poem'은 흔히 '이야기 시', '설화 시', '서술 시' 등으로 옮기는데 한국 학계에서는 아직 그 번역어가 정립되어 있지 않다. 일본에서는 '모노가타리시(物語詩)'라고 부른다. 필자는 '이야기 시'나 '담시(譚詩)'를 사용할 것을 제안한다.

보면 담시는 소설과는 장르가 다르지만 모두 고대 서사시라는 한 어버이의 핏줄을 물려받았다. 말하자면 담시와 소설은 같은 아버지에서 태어난 이복형제라고 할 수 있다.

이태준의 작품은 포의 작품과 마찬가지로 자전적 성격이 짙다. 포의 「갈까마귀」에 등장하는 레노어는 그의 아내 버지니아 클렘에 기초를 두고 있지만 그녀 말고도 다른 여성들을 모델로 삼았다. 예를 들어 포가 겨우 두 살 때 사망한 어머니를 비롯하여 열다섯 살 때 사모했지만 정신착란 상태에서 사망한 친구의 어머니도 그의 뇌리에 깊은 흔적을 남겼다. 포는 친구 어머니의 무덤을 찾아가 슬퍼하며 그곳에서 시간을 많이 보냈다. 또한 그에게는 약혼녀가 있었지만 버지니아대학교에서 퇴학당하고 집에 돌아왔을 때 그녀는 이미 다른 남자와 결혼한 상태였다. 그러므로 레노어는 포의 아내 버지니아 한 사람만이 아니라 그가 그동안 사랑했던 모든 여성을 모델로 삼아 창안한 인물이라고 하여야 할 것이다. 어찌 되었든 '레노어'라는 이름은 프랑스어에서 유래한 것으로 빛을 뜻한다. 그러므로 화자가 레노어를 잃었다는 것은 곧 삶에서 희망의 빛을 상실했다는 것을 뜻한다.

한편 이태준의 「까마귀」에서도 자전적 요소를 찾아보기란 그렇게 어렵지 않다. 무엇보다도 먼저 에드거 앨런 포처럼 이태준도 일찍 부모를 여위고 고아가 되어 남의 집에 입양되거나 친척 집에 얹혀사는 등 불행한 유년 시절을 보냈다. 보스턴에서 배우 부부의 아이로 태어난 포는 한 살 때 아버지가 가정을 버리고 떠나 버리고 이듬해 어머니가 사망하자 고아가 되었다. 그 뒤 포는 버지니아주 리치먼드의 존 앨런과 프란시스 앨런 부부 집에서 자라지만 여러 문제로 갈등을 빚고 끝내 갈라서고 말았다. '에드거 앨런 포'라는 이름에서 '앨런'은 바로 그를 입양하다시피 하여 키운 집안의 이름이다. 포가 평생 고아의식에 시달리며 여성에 지나칠 만큼 집착한 것도, 죽음에 남달리 경도된 것도 따지고 보면 일찍이 어머니를 비롯한 주위 사람들의 죽음을 목도했기 때문이다.

포와 마찬가지로 고아로 이 친척 저 친척 집에 얹혀살아야 했던 이태준은 20대 중반까지 굶주림과 노숙, 밑바닥 생활을 겪었다. 그래서 그는 평생 고아의식에 시달리고 죽음에 강박관념을 느끼면서 살았다. 이태준은 여섯 살 때 목격한 아버지의 죽음에 대하여 "하룻날 불붙듯 급한 이상을 품기만 한 채 밤중 달 걸친 파도소리 고요한 창 밑에서 삼십 오세를 일생으로 한 많은 눈을 감고 말았다. […] 그때가 마침 하관하는 때라 허연 관이 여러 사람들의 배 줄에 실려 가라앉듯 땅 속으로 들어가는 것을 먼발치에서 볼 수 있었다"고 말한다. 아홉 살 때 겪은 어머니의 죽음에 대하여 그는 "주검이란 갑자기 남이 되는 걸까? 요 아래로 떨어진 어머니 손을 몇 번 움칫거리다가 가만히 만져보았다. 돌처럼 차다. 제 손까지 써늘해짐을 느끼었다. 그러나 울음은 도무지 나오려 하지 않았다"고 회고한다.[14] 「까마귀」에서 죽음에 대한 강박관념은 남성 주인공 '그'보다는 폐결핵을 앓고 있는 여성 작중인물에게서 뚜렷하게 드러난다.

「까마귀」의 주인공 '그'는 이태준처럼 소설을 쓰는 작가다. 적어도

14 김종균, 『이태준의 장편소설 연구』(서울: 고려대학교출판부, 1999).

예술가를 주인공을 삼는다는 점에서 이 작품은 '예술가소설(퀸스틀러로만)'로 볼 수 있다. "늘 괴벽한 문체를 고집하여 독자를 널리 갖지 못하는 그는……"(2: 11쪽)이라는 대목에서도 작가 이태준이 떠오른다. 이태준이 '괴벽'의 한자어를 밝히지 않아서 '乖僻'을 말하는 것인지, 아니면 '怪癖'을 말하는 것인지 정확히 알 수 없다. 그러나 문맥으로 미루어보면 아무래도 후자보다는 전자를 가리키는 것 같다. 성격 따위가 이상야릇하고 까다로운 것을 뜻하는 괴벽(乖僻)은 넓은 의미에서 이태준의 문체를 설명하는 데 비교적 잘 들어맞기 때문이다.

이태준은 「누구를 위해 쓸 것인가」에서 "작품이란 개인의 뿌리에서 피는 꽃이다"라고 잘라 말한다. 여기서 '개인'은 '개성'이나 '기질'의 뜻으로 받아들일 수 있다. 그는 "자기를 한번 정확하게 진단한 이상은 자기의 것을 자기의 투로 써서 천하에 떳떳이 내어놓을 것이다"라고 주장한다. 그러면서 그는 독자가 많으냐 적으냐 하는 것은 크게 문제가 되지 않는다고 밝힌다. "아니 한 사람도 없어도 슬플 것이 없다. 그 고독은 그 작자의 운명이요, 또 사명이다. 고독하되, 불리하되, 자연이 준 자기만을 완성해 나가는 것은 정치가나 실업가는 가져 보지 못하는 예술가만의 영광인 것이다"(5: 44~45쪽)라고 말한다. 이태준은 1937년 같은 해에 요절한 김유정(金裕貞)과 이상(李箱)을 두고 하는 말이지만 「까마귀」의 주인공을 두고 하는 말로도 읽힌다.

근대 문학사에서 이태준이 차지하는 위상은 주제 못지않게 문체의 힘이 무척 크다. "예술가의 직무는 만들어 보여 줄 뿐, 설명하지 않는다"는 말에서도 엿볼 수 있듯이 그는 소설 문장 표현력에 남달리 무게를 두었다. 정지용은 『지용 문장독본』(1948)의 서문 '몇 마디 말씀'에서 "남들이 시인, 시인 하는 말이 너는 못난이, 못난이 하는 소리 같아 좋지 않았다. 나도 산문을 쓰면 쓴다, 태준만치 쓰면 쓴다는 변명으로 산문 쓰기 연습으로 시험한 것이 책으로 한 권은 된다"(5: 17쪽)고 밝힌다.

실제로 한국 작가 중에서 이태준만큼 퇴고에 정성을 기울인 작가를 아마 찾아보기 어려울 것 같다. 그는 소설만으로 전업을 삼지 못하는 것을 '슬픈 일'이라고 말하면서 그 이유는 충분히 퇴고할 시간이 충분하지 않기 때문이라고 밝힌다. 조선문학도 그대로 3년 앞으로 나아가는 것보다는 차라리 지난 3년 동안 쓴 작품을 퇴고한다면 그냥 앞으로 나간 3년보다 훨씬 수준 높은 문학이 될 것이라고 지적한다. 이렇게 퇴고에 퇴고를 거듭하면서 문장의 완성도를 꾀하다 보니 이태준은 때로는 동료 문인들로부터 '괴벽'하다는 말을 듣기 일쑤였다.

당시 다른 작가들과 비교되는 이태준의 특징 중 하나로 흔히 의고주의나 상고주의가 꼽힌다. 적어도 이 점에서 「까마귀」의 서술 화자요 주인공인 '그'도 작가 이태준과 크게 다르지 않다. 서술 화자는 작품 첫 머리에서 주인공이 한겨울 동안 묶음 작품을 쓸 방을 이렇게 묘사한다.

> 동향이어서 여름에는 늦잠을 자지 못할 것이 흠일까 겨울에는 어느 방보다 밝고 따뜻할 수 있고 미닫이와 들창도 다 갑창까지 돌인데다 벽장문과 두껍닫이에는 유명한 화가인지 아닌지는 몰라도 落款이 있는 四君子며 器皿折枝가 붙어 있다. 밖으로도 문 위에는 秋聲閣이라 秋史체의 현판이 걸려 있고 양쪽 처마 끝에는

파랗게 녹슨 풍경이 창연히 달려 있다. (2: 12)[15]

위 인용문에서 눈에 띄는 것은 벽장문과 두껍닫이에 낙관이 찍힌 사군자와 기명절지가 붙어 있다는 점이다. 선비 정신을 상징하는 사군자는 굳이 언급할 필요가 없을 것이다. 동양 회화의 한 화제(畵題)로 옛 청동그릇이나 꽃병에 꽃이나 길상물(吉祥物) 등을 곁들여 그리는 기명절지는 문인에게 썩 잘 어울린다. 일본 유학 시절 이태준이 가깝게 지내던 화가요 미술사학자인 김용준은 「오원 일사(吾園軼事)」에서 "그때까지 器皿과 折枝는 별로 그리는 화가가 없었던 것인데, 조선 화계에 절지, 기완 등 類를 전문으로 보급시켜 놓은 것도 吾園이 비롯하였다"[16]고 지적한다. 오원이란 이 장르를 발전시킨 장승업(張承業)을 말한다. 별장 주인이 기거하는 방도 아니고 상노들이 지내는 방인데도 이렇게 전통 그림으로 꾸며놓는 것을 보면 이태준처럼 별장 주인도 상고 취미가 예사롭지 않다.

---

15 「까마귀」의 배경인 성북동 추성각은 아마 인곡(仁谷) 배정국(裵正國)의 집을 모델로 삼았을 가능성을 배제할 수 없다. 출판사 백양당(白楊堂)을 설립하여 운영한 그는 1930년대 말 성북동 270번지에 승설암(勝雪盦)을 짓고 살면서 이태준과 김용준 등과 교류하였다. 해방 후에는 골동품 수집가들과 조선학 연구자들, 조선문학가동맹 소속 작가들과 폭넓게 친분을 쌓았다. 백양당은 이태준의 『상허문학독본』(1946)과 정지용의 『백록담』(1946), 임화(林和)의 『찬가』(1947), 설정식(薛貞植)의 시집 『종』(1947)을 비롯하여 조선문학가동맹과 관련한 문인들의 서적을 출판하여 미 군정청과 남한 단독정부 수립 후 정치적 탄압을 받았다. 야나가와 요스케(柳川陽介), 「백양당 연구: 인곡 배정국의 삶과 문학 관련 서적을 중심으로」, 《한국학연구》(인하대학교 한국학연구소) 50집(2018), 67~103쪽.

16 김용준, 『새 근원수필』(서울: 열화당, 2001), 247쪽. 김용준의 「오원일사」는 이태준이 주간으로 있던 《문장》(1939.12)에 처음 발표되었다.

소설가로 이름을 얻고 난 이태준은 1933년 경성 외곽 성북동에 작은 한옥을 짓고 '수연산방(壽硯山房)'이라고 불렀다. 그는 이 한옥에서 생활의 안정을 찾으며 작품 활동에 전념할 수 있었다. 한옥 '수연산방'은 지금도 남아 있어 이태준의 생외손녀가 찻집을 운영하고 있다. 이태준은 이 성북동 집의 방 벽에 추사 김정희(金正喜)의 글씨 한 폭을 걸어 놓고 문갑 위에는 난초 세 분과 투박한 백자 몇 점을 올려놓았다. 그중에서도 그가 자주 시선을 주는 것은 제기(祭器)와 추사 글씨였다고 한다. 벽에 걸린 추사의 글씨 한 폭은 「까마귀」에서 언급하는 '추성각' 현판의 추사체와 연결된다.

여기서 자칫 놓치기 쉽지만 주인공이 머무는 별장의 이름이 '추성각'이라는 사실도 찬찬히 눈여겨보아야 한다. '가을의 소리를 듣는다'는 뜻으로 시각적 개념을 청각적 개념으로 바꾼 공감각적 표현이다. 조선시대 말기 고종의 최측근 호종내관으로 흔히 '문인 내시'로 알려진 춘파(春坡) 황윤명(黃允明)은 쉰 살이 되던 1893년 조정이 문란하자 동소문 밖 성북동에 '성락원(城樂園)'이라는 별서(別墅)를 짓고 머물렀다. 이곳은 왕실 소유의 땅이므로 그는 고종의 배려로 이곳에 별장을 지을 수 있었다. 그의 취미가 고서와 고화, 고적을 모으는 것이어서 '추성각'이라는 장서각에 고금의 명필과 서화를 보관하였다. 당대 문인들과 교류하며 문필을 날린 황윤명은 1907년 이곳에 한국 최초의 근대식 교육기관이라고 할 삼산의숙(三山義塾)을 설립하기도 하였다.[17] 황윤명이 사망한

17 황윤명에 관해서는 「황춘파(수연) 씨의 일생」, 《매일신보》(1916.02.22) 참고. '수연(壽延)'은 고종이 황윤명에게 내려준 이름으로 비록 한자 표기는 달라도 이태준의 수연상방의 '수연(壽硯)'과 발음이 같다. 한편 경주 남산 동북쪽 기슭에도 추성각

뒤 의친왕 이강(李堈)이 이곳을 이어받아 사용하였다.

이태준이 성북동에 살면서 성락원과 추성각을 모를 리 없었을 것이고, 이 경험을 바탕으로 「까마귀」에서 주인공이 잠시 머무는 별장 이름을 '추성각'으로 지었을 것이다. 주인공이 어느 날 원고를 넘기려고 잡지사에 다녀오는 것을 보면 주인공이 머무는 별장도 성락원이나 추성각처럼 행정 구역은 달라도 경성 시내와 그리 멀지 않은 곳에 있는 것 같다. 당시 경성 중심부를 제외하고는 행정구역이 경기도로 되어 있었다.

그런데 흥미롭게도 성락원과 추성각은 추사와도 무관하지 않다. 성락원 중앙 연못 서쪽 바위에는 '장빙가 완당(檣氷家 阮堂)'이라는 글자가 해서체로 새겨져 있다. '장빙가'란 겨울에 고드름이 매달린 집이란 뜻으로 산속이라서 아무래도 시내보다는 추워서 고드름이 많이 달리므로 그렇게 이름을 지었을 것이다. 추사가 실제로 이곳을 찾아왔는지는 알 수 없지만, 만약 그가 찾아왔다면 황수연이 성락원을 짓기 훨씬 이전일 것이다.

이태준의 「까마귀」와 포의 「갈까마귀」에서 무엇보다도 먼저 눈에 띄는 유사점이나 공통점은 제목이다. 포가 사용하는 'raven'은 'crows'와 흔히 혼동되기도 하지만 서로 다른 종에 속한다. 후자는 전자보다 크

이 있다. 경주의 추성각은 뒷날 불무사(佛無寺)로 이름을 바꾼 옥룡암(玉龍庵)에 딸린 집이다. 폐질환을 앓던 이육사(李陸史)가 1936년과 1942년 두 차례 이곳에서 잠시 요양한 적이 있다. 이곳에서 요양하는 동안 그는 "옥룡암에서 신석초에게"라는 문구로 시작하는 미발표 시조 2편을 남겼다. 1933년 이태준은 경성부 성북정 248번지로 이사하여 월북할 때까지 이곳에 거주했으므로 「까마귀」를 쓰면서 황윤명의 집과 장서관에서 힌트를 받았을 가능성이 높다.

기가 작은 것이 특징이다. 깃이 검고 목쉰 소리로 우는 데다 시체를 먹기 때문에 갈까마귀는 흔히 상실과 죽음, 불길한 전조와 연관되어 있다. 한편 인간과 비슷한 소리를 내는 탓에 예언과 통찰력을 소유한 새로 물질계와 영계, 현세와 내세를 연결하는 역할을 맡는다. 클로드 레비스트로스는 문화인류학적 관점에서 갈까마귀가 삶과 죽음의 영매 동물이라는 점을 들어 신화적 위치를 차지한다고 지적한다.[18] 포는 「갈까마귀」에서 이 새를 죽은 레노어와 연결시키는가 하면 그리스 신화의 하데스나나 로마 신화의 플루토와도 연결시킨다. 이 작품의 시적 화자는 "이 불길한 옛적의 새가— / 이 암울하고, 볼품없고, 섬뜩하고, 초췌하며, 불길한 옛적의 새가"라고 노래한다. 번역하는 과정에서 놓치고 말았지만 후반부에서 포는 "grim, ungainly, ghastly, gaunt"로 두운법을 살려 갈가마귀의 흉측한 모습을 강조한다.

포가 「갈까마귀」에서 이 불길한 새를 등장시킨 것은 찰스 디킨스한테서 받은 영향 때문인 것으로 알려져 있다. 디킨스는 '그립'이라는 갈까마귀를 반려동물로 키웠는데 그립이 죽고 난 뒤 아이들의 요청으로 그는 당시 쓰고 있던 역사소설 『버너비 러지』(1841)에 갈까마귀를 등장시킨다. '80년의 폭동 이야기'라는 부제가 붙은 이 소설에서 디킨스는 1780년 가톨릭에 맞선 고든 폭동을 다룬다. 디킨스가 작품 낭독 여행으로 미국을 방문했을 때 포를 만났으며 포는 이 소설이 어떻게 끝날지 예측하여 화제가 되기도 하였다.

18 Claude Lévi-Strauss, *Structural Anthropology*, trans. Claire Jacobson and Brooke Grundfest (New York: Basic Books, 1963), p. 224.

이렇게 까마귀를 흉조로 보는 점에서는 한국을 비롯한 동아시아 국가에서도 크게 다르지 않다. 한국과 중국에서 까치가 길조라면 까마귀는 흔히 불길한 징조를 나타내는 흉조로 알려져 있다. 물론 한국과 중국에서도 고대 설화에는 길조로 나오지만 시간이 흐르면서 서양인들이 생각하는 것처럼 색깔이나 크기, 울음소리 때문에 점차 흉조로 바뀌었다. 다만 일본에서는 까마귀가 한국과 중국의 까치만큼 흔하고 친근한 새로 여긴다. 그래서 한국 동요와 동화에 까치가 자주 등장하는 것처럼 일본 동요와 동화에는 까마귀가 자주 등장한다. 이태준은 동양의 일반적인 문화적 통념에 따라 까마귀를 불길한 새로 간주한다.

이태준의 「까마귀」는 포의 작품처럼 시간적 배경과 공간적 배경에서도 서로 적잖이 닮았다. 포는 「갈까마귀」의 1~2연에서 두 배경을 이렇게 설정한다.

> Once upon a <u>midnight</u> dreary, while I pondered, weak and weary,
> Over many a quaint and curious volume of forgotten lore—
> While I nodded, nearly napping, suddenly there came a tapping,
> As of some one gently rapping, rapping at my chamber door.
> "Tis some visiter," I muttered, "tapping at my chamber door—Only this and nothing more."
>
> Ah, distinctly I remember it was in the <u>bleak December</u>;
> And each separate dying ember wrought its ghost upon the floor.

Eagerly I wished the morrow;—vainly I had sought to borrow
From my books surcease of sorrow—sorrow for the lost Lenore—
For the rare and radiant maiden whom the angels name Lenore—Nameless here for evermore.[19]

1연 1행에서 시적 화자 '나'는 "어느 음울한 한밤중, 쇠약하고 지친 내가 생각에 잠겼을 때"라고 노래한다. 2연 1행에서는 "아, 황량한 12월로 기억되는데"라고 말한다. 화자는 지금 일 년 중 맨 마지막 달, 그리고 하루 중 맨 끝자락 한밤중을 시간적 배경으로 삼는다. 이태준도 「까마귀」에서도 시간적 배경이 겨울이다. 서술 화자가 등피를 '호' 하고 입김을 불어넣어 등피를 닦으며 내뱉는 첫 마디가 "날이 꽤 차졌군……"이라는 말이다.

> 그는 등피를 닦으면서 아직 눈에 익지 않은 정원을 둘러보았다. 이끼 앉은 돌층계 밑에는 발이 묻히게 낙엽이 쌓여 있고 상나무, 전나무 같은 상록수를 빼어놓고는 단풍나무까지 이미 반나마 이울어 어떤 나무는 잎이라고 하나도 없이 설멍하게 서 있다. '무장해제를 당한 포로들처럼' 하는 생각을 하면서 그런 쓸쓸한 나무들이 이 구석 저 구석에 묵묵히 섰는 것을 그는 등피를 다 닦고도 다시 한참이나 바라보다가 자기 방으로 정한 바깥채 작은사랑으로 올라갔다. (2: 11)

19 Edgar Allen Poe, *Poetry and Tales* (New York: Library of America, 1984), p. 81.

상록수를 제외하고 나무마다 잎사귀가 모두 떨어진 것을 보면 이 작품의 시간적 배경은 초겨울이다. 서술 화자가 잎사귀가 모두 떨어진 채 쓸쓸하게 서 있는 나무들을 "무장해제를 당한 포로들처럼" 서 있다고 표현하는 것이 무척 신선하다. 주인공이 많은 방을 두고 하필 상노들이 기거하는 바깥채 작은사랑 방을 택한 것에 대해서 화자는 "겨우내 그냥 비워 두는 친구네 별장 방 하나를 빌린 것이다"(2: 11)라든지 "동향이어서 여름에 늦잠을 자지 못할 것이 흠일까, 겨울이니 이 방보다 밝고 따뜻할 수 있고……"(2: 12)라든지 하고 말하는 것을 보면 시간적 배경이 겨울임이 틀림없다. 폐결핵을 앓으며 두 번이나 객혈한 젊은 여성이 죽던 날에는 싸락눈이 내리다가 함박눈이 되어 펑펑 쏟아져 내리는 것도 시간적 배경이 겨울임을 여실히 말해 준다.

위 인용문에서도 엿볼 수 있듯이 이 작품의 공간적 배경은 도회에서 떨어진 성북동의 별장이다. 이 무렵 성북동은 행정 구역이 경기도로 되어 있을 뿐 아니라 실제로 시골과 다름없었다. 그런데 이 별장은 "태고가 깃들이는 듯한 그윽한" 곳으로 고풍스럽기는 하지만 음습하고 한적하기 그지없다. 주인공이 사용하는 방은 별장 중에서도 일하는 사람들이 사용하는 바깥채의 '호젓한 방'이다. 그는 전나무 삭정이 가지에 앉아 불길하게 우는 까마귀들이 자기 친구들이라고 생각할 정도다.

포의 「갈까마귀」에서도 공간적 배경은 시적 화자의 서재다. 서재를 장식한 것을 보면 여간 고풍스럽지 않다. 화자는 "죽어가는 불씨가 마루 위에 그림자를 던지고 있었다"고 노래한다. 이태준의 주인공이 이 방에서 "옛 애인을 만난 듯한" 느낌을 받는 것처럼 포의 시적 화자는 죽은 여성 레노어를 생각한다. 추성각에 잠시 머무는 주인공이 마음에 두던 젊은 여성의 시체를 실은 영구차를 향하여 모자를 벗고 애도를 표하듯이 포의 화자도 사랑하는 사람을 잃은 깊은 슬픔에 잠겨 있다.

그런데 여기서 한 가지 주목해야 할 것은 작품에서 배경이란 소도구 이상의 의미가 있다는 점이다. 시든 소설이든 배경은 단순히 사건이 일어나는 시간과 공간만을 제공하지 않는다. 시간적 배경과 공간적 배경은 작품의 시적 화자나 작중인물, 모티프, 주제에도 크고 작은 영향을 끼친다. 뛰어난 시인이나 작가일수록 배경에 세심한 주의를 기울이는 까닭이 바로 여기에 있다. 포와 이태준만큼 배경에 의미를 부여하는 작가도 드물다.

이태준의 「까마귀」는 포의 「갈까마귀」와 비단 배경에서만 비슷한 것이 아니라 정조(情調)나 분위기에서도 비슷하다. 포의 작품에서 어조는 고딕 양식 건물에서 흔히 볼 수 있듯이 어둡고 음산하고 우울하다. 포는 이러한 침울하고 으스스한 분위기를 한껏 조성하려고 일부러 'bleak(황량한)', 'haunted(유령이 출몰하는)', '소름끼치는(ghastly)', 'grim(으스스한)' 같은 부정적 의미를 함축한 형용사를 즐겨 사용한다. 이러한 어조는 시적 화자 '나'가 비참해지면 질수록 점차 강해진다. 이 점에서는 이태준의 「까마귀」도 크게 다르지 않아서 작품 전체에 우수가 안개처럼 짙게 깔려 있다. 어떤 의미에서 포는 몇몇 단편소설에서 시도한 고딕풍의 공포나 괴기성을 「갈까마귀」에서도 시도하였다. 다시 말해서 「어셔 집안의 몰락」이나 「라이지어」를 운문의 형태로 옮겨놓은 것이 바로 「갈까마귀」라고 하여도 크게 틀리지 않는다.

김명렬도 지적하듯이 이태준의 작품과 포의 작품은 다분히 의고적(擬古的)이다. 포는 진기한 옛날 서적을 탐독하고 성경과 로마 신화에서 빌려온 인유나 암유를 즐겨 사용함으로써 고풍스러운 분위기를 한껏 자아내려고 한다. 가령 에덴동산과 천사를 비롯하여 화자의 서재 문간 위에 놓여 있는 팔라스 흉상과 플루토에 대한 언급은 이러한 경우를 보여 주는 좋은 예다. 팔라스는 그리스 신화에 등장하는 여신으로 지혜의 여신 아테나를 가리키고, 플루토는 그리스 신화의 하데스에 해당하는 명부(冥府)를 가리킨다. 포는 이 두 인유를 빌려 갈까마귀가 현세와는 거리가 먼 내세와 관련이 있고 사후의 세계의 메신저로서의 상징적 의미가 있음을 내비친다. 이태준도 「까마귀」에서 전나무 삭정이가지 끝에서 '까악 까악' 우는 까마귀 울음소리를 불길한 예감과 함께 을씨년스럽고 침울한 분위기를 자아내는 장치로 사용한다. 그러고 보니 폐결핵을 앓는 여성이 왜 그렇게 병적으로 까마귀를 싫어하는지 알 만하다. 이처럼 이태준은 포처럼 플롯이나 인물의 성격 창조 못지않게 분위기에도 무게를 싣는다.

이태준의 작품과 포의 작품은 반어법을 구사한다는 점에서도 비슷하다. 포의 「갈까마귀」는 상황의 반어법을 보여 주는 더할 나위 없이 좋은 예다. 시적 화자 '나'는 방문을 두드리는 소리를 듣고 "방문객이로군. […] 내 방문을 두드리는 것은—방문객 말고 누구겠어"라고 독백한다. 그러나 화자의 방에 침입하는 것은 동료 인간이 아닌 조류, 그것도 흉조로 알려진 갈까마귀로 밝혀진다. 포는 상황의 반어법 못지않게 극적 반어법을 구사하기도 한다. 화자는 까마귀가 명부에서 레노어의 소식을 가지고 찾아온 것으로 생각하지만 독자들은 그렇지 않다는 것을 잘 알고 있다. 이 사실을 뒤늦게 깨닫고 화자는 벌떡 일어나 "새든 악귀든! […] 폭풍 속으로, 밤의 저승세계로 돌아가라!"라고 외친다.

「까마귀」에서 이태준도 포처럼 그렇게 일관되게 많이 사용하지는 않지만 나름대로 반어법을 사용한다. 여러 정황으로 미루어보아 아직 미혼인 듯한 주인공 '그'는 젊은 여성을 두 번 만난 뒤 동정심과 연민에서 그녀에게 연정을 느낀다. "무슨 말을 하여 주면 그 여자에게 새 희망이 생길까?"라고 고심한 끝에 그는 문득 "내가 사랑하리라!"라고 말한다. 이렇게 그녀에게 연정을 품는 것을 화자는 주인공이 '정령에 부딪히었다'고 말한다. 주인공은 "확실히 그 여자는 애인을 갖지 못했을 거다. 누가 그 벌레 먹는 가슴에 사랑을 묻었을 거냐"(2: 23)라든지 "오래전부터 병균과 싸워 온 그대에겐 확실히 애인이 있을 수 없을 게다"(2: 23)라든지 하고 혼자 생각한다.

주인공이 포의 「갈까마귀」를 생각해 내는 것은 바로 이 장면으로 화자는 병을 앓고 있는 젊은 여성을 갑자기 레노어로 환치한다. 큰마음 먹고 무슨 선심이라도 쓰듯이 그는 "오오 나의 레노어! 너는 아직 확실히 애인을 가지 못했을 거다. 내가 너를 사랑해 주며 내가 너의 죽음을 지키는 슬픈 애인이 되어 주마!"(2: 23)니, "오 가엾은 아가씨! 너는 이렇게 흐린 날 어두운 방 속에 누워 애인이 없이 죽을 것을 슬퍼하리라! 나의 가엾은 레노어!"(2: 24)니 하고 자못 영탄조로 독백한다.

그러나 주인공의 예상과는 달리 젊은 여성은 절대로 그의 연인이 될 수 없다. 그녀에게는 날마다 도서관에서 학위 논문과 씨름하는 대학생 정혼자가 있기 때문이다. 그녀는 주인공에게 "그는 정말 날 사랑하는 표루 내가 이런, 모두 싫여허는 병이 걸린 걸 자기만은 싫여하지 않는단 표루 하로는 내 가슴에서 나온 피를 반 컵이나 되는 걸 먹기까지 한 사람이야요"(2: 25)라고 고백한다. 정혼자는 연인이 요양하고 있는 시골로 자주 찾아오기도 하고 정혼자가 사망하자 시골 마을에 찾아와 장례를 치른다. 주인공이 마치 호의를 베풀 듯이 젊은 여성을 사랑하겠다고 다짐하지만 그녀에게 이미 애인이 있다는 사실은 아이러니하다고 아니할 수 없다. 그래서 주인공은 "그 여자에게 애인이 없으리라 단정한 자기의 어리석음을 마음 아프게 비웃었고 저렇게 절망에 극하여 세상 욕심이라고는 털끝만치도 없는 거룩한 여자를 애인으로 가진 그 젊은 학도가 몹시 부러운 생각뿐이었다"(2: 27)고 고백한다.[20] 이렇듯 삶의 겉모습과 참모습, 삶의 외견과 실재 사이에는 쉽게 건널 수 없는 심연이 가로놓여 있다.

이태준의 「까마귀」에 등장하는 인물들과 포의 「갈까마귀」에 등장하는 인물들도 서로 비슷하다. 포의 작품에서 화자는 젊은 남성이다. 위 인용한 1연에서 "잊힌 설화를 담은 수많은 진기하고 신비로운 책을 읽으며"라고, 2연에서도 "책을 읽으며 슬픔을—죽은 레노어에 대한 슬픔을— / 잊으려 애썼지만 헛수고였다"고 노래하는 것을 보면 화자는 젊은 지식인으로 글을 쓰는 사람임이 틀림없다.

20 이태준은 《조광》에 처음 발표할 때는 "그 식량 문제를 연구하는 청년"이라고 했지만 작품집 『가마귀』(한성도서, 1937)에 수록할 때 '학도' 또는 '대학생'으로 바꾸었다. 방금 앞에서 인용한 "피를 반 컵이나 되는 걸 먹기까지"에서도 '반 컵이나 되는 걸'은 작품집에 수록하는 과정에서 추가한 것이다.

이태준의 「까마귀」에서 주인공 '그'는 두말할 나위 없이 작가다. 작가답게 그는 모든 사물을 작가의 눈으로 바라본다. 가령 그가 별장 근처에서 산책하는 젊은 여성을 발견하는 장면에서 화자는 "그는 裝幀 고운 新刊書에처럼 호기심이 일어났다. 가까이 축대 아래로 지나가는 것을 보니 새 양봉투 같은 깨끗한 이마에 눈결은 뉘어 쓴 영어 글씨같이 차근한다"(2: 17)고 말한다.[21] 여성의 용모를 "앵두 같은 입술"이니 "능금 같은 볼"이니 하고 꽃이나 과일에 빗대는 것은 흔히 있어도 이렇게 책에 빗대는 것은 이태준이 처음이다. 그는 「책」이라는 글에서도 책을 물질 이상의 어떤 것으로 간주하며 흔히 여성을 책에 빗대곤 한다.

> 물질 이상인 것이 책이다. 한 표정 고운 소녀와 같이, 한 그윽한 눈매를 보이는 젊은 미망인처럼 매력은 가지가지다. 신간 난에서 새로 뽑을 수 있는 잉크 냄새 새로운 것은, 소녀라고 해서 어찌 다 그다지 신선하고 상냥스러우랴! 고서점에서 먼지를 털고 겨드랑 땀내 같은 것을 풍기는 것들은 자못 미망인다운 함축미인 것이다. (5: 82)

「까마귀」의 주인공 '그'는 작가이되 가난한 작가다. 그에 대하여 서술 화자는 "늘 괴벽한 문체를 고집하여 독자를 널리 갖지 못하는 그는

---

21 이태준이 주인공이 작가라는 사실을 강조하려고 책과 관련한 비유법을 구사하는 것은 작품집 『가마귀』를 출간하면서 덧붙인 것이다. 《조광》에 처음 발표할 때는 "가까이 축대 아래로 지나가는 것을 보니 다듬은 듯한 이마, 고요한 눈길, 꼭 다문 입술에는 약간의 프라이드가 느껴지어 꽤 높은 교양을 가진 듯한 얼굴이었다"로 되어 있다.

한 달에 이십 원 남짓 하면 독방을 차지할 수 있는 학생층의 하숙 생활조차 뜻대로 되지 않았다"(2: 11)고 밝힌다. 지금 친구의 시골 별장 방 하나를 빌린 것도 하숙비를 마련할 수 없어 임시 거처를 구한 것이다. 이 작품에 등장하는 주인공한테서는 여러모로 이태준이 떠오른다.

더구나 이태준의 주인공이나 포의 시적 화자는 여성과 깊은 관련이 있다. 포의 시적 화자는 "천사들이 레노어라고 이름 지은 그 귀하고 빛나는 아가씨"의 죽음을 슬퍼하며 잊지 못한다. 레노어는 누구보다도 포의 나이 어린 아내 버지니아 클렘을 모델로 삼아 설정한 허구적 인물이다. 버지니아와 포는 사촌 사이인 데다가 결혼할 당시 포는 스물일곱 살이고 신부는 열세 살밖에 되지 않아 사회적으로 큰 물의를 빚었다. 이렇게 어렵게 결혼했지만 버지니아는 1842년 폐결핵에 걸려 5년 동안 병마와 싸우다가 스물네 살의 젊은 나이로 끝내 뉴욕시 근교의 한 별장에서 사망하였다. 포가 이 작품을 쓸 무렵 버지니아는 아직 살아 있었지만 적어도 시적으로는 그녀는 이미 사망한 것과 다름없었다. 사망한 동생 윌리엄 헨리 포를 모델로 삼아 '레노어'라는 인물로 창조했을 가능성을 제기하는 학자들도 있다. 버니지아 같은 젊은 여성의 죽음은 「갈까마귀」와 「애너벨 리」 같은 시 작품과 「라이지어」 같은 단편소설에 자주 등장하는 모티프다. 실제로 「애너벨 리」는 「갈까마귀」와 마찬가지로 버지니아의 죽음을 노래한 작품이다.

한편 이태준은 「까마귀」에서 포의 레노어와 비슷한 여성 작중인물을 등장시킨다. 폐결핵을 앓고 있어 주인공이 머물고 있는 별장 근처에서 요양 중인 젊은 여성이 바로 그 사람이다. 정자지기가 주인공에게

"뭐 폐병이라나요. 약 먹느라구 여기 나왔는데 숨이 차 산엔 못 댕기구 우리 정자루만 밤낮 오죠"(2: 19)라고 말하는 것을 보면 그녀의 폐결핵이 당시 의학으로써는 치료할 수 없는 단계에 이른 것을 알 수 있다. 포의 「갈까마귀」에서 레노어는 이미 죽은 사람으로 등장하지만 이태준은 이 여성이 마지막 장면에서 사망하는 것으로 설정한다.

두 작품에서 폐결핵 환자와 레노어는 다름 아닌 까마귀와 관련되어 있다. 포의 「갈까마귀」에서 시적 화자는 갈까마귀를 죽은 레노어의 화신이거나 그의 소식을 전해 주려고 찾아온 사자(使者)로 생각한다. 이태준의 「까마귀」에서 어느 날 주인공이 젊은 여성에게 까마귀 울음소리를 듣고 이곳 시골에서 머물면서 까마귀가 자기 친구라고 말하자 여성은 "선생님은 친구라구꺼정! 전 이 동네가 모두 좋은데 저게 싫어요. 죽음을 잊어버리면 안 된다구 자꾸 깨쳐 주는 것 같어요"(2: 21)라고 말한다. 또 "무슨 음모를 가지구 복면허구 내 뒤를 쫓아다니는 무슨 음흉한 사내같이 소름이 끼쳐요. 아마 내가 죽으면 저 새가 덥석 날러와 앞을 설 것만 같이……"(2: 21)라고 밝히기도 한다.

이렇게 젊은 여성은 한번은 꿈속에서 까마귀 뱃속에 무슨 부적과 칼과 시퍼런 불을 보았다고 말하면서 다시 한 번 까마귀와 자신의 죽음을 연관시킨다. 이 여성에게 까마귀는 자기를 명부로 데리고 가려고 찾아온 '죽음의 사자'거나 '메멘토 모리', 즉 죽음을 끊임없이 상기시켜 주는 대상이다. 그러나 주인공은 새에는 흰 새도 있고 검은 새도 있고 울음소리가 맑은 새도 있고 탁한 새도 있다고 말하면서 까마귀를 병적으로 싫어 하는 여성의 마음을 돌리려고 애쓴다. 심지어 그는 까마귀를 잡아 그 내장을 확인시켜 줄 계획까지 세운다.

최재서는 「단편 작가로서의 이태준」에서 소설가로서 이태준의 탁월한 능력을 살아 숨 쉬는 작중인물을 창조하는 솜씨에서 찾았다. 최재서는 이태준의 단편소설을 한번 읽은 사람이라면 그 작품의 인물들을 잊을 수 없을 것이라고 주장한다. 최재서는 "人物 自體로 보면 하잘것없는 *存在*들이지만 읽고 난 뒤에 언제까지나 印象에서 사라지지는 안는 야릇한 魅力을 가진 것이 李氏의 作品 人物들이다"라고 지적한다. 그러면서 최재서는 이태준이 즐겨 다루는 그러한 인물 유형으로 "落魄한 儒者, 陋巷에 沈湎하는 退妓, 不遇한 小學教員이나 혹은 流浪하는 農民, 어리석은 新聞 配達夫, 生에 希望을 잃은 老人 등 말하자면 人生의 그늘 속에서 움즉이는 희미한 *存在*들"을 꼽는다.[22]

물론 「까마귀」에 등장한 작중인물들은 엄밀한 의미에서 이러한 유형에 들어가지 않는다. 남성 주인공은 비록 독자는 많지 않을망정 예술혼을 불태우는 작가다. 비록 물질적으로는 궁핍하여도 그는 작가로서 긍지와 자기만족을 느낀다. "은은한 풍경 소리와 짙은 어둠에 홈박 싸인, 이 산장 호젓한 방에서 옛 애인을 만난 듯한 다정스러운 남폿불을 돋우고 글만을 생각하는 데 취할 수 있는 것이 갑자기 몸이 비단에 싸이는 듯, 살이 찔 듯한 행복이었다"(2: 13)고 고백하는 문장은 이 점을 뒷받침한다.

폐결핵의 병마와 싸우는 젊은 여성도 '괴벽한 문체'를 고집하는 이 작가의 작품을 좋아할 만큼 문학적 감식력이 뛰어나다. 또한 그녀는 교

22 최재서, 『문학과 지성』, 175쪽.

양도 있고 지적 분위기도 풍겨 주인공은 그녀와 함께 자기의 '빈한한 예술'을 이야기하고 싶은 마음이 들 정도다. 이태준이 "人物을 그리되 수다스럽지 않고 또 구태여 그 人物의 內面生活로 드러가 무슨 秘密을 끄러내랴고도 하지 안는다. 스켓취적 筆致로 그 人物의 말이나 行動을 點點히 탓치하야 가는 동안에 어언간 鮮明한 人間像 날아난다"[23]는 최재서의 평가는 이 두 작중인물에게도 그대로 적용할 수 있다.

이태준이 「까마귀」를 창작하면서 에드거 앨런 포의 「갈까마귀」에서 영감이나 영향을 받거나 이 작품과 맺는 상호텍스트적 관계는 주제에서도 찾을 수 있다. 까마귀가 표상하듯이 두 작품 모두 죽음과 깊이 관련되어 있다. 포의 작품에서 8연부터 시적 화자의 말에 후렴구처럼 갈까마귀가 내뱉는 'Nevermore'는 문맥에 따라 서로 다른 의미로 해석해야 한다. "결코 그럴 일 없을 거요"로 뭉뚱그려 표현할 수도 있을 터지만 "결코 날아가지 않을 거요", "결코 잊지 않을 거요", "결코 방에서 나가지 않을 거요" 등의 뜻으로 받아들일 수도 있다. 마지막 3연에서 화자는 이렇게 노래한다.

> "Prophet!" said I, "thing of evil! — prophet still, if bird or devil!
> By that Heaven that bends above us — by that God we both

23 위의 책, 176쪽. 이밖에도 최재서는 이태준의 작중인물에 대하여 "보드랍고 따뜻한 것이 또 그 매력의 일면"이라든지, "하잘것없는 인물들의 평평범범한 생활 가운데 흐르고 있는 유모아와 페이소스"라든지, "시대에 뒤떨어진 사람의 고독과 애수를 동정과 유-모아로 써보고 그리랴는 그의 창작 정신"이라든지 등을 지적한다.

adore—
Tell this soul with sorrow laden if, within the distant Aidenn,
It shall clasp a sainted maiden whom the angels name Lenore—
Clasp a rare and radiant maiden whom the angels name Lenore."
Quoth the Raven "Nevermore."[24]

시적 화자는 갈까마귀에게 새든 악마든 예언자임에 틀림없을 테니 저 천국과 신에 걸어 맹세하고 "슬픔의 무거운 짐을 지고 있는 이 가련한 영혼에게 말해 다오. 저 멀리 에덴동산에서 / 천사들이 레노어라고 이름 지은 성스러운 소녀를 껴안을 수 있을지" 알려달라고 간절히 부탁한다. 그러자 갈까마귀는 "결코 껴안을 순 없을 거요"라고 대답한다. 한마디로 죽음은 절대적이어서 현세의 어떤 수단과 방법으로도 돌이킬 수 없다는 말이다.

포는 「시의 원리」에서 시인의 임무란 아름다움을 추구하는 일이라고 분명히 밝힌다. 그러면서 그는 그러한 아름다움이 현실에만 있지 않고 초월적인 세계에서도 얼마든지 찾을 수 있다고 있다고 역설한다.

> 눈앞의 아름다움을 감상하는 것만으로는 충분하지 못하다. 천상의 아름다움을 손에 넣으려고 애써 노력하여야 한다. 무덤 너머 저쪽에 있는 세계의 영광에 대한 황홀한 예지에 고무되어 우리는 시간 가운데 있는 여러 가지 사물과 사상을 결합하여 어쩌면 영

24 Edgar Allan Poe, *Poetry and Tales*, pp. 93~94.

원에만 속해 있을 아름다움의 일부분에 도달하기 위하여 고투해 야 한다.[25]

위 인용문에서 포가 말하는 "무덤 너머 저쪽에 있는 세계"란 다름 아닌 죽음의 세계를 말한다. 그는 죽음도 삶 못지않게 아름답다고 아름다운 이상 얼마든지 시의 좋은 소재가 될 수 있다고 지적한다. 이 글에서 포는 "아름다운 여성의 죽음이야말로 의심할 여지없이 이 세상에서 가장 시적인 소재가 되고—이와 마찬가지로 그러한 소재에 가장 어울리는 입술은 살아남은 연인의 입술이다"라고 주장한다. 이러한 글쓰기 철학에서 입각하여 포가 창작한 작품이 바로 「갈까마귀」를 비롯하여 「애너벨 리」와 「라이지어」 같은 작품이다.

포가 고국 미국에서 제대로 평가받지 못하고 오히려 프랑스 같은 유럽에서 인정받은 것은 신생국가 티를 벗지 못한 미국이 여전히 실용성의 굴레에서 벗어나지 못했기 때문이다. 스테판 말라르메, 샤를 보들레르, 폴 발레리, 아르튀르 랭보 같은 프랑스 상징주의 시인들이 포의 진가를 먼저 발견하였다. 그중에서도 특히 보들레르는 우연히 포의 단편소설을 읽고 나서 그의 작품 세계에 매료되어 1852년에서 1865년까지 13년에 걸쳐 그의 작품 대부분을 프랑스어로 번역하였다. 보들레르는 "내가 쓰고 싶었던 것이 그의 작품 속에 모두 들어 있다"고 말할 정도로 그를 자못 높이 평가하였다.

---

25 Edgar Allan Poe, *Essays and Reviews* (New York: Library of America, 1984), pp. 13~25.

이태준도 「까마귀」에서 포처럼 죽음을 핵심적 주제로 삼는다. 이태준은 인간의 숙명적인 죽음과 그에 따른 근원적인 고독을 다룬다. 타인의 죽음은 동정할 수는 있을지언정 어느 누구도 대신해 줄 수는 없다. 폐결핵을 앓는 젊은 여성은 누구보다도 이 점을 첨예하게 깨닫고 있다. 그녀는 주인공에게 "주검이 그렇게 외로운 거라는 걸 날 죽기 전부터 맛보게들 해요"(2: 24)라고 떨리는 목소리로 불평한다. 그러자 주인공은 그래도 진정으로 사랑하는 사람이 있다면, "아르시는 병을 조곰도 싫여하지 않고 정말 운명을 가치 따라 하려는 사람만 있다면……?"(2: 24)이라고 묻는다. 그러나 그녀는 여전히 눈을 감은 채 "그럼 그건 아마 사람이 아니겠지요"라고 허탈하게 대답한다. 그녀가 이렇게 절망적으로 말하는 것도 그다지 무리는 아니다. 그녀의 말대로 그의 정혼자였던 남자는 그녀의 객혈을 마실지언정 그녀의 죽음까지도 함께 할 수는 없기 때문이다.

> 내 피까지 먹구 나허구 그렇게 가깝게 해두 그는 저대로 건강하구 저대루 살아가야 할 준비를 하니까요. 머리가 조흐면 이발소에 가고, 신이 해지면 새 구둘 맞추구, 날마다 대학 도서관에 다니면서 학위 받을 연구만 하구 있어요. 그러니 얼마나 저허군 길이 달러요? 전 머리 속에 상여, 무덤 그런 생각뿐인데…… (2: 25~26)

생자는 필멸이지만 젊은 여성의 말대로 살아 있는 사람과 죽어가는 사람이 가는 '길'이 서로 다를 수밖에 없다. 죽어가는 사람에게는 망자의 길이 있고, 살아 있는 사람에게는 생자의 길이 있게 마련이다. 이 두 길은 서로 평행선을 달리고 있어 영원히 서로 만날 수 없다. 산 사람으로 죽어가는 사람에 바칠 수 있는 유일한 것은 연민과 동정일지 모르지만 그것은 죽어가는 사람을 오히려 더욱 외롭게 만드는 결과를 낳을 뿐이다. 이태준의 「까마귀」는 어떤 의미에서 '죽음에 대한 명상'으로 볼 수도 있다. 1926년 윤심덕(尹心悳)과 극작가 김우진(金祐鎭)이 현해탄에 몸을 던져 자살한 이후 1930년대 한때 식민지 조선에서 일부 지식인을 중심으로 풍미하던 '사(死)의 찬미' 담론의 변형된 형태에 해당한다.

이태준의 단상 「죽음」은 여러모로 「까마귀」의 마지막 장면을 떠올리게 하는 글이다. 성북동에 살던 어느 아름다운 봄날 그는 개울 건너 영구차가 서 있고 곡성을 듣는다. 그는 개울 이쪽에서 영구차가 지나가는 모습을 지켜보던 병색이 짙은 한 사나이가 '무거운 시선'으로 영구차를 바라보는 모습을 쳐다본다. 이태준의 눈길을 의식하고는 그는 지팡이를 짚고 다른 곳으로 비실비실 가 버린다. 이태준은 "그[그가] 나에게 힐긋 던지는 눈은 비수처럼 날카로웠다. '너는 지냈니? 너는 안 죽을 테냐?' 하고 나에게 생의 환멸을 꼬드겨 놓는 것 같았다"(5: 38)고 적는다. 이 단상에서 개울은 이승과 저승, 현세와 내세를 가르는 경계선으로 그리스 신화의 레테(망각의 강)와 비슷하다. 인간이라면 누구나 이 강을 건너지 않을 수 없다는 데 비극적 운명이 있다. 이태준은 「고독」이라는 단상에서도 "무섭더라도 우리는 결국 이 寥寥寂寂에 돌아가야 할 것 아닌가!"(5: 38)라고 말한다.

앞에서 이미 「까마귀」의 고색창연하고 음울한 정조나 분위기를 언급했지만 뒤로 가면 갈수록 이 작품에는 죽음과 관련하여 퇴폐적이고 탐미주의적인 분위기가 짙게 깔려 있다. 작품 첫머리에서 시작된 이러한 경향은 플롯이 젊은 여성이 사망하는 마지막 장면을 향하여 진행하면서 점점 짙어진다. 그러나 그것은 김기림이 그토록 끔찍이 싫어했던 '센티멘털 로맨티시즘'과는 조금 성격이 다르다. 이태준의 낭만주의는 《폐허》 동인들에게서 흔히 볼 수 있던 현실 도피주의적인 병적 센티멘털리즘과는 차이가 난다. 이태준이 말하는 낭만주의는 좀 더 형이상학적인 관점에서 삶에 대한 근원적인 성찰에 가깝다.

한편 이태준은 「까마귀」에서 드러내놓고 명시적으로 말하지는 않지만 암울한 식민지 시대의 비극적 상황을 다루기도 한다. 시대에 적응하지 못하고 좌절한 채 한적한 시골 별장에서 보내는 작가나 폐결핵의 병마와 싸우다 끝내 사망하는 젊은 여성은 일제강점기 식민지 지식인들의 병적 정신 상태를 상징한다. 이 점과 관련하여 김명렬이 "까마귀는 단순한 죽음의 상징이 아니라 그들[작중인물들]이 함께 겪는 불행의 원인, 즉 억압적인 식민 상태의 상징인 것이다"[26]라고 주장한 것은 지극히 옳다. 이러한 지식인에 대한 억압과 통제는 1930년대 중반 이후 일본 제국주의가 군국주의의 길로 나아가면서 훨씬 더 가혹해진다. 그러자 이태준은 붓을 꺾다시피 한 채 강원도 철원군 안협으로 낙향하여 해방 전까지 이곳에서 칩거하였다.

---

26 김명렬, 「Edgar Allan Poe의 "The Raven"과 이태준의 「까마귀」」, 147쪽.

이태준의 단편소설과 포

이태준은 단편소설을 본격적인 문학 장르로 자리매김하고 이 장르에 정진하여 발전시키는 데도 에드거 앨런 포한테서 받은 영향이 무척 크다. 이태준이 한국 문학사에서 단편소설 장르를 확립하고 이 분야에서 탁월한 능력을 보였다는 주장에 이의를 제기할 사람은 아마 그다지 많지 않을 것이다. 그를 두고 흔히 '조선의 모파상'이라고 부른다는 점은 앞에서 이미 언급했거니와 '근대소설의 완성자' 또는 '단편 문학의 명수'라고 부르는 것은 결코 빈 말이거나 과장된 말이 아니다.

이태준은 일찍부터 포처럼 소설 장르 중에서도 단편소설을 으뜸가는 문학 형태, 즉 그의 말을 빌리면 '정통예술의 무대'로 파악하였다. 이태준에게 단편소설은 찬란한 꽃을 피울 수 있는 순수문학의 꽃밭이다. 그가 단편소설 작가로서의 포를 언급하는 「단편과 장편(掌篇)」에서다.

> 단편은 인생을 묘사하는 데 한 경제적 수단으로 발생한 형식이다. 그러므로 고대의 것이 아니라 근대의 것이다. 단편의 시조라면 창창하게 성경으로 올라가 '방탕한 자식'의 이야기를 꺼내는 사람들이 많으나 그것은 우연한 사실이요 소설가의 손으로 의식적으로 계획되기는 에드가 알랜[알렌] 포(1809~1849)에서부터다. 그는 장편을 읽거나 쓰거나 하기에 누구보다도 권태를 느낀 작자였다. 인생이란 반드시 길게, 늘어지게 이야기해야만 표현될 것은 아니다. 어느 한 면만으로도 족하다.

> 이러한 포의 단편 주장은 세계적으로 호응되어 포의 뒤를 이어 모파상, 체호프 등 명 단편 작가들이 출현하게 된 것이요, 따라서 작가와 평론가들 사이에 단편에 대한 정의니 규정이니 하는 것이 이루 枚擧할 수 없게 쏟아져 나온 것이다. (5: 51)

비교적 짧은 이 인용문에 포가 주장한 단편소설의 특징이나 역사가 거의 모두 들어 있다. 첫째, 이태준은 단편소설이 이름 그대로 길이가 짧기 때문에 삶의 모습을 묘사하는 데 '경제적' 소설 장르라고 지적한다. 최소의 재화로 최대의 효과를 얻으려는 것이 경제 원칙이라면 단편소설은 경제 원칙을 따르는 문학 장르가 아닐 수 없다. 이태준은 소설의 유형과 관련하여 "인생을 그리는 데 각기 여럿 있는 선으로 둥그렇게 긋는다면, 그 둥그런 전체는 장편소설이요, 전체가 못되는 것은 중편소설이요, 한 각 면만은 단편소설이요, 면이 없이 한 모의 각만은 掌篇이라 할 수 있다"(5: 51)고 말한다. 이태준이 단편소설이란 삶을 총체적으로 묘사하는 문학 장르가 아니라 마치 케이크의 한 조각처럼 삶의 '어느 한 단면'만을 다루는 장르라고 주장한다.

이태준이 소설의 여러 유형을 기하학의 도형에 빗대어 이렇게 '장(長)·중(中)·단(短)·장(掌)의 길이 단위로 설명하는 것이 흥미롭다. 포는 일찍이 「작문 철학」에서 "만약 어떤 문학 작품이 너무 길어서 앉은 자리에서 한꺼번에 읽을 수 없다면 우리는 인상의 통일에서 오는 매우 중요한 효과를 잃어버리는 것으로 만족해야 한다. 두 번 나누어 읽게 되면 온갖 세상일이 간섭하게 되어 총체성 같은 모든 것이 즉시 파괴

되기 때문이다"[27]라고 지적하였다. 그렇다면 이 점에서 단편소설보다는 흔히 '엽편소설(葉片小說)'이라고 부르는 장편소설(掌篇小說)이 더 나을지도 모른다.

그러나 이태준은 이러한 짧은 장편(掌篇)소설이 삶의 "단면이라기보다는 인생의 一角度, 인생의 一時刻의 인상"을 그려내는 데 안성맞춤이라고 밝힌다. 그러면서 그는 이렇게 삶의 한 모서리만을 그려내는 장편소설은 '진정한 소설도(小說道)'가 아니라고 지적한다. '면이 없이 한 모의 각만'으로써는 삶의 단면도 제대로 그려낼 수 없기 때문이다. 저널리즘에 영합하는 신문소설이 소설의 외도이듯이 길이가 가장 짧은 장편소설도 저널리즘에 영합하는 외도라는 것이다.

위 인용문에서 두 번째로 주목할 것은 이태준이 단편소설이 근대에 생긴 문학 장르라고 지적한다는 점이다. 소설 장르 자체가 옛날의 설화나 서사시 등의 전통을 이어받아 근대 시민사회에 이르러 발달한 문학 양식이다. 영국소설의 효시라고 할 헨리 필딩은 일찍이 소설을 '산문으로 쓴 희극적 서사시'로 정의하였다. 장편소설보다도 더 뒤늦게 태어난 단편소설은 말하자면 소설 장르의 막내둥이라고 할 수 있다. 길이가 짧다는 특징도 현대사회가 복잡해지면서 독자들은 짧은 시간에 읽을 수 있는 작품을 선호했기 때문이다.

셋째, 이태준은 본격적 의미에서 단편소설의 원조를 에드거 앨런 포에서 찾는다. 그는 신약성경의 탕아 이야기처럼 '우연한' 것이 아니라 상상력에 의존하여 '의식적'으로 만들어낸 작품을 처음 쓴 것은 어디까

27 Poe, *Essays and Reviews*, p. 15.

지나 포라고 지적한다. 여기서 특히 '계획되기는'이라는 말에 주목해야 한다. 단편소설이란 작가의 일정한 계획에 따라 주도면밀하게 창작해야 한다는 점을 지적하는 말이다. 이 점과 관련하여 포는 너새니얼 호손의 작품집 『두 번 들은 이야기』(1837)에 관한 서평에서 심지어 낱말 하나라도 작가가 목표로 삼고 있는 효과를 얻을 수 있도록 유기적으로 사용해야 한다고 지적한다.

> 뛰어난 예술가는 늘 이야기를 짜임새 있게 구성해 왔다. 그는 사건에 맞도록 자기 생각을 만들어내는 것이 아니라, 먼저 어떤 '단일한 효과'를 얻도록 의도적으로 고안해낸 다음 그것에 맞는 사건을 만들어 그 사건을 결합하고, 이렇게 미리 고안해낸 효과를 수립하는 데 가장 알맞은 어조로 그 사건을 다룬다. 만약 바로 첫 문장에서 이러한 효과를 가져오지 못한다면 그는 첫 단계에서 실수를 범하는 것이 된다. 작품 전체를 통하여 어휘 하나라도 직접 또는 간접 이렇게 미리 수립한 한 가지 의도를 향하여 사용해야 한다.[28]

포가 말하는 '단일한 효과'는 '인상의 통일성'에서 얻을 수 있다. 단편소설이 독자들에게 통일된 인상을 주지 못하거나 단일한 효과를 얻지 못하면 실패한 것과 다름없다. 앞의 인용문에서 이태준은 포의 뒤를 이어 프랑스에서는 모파상과 러시아에서는 체홉 같은 작가들이 나

28 앞의 책, 572쪽.

타나 단편소설을 독립적인 문학 장르로 발전시켰다고 지적한다. 한국 문학으로 좁혀보면 단편소설의 수준을 한 단계 끌어올리는 데 누구보다도 크게 이바지한 작가는 다름 아닌 김동인(金東仁)과 현진건(玄鎭健), 염상섭(廉想涉) 등이다. 일본 근대 문학사에서 시가 나오야(志賀直哉)가 단편소설을 굳건한 발판에 올려놓은 것처럼, 식민지 조선에서는 이태준이 단편소설을 예술의 수준으로 올려놓았다.

한편 이태준은 단편소설 장르의 대표적인 작가로 미국의 작가 오 헨리를 언급한다. 오직 단편소설만 창작한 오 헨리야말로 포가 처음 이론적으로 체계화한 단편소설 장르를 실제로 구현하여 완성한 작가이기 때문이다. 보리스 M. 아이헨바움 같은 러시아 형식주의 이론가들은 오 헨리의 작품을 초석으로 삼아 단편소설 이론의 집을 세우기도 하였다.

이태준은 20세기에 들어와 단편소설이 소설 장르의 총아로 자리 잡았다고 주장한다. 이러한 사정은 식민지 조선에서도 크게 다르지 않아서 "현재 조선에서도 단편은 모든 작가들의 예술을 대표하고 따라서 조선문학을 대표하는 자라 하여도 과언이 아닐 정도다"(5: 53)라고 말한다. 이태준은 "현재 우리 문단만 보더라도 수에 있어 장편은 단편을 따르지 못하고 또 질에 있어서도 장편은 단편보다 떨어져 있는 것이 사실이다. [⋯] 그러므로 작가들의 직업이 아니라 작가들의 예술을 보려면 아직은 단편을 떠나 구할 데가 없다"(5: 52)고 주장한다.

이태준은 「누구를 위해 쓸 것인가」에서 김유정과 이상의 서거 추모 모임을 두고 "우리 문단이 있어 온 후 가장 슬픈 의식"이라고 말한다. 그가 여기서 추도회를 '슬픈 의식'이라고 말하는 것은 어려운 여건에서 함께 문학 활동을 해온 동료들이 사망했기 때문이라기보다는 오히려 뛰어난 단편소설 작가 두 사람을 동시에 잃었기 때문이다. 실제로 김유정과 이상의 요절은 당시 한국 문학계에 크나큰 손실이 아닐 수 없었다. 따지고 보면 이태준도 1930년대 후반 단편소설보다는 잡지사나 신문사의 요청으로 장편소설을 집필하면서 문학적으로는 사망한 것과 다름없었다. 1946년 7~8월경 월북한 뒤 그는 다시 단편소설에 손을 대지만 이미 사회주의 리얼리즘에 적잖이 오염되어 문학의 순수성을 상실하였다.

이태준은 「조선의 소설들」에서 작가의 입장에서 조선의 현대 소설을 '쓰는 소설'과 '씨키는 소설'의 두 유형으로 나눈다. 일간신문과 잡지 같은 대중매체가 성장하면서 연재소설이 이러한 매체에서 차지하는 몫이 점차 늘어났다. 그러다 보니 신문사와 잡지사에서는 유명 작가에게 연재를 의뢰한다. 이러한 타의에 따라 쓰는 연재소설을 두고 이태준은 '씨키는 소설'이라고 부른다. 한편 '쓰는 소설'은 작가가 자기의 창작 정신에 따라 자의적으로 집필하는 작품을 말한다. 경제적으로 생계를 부담해야 하는 소설가들은 '쓰는 소설'로만 만족할 수 없고 어쩔 수 없이 '씨키는 소설'을 써야 한다. 이태준에게 '쓰는 소설'이란 단편소설을 말하고 '씨키는 소설'이란 장편소설, 특히 신문이나 잡지에 연재하는 연재소설을 말한다. 그가 왜 "단편소설을 쓸 때는 맘이 무척 즐겁고 기쁩니다. 그러나 신문소설을 쓸 땐 다분히 직업적 의식을 가지고 쓰게 되더군요"(5: 431)라고 말하는지 알 만하다. 또 다른 인터뷰에서도 이태준은 "장편과는 달라서 잘 됐든 못 됐든 써놓고 나면 뭘 하나 맨들었다는 다시 말하면 창조의 기쁨을 가지게 되죠"(5: 444)라고 밝힌다.

그런데 여기서 한 가지 주목할 것은 이태준이 식민지 조선의 현실에서 단편소설이야말로 '최적의 문학 형식'이라고 판단한다는 점이다. 그는 최근 들어 괄목할 만한 신인들의 작품 활동에 주목한다. 이태준은 이러한 상황에서 식민지 조선의 문학의 밝은 미래를 내다본다. 예를 들어 이미 사망한 김유정과 이상의 작품은 접어두고라도 최명익(崔明翊)의 「비오는 길」, 김동리(金東里)의 「무녀도」, 이선희(李善熙)의 「계산서」, 정비석(鄭飛石)의 「성황당」 등을 구체적인 실례로 들면서 지금까지 조선 문단에서는 좀처럼 보지 못하던 '찬연한 작품들'이라고 높이 평가한다. 이러한 상황에서 신문소설이나 쓰는 기성 문인들은 섣불리 펜을 잡을 용기가 나지 않을 것이라고 밝힌다. 그러면서 이러한 현상이 여간 '통쾌한 일'이 아니라고 말한다. 이태준은 "문단의 자리는 임자가 없다. [⋯] 예술가는 별과 같아서 나타나는 그 자리가 곧 성좌의 일부분이다"라고 잘라 말하면서 조선 문단의 지각변동을 예고하기도 한다.

이태준의 「까마귀」와 르나르와 소로

이태준은 「까마귀」를 쓰면서 비단 에드거 앨런 포 한 작가한테서만 영향을 받은 것은 아니다. 꼼꼼히 눈여겨보지 않아서 그러하지 그는 포 말고도 외국 작가 두 사람한테서도 영향을 받았다. 소설의 주인공인 '그'는 어느 학자의 수면 습관설을 떠올리면 배고픔을 참으려 하지만 뜻대로 잘 되지 않는다.

> 그는 쓴웃음을 지으며 지금 자기의 속이 쓰려 올라오는 것과 입속이 빡빡해지며 눈에는 자꾸 기름진 식탁이 나타나는 것을 한낱 무가치한 습관의 발작으로만 돌려 버리려 노력해 보는 것이다.
> '어디선가 루날은 예술가는 빵 한 근보다 꽃 한 송이를 꺾는다고, 그러나 배가 고프면? 하고 제가 묻고는 그러면 그는 괴로워하고 훔치고 혹은 사람을 죽일지도 모른다. 그렇더라도 글쓰기를 버리지는 않을 게라고 했다. 난 배가 고파할 줄 아는 그 얄미운 습관부터 아예 망각시켜 보리라. 잉크는 새것이 한 병 새벽 우물처럼 충충히 담겨 있겠다 원고지도 두툼한 게 여남은 축 쌓여 있겠다!'
> (2: 14~15)

위 인용문 첫 문장에서 이태준이 언급하는 '루날'은 19세기 말에서 20세기 초에 걸쳐 소설가·시인·극작가로 활약한 프랑스 작가 쥘 르나르를 가리킨다. '르나르'로 표기해야 옳지만 이 무렵에는 일본어 표기법을 따라 '루나르'나 '루나알' 등으로 표기하였다. 간결하면서도 암시적인 르나르의 시는 일본의 대표적인 전통 시가인 하이쿠(俳句)와 적잖이 닮았고, 그래서 그런지는 몰라도 다이쇼(大正) 초기부터 르나르는 일본에서 인기가 무척 높았다. 1924년부터 기시다 구니오(岸田國士)를 비롯한 번역가들이 『포도밭의 일꾼』(1894), 『이별의 기쁨』(1897), 『홍당무』(1894), 『베르네 씨』(1902) 같은 작품들을 잇달아 번역하여 소개하기 시작하였다.

식민지 조선에서도 폴 베를렌이나 기 드 모파상 같은 시인들이나 작가들보다는 못하지만 쥘 르나르도 일찍부터 번역되어 소개되었다. 1929년 1월 '현월(弦月)'이라는 필명을 사용하는 번역자가 르나르의 단편소설 「어릴 때 친구」를 번역하여 《신민(新民)》에 소개한 것이 처음이었다. 같은 해 6월 이은상이 역시 단편소설 「칠면조가 된 사나이」를 번역하여 《신생》에 소개하였다. 특히 이태준은 이 무렵 일본 유학 중 이은상과 가깝게 지내고 있어 그로부터 르나르의 작품에 대하여 전해 들었을 가능성이 높다.

1930년 1월 이하윤은 1929년 한 해 시단을 회고하는 글에서 이광수의 「서울 간다는 소」를 언급하면서 "저 불란서 전원 작가 술르 르나르의 향토 시인 프랑시스 쟘므를 생각하게 할 만한 점이 있다고 확신한다"[29]고 밝혔다. 같은 해 9월 이하윤은 르나르의 단편소설 「바눌」을 번역하여 《철필(鐵筆)》에 소개하였다. 그런가 하면 1934년 9월에는 이하윤과 외국문학연구회에서 함께 활동한 이헌구(李軒求)가 『홍당무』를 연극으로 각색한 작품을 『빨강머리』와 『홍발(紅髮)』이라는 제목으로 번역하여 극예술연구회의 실험무대와 방송국의 대본으로 각각 사용하였다. 르나르 사후에 출간된 『일기』(1925)를 뽑아 번역하여 소개한 사람은 춘성(春城) 노자영(盧子泳)이었다. 1935년 그는 「일기 초(抄)」를 세 차례에 걸쳐 《신인문학》에 나누어 소개하였다.

이태준이 쥘 르나르의 영향을 받은 것은 특정 작품보다는 초기 작품에 주로 나타나는 탐미주의적 예술관이었다. "예술가는 빵 한 근보다

29 이하윤, 「기사시단 회고(己巳詩壇回顧)」, 서울대학교 사범대학 국어과·동문회 편, 『이하윤 선집 2: 평론·수필』(서울: 한샘, 1982), 19쪽.

꽃 한 송이를 꺾는다"는 말은 비록 삶이 궁핍할지언정 예술 세계에 대한 열망을 포기하지 않겠다는 예술지상주의자들의 결연한 자세다. 배가 고파서 남의 물건을 훔치거나 심지어 사람을 죽일지라도 글을 쓰는 것을 버릴 수 없다는 것은 보통 예술가라면 상상할 수 없는 생각이다. 르나르가 이 말을 어느 작품에서 언급했는지 정확히 확인할 수는 없다. 다만 1902년 2월에 쓴 일기에서 그는 "나는 문학이 그 작가에게 밥을 먹여 주리라고는 생각하지 않는다. 그런데 다행스럽게도 나는 그렇게 배가 고파하는 사람이 아니다"라고 적었다. 또한 그는 "작가란 돈을 벌지 않아도 어느 누구도 바보 같다고 생각하지 않는 유일한 직업이다"라고 말한 적도 있다. 19세기 후반에 활약한 르나르는 당시 프랑스 문단을 풍미하던 파르나스 예술 운동에서 직간접으로 영향을 받았다. 한때 빅토르 위고, 귀스타브 플로베르, 기 드 모파상 등의 사실주의와 자연주의 소설에 몰두하기도 했지만 르나르는 파리에서 샤를 보들레르 같은 상징파 시인들과 사귀며 시집 『장미』(1886)를 발표하였다.

비록 시기는 달라도 1933년 8월 "순연한 연구의 입장에서 상호의 작품을 비판하며 다독 다작하는 것"을 목적으로 발족한 구인회는 여러모로 파르나스 운동과 맥을 같이한다.[30] 구인회는 시문학파가 《시문학》과 《문예월간》 등을 중심으로 순수시 운동을 전개하던 것을 소설 같은 다른 문학 장르로 확장하려고 한 모임으로 볼 수 있다. 이효석(李孝石)·박태원(朴泰遠)·김기림·정지용·이상 같은 문인들에서 볼 수 있듯이 그들은 문학의 사회적 기능에 무게를 두던 프롤레타리아 문학에 맞

30 「문단풍문」, 《동아일보》(1933.09.01).

서 새로운 감각과 기교로 순수문학 작품을 창작하려고 노력하였다.

김기림은 「봄은 사기사(詐欺師)」라는 글에서 어느 봄 날 이태준의 성북동 경독정사에서 구인회 회원들과 저녁식사를 함께 하면서 담소를 나눈 일을 기록한다. 그 자리에서 이상은 쥘 르나르의 『전원 수첩』에서 읽은 것이라고 하면서 "가을 날 방 안에 가두었던 카나리아는 난로불 온기를 봄으로 착각하고 그만 날개를 후닥이며 노래하기 시작하였다"고 말했다는 것이다. 그러면서 김기림은 "우리는 르나르의 기지와 시심을 일제히 찬탄하였다"고 밝힌다.[31] 이 자리에서 이상이 『전원 수첩』으로 언급한 르나르의 작품은 흔히 『박물지』로 알려진 『자연의 이야기』을 말한다. 르나르는 이 책에서 그 특유의 투명하고 간결한 문체로 자연을 관찰한 내용을 기록하였다. 실제로 요양하러 친구의 고향인 평안북도 성천에 갔던 이상은 이때 경험을 바탕으로 수필 「산촌 여정(山村餘情)」을 써서 《매일신보》에 1935년 9월 말에서 10월 중순까지 연재하였다. 이 수필은 르나르한테서 영향을 받은 흔적이 보인다. 당시 이상이 읽은 책은 아마 히로세 테쓰시(広瀬哲士)·나카무라 기쿠오(中村喜久夫)가 『자연의 이야기』를 공역한 『덴엔데쵸(田園手帖)』일 것이다. 르나르의 이 작품이 일본에서 『하쿠부쓰시(博物誌)』라는 제목으로 다시 번역되어 출간된 것은 이상이 사망하고 난 1939년이었다.

이렇게 순수문학과 예술지상주의를 추구한 점에서는 이태준도 예외가 아니었다. 이상이 쥘 르나르한테서 영향을 받았다는 것은 잘 알

31 김기림, 「봄은 사기사」, 《중앙》(1935.01). 김기림, 『바다와 육체』(서울: 평범사, 1948). 김기림과 이태준과 함께 구인회 멤버였던 박태원은 쥘 르나르에 대하여 "그의 『박물지 초(抄)』는 나의 가장 애독하는 것의 하나"라고 말하였다.

려진 사실이다. 그렇다면 르나르와 관련하여 이태준은 일본 유학 시절 이은상한테서 영향을 받은 것처럼 이상한테서도 영향을 받았을 가능성이 크다. 「오몽녀」와 「누이」에서 「꽃나무는 심어놓고」와 「달밤」을 거쳐 「까마귀」에 이르는 초기와 중기 작품에서는 르나르에서 흔히 볼 수 있는 예술지상주의와 탐미주의의 그림자가 자주 어른거린다. 「신도(信徒)」라는 글에서 이태준은 "신도가 되자. 소설의 한 개 신도가 되자"고 다짐한다. 그러면서 "가가와 도요히코(賀川豊彦)는 자기는 신은 믿되 신학처럼 싫은 것은 없노라 했다. 나도 소설은 좋아하되 소설학, 예술학은 싫다. 소설학의 교사는 영원 싫다. 소설의 우매한 신도로만 살고 또 쓰고 싶은 것이다"(5: 304)라고 고백한다.

이태준은 「까마귀」에서 쥘 르나르에 이어 헨리 데이비드 소로를 언급한다. 소설의 화자요 주인공인 '그'는 폐결핵에 걸린 젊은 여성과 방안에서 대화를 나눈 뒤 벽장에서 부스럭 거리는 소리를 듣고는 벽장문을 연다.

> 그는 벽장을 열고 두어 마리의 쥐를 쫓고 나무때기처럼 굳은 빵 한쪽을 꺼내었다. 그리고 한 손으로는 뒷산에서 주워 온 그 환약과 같이 동그라면서도 가랑잎처럼 무게가 없는 토끼의 배설물을 집어 보면서 요즘은 자기의 것도 그렇게 담박한 것이 틀리지 않을 것을 미소하였다. '사람에게서도 풀내가 나야 한다' 한 철인 소로의 말이 생각났으며, 사람도 사는 날까지 극히 겸손한 곤충처럼 맑은 이슬과 향기로운 풀잎으로만 만족하지 못하는 것을, 그

운명이 슬픈 생각도 났다. (2: 22)

주인공 '그'는 산토끼의 '담박한' 배설을 손으로 집어 보면서 문득 미국의 자연주의자 헨리 데이비드 소로가 한 말을 떠올린다. 주인공이 소로를 '철인'으로 부르지만 소로에게서는 현학적 철학자의 모습을 찾아보기란 여간 어렵지 않다. 만약 그를 철인이라고 한다면 아마 그가 생각하는 바를 삶에서 몸소 실천한 '생활 철학자'라고 부르는 쪽이 더 정확할 것이다.

어찌 되었든 소로는 미국이 산업화를 향하여 숨 가쁘게 달려가던 무렵 자연의 소중함을 부르짖으며 생태주의 복음을 전한 사도였다. '숲 속의 생활'이라는 부제를 붙인 『월든』(1854)에서 그는 사냥과 낚시는 말할 것도 없고 심지어 고기를 먹는 것조차 반대한다. 특히 야생 동물들과 형제애를 느낀 그는 자연에 존재하는 만물을 형제자매처럼 다루었다. 가령 소로는 동물을 죽이는 것은 동료 인간을 살해하는 것과 같다고 보았다. "자비로운 인간이라면 철없던 소년기를 지나서는 인간과 동일한 생명권을 지닌 어떤 동물도 함부로 죽이지 않을 것이다. 산토끼는 극한 상황에 놓이면 소년처럼 울부짖는다. 어머니들에게 경고하노니 내 동정심은 언제나 '자선적 행위'를 보통처럼 구분 짓지는 않는다"[32]고 말한다. 다시 말해서 그는 '자선적'을 뜻하는 영어 'philanthropic'라는 낱말에서 'anthropic'의 의미를 인간에 국한하지 않고 산토끼 같은 다른

32 Henry D. Thoreau, *Walden*, ed. Jeffrey S. Cramer (New Haven: Yale University Press, 2006), p. 232.

피조물로까지 그 범위를 넓힌다. 이처럼 소로는 인간뿐 아니라 더 나아가 다른 피조물도 사랑하였다.

이태준도 「까마귀」의 주인공 '그'를 소로처럼 자연을 사랑하는 인간으로 묘사한다. 작은사랑에 방을 잡은 주인공은 먼저 등피를 닦은 뒤 남폿불을 켜놓고 집필할 마음의 준비를 한다. 바로 그때 그는 까마귀 울음소리를 처음 듣는다.

> 그는 누워 너무나 고요함에 귀를 빼앗기면서 옛사람들의 얼굴을 그려 보다가 너무나 가까운 데서 까악 까악 하는 까마귀 소리에 얼른 일어나 문을 열었다. 바깥은 아직 아주 어둡지 않았다. 또 까악 까악 하는 소리에 쳐다보니 지나가면서 우는 소리가 아니라 바로 그 전나무 삭정가지에 시커먼 세 마리가 웅크리고 앉아 그러는 것이었다.
>
> "까마귀!"
>
> 까치나 비둘기를 본 것만은 못하였다. 그러나 자연이 준 그의 검음과 그의 탁한 음성을 까닭 없이 저주할 필요는 느끼지 않았다. (2: 13)

주인공 '그'가 시커먼 까마귀 세 마리가 전나무 가지에서 우는 모습을 지켜보면서 "까치나 비둘기를 본 것만은 못하였다"고 말하는 것은 까마귀가 흉조라는 생각이 자신도 모르게 머리에 스쳐갔기 때문이다. 그러나 그는 곧바로 생각을 바꾸어 까마귀의 검은 털이나 탁한 울음

소리는 어디까지나 조물주한테서 물려받은 것이므로 '저주할' 필요까지는 없다고 생각한다. 그것은 마치 다른 짐승들이 인간을 두 발로 곧게 서서 걸어 다니는 이상한 동물이라고 비판하는 것과 크게 다르지 않을 것이다. 물론 주인공은 까마귀 한 마리를 활로 쏘아 죽이지만 그것은 어디까지 예외적인 것으로 까마귀를 병적으로 증오하는 젊은 여성을 위로하기 위한 일종의 자선 행위에 지나지 않으므로 큰 의미를 둘 필요는 없다.

이태준이 이렇게 작품 첫머리에 소개하는 까마귀는 작품 전체에 걸쳐 중요한 모티프로 사용되다가 작품 끝 장면에 다시 한 번 등장하여 피날레를 장식한다. 이 작품은 "까마귀들은 이날 저녁에도 별다른 소리는 없이 그저 까악 까악 거리다가 이따금씩 까르르 하고 그 GA 아래 R이 한없이 붙은 발음을 내곤 하였다"(2: 31)는 문장으로 끝을 맺는다. 이렇게 이태준은 까마귀가 우는 소리를 영어 'GA'와 'R'로 표기함으로써 청각 이미지를 시각 이미지로 바꿀 뿐 아니라 더 나아가 까마귀에 인간적 속성을 부여하기도 한다.

주인공 '그'는 식습관에서도 소로와 닮았다. 첫째, 동물을 함부로 살해해서는 안 된다고 말하는 소로는 되도록 유식을 피하고 채식을 하였다. 둘째, 소로는 집에 구운 빵에 건포도를 섞어 건포도빵을 만들어 먹었다. 건포도 빵의 역사는 영국 엘리자베스 시대로까지 거슬러 올라갈 수 있지만 소로가 처음 만든 것으로 알려져 있다. 셋째, 소로는 영양 부족으로 마흔네 살의 젊은 나이로 사망하였다. 사망한 소로의 직접적 사망 원인은 폐결핵이지만 예방 영양학 전문의에 따르면 그는 '월든 다이어트', 즉 과다한 탄수화물 섭취와 단백질 섭취 부족으로 폐결핵에 감염되었을 뿐 아니라 그 질병을 더욱 악화시켰다.

「까마귀」의 주인공의 식습관도 소로의 식습관과 비슷하다. 그는 어느 학자의 '수면 습관설'에 빗대어 음식 습관설을 주장한다. 즉 하루 세 끼를 먹는 것은 저 옛날 인구가 적던 시절 자연에서 먹이를 쉽게 얻을 수 있을 때 그렇게 먹던 일이 습관이 되어 버렸기 때문이라는 것이다. 주인공은 "하루 세 번씩 먹는 그 습관을 지키기 위해서는 얼마나 큰, 얼마나 무거운 부담이 있는 것인가. 그러기에 살려고 먹는 것이 아니라 먹으려고 한다는 말까지 생긴 것이 아닌가 생각되었다"(2: 14)고 생각한다.

> '먹으려구 산다! 평생을 먹으려구만 눈이 뻘개 허둥거리다 죽어? 그건 실로 인간의 모욕이다.'
>
> 그는 쓴웃음을 지으며 지금 자기의 속이 쓰려 올라오는 것과 입 속이 빡빡해지며 눈에는 자꾸 기름진 식탁이 나타나는 것을 한낱 무가치한 습관의 발작으로만 돌려 버리려 노력해 보는 것이다. (2: 14)

주인공에게 더 중요한 것은 기름진 음식이 아니라 새 잉크와 넉넉한 원고지다. 배가 고픈 데도 잉크와 원고지가 넉넉하다고 생각하니 그는 "살이 찔 듯한 행복감"을 느낀다. 음식을 먹지 않아도 배가 부르는 셈이다. 말하자면 그는 배부른 돼지보다는 배고픈 소크라테스가 되고 빵보다는 꽃을 얻으려는 인물이다. 식사는 어떻게 하겠느냐는 정자지기의 말에 그는 우유와 빵을 먹고 밥 생각이 나면 문 안 시내로 들어가 사먹을 생각이라고 대답한다. 그러나 그가 시내로 들어가는 일은 어쩌다 원고를 넘기려 잡지사를 찾는 일밖에는 없다.

위 인용문에서는 소로가 『월든』 첫머리에서 한 말이 떠오른다. 그는 "내가 숲 속으로 들어간 이유는 깨어 있는 삶을 살기 위해서였다. 나는 삶이 아닌 삶을 살고 싶지 않았다. 삶은 참으로 소중하다. 그리고 가능한 한 체념하지 않는 삶을 살고 싶었다. 나는 깊이 있는 삶을 통해 삶의 정수를 모두 빨아들이고, 굵직한 낫질로 삶이 아닌 모든 것들을 짧게 베어버리고 삶을 극한으로 몰아세워 최소한의 조건만 갖춘 강인한 스파르타식 살고 싶었다"[33]고 밝힌다. 「까마귀」의 주인공도 소로처럼 삶에 체념하지 않고 '삶의 정수'를 빨아들이려고 한 인물이다.

이태준의 「누이」와 와일드의 「창녀의 집」

이태준은 「까마귀」 외의 다른 작품을 쓰면서는 다른 영미 작가들의 작품에서 영향을 받았다. 그가 영감이나 영향을 받은 작가로는 누구보다도 먼저 아일랜드 태생의 영국 작가 오스카 와일드가 꼽힌다. 위에서 언급하지는 않았지만 「까마귀」에도 와일드의 그림자가 가끔 어른거린다. 특히 이태준의 탐미주의적 성향은 '예술을 위한 예술'을 부르짖은 와일드를 비롯한 19세기 세기말 운동 문인들한테서 물려받은 유산이다.

이태준이 빅토리아 여왕 시대 가장 성공한 극작가 중 한 사람으로

33 위의 책, 1쪽.

흔히 꼽히는 와일드한테서 영향을 받았을 가능성을 맨 처음 제기한 사람은 박진숙이다. 그녀는 앞에서 인용한 김용준의 글을 언급하면서 "특히 이 글의 마지막 부분에서 김용준이 '다시 오지 못하는 청춘에 대한 안타까움'을 느끼며 읽었다고 언급하고 있는 오스카 와일드의 『도리언 그레이의 초상』(1891)은 이태준의 초기작에도 상당한 영향을 미친 것으로 볼 수 있다"고 주장한다. 박진숙은 "소설 「누이」의 전반부에서 화가 지망생을 그리는 장면, 감각적인 묘사 등은 『도리언 그레이의 초상』과 비슷하다. 김지원과의 동거나 김용준과의 관계 등 화가들과의 교유만으로 이것을 설명할 수도 있지만 당시 유행했던 오스카 와일드의 예술론의 영향도 무시할 수 없는 것이다"라고 지적한다. 그러면서 박진숙은 각주에서 이태준이 편집하던 "《반도산업》에 재일본조선교육연구회 기관지 《교육연구》 광고가 실려 있는데 《교육연구》의 목차에 「이단자 와일드의 예술관」이 소개되고 있는 것도 눈에 띈다"고 지적한다.[34]

실제로 당시 일본에서 와일드의 인기는 무척 높아서 메이지 말엽과 다이쇼 초엽부터 그의 작품이 폭넓게 번역되기 시작하였다. 예를 들어 1912년 혼마 히사오(本間久雄)가 『옥중기(De Profundis)』(1895)를 번역한 것을 시작으로 1913년 와카스키 시란(若月紫蘭)이 『살로메』(1891)를, 야구치 다쓰(矢口達)가 『거짓말의 쇠퇴』를 번역하는 등 와일드의 작품이 꾸준히 번역되어 나왔다. 1914년 『윈더미어 부인의 부채』(1892), 1922년에는 『오스카 와일드 걸작』과 『도리언 그레이의 초상』, 1923년에는 에드거 앨런 포의 『갈까마귀』를 번역한 히나쓰 고노스케가 『와일드 시집』

34 박진숙, 「이태준의 초기 연보의 재구성과 단편소설 「누이」에 대한 고찰」, 221쪽.

을 번역하여 출간하였다. 이렇게 와일드의 작품이 장르에 관계없이 잇달아 출간된 것을 보면 당시 그에 관한 관심이 어떠했는지 짐작하고도 남는다.

와일드는 일본뿐만 아니라 식민지 조선에서도 적잖이 관심을 받았다. '소월(素月)'이라는 필명으로 활약한 최승구(崔承九)는 1914년 12월 《학지광》 3호에 실린 글에서 "나도 이 때에는 와일드의 본능적 色情主義나 소로구부의 극단적 厭世主義의 作物들ᄶᅡ지도 자미스럽게 읽[어]볼 줄 아오"[35]라고 말하였다. 보성전문학교를 거쳐 일본으로 건너가 게이오(慶應)대학 예과에 다니며 재일본동경유학생학우회에서 활약한 최승구는 1915년에 이미 와일드의 '본능적 색정주의'에 대하여 잘 알고 있었다. 1915년 7월 간행한 《학지광》 6호에는 「촌철(寸鐵)」이라는 항목에 와일드의 명언을 13개 소개한다. 그중에는 "自己사ᄂᆞᆫ時代에셔 가장ᄶᅥ나잇ᄂᆞᆫᄉᆞ룸은 가장其時代를 通察ᄒᆞᄂᆞ니라"라ᄂᆞ니, "道德이나人生이나模倣은자살를[을] 뜻홈이라"라ᄂᆞ니, "가라치ᄂᆞᆫ것은 無學를[을] 감추랴홈이라 웃ᄂᆞᆫ것은눈물을 감추는것갓치" 하는 그야말로 촌철살인의 명구가 들어 있다.[36]

최승구에 이어 와일드를 좀 더 본격적으로 조선 문단에 소개한 사람은 안서(岸曙) 김억(金億)이다. 1916년 1월 《근대사조》 창간호에 김억은 「영길리 문인(英吉利文人) 오스카 와일드」를 발표하였다. 김억은 와일드를 "19세기 말의 위대한 천재"로 평가하며 "근대의 문학자 가운데,

35 최승구, 「정감적 생활의 요구」, 《학지광》 3호(1914.12), 18쪽.

36 「촌철」, 《학지광》, 6호(1917.05), 92쪽.

그와 갓치 矯激한 예술관과 기이한 인생관을 가진 사람은 아직것 업다"고 단언한다.[37] 뒷날 김억은 《학지광》에 「이별」을 발표할 때를 회고하면서 당시 조지 바이런과 오스카 와일드를 가장 애독하면서 그들의 시풍을 모범으로 삼아 보려고 했다고 술회한다.[38]

1920년대 들어와 조선 문단에 와일드를 처음 소개한 사람은 소파(小波) 방정환(方定煥)이었다. 아동 문학가답게 그는 와일드의 동화 「털보 장사」를 번역하여 《개벽》에 처음 소개하였다. 방정환에 이어 앞에서 이미 언급한 임장화가 식민지 조선 문단에 좀 더 본격적으로 와일드의 작품과 예술지상주의 문학을 소개하였다. 그는 1920년대 전반기 《매일신보》와 종합지 《개벽》, 창간호부터 1924년까지 편집인 겸 발행인을 맡았던 문학동인지 《영대》를 중심으로 평론에서 와일드의 예술관을 포함한 서양의 세기말 예술론을 널리 소개하는 반면, 소설·시·수필 등 다양한 장르에서 이러한 예술관을 실천하려고 노력하였다. 가령 1922년 3월 《개벽》에 대화 형식으로 발표한 「경이와 비애에서」에서 임장화는 "극치의 장식적, 과장적, 광열적, 비극적, 고혹적, 경이적 요소를 가진 작품은 다 심각하네"라고 말한다. 그러고 난 뒤 그는 계속하여 "저 오스카 와일드의 예술적 정열을 과장적, 장식적 양식을 떠나서 어떻게 볼 수가 있나. 그는 『살로메』며 『도리언 그레이』가 증명하네"라고 밝힌다. 같은 해 10월 역시 《개벽》에 발표한 「최근의 예술 운동」에서도 임장화는 보들레르를 '악마주의의 개조(開祖)' 또는 '악마주의자들의 본존

37 김억, 「영길리 문인 오스카 와일드」, 《근대사조》 창간호(1916.01), 14, 15쪽.

38 김억, 「처녀작 발표 당시의 감상: 옛날을 돌아보면」, 《조선문단》 6호(1925.03).

(本尊)'으로 간주하면서 "보들레르 이외의 악마주의 부류로 편입할 이는 유미적 경향을 가진 와일드와 [자코모] 레오파르디와 [표도르] 솔로구프와 포이다"라고 주장한다.[39]

그러나 임장화는 예술지상주의의 깃발을 흔들었지만 당시 식민지 조선 문단에 세차게 불어 닥친 좌파와 우파의 바람에 힘없이 꺾이고 말았다. 조선프롤레타리아예술가동맹(KAPF)의 중심적 이론가였던 김기진(金基鎭)은 그를 "인민의 의식을 좀 먹는 반동부르주아"로 낙인찍는가 하면, 민족주의 문학의 대부였던 이광수(李光洙)도 "엉뚱한 이야기로 조선 백성을 헛갈리게 만드는 삼류작가"라고 혹평하였다. 그러자 임장화는 1925년 1월 《동아일보》에 「무제」를 발표하는 것을 끝으로 마침내 절필을 선언한 뒤 문단의 뒤안길로 사라지고 말았다.

한편 1924년 5월 익명의 번역자가 와일드의 시 「슬픔을 노래하자」를 번역하여 《시대일보》에 소개하였다. 모르긴 몰라도 익명의 번역자는 임장화일 가능성이 크다. 앞에서 언급했듯이 이 신문은 이태준의 첫 단편소설 「옥봉녀」를 실은 곳이다. 1922년 1월과 5월 박영희(朴英熙)는 와일드의 희곡 작품 『살로메』를 번역하여 《백조》 창간호와 2호에 처음 소개하였고, 1926년 11월 현철(玄哲)이 이 작품을 다시 번역하여 《위생과 화장》에 소개하였다. 1927년에는 'CSY생'이라는 필명을 사용하는 번역자가 『살로메』를 번역하여 1월에는 《동성(同聲)》에, 7월에는 《개척》에 각각 소개하였다. 1929년 11월 '심경산인(心卿山人)'이라는 필명을 사용하는 번역자가 『도리언 그레이의 초상』을 경개역으로 번역하여 《조선

39 임노월, 『춘희 외』, 176~191, 224~241쪽.

일보》에 소개하였다. 그런가 하면 1931년 8월에는 이하윤이 와일드의 단편소설 「비밀 없는 스핑크스」를 번역하여 역시 《조선일보》에 발표하기도 하였다.

이러한 정황으로 미루어볼 때 이태준이 일본 유학 시절이나 그 이전 와일드의 작품이나 예술관 등을 접했을 가능성은 무척 크다. 무엇보다도 눈에 띄는 유사점이나 공통점은 이태준이 「누이」에서 화가 지망생을 이 작품의 1인칭 서술 화자요 주인공인 '나'를 설정한다는 점이다. 이 작품은 "이 집에 세 들어온 지 오륙 개월 동안 나는 심심할 때마다 유리창 위에 혹은 담벼락과 반반한 기둥 위에 나중엔 뒷간 벽과 아침 저녁으로 쌀 씻을 때마다 바라보는 부엌 당반 밑에까지도 나의 호기심과 나의 손재주가 자라는 데까지 별의별 나체 데생을 그려 놓았었다"(1: 74)는 조금 긴 문장으로 시작한다. 그 데생이라는 것이 엿방이나 다를 바 없는 이웃집에서 벌어지는 정사를 훔쳐보고 그린 그림이다. 이렇게 서술 화자가 작품 첫머리에서 뎃상을 언급하고 후반부에서도 집 근처 조시가야(雑司が谷) 묘지에서 스케치를 몇 장 그린 적이 있다고 말하는 것을 보면 그는 화가 지망생임이 틀림없다. 이웃집 부부의 정사에 대하여 '나'는 "아무튼 장지문 한 겹으로 칸을 막은 아래 윗방과 같이 모든 음성이 그대로 울려오고 별별 냄새가 그대로 풍겨오는 우리 이웃 방에 그 염치없는 젊은 내외의 생활은 간난하고도 고독한 나에게 정신상으로나 육체상으로나 여간한 악영향을 주는 것이 아니다"(1: 75~76)라고 말한다.

그러나 화가를 작중인물로 다루는 작품은 폴 세잔과 에두아르 마네 같은 인상파 화가의 고뇌를 그린 에밀 졸라의 『작품』(1886)과 서머싯 몸의 『달과 6펜스』(1919) 등 열 손가락이 모자라 다 꼽지 못할 정도다. 작품 제목도 '화가 지망생'이 아니라 화가와는 아무 관련이 없는 '누이'다. 주인공은 조시가야 묘지에서 우연히 만나는 여성한테서 누이 같은 혈육의 정을 느낀다. 또한 감각적 묘사도 와일드에게만 국한하여 논의하는 데는 무리가 따른다.

이태준이 「누이」를 쓰면서 와일드한테서 영향을 받았다면 화가인 작중인물과 감각적 묘사 외에 좀 더 구체적인 데서 찾아야 한다. 그럼 먼저 이태준의 작품부터 살펴보고 다음으로 이 작품이 와일드의 어떤 작품들과 상호텍스트적 관계를 맺고 있는지 살펴보기고 하자. 이태준은 1928년 12월 「누이」를 써서 이듬해 6월 《문예공론》 2호에 발표하였다. 데뷔 작품인 「오몽녀」, 「구장(區長)의 처」, 「모던껄의 만찬」, 「행복」, 「그림자」, 「온실화초」에 이어 일곱 번째로 발표한 작품이다. 초기 작품이 흔히 그러하듯이 이 작품에서도 탐미주의적인 성격이 잘 드러나 있다. 특히 이 작품에서 눈에 띄는 것은 젊은 주인공의 관음증적 행위다. 방금 위에서 언급한 나체 데생이라는 것도 스케치북에 제대로 그린 것이 아니라 이웃집 젊은 부부의 성행위를 몰래 훔쳐보면서 벽이나 기둥에 그려놓은 것이다. 한국 근대 문학사에서 이광수의 「어린 벗에게」가 동성애를 다룬 최초의 작품이라면 「누이」는 아마 관음증을 다룬 최초의 작품일 것이다.

일본 주택은 주로 목조 건물이고 지진이 자주 일어나다 보니 벽이 흔들려 이곳저곳 틈새가 생긴다. 「누이」의 1인칭 서술 화자요 주인공인

'나'는 이러한 틈새 사이로 젊은 부부의 애정 행위를 들여다보면서 쾌락과 함께 고통을 느끼기 일쑤다. 이웃집의 젊은 아내는 활동사진 배우가 아닌가 생각될 정도로 몸매가 여간 육감적이지 않다. 그래서 서술 화자는 "그 염치없는 젊은 내외의 생활은 간난하고도 고독한 나에게 정신상으로나 육체상으로나 여간한 악영향을 주는 것이 아니다"(1: 75~76)라고 고백한다. 이렇게 말하면서도 화자는 호기심에서 훔쳐보지 않을 수 없다.

> 나는 하루도 몇 번씩 벽에 붙어서 그들의 쾌락을 훔쳐보기도 하였다. 계집이 화장하느라고 젖가슴에 손길이 찰싹거리는 소리를 들을 때마다 나는 일정한 벽 틈으로 가서 눈을 맞추고 섰는 것이다.
>
> 계집은 웃통을 벗어젖히고 돌아앉았으나 그와 마주앉은 거울 속에 그의 그림자는 나와 정면으로 대하게 되는 것을 그는 물론 모를 것이다.
>
> '미미가꾸시'한 머리는 빗질만 몇 번 하고 나서 끓는 물에 짜낸 낯수건으로 얼굴에서 귓속까지 목덜미에서 젖가슴까지 살이 빨개지도록 문대기고 나서는 김이 구름이 피듯 하는 자기 얼굴이 어스름하게 거울 속에 숨어 있는 것을 자기도 한참이나 모른 사람처럼 바라보는 것은 아마 '내가 이만하니까' 하는 얼굴 고운 계집의 자존심이리라고 생각한다. (1: 77~78)

위 인용문에서 볼 수 있듯이 주인공의 행위는 전형적인 관음증이다. 의학에서 정의하는 관음증은 다른 사람의 알몸이나 성행위를 몰래 보거나 촬영을 하여 성적 흥분을 느끼는 것을 말한다. 의사들에 따르면 관음증은 성도착증의 한 형태이지만 일상생활에 방해가 될 만큼 심각하여 관음장애로 발전하지 않는 한 크게 문제가 되지는 않는다. 「누이」의 주인공도 관음장애로는 발전하지 않는다. 다만 성적 에너지가 왕성한 젊은이로서 성적 호기심을 충족시킬 뿐이다. 남성 중심의 가부장적 사회에서 여성 인물들은 ① 집안의 천사, ② 욕망의 대상, ③ '팜므 파탈'의 세 범주 중 하나에 속하게 마련이다. 두말할 나위 없이 이웃집 젊은 아내는 남성 주인공에게 욕망의 대상이다. 한밤중 주인공은 이불을 뒤집어쓰고 "가슴이 두근거리고 진땀이 쏟아지는 속에서도 도적을 지키는 개 모양으로 전신의 신경은 귀로만 모여드는 것"(1: 79)을 느낀다.

그러다가도 주인공은 고통스러워 더 참을 수 없을 때는 이불을 박차고 자리에서 벌떡 일어나 한밤중에 근처 조시가야 묘지로 '모욕적 산보'를 나서곤 한다. 그가 이 산보를 '모욕적'이라고 말하는 것은 자발적인 행위라기보다는 성욕을 가라앉히려고 어쩔 수 없이 하는 행위기 때문이다. 주인공은 자신의 행동에 대하여 "어둠 속에 히끗히끗 서 있는 비석들이 모조리 벌거벗은 계집으로 보이다가도 차가운 밤바람에 머리가 차츰 식어들고 저것들이 다 사람 죽은 비석들이거니 하고 묘지에 대한 의식이 새삼스러워질 때에는 다시 센티멜탈한 인생관으로 그만 아까의 그 흥분되었던 기분을 일소하고 들어가기도 하는 것이었다"(1: 79~80)고 말한다. 주인공이요 서술 화자가 이렇게 관음증에 빠져 있다면 관음의 대상인 이웃집의 젊은 여성은 자기도취증 또는 자기애에 빠져 있다.

> 오뚝한 고개를 갸우뚱거리며 눈을 뜨는 듯이 감는 듯이 거울 속에 제 그림자를 팔을 벌려 희롱하는 것이나 어깨를 뒤로 젖히어 불룩한 젖가슴을 제 손으로 쓰다듬는 듯이 받들어 보는 것이나 이와 같이 가지각색으로 그가 연구에 초심하는 밤 화장과 더구나 남달리 타고난 그의 '섹슈얼 차밍'은 그만 이웃집 방에 섰는 당치 않은 사나이의 전신에 불을 붙여 놓고 마는 것이다. 더구나 벽 틈으로 새어 나오는 그 살 냄새와 가루분 냄새가 엉크러진 강렬한 성욕적 향기는 마치 몽혼약과 같이 나의 다리를 그 자리에 주저앉힌 적이 여러 번이다. (1: 78~79)

거울에 비친 자기 몸매를 쳐다보며 즐거워하는 이웃집 여성의 행위는 영락없이 나르시시즘이다. 그녀에게서는 연못에 비친 자신의 모습에 감탄하여 입 맞추려고 하다가 물에 빠져 죽었다는 그리스 신화의 인물 나르키소스가 떠오른다. 다만 차이가 있다면 주체가 청년에서 젊은 여성으로, 호수물이 거울로 바뀌었을 뿐이다. 나르시시즘은 아름다움에 대한 환상("연구에 초심하는 밤 화장")이 지나치거나 자신의 육체("남달리 타고난 '섹슈얼 차밍'")가 특별하다고 여기거나 특별하기를 바라는 심리 상태에서 비롯한다. 자기애과 관음증은 성적 만족의 대상에서는 정반대지만 이상 심리라는 점에서는 동전의 양면과 같다. 의사들에 따르면 관음증처럼 자기애도 자기애성 성격장애로 발전하지 않는 한 크게 문제가 되지 않는다.

'예술을 위한 예술'을 부르짖은 탐미주의자요 양성애자인 오스카 와일드가 관음증에 관심을 두었을 가능성을 상정하는 것은 그다지 어렵지 않다. 실제로 그는 시, 소설, 희곡 등 거의 모든 장르에 걸쳐 관음증을 주제로 삼았다. 그는 먼저 「창녀의 집(The Harlot's House)」(1881)에서 이 주제를 다룬다.

We caught the tread of dancing feet,
We loitered down the moonlit street,
And stopped beneath the harlot's house.

Inside, above the din and fray,
We heard the loud musicians play
The "Treues Liebes Herz" of Strauss.

Like strange mechanical grotesques,
Making fantastic arabesques,
The shadows raced across the blind.

We watched the ghostly dancers spin
To sound of horn and violin,
Like black leaves wheeling in the wind.

Like wire-pulled automatons,

Slim silhouetted skeletons

Went sidling through the slow quadrille,

Then took each other by the hand,

And danced a stately saraband;

Their laughter echoed thin and shrill.[40]

위 인용문은 3행 12연으로 구성된 「창녀의 집」 중 첫 6연이다. 시적 상황은 한밤중 도회의 길거리를 걸어가던 두 젊은 남녀가 사창가 앞에서 걸음을 멈추고 창을 통하여 안에서 벌어지는 광경을 바라보는 모습이다. 두 젊은이는 창문의 블라인드 사이로 창녀들이 손님들과 춤을 추거나 그들이 보는 앞에서 춤을 추는 모습을 넋을 잃은 채 지켜본다. 그들의 눈에 창녀들은 살아 숨 쉬는 인간이라기보다는 마치 "철사로 움직이는 자동인형"처럼 기괴하게 보인다. 그래서 시적 화자는 "죽은 자가 죽은 자와 함께 춤을 추고 있다. / 먼지가 먼지와 함께 빙빙 돌아가고 있다"고 노래한다.

이렇듯 와일드는 빅토리아 시대에 사회악으로 매도되던 매춘을 소재로 삼지만 그가 관심을 보이는 것은 젊은 연인들의 관음 행위다. 와일드는 집 안에서 벌어지는 행위보다는 오히려 집 밖에 서서 황홀한 듯

40 Oscar Wilde, *The Major Works*, ed. Isobel Murray (Oxford: Oxford University Press, 1989), p. 539.

이 그 광경을 훔쳐보는 젊은 연인들에 초점을 맞춘다. 집 안에서 벌어지는 광경을 훔쳐보던 연인 중 여성이 유혹을 참지 못하고 마침내 집 안으로 들어간다. 그러나 막상 문지방을 넘자마자 눈에 보이는 것이라고는 오직 타락과 부패와 죽음뿐이다. 이태준의 「누이」에서도 만약 주인공이 이웃집의 젊은 부인과 직접 대면한다면 아마 적잖이 실망했을 것임에 틀림없다.

상호텍스트성과 관련하여 눈여겨볼 것은 이태준이 「누이」에서 다루는 관음 행위와 와일드가 「창녀의 집」에서 다루는 관음 행위는 그 성격이 조금 다르다는 점이다. 「누이」에서 관음의 주체인 주인공은 식민지 조선의 남성인 반면, 관음의 대상은 식민지 종주국 일본의 여성이다. 상징적 의미에서 주인공의 이러한 관음 행위는 일본 제국주의의 식민주의 속살을 몰래 들여다보는 것과 크게 다르지 않다. 그러나 「창녀의 집」에서 관음 행위의 주체와 객체는 식민지 종주국 영국이 아니라 영국의 식민지 지배를 받는 아일랜드인들이다. 관음은 비밀리에 이루어지는 것이어서 주제나 객체의 국적이나 사회적 신분은 별로 문제가 되지 않는다.

이태준의 「누이」와 와일드의 『도리언 그레이의 초상』

오스카 와일드는 「창녀의 집」에 이어 『도리언 그레이의 초상』에서도 관음증을 핵심적 주제로 다룬다. 이 작품에는 타인을 아름다움이나 추함의 '스펙터클'로 간주하는 등장인물들이 많이 등장한다. 이 소설은 어떤 의미에서 남성 응시를 핵심적 주제로 삼는다. 와일드는 작품 도입부에서부터 관음과 남성 응시를 다룬다.

> 방 한 가운데 반듯하게 선 이젤에 좀처럼 찾아보기 힘들 만큼 빼어난 용모의 어느 젊은이의 전신 초상화가 세워져 있었고, 그 초상화 앞쪽으로 조금 떨어진 곳에 그것을 그린 화가 바질 홀워드가 앉아 있다. […] 자신의 작품 속에, 거울로 비추듯 솜씨 있게 있는 그대로 그려 낸 우아하고 아름다운 청년의 모습을 바라보는 화가의 얼굴에는 기쁨의 미소가 흘러 넘쳤다. 그 미소가 금방 사라지지 않고 그냥 얼굴에 머물 것 같은 느낌이었다. 그런데 갑자기 그가 자리에서 벌떡 일어섰다. 그러고는 눈을 감고 눈꺼풀 위에 손가락을 갖다 대었다. 깨지 않고 계속 꾸었으면 싶은 어떤 진기한 꿈을 자기 뇌 속에 꼭꼭 붙잡아 두려고 애쓰는 것 같은 모습이었다.[41]

아틀리에 안에는 초상화를 그린 화가 말고도 그의 친구 헨리 워튼 경(卿)이 함께 초상화를 바라보고 있다. 헨리는 바질에게 그가 그린 그림 중 최고의 걸작이라고 칭찬하며 유명한 화랑에 전시할 것을 권한다. 그러나 바질은 이 초상화에 자신의 영혼을 너무 많이 불어넣었으므로 어떤 화랑에도 전시하지 않을 것이라고 대꾸한다. 그러자 헨리는 바질과 초상화의 주인공, 즉 "상아와 장미 잎으로 만든 것 같은 이 젊은 아도니스"와는 닮은 데가 전혀 없다고 밝힌다.

---

41 위의 책, 539쪽.

여기서 중요한 것은 헨리가 초상화의 주인공을 그리스 신화에 나오는 미소년 아도니스에 빗댄다는 점이다. 준수한 모습을 한 청년은 곧 귀족 가문에 속한 도리언 그레이로 밝혀진다. 어찌 되었든 화가가 초상화를 바라보는 모습에서는 관음증적인 태도를 엿볼 수 있다. 초상화를 바라보는 바질의 표정은 단순히 자기 작품에 화가가 느끼는 일상적 만족감 이상의 감정을 드러낸다. 얼굴에 번진 미소가 곧 사라지지 않고 얼굴에 영원히 머물 것 같다는 구절은 이 점을 뒷받침한다. 짙은 장미꽃 향기가 코를 찌르고 여름 미풍에 실려 정원의 라일락 향기와 산사나무의 은은한 향기가 들어오는 아틀리에는 화가의 화실보다는 차라리 연인들의 침실에 가깝다.

『도리언 그레이의 초상』을 좀 더 찬찬히 읽어보면 화가 바질은 "우아하고 아름다운 청년" 도리언 그레이에 동성애적 관심을 두고 있음을 알아차릴 수 있다. 바질은 도리언을 좋아하는 이유에 대하여 '그리스의 이상'을 발견하기 때문이라고 말한다. 마찬가지로 도리언도 자기도 그리스의 신들처럼 강하고 민첩하고 즐거움을 누리고 싶다고 밝힌다. 그러나 와일드가 아도니스를 여러 번 언급하는 것은 동성애적 성향을 강조하기 위해서다.

물론 와일드는 세간의 비판을 의식하고 이 작품의 원고를 세 번이나 고쳐 쓰면서 동성애적 내용을 희석하기는 했지만 여전히 곳곳에 그 흔적이 남아 있다. 와일드가 이 소설의 서문에서 진정한 예술가라면 그 어떤 것이든 표현해 낼 수 있어야 한다고 주장하면서 "이 세상에 도덕적이거나 비도덕적인 책이란 것이란 없다. 책이란 다만 잘 쓰였거나, 나쁘게 쓰였거나 할 뿐이다"[42]라고 말하는 것은 바로 그 때문이다. 도리언은 연극배우 시빌 베인과도 관계를 맺으므로 엄밀히 말하면 동성애적이라기보다는 양성애적이라고 하여야 옳다. 위 인용문에서 바질이 도리언의 초상화를 바라보는 모습은 연인을 훔쳐보는 것과 같은 모습이다.

한편 와일드는 『도리언 그레이의 초상』에서 자기도취적인 자기애를 보여 준다. 작품 첫 장면에서 헨리는 자기를 너무 많이 투사했다는 바질에게 "[자네 둘] 사이에 비슷한 구석이 어디 있어? 하나도 없어. 바질, 그 초상화의 인물은 나르키소스와 같은 젊은이지만 자넨, 그래, 물론 자네한테도 지적인 면은 있지"라고 말한다. 여기서 헨리가 '나르키소스'를 언급한다는 점에 주목해야 한다. 앞에서 이태준의 「누이」에서 소설의 화자요 주인공 '나'가 관음의 대상으로 삼는 육감적인 이웃집 젊은 가정주부가 나르시시즘에 빠져 있다는 점을 언급하였다. '섹슈얼 차밍'을 자랑하는 이 여성처럼 와일드의 주인공 도리언도 나르시시즘에 빠져 있다. 도리언의 초상화 모습이 조금씩 변하기 시작하자 소설의 화자는 그에 대하여 이렇게 말한다.

> 언젠가 한번은 그는 소년처럼 천진난만하게 나르키소스를 흉내 내어 이제 그에게 그토록 잔인하게 미소 짓는 그림 속의 입술에 입을 맞추거나 입을 맞추려고 하는 척한 적이 있었다. 아침마다 그는 초상화 앞에 앉아 지켜보며 마법에라도 걸린 듯 때로는 그

42 위의 책, 49쪽.

> 아름다움에 놀라움을 금치 못했던 것이다. 그의 기분이 바뀔 때마다 초상화도 변한 것일까? 열쇠를 채운 방에 가두어 그의 곱실거리는 금발을 더욱 금발로 만드는 햇볕을 차단한 나머지 괴물처럼 흉측하게 변한 것일까?[43]

바질이 그린 자신의 초상화에 도리언이 입을 맞추는 행위는 나르키소스가 연못의 물에 비친 자신의 모습에 반한 나머지 입을 맞추려고 하는 행위와 아주 비슷하다. 자신의 초상화 앞에 앉아 마치 마법에라도 걸린 듯이 황홀한 모습으로 그 아름다움에 놀라는 것은 영낙없이 나르키소소의 모습이다. 와일드는 이 작품에서 아름다움을 도덕적이고 순수한 것으로 동일시하는 반면, 추함을 비도덕적이고 타락한 것으로 동일시한다.

그렇다면 이태준의 「누이」는 과연 어떻게 『도리언 그레이의 초상』과 상호텍스트적 관계를 맺는가? 이태준은 와일드의 작품에서 영감이나 영향을 받되 어디까지나 자신의 작품 의도에 걸맞게 변용하여 사용한다. 가령 와일드의 작품에서는 나르시시즘에 무게를 두는 반면, 이태준의 작품에서는 관음증에 좀 더 무게를 싣는다. 또한 동성애적인 경향이 강하게 부각되는 와일드의 작품과는 달리 이태준의 작품은 혈기왕성한 젊은 미혼 남성이 느끼는 성적 욕구를 중요하게 다룬다.

와일드의 소설에서 가장 중요한 모티프 중 하나는 정신분석적 페미니즘 이론가 로라 멀비가 말하는 '남성 응시'다. 「창녀의 집」에서는 남녀

43 위의 책, 47쪽.

가 함께 관음의 주체로 등장하지만 『도리언 그레이의 초상』에서는 남성이 관음의 주체로 등장한다. 이렇듯 와이드의 대부분 작품에서 남성은 '시각 쾌락증(scopophilia)'의 주제고 여성은 관음의 대상이라는 불평등한 권력 관계가 성립한다. 특히 『도리언 그레이의 초상』에서 남성 응시는 작중인물 대부분의 행동을 유도하는 동인이나 촉매 역할을 한다.

한편 이태준의 「누이」는 주제에서 정신분석적 측면보다는 오히려 정치사회적 의미가 훨씬 크다. 이웃집 부부의 정사 장면을 훔쳐본 뒤 불길 같은 정욕을 달래려고 서술 화자는 한밤중에 조시가야 묘지를 찾는다. 그곳에서 그는 우연히 만나는 일본인 여성을 만나고, 그녀를 비석이 서 있는 잔디밭으로 끌고 가 젖가슴을 만지고 입술을 맞춘다. 그녀는 멀리 밤하늘을 바라보다가 손수건으로 눈물을 훔치며 자신이 '고독한 사람'이라고 고백한다. 그녀의 말을 듣자 서술 화자는 "그러면 이 알지 못할 여자도 나와 같은 사람이었던가. […] 나에겐 도야지나 개의 고독과 같을 수 없는 고독이 있었다"(1: 82)고 말한다. 짐승이 느낄 수 없는 그만의 고독은 아마 식민지 지식인으로 이국에서 느끼는 비애와 절망감일 것이다. 앞에서 잠깐 밝혔듯이 식민지 지식인이 식민지 종주국 남녀의 성행위를 훔쳐본다는 것은 비록 육체적·물질적으로는 억압당할망정 적어도 정신적 승리를 거두는 행위로 읽힌다. 또한 그가 조시가야 묘지에서 일본 여성을 성추행하는 행위도 이와 같은 맥락에서 이해할 수 있다.

이태준은 그동안 상고주의자나 의고주의로 조선과 동양의 전통적인 문화에 탐닉한 사랑하는 작가로 널리 알려져 왔다. 실제로 그의 작품을 읽다 보면 서양의 버터 냄새보다도 구수한 된장 냄새가 난다. 그러나 그는 한반도나 동아시아에만 고개를 돌린 것이 아니라 현해탄과 태평양 건너 쪽에도 자주 고개를 돌렸다. 명사의 자아관을 묻는 한 잡지사의 설문에 이태준은 '모던'한 것을 좋아하면서 동시에 고전을 좋아한다고 말한다. 그러면서 그는 성격에서나 생활에서 '부조화'를 느낄 때가 있다고 고백한다. 이렇게 부조화를 느끼는 것은 문학에서도 마찬가지였다. 뒷날 그는 일본 유학 시절을 회고하면서 사나흘씩 세수도 하지 않고 외국문학 작품을 읽었다고 말한 적이 있다. 그러면서 그 시절이 그에게 '문학적 청춘 시절'이었고 '독서의 운문시대'였다고 말한다.

이태준은 서양문학에 받은 영향을 애써 감추려고 하지 않는다. 이 점과 관련하여 그는 1941년 12월 《삼천리》에 발표한 「감상」에서 "서양문학을 수입한 최초의 역자들에게 진정 감사해야 될 것을 확실하게 깨달았다. 소설이 문학 인격화한 것은 먼저 서양에서다"(5: 369)라고 못 박아 말한다. 그러고 난 뒤 그는 계속하여 "문학의 왕좌를 점령해 놓은 서양 소설의 덕이 아니었던들, 오늘 동양에서, 특히 조선 같은 데서 소위 도청도설로 더불어 떳떳이 그 천직을 삼으려는 자 과연 몇 명이나 되었을꼬"(5: 137)라고 밝힌다.[44] 서양문학에 심취해 있었으면서도 애써 그 사실을 감추려는 몇몇 작가들과 비교해 보면 이태준은 솔직하다 못해 차라리 순진해 보인다. 그는 그만큼 자기가 추구하는 문학에 자신감이 있었다.

서정주(徐廷柱)는 「자화상」에서 "스물세 해 동안 나를 키운 건 팔할이 바람이다"라고 노래한다. 이태준을 키운 것은 8할이 어린 시절 일

44 위의 책, 126쪽.

찍이 부모를 여위고 고아로서 겪은 신산스러운 삶이었고, 나머지 2할은 밤이 새도록 읽고 읽은 외국문학 작품이었다. 그는 이 비옥한 두 토양에 깊이 뿌리를 내린 채 소설 문학, 특히 단편소설이라는 한 떨기 아름다운 꽃을 피울 수 있었다. 이태준은 '소설의 우매한 신도'로 살면서 작품을 쓰고 싶다고 하였다. 그러나 그는 우매한 신도를 뛰어넘어 마침내 '소설의 뛰어난 사제'의 경지에 이르렀다고 하여도 크게 틀리지 않을 것이다.

6장
박태원과 제임스 조이스

6장

박태원과 제임스 조이스

19세기가 뉘엿뉘엿 서산마루에 걸려 있던 무렵 서구 근대의 빛은 김기림(金起林)의 표현을 빌리자면 "열렸다 닫혔다 하는 동안에 비좁은 문틈" 사이로 한반도에 새어 들어왔다. 그러다가 대한제국이 일본 제국주의의 식민지로 전락하면서 메이지 유신을 통하여 일본이 받아들인 근대가 마치 '섬광'처럼 빛을 내뿜기 시작하였다. 비록 '식민지 근대'라는 꼬리표가 붙기는 하여도 조선에 근대가 본격적으로 자리 잡기 시작한 것은 바로 이 무렵이다. 그러나 2차 세계대전은 서구 근대에 찬물을 끼얹었고, 식민지 조선은 어정쩡한 상태에서 근대의 종말을 목격해야 하였다. 김기림의 말대로 조선은 "근대 사회를 그 성숙한 모양으로 이루어 보지도 못하고 근대정신을 그 완전한 상태에서 체득해 보지도 한 채" 그 종말을 맞이할 수밖에 없었다.[1]

1 김기림, 「시론」, 김학동·김세환 공편, 『김기림 전집 2』(서울: 심설당, 1988), 45.

20세기 후반에 이르러 이번에는 서둘러 근대를 청산하고 포스트모더니즘의 이름으로 찾아온 탈근대를 맞이해야 할 준비를 해야 하였다.

일제강점기 식민지 조선의 근대를 누구보다도 설득력 있게 문학 작품에 형상화한 작가들은 다름 아닌 구인회에 속한 회원들이었다. 물론 이태준(李泰俊)처럼 몇몇 회원들은 여전히 전통사회에 한 발 들여놓고 있었지만 박태원(朴泰遠)이나 이상(李箱) 또는 정지용(鄭芝溶) 등은 전근대에서 젖을 떼고 근대의 이유식을 시작하였다. 오늘날의 충무로에 해당하는 혼마치(本町)는 말할 것도 없거니와 조선인들의 중심 무대였던 종로 거리에 있던 카페, 바, 술집, 당구장, 댄스홀, 영화관, 양복점, 일간신문과 잡지 등은 당시 식민지 근대를 보여 주는 더할 나위 없이 좋은 기표였다. 그러나 종로 네거리에 자리 잡은 화신상회에서 겨우 몇 걸음만 옮겨놓으면 전근대를 그대로 보여 주는 초라한 뒷골목이 자리 잡고 있었다.

그런데 이러한 외형적 기표 못지않게 중요한 것이 문학과 예술에 나타난 내면적 기표였다. 박태원을 비롯한 구인회 회원들의 작품에서는 근대의 기표를 그다지 어렵지 않게 읽을 수 있다. 구인회 회원들은 순수문학을 지향하는 모더니즘의 깃발 아래 모여 있었다. 일제강점기에 도회를 중심으로 서구 근대를 숨 가쁘게 받아들인 것과 마찬가지로 작가들은 작품에서 서구 모더니즘을 받아들이기에 무척 분주하였다. 특히 박태원의 작품에서는 제임스 조이스, 버지니아 울프, 윌리엄 포크너 같은 내로라하는 영미 모더니스트들을 비롯하여 리얼리스트들인 오

51~52쪽.

헨리와 셔우드 앤더슨의 그림자가 자주 어른거린다.

박태원과 제임스 조이스

박태원은 열여덟 살 때부터 '박태원(朴太苑)' 또는 '몽보(夢甫)'라는 필명으로 일간신문과 문학잡지에 시와 평론을 발표하면서 일찍이 문학적 재능을 과시하였다. 이 무렵 그는 막심 고리키, 이반 투르게네프, 레프 톨스토이, 빅토르 위고, 오노레 드 발자크, 기 드 모파상, 쥘 르나르, 알퐁스 도데, 하인리히 하이네 같은 외국 작가들의 작품을 읽으면서 외국문학을 호흡하였다. 그가 당시 읽은 작가들을 보면 문학 전통이나 사조 또는 유파 등에 얽매이지 않고 폭넓게 섭렵했음을 알 수 있다. 더구나 경성제1고등보통학교를 졸업하고 일본에 유학하여 호세이(法政)대학 예과에 입학하여 공부할 무렵 그는 한 차례 모더니즘의 세례를 받았다. 당시 그는 모더니즘 문학과 영화와 미술 등에 깊은 관심을 기울인 것으로 알려져 있다. 1930년 호세이대학 예과 2년을 중퇴하고 귀국한 박태원은 《신생》에 단편소설 「수염」을 발표하면서 본격적으로 문단에 데뷔하였다.

그런데 「수염」은 그의 문학적 삶에서 여러모로 자못 상징적인 의미가 있다. 이 작품에서 1인칭 서술 화자요 주인공인 '나'는 어느 날 '감숭하던' 수염을 '깜숭하게' 길게 기르기로 결심한다. 그가 이렇게 수염을 기르기로 결심하는 데는 외모에 대한 관심에 비롯한 것이라기보다는 어디까지나 '미학적 견지'에서 비롯한 것이다. '나'의 이러한 결심은 그동안 조선 문단을 풍미하던 조선프롤레타리아예술가동맹(KAPF)의 사회주의 문학 진영과 춘원(春園) 이광수(李光洙)가 대표하던 민족주의 문학 진영 사이에서 제3의 문학 노선을 천명하려는 상징적인 몸짓이었다. 「수염」을 발표하여 문단에 데뷔한 지 3년 뒤 박태원은 방금 앞에서 언급한 구인회에 가입하여 순수문학의 길을 걸었다.

1930년대 중반, 좀 더 정확히 말해서 1934~1937년은 한국 문학사에서 흔히 획기적인 시기로 꼽힌다. 박태원이 중편소설 「소설가 구보씨의 일일」을 《조선중앙일보》에 처음 발표한 것이 1934년 8~9월이고, 장편소설 『천변풍경』에 수록한 일부 작품을 《조광》에 처음 발표한 것이 1936년 8~10월이며, 이 작품의 속편을 역시 같은 잡지에 발표한 것이 이듬해 1~9월이다. 한편 박태원이 『천변풍경』에 실린 작품을 처음 발표한 1936년 9월에는 이상이 《조광》에 「날개」를 처음 발표하였다.

당시 박태원의 작품에 주목한 비평가는 최재서(崔載瑞)였다. 최재서는 일찍이 이 두 작품을 두고 "巷間에 흔히 보는 卽興的 創作이 아니라 오래동안 작자의 손때를 올린 듯싶은 作品일뿐더러 作者들은 어느 일정한 意圖를 갖이고 붓을 든 듯싶다"고 지적한다. 그러면서 최재서는 계속하여 "朴氏는 客觀的 態度로써 客觀을 보았고 李氏는 客觀的 態度로써 主觀을 보았다. 이것은 現代 世界文學의 2대 傾向—리아리즘의 擴大와 리아리즘의 深化를 어느 정도까지 代表하는 것이니 우리에게 대단히 興味 있는 問題를 提供한다"고 밝힌다.[2]

2 최재서, 「『천변풍경』과 「날개」에 관하야—리아리즘의 확대와 심화」, 『문학과 지성』(경성: 인문사, 1938), 98~99쪽.

여기서 최재서가 말하는 '리얼리즘'은 흔히 '낭만주의'에 맞서 일어난 '사실주의'의 문학 개념이나 문예 사조와는 성격이 조금 다르다. 리얼리즘은 그 외연과 내연이 너무 커서 한마디로 정의내리기 무척 어렵다. 문학 작품이 삶의 모습을 묘사하거나 재현하는 이상 실제로 모든 작품은 리얼리즘의 범주에 들어가게 마련이다. 영미 문학에 심리주의 리얼리즘 전통을 처음 굳건히 세운 헨리 제임스가 일찍이 리얼리즘을 '용적이 큰 선박'에 빗댄 것은 바로 그 때문이다. 용적이 큰 만큼 리얼리즘이라는 선박에는 무슨 문학 유파나 전통이든지 실을 수 있다. 최재서가 말하는 '리얼리즘의 확대와 심화'는 사실주의보다는 오히려 모더니즘을 말하는 것으로 받아들여야 한다.

박태원이 호세이대학에 유학할 무렵 제임스 조이스는 일본에 널리 소개되기 시작하였다 예를 들어 1918년 일본 개화기의 선구적 영문학자였던 노구치 요네지로(野口米次郎)는 비록 부분적으로나마 조이스를 일본에 처음 소개하였다. 일본의 근대 소설가 아쿠타가와 류노스케(芥川龍之介)는 『젊은 예술가의 초상』(1916)의 일부를 처음 번역하여 소개하였다. 1925년에는 시인 호리구치 다이가쿠(堀口大學)가 《신초(新潮)》에 조이스의 내면독백에 관한 논문을 발표하였다. 호리구치의 뒤를 이어 1929년 2월 가쿠슈인(學習院) 영문학 교수 도이 고치(土居光知)는 《가이조(改造)》에 처음으로 조이스의 『율리시스』에 관한 좀 더 학구적인 논문을 발표함으로써 일본에서 조이스 연구에 초석을 닦았다.[3] 더구나 도이

3 일본에서 조이스의 작품 번역과 연구에 대해서는 Kockum Keiko, *Ito Sei: Self-Analysis and the Modern Japanese Novel* (Stockholm: Stockholm University Press, 1994) 참고. 도이 고치 교수는 뒷날 가쿠슈인에서 도호쿠제국대학으로 자리를

는 단순히 조이스를 소개하는 것에 그치지 않고 더 나아가 『젊은 예술가의 초상』(1916)과 『율리시스』(1922)의 상당 부분을 번역하여 소개하기도 하였다.

비록 시기적으로는 조금 늦지만 식민지 조선에서도 조이스가 조금씩 소개되기 시작하였다. 조선 문단에 조이스의 작품을 맨 처음 번역하여 소개한 사람은 최정우(崔珽宇)였다. 이양하(李敭河)와 권중휘(權重輝)와 함께 도쿄제국대학에서 영문학을 전공한 최정우는 1931년 5월 조이스의 『더블린 사람들』(1914)에 수록된 「구름 조각」을 번역하여 《동아일보》에, 1932년 3월 「하숙옥(하숙집)」을 번역하여 《문예월간》에 처음 소개하였다. 그 이듬해 6월에는 진장섭(秦長燮)이 '학포(學圃)'라는 필명으로 「의외(意外)」라는 작품을 번역하여 《조선일보》에 소개하였다. 같은 해 12월 이하윤(異河潤)이 조이스의 시 「땅과 하늘 안에 있는 줄」을 번역하여 《신생》에 실었다. 그런가 하면 1934년 4월 양주동(梁柱東)도 「상대방」을 「싸라리맨」으로 번역하여 《동아일보》에 소개하였다.

한편 이 무렵 조이스 작품의 번역 못지않게 그의 문학에 관한 비평도 식민지 조선 문단에 쏟아져 나왔다. 가령 1934년 1월 복영환(福永煥)은 「세계문학계에 일대 반향을 일으킨 쩨임스 쪼이스」를 《신생》에 발표하였고, 같은 해 2월 백철(白鐵)은 《형상》에 「조이스에 관한 노트」를 발표하였다. 1934년 8월 백석(白石)은 러시아의 비평가 D. S. 미르스키의 「죠이쓰와 애란문학」을 일본어에서 중역하여 《조선일보》에 소개하기도 하였다. 특히 《동아일보》는 그동안 풍속을 해친다는 이유로 출판이 금

옮겨 김기림의 지도교수가 되었다.

지되었던 『율리시스』가 마침내 1933년 뉴욕 법원에서 "새로운 문학 분야에서 일어난 진지한 실험"이라는 평가와 함께 출판 금지 조치를 해제한 사실을 알리는 기사를 실었다. 한마디로 1934년은 조이스가 식민지 조선 문단에서 붐을 일으키다시피 한 해였다.

일본 유학 전부터 외국문학에 경도되어 있던 박태원은 도쿄에서 조이스의 작품을 읽었다. 일본어 번역으로 읽었는지 아니면 영어 원서로 직접 읽었는지 지금으로서는 확인할 수 없지만 그는 영화 수법 중 하나인 '이중 노출'과 관련하여 『율리시스』를 읽었다고 분명히 밝힌다.

> 최근에, 『율리시스』를 읽고, '쩨임스 쪼이스'도 그가 큰 試驗을 한 것을 알엇다.
>
> 원악이 寡聞인지라, 이밧게 또 달은 예를 아지 못하거니와, 그래도 하여튼, 이 '이중 노출'의 수법은 문예가들에게 적지 안흔 흥미를 주는 것임에 틀림업슬 것이다.
>
> 이제 실제의 예를 들기로 하고—,
>
> (『율리시스』에서라도 인용하엿스면 조켓스나, 그것은 그다지 적당한 예라고 생각되지 안코, 또 그 효과에 잇서, 나로서는 그다지 자신을 가질 수 업는 까닭에, 이곳에서, 나는, 그것이 외람한 짓인 줄은 아나, 다만 편의상, 나의 작품 「소설가 구보씨의 일일」에서, 이 첫, 시험을 끌어 말하기로 한다.)[4]

---

4 박태원, 「표현·묘사·기교」, 《조선중앙일보》(1934.12.17~12.31); 김윤식 편, 『한국 현대모더니즘 비평선집』(서울: 서울대학교출판부, 1995), 61쪽.

박태원이 조이스의 작품을 읽었다는 것은 이러한 외적 증거 말고도 작품 안에서도 내적 증거를 찾을 수 있다. 「소설가 구보씨의 일일」에서 구보는 친구와 함께 다방에 앉아 있고, 친구는 그에게 앙드레 지드와 제임스 조이스를 언급하며 외국문학과 관련하여 이런저런 대화를 나눈다. 그 친구는 시를 쓰는 사람으로 생계를 위하여 어느 신문사에서 사회부 기자로 근무한다. 구보는 한편으로는 그러한 친구를 안타깝게 생각하면서도 다른 한편으로는 그 친구가 "조선문학 건설에 가장 열의를 가지고 있었다"(소: 124)는 점에 자못 자부심을 느낀다. 그런데 갑자기 창밖에서 어린애의 울음소리가 요란하게 들리자 서술 화자는 "구보는 『율리시스』를 논하고 있는 벗의 卓說에는 상관없이, 대체, 누가 또 죄악의 자식을 낳았누, 하고 생각한다"[5]고 말한다. 어린아이의 울음소리를 들으며 친구의 '통제를 잃은 성 본능'을 생각하는 구보는 친구의 문학론에는 좀처럼 귀를 기울이지 않는다.

> 구보는 그저 『율리시스』를 논하고 있는 벗을 깨닫고, 불쑥, 그야 제임스 조이스의 새로운 시험에는 경의를 표해야 마땅할 게지. 그러나 그것이 새롭다는, 오직 그 점만 가지고 과중 평가를 할 까닭이야 없지. 그리고 벗이 그 말에 대해, 항의를 하려 하였을 때, 구보는 의자에서 몸을 일으켜, 벗의 등을 치고, 자 그만 나갑시다. (소: 128)

5 박태원, 『소설가 구보씨의 일일』(서울: 문학과지성사, 2005), 126쪽). 앞으로 이 작품에서 인용은 '소'라는 약어와 함께 인용 쪽수는 본문 안에 직접 적기로 한다.

위 인용문은 방금 앞에서 인용한 박태원의 「표현, 묘사, 기교」와 여러모로 비슷하다. 그는 이 글을 「소설가 구보씨의 일일」을 발표한 《조선중앙일보》에 기고하였다. 그는 이 소설을 1934년 8~9월에 발표하였고, 위 글은 같은 해 12월에 발표하였다. 이렇듯 발표 지면으로 보나 시기적으로 보나 두 글은 거의 일치한다.

그런데 여기서 주목해야 할 것은 조이스의 작품을 언급하는 사람이 박태원이 주인공으로 내세운 '구보'가 아니라 그의 시인 친구라는 점이다. 오히려 구보는 작가가 새로운 기법을 시도한다는 것에는 경의를 표해야 할 터지만 새로운 기법적인 실험이라고 무조건 과대평가해서는 안 된다고 경계한다. 그러나 서술 화자의 입을 빌려 조이스를 경계하는 듯한 박태원의 태도는 액면 그대로 받아들일 것은 못 된다. 앞으로 자세히 다루겠지만 그는 조이스의 작품에서 여러모로 적잖이 영향을 받았기 때문이다. 구보에게 조이스를 소개해 준 시인은 여러 정황으로 미루어 보면 아마 김기림일 것이다. 김기림은 도호쿠(東北)대학에서 영문학을 전공하던 무렵 도이 고치 교수로부터 직접 조이스와 T. S. 엘리엇을 비롯한 모더니스트들의 작품을 배웠다.

앞 장에서 김기림과 관련하여 모더니즘 시를 대표하는 엘리엇을 언급했지만 박태원의 소설과 관련해서는 역시 모더니즘 소설을 대표하는 아일랜드 작가 제임스 조이스를 언급하지 않을 수 없다. 여러 점에서 박태원은 영미 모더니즘 작가들한테서 직간접으로 적잖이 영향을 받았기 때문이다. 박태원의 대표작이라고 할 『천변풍경』과 「소설가 구보씨의 일일」에서는 모더니즘에서 받은 영향이나 상호텍스트적 관계를 쉽게 느낄 수 있다. 『천변풍경』의 5절 「경사」와 관련하여 최재서는 찰스 디킨스를 연상한다고 밝혔다. 그러나 도회의 하층민의 삶을 다루는 소재에서는 비록 디킨스가 떠오를지 모르지만 적어도 실험적 형식과 기법에서 누구보다도 먼저 떠오르는 작가는 다름 아닌 조이스다.

경성과 더블린

박태원이 제임스 조이스한테서 받은 영향이라면 무엇보다도 먼저 작품 배경에서 찾을 수 있다. 잘 알려진 것처럼 조이스는 그가 태어나 자란 아일랜드의 수도 더블린을 핵심적인 지리적 배경으로 삼았다. 영국 식민지의 슬픈 역사를 고스란히 간직한 수도가 바로 더블린이다. 더블린은 조이스의 작품에서 공간적 배경으로 중심적인 역할을 하지만 때로는 배경 이상의 깊은 의미가 있다.

문학과 예술 작품에서 장소는 단순히 지리적 공간을 뜻하지 않는다. 앤터니 기든스는 장소를 특별한 성격을 지닌 생활공간으로 정의한다. 데이비드 캔터는 개인이나 집단이 그들의 경험이 투영된 것으로 인식하는 공간으로 파악한다. 한편 데이비드 하비는 그들보다 한발 더 나아가 장소를 아예 '사회적 구성물'로 간주하려고 한다.[6] 사회학자 피

6 Anthony Giddens, *The Consequences of Modernity* (Stanford: Stanford University Press, 1986), pp. 17~21; David Canter, *The Psychology of Place* (London: Architectural Press, 1977), pp. 36~39; David Harvey, "Between Space and Time: Reflections on the Geographical Imagination," *Annals of the Association of American Geographers* 80: 3 (1990): 418~434.

터 버거와 토마스 루크먼이 『실재의 사회적 구성』(1966)에서 처음 도입한 사회 구성주의 개념에 따르면 사회 구성원은 사회와 문화적 세계를 만들고 동시에 이 세계는 사회 구성원을 만든다. 장소나 공간도 객관적 실체라기보다는 어디까지나 사회 구성원이 만들어내는 구성물에 지나지 않는다. 이 이론에서는 언어와 언어를 통한 의사소통이 무엇보다도 가장 핵심적인 역할을 하게 마련이다.

조이스는 더블린을 두고 "나는 항상 더블린에 대해 글을 쓴다. 만약 내가 더블린의 심장에 다가갈 수 있다면 그것은 곧 세계의 모든 도시의 심장에 다가갈 수 있기 때문이다. 특수성 속에 보편성이 담겨 있다"[7]고 말한 적이 있다. 이렇듯 조이스에게 더블린은 단순히 아일랜드의 수도가 아니라 세계의 모든 도시를 보여 주는 소우주였다. 그는 여러 작품 속에 더블린의 영혼뿐 아니라 세계의 영혼을 담아내려고 노력하였다. 그러면서도 조이스는 더블린에 이중적 태도를 보였다. 그의 이러한 이중적 태도는 두운법을 살려 표현한 '사랑스럽고 더러운 더블린(Dear Dirty Dublin)'이라는 말에서 단적으로 엿볼 수 있다.

조이스는 그의 작품에서 길거리나 건물 또는 역사적 유물 등 실제 이름을 즐겨 사용한다. 가령 『더블린 사람들』로 좁혀보더라도 「끔찍한 사건」에 나오는 루컨 로드, 「두 건달」에 나오는 도싯 스트리트, 나소 스트리트, 킬데어 스트리트, 「하숙집」에 나오는 하드윅 스트리트와 말버러 스트리트, 「은총」에 나오는 크로 스트리트, 「선거 사무실에서 맞는

7 Richard Ellmann, *James Joyce*, rev. ed. (Oxford: Oxford University Press, 1982), p. 505.

기일」에 나오는 서포크 스트리트, 「죽은 사람들」에 나오는 어셔스 아일랜드 등은 이러한 경우를 보여 주는 더할 나위 없이 좋은 예다. 이밖에도 조이스는 더블린 시내에 위치한 세인트 조지 교회를 비롯하여 셸번 호텔, 스티븐스 그린, 영국의 윌리엄 3세 동상 등을 언급한다. 『율리시스』에서 조이스는 마텔로 탑(텔레마코스 에피소드), 아일랜드 국립도서관(스킬라와 카립디스 에피소드), 오먼드 호텔(사이렌 에피소드), 바니 키어넌 술집(키클롭스 에피소드), 샌디마운트 해변(나우시카 에피소드), 홀레스가의 산부인과 병원(태양신의 황소들 에피소드), 그리고 창녀들이 손님을 부르는 밤거리(키르케 에피소드) 등을 언급한다.

더블린의 명소 중에서도 시내를 가로질러 더블린만(灣)으로 흘러가는 리피강을 빼놓을 수 없다. 바이킹 시대부터 최근까지 수세기에 걸쳐 무역의 통로로 이용된 이 강은 더블린 사람들에게는 젖줄과 다름없다. 아일랜드 맥주를 대표하는 기네스 맥주가 바로 이 강에서 시작하였고 지금도 강 연안에 맥주 공장이 있다. 조이스의 작품과 리피강은 떼려야 뗄 수 없이 서로 깊이 연관되어 있다. 그래서 2003년에는 강의 남단과 북단을 연결하는 다리를 건설하고 그 다리에 '제임스 조이스교(橋)'라는 이름을 붙였다.

적어도 이 점에서 식민지 조선의 수도 경성도 더블린과 크게 다르지 않았다. 박태원은 『천변풍경』과 「소설가 구보씨의 일일」에서 경성의 길거리와 건물 등을 자세히 소개한다. 이 두 작품에서는 한강보다는 중랑천의 지류인 청계천이 훨씬 더 중요한 위치를 차지한다. 지금은 서울이 한강을 기준으로 강남과 강북으로 나뉘지만 일제강점기에는 경성은 청계천을 중심으로 남촌과 북촌으로 나뉘었다. 남산 일대와 용산을 비롯한 남촌에는 주로 일본인들이 거주하였다. 그중에서도 오늘날의 충무로인 혼마치를 비롯하여 남대문로 일대는 그들의 중심 활동무대였다. 일제는 조선인이 '구리개'라고 부르던 을지로 길을 넓히고 보수하여 황금정이 혼마치와 함께 새로운 중심가로 떠오르면서 일본인의 거주지는 점차 청계천변까지 확장되었다. 한편 종로 상가를 포함한 북촌에는 주로 조선인들이 거주하였다.

박태원의 작품에는 일제강점기 경성의 모습을 고스란히 담고 있어 문학적 가치뿐 아니라 역사-지리적 가치도 적지 않다. 예를 들어 구보가 집을 나서면서부터 그의 발길을 따라 가다 보면 경성 시내 중심부를 한 바퀴 돌다시피 한다. 구보는 다옥정 집을 출발하여 청계천변 길을 따라 광교를 지나 종로의 화신상회에 들렀다가 전차를 타고 동대문을 돌아 남대문, 경성역, 광화문통과 종로네거리 등을 거쳐 새벽녘에 집에 돌아온다. 구보의 하루 행적을 도표로 그려 보면 '집 → 청계천 길 → 종로 네거리 → 화신상회 → (전차 안) → 조선은행 앞 → 다방 → 거리 → 경성역 대합실 → 조선은행 앞 → 다방 → 거리 → 술집 → 카페 → 종로 네거리 → 집'이다. 구보가 산책하는 동안 들리는 화신상회 같은 백화점을 비롯하여 낙랑파라와 제비다방과 엔젤카페 같은 찻집과 카페 등은 문화지리학적 관점에서도 아주 중요하다. 특히 종로 2정목에 위치한 엔젤카페는 북촌에 있는 데다 조선인이 아닌 일본인이 경영하는 대표적인 카페로 낙랑파라나 제비다방과는 여러모로 다르다.

박태원은 「소설가 구보씨의 일일」에서 "한길 위에 사람들은 바쁘게 또 일 있게 오고 갔다. 구보는 포도 위에 서서, 문득, 자기도 창작을 위해 어디, 例하면 서소문정 방면이라도 답사할까 생각한다. '모데로노로지오'를 게을리하기 이미 오래다"(소: 111)라고 말한다. 여기서 '모데로노로지오'란 '모더놀러지(modernology)'를 일본어로 표기한 것이다. '모더놀러지'란 1924년 일본 와세다대학 건축학과 교수 곤 와지로(今和次郎)가 고고학에 빗대어 만들어낸 신조어다. 그는 1920년대 초에 세 번, 1944년 다시 한 번 네 차례 식민지 조선을 방문하여 민가, 건물, 공장 등 건축물 안팎을 스케치하고 사진을 찍어 기록으로 남겼다. 과거의 유적이나 역사적 유물을 연구 대상으로 삼은 고고학과는 달리, 고현학이란 근대나 현대의 풍속, 경향, 유행, 세태 등을 조사하고 기록하고 연구하는 학문을 가리킨다.

박태원은 곤 와지로가 민속학이나 문화인류학적 관점에서 수행한 작업을 소설의 형식을 빌려 시도하였다. 곤이 스케치북과 카메라를 수단으로 삼았다면 박태원은 만년필과 대학 노트를 수단으로 삼았다. 언뜻 무의미해 보이는 산책이나 배회에 대하여 구보는 소설가에게는 온갖 지식이 필요하다고 설명한다. 경성역에 도착한 그는 "그곳에는 마땅히 인생이 있을 게다. 이 낡은 서울의 호흡과 또 감정이 있을 게다. 도회의 소설가는 모름지기 이 도회의 항구와 친해야 한다"(소: 114)고 밝힌다. 자신의 배회를 육지 산책이 아닌 항해에 빗대는 것이 흥미롭다면 흥미롭다. 지금까지 임화(林和)와 최재서를 비롯한 몇몇 비평가가 이 작품을 흔히 '세태소설'이라고 부른 것은 그 때문이다. 실제로 이 소설은 한국 문학사에서 세태소설의 한 장을 화려하게 장식한다. 주인공 구보는 얼핏 뚜렷한 목적 없이 경성 시내를 만보하면서 당시의 거리 모습과 건물들, 그 밖의 근대 문명을 상징하는 대상을 독자에게 보여 준다. 고현학이라는 관점에서 보면 『천변풍경』도 「소설가 구보씨의 일일」과 크게 다르지 않다.

그런데 구보의 산책이나 만보 또는 배회는 흔히 운동 삼아 걷는 것과는 차원이 다르다. 구보의 행동은 '산책자'라는 용어로 담아내기에는 부족하고 차라리 프랑스어 '플라뇌르(flâneur)'의 개념에 훨씬 더 가깝다. 이 용어는 근대성을 받아들이는 비교적 풍요로운 도회인으로서 당대의 산업 사회를 날카롭게 관찰하려는 목적 외에 뚜렷한 목적이 없이 사회로부터 떨어져 나와 도시를 배회하는 사람을 일컫는다. 19세기 파리 거리에서 흔히 볼 수 있던 문학 유형이다. 발터 벤야민은 샤를 보들레르의 작품을 분석하면서 이 유형을 20세기 학문의 관심 영역으로 삼았다.[8]

보들레르는 플라뇌르를 '도시의 거리를 산책하는 신사'로 규정지으면서 도시를 이해하고 참여하고 묘사하는 데 핵심 역할을 한다고 지적하였다. 그에 따르면 플라뇌르는 도시의 역동적 생활의 참여자인 동시에 초연한 관찰자로서의 이중적 역할을 수행한다. 한편 벤야민은 플라뇌르의 특성을 참여자보다는 오히려 방관자에서 찾았다. 그에게 플라뇌르는 차라리 아마추어 탐정에 가깝다. 더구나 플라뇌르는 도시와 자

8 Charles Baudelaire, *The Painter of Modern Life* (New York: Da Capo Press, 1964); Walter Benjamin, *Selected Writings: Vol. 4, 1938~1940*, trans. Edmund Jephcott, ed. Howard Eiland and Michael W. Jennings (Cambridge: Belknap Press of Harvard University Press, 2003), pp. 18~39.

본주의의 소외를 보여 주는 기표이기도 하다. 벤야민은 시장 자본주의가 소비 자본주의로 바뀌면서 플라뇌르도 종말을 맞게 되었다고 주장한다. 벤야민의 뒤를 이어 '플라뇌르'는 학자들이나 예술가, 작가들을 가리키는 중요한 상징이 되다시피 하였다. 그래서 일본에서는 일반적인 산보자나 산책자와 구별 짓기 위하여 '유호샤(遊歩者)'라는 신조어를 사용해 왔다.

구보는 보들레르보다는 벤야민이 말하는 플라뇌르의 개념에 좀 더 가깝다. 구보는 식민지 수도 경성이라는 도회의 참여자보다는 방관자로서의 역할이 더 크기 때문이다. 그러나 얼핏 보면 피상적으로 그냥 스치고 지나가는 것 같지만 실제로 그는 돋보기로 사물을 들여다보듯이 경성의 풍경을 예리하게 관찰한다. 서술 화자는 "구보는 차를 마시며, 문득, 끽다점에서 사람들이 취하는 음료를 가져, 그들의 성격, 교양, 취미를 어느 정도까지 알 수 있을 것이 아닌가, 하고 생각하여 본다"(소: 118)고 말한다. 고객들이 마시는 음료에서 그들의 성격과 교양, 취미까지 알아차린다는 것은 웬만한 통찰력이 아니고서는 불가능하다.

흥미롭게도 건축과 도시 계획을 전공한 조이담은 박태원 소설의 고현학적 측면에 주목하여 『구보씨와 더불어 경성을 가다』(2005, 2009)라는 책을 출간하여 관심을 끌었다. 조이담은 이 책을 두 부분으로 나누어 전반부에서는 '경성 만보객: 신(新)박태원 전'을 다루고, 후반부에서는 「소설가 구보씨의 일일」의 원문을 소개하면서 등장인물과 사건, 주인공의 동선, 장소, 건물 등에 관한 주해와 사진과 그림 자료를 실었다. 특히 이 책의 전반부는 1919년부터 「소설가 구보씨의 일일」이 출간되기 직전인 1934년까지 경성을 중심 배경으로 한 실명소설로서 말하자면 이 작품의 전사(前史)에 해당한다.[9]

좁게는 조이스 문학, 좀 더 넓게는 모더니즘 문학에서 도시가 차지하는 몫이 생각보다 무척 크다. 도시는 근대성의 조건을 가장 잘 드러낼 뿐 아니라 근대성을 가장 강렬하게 경험할 수 있는 공간이다. 모더니즘을 정의하는 방법이 한두 가지가 아니지만 도시 환경과 타협하려는 노력으로 간주하는 것도 그러한 방법 중 하나다. 이러한 타협은 흔히 사회경제적 관계를 수반한 도시 공간의 재현을 통하여 이루어지거나 도시 경험의 리듬과 불연속성에 적응하려는 형식의 혁신을 통하여 이루어진다. 그러므로 모더니즘 전통에 서 있는 문학 작품이라면 어쩔 수 없이 현대 도시에 뿌리를 둘 수밖에 없다. 이 점에서 「소설가 구보씨의 일일」은 조이스의 『더블린 사람들』이나 『젊은 예술가의 초상』 또는 『율리시스』와 아주 비슷하다. 세계문학을 통틀어 조이스와 박태원만큼 이른바 '장소 의식'을 그렇게 뚜렷하게 드러내는 작가도 아마 찾아보기 쉽지 않을 것 같다.

더구나 조이스와 박태원의 작품에서 도회는 단순히 지리적 공간 이상의 의미가 있다. 모더니즘 문학에서 도회는 작중 인물들의 정신세계를 엿볼 수 있는 내면 공간이다. 그렇다면 조이스의 주인공 스티븐 디덜러스나 박태원의 주인공 구보의 산책이나 배회는 단순히 지리적 공

9 조이담 · 박태원, 『구보씨와 더불어 경성을 가다』 개정판 (서울: 바람구두, 2009). 한편 전정은의 서울대학교 환경대학원 석사학위 논문 「문학 작품을 통한 1930년대 경성 중심부의 장소성 해석: 박태원의 「소설가 구보씨의 일일」을 바탕으로」 (2012)도 문학지리학적 관점에서 주목해 볼 만하다.

간 이동에 그치지 않고 더 나아가 심리적 여정이요 정신적 여행으로서의 의미가 있다. 조이스는 프랭크 버전에게 "나는 더블린을 아주 완벽하게 묘사하여 만약 이 도시가 지구에서 갑자기 사라진다면 내 책을 보고 이 도시를 다시 건설할 수 있게 될지 모른다"[10]고 말하였다. 그러나 조이스가 작품을 쓰면서 더블린 지도를 책상 위에 펴놓고 지리적 사실을 확인한 것은 사실이지만 그렇다고 그의 말을 액면 그대로 받아들일 것은 못 된다. 그는 어디까지나 상상력에 의존하는 소설가일 뿐 도시 연구가나 지리학자가 아니기 때문이다. 어떤 의미에서 조이스의 더블린은 베니딕트 앤더슨이 말하는 '상상의 공동체'에 가깝다.

여기서 한 가지 주목할 것은 박태원은 구보의 입을 빌려 '경성'이라는 말 대신 굳이 '서울'이라는 용어를 사용한다는 점이다. '한양 → 경성 → 서울'의 단계에서 그는 경성을 건너뛰고 한양에서 곧바로 서울로 진입한다. 그가 산책하는 공간은 구체적인 물리적 공간이라기보다는 오히려 상상력이 빚어낸 허구적 공간일 가능성을 내비치는 대목이다. 심지어 조이스의 작품에서 중심 배경으로 등장하는 더블린도 아일랜드 수도를 가리키는 지리적 명칭이라기보다는 작가가 창안해 낸 상상의 공간으로 보아야 한다고 주장하는 학자들이 있다. 구보는 경성 시내를 산보하는 동안 여러 번 자신이 행복하지 않다고 밝힌다. 심지어 그는 중이가답아(中耳可答兒), 즉 중이염과 약시(弱視)를 비롯하여 신장염, 만성 위확장증, 신경쇠약 등에 걸려 있다고 진단한다. 이렇게 구보가 자신의

10 Frank Budgen, *James Joyce and the Making of* Ulysses *and Other Writings* (London: Oxford University Press, 1972), p. 69.

질병을 밝히는 것은 그의 산책이나 만보가 심리적 또는 정신적 여정과 관계가 있음을 뒷받침한다.

모더니즘 문학의 도회와 관련하여 마이클 베그널은 "조이스의 소설은 장소의 복잡성에 뿌리를 두고 있다. 그에게 공간은 도시 공간(도회)을 의미하고, 그의 상상력을 자극하는 것은 가까이서 지켜본 근대 생활의 활기에 넘치는 일상이었다"고 지적한다. 그러면서 그는 계속하여 "다른 한편 조이스는 정신의 공간에 관심을 기울였고, 이러한 외적-내적 긴장은 그의 작품의 복잡한 플롯에 핵심적 역할을 한다"고 주장한다.[11] 한편 구보가 집을 나선 지 얼마 되지 않아 소설의 서술 화자는 "그는 어딜 갈까, 생각해 본다. 모두가 그의 갈 곳이었다. 한 군데라 그가 갈 곳은 없었었다"(소: 94)고 말한다. 갈 곳이 도처에도 있다는 것은 곧 마땅히 갈 곳이 없다는 말과 같다. 구보의 여정이 지리적인 것 못지않게 정신적이요 심리적이라는 것을 다시 한 번 내비치는 대목이다.

문학 작품에서 지리적 또는 공간적 배경 못지않게 중요한 것이 시간적 배경이다. 조이스의 작품과 박태원의 작품은 제국주의의 식민지 지배를 받던 시기를 시간적 배경으로 삼는다. 아일랜드는 12세기부터 무려 800여 년 동안 영국의 침략과 지배를 받았다. 1916년 부활절 봉기와 영국-아일랜드 전쟁을 거쳐 1921년 영국-아일랜드 조약을 체결함으로써 아일랜드 32개 주 가운데 남부 26개 주가 아일랜드 자유국으

11 Michael Begnal, "Introduction," *Joyce and the City: The Significance of Place*, ed. Michael Begnal (Syracuse: Syracuse University Press, 2002), p. xv. 조이스와 도시에 대해서는 이 책 외에 Jack Morgan, *Joyce's City: History, Politics, and Life in* Dubliners (Columbia: University of Missouri Press, 2015) 참고.

로 독립하였다. 1922년 다시 아일랜드 내전을 겪은 뒤 아일랜드는 마침내 영국 연방에서 탈퇴한 후 아일랜드 공화국으로 완전하게 독립하였다. 그러나 아일랜드 섬에서 9개 주로 이루어진 얼스터 지역 중 6개 주 북아일랜드는 아직도 영국령으로 남아 있다. 800여 년 동안 직간접으로 영국의 지배를 받아 오면서 아일랜드인들은 '게으르고 음흉하며 술에 취해 사는 흰털 원숭이'라고 묘사되기 일쑤였다.

박태원의 『천변풍경』과 「소설가 구보씨의 일일」에서 일어나는 사건은 1930년대의 일제강점기를 배경으로 한다. 구보의 분주한 발걸음에 가려 잘 드러나 보이지는 않지만 좀 더 자세히 보면 곳곳에서 일제의 식민주의 흔적을 찾을 수 있다. 가령 구보는 메이지 시대의 시인 이시카와 다쿠보쿠(石川啄木), 메이지 시대에서 쇼와 시대에 걸쳐 활약한 소설가 요시야 노부코(吉屋信子), 요시야와 같은 시대에 활약한 소설가 아쿠타가와 류노스케, 근대 일본 시인 사토 하루오(佐藤春夫) 등을 언급하며 식민지 조선의 작가들을 떠올린다. 소설의 화자는 "가난한 소설가와, 가난한 시인과 어느 틈엔가 구보는 그렇게도 구차한 내 나라를 생각하고 마음이 어두웠다"(소: 147)고 고백한다. 여기서 '가난한'이나 '구차한'은 정신적 빈곤에 그치지 않고 물질적 빈곤을 의미한다. 또한 "너무나, 너무나, 빈약한 옛 궁전"과 비교가 되는 경성부청 건물, 조선총독부 건물, 일본인의 상업 중심지 혼마치, 일본인이 종로통에서 경영하는 엔젤카페 등은 일본 제국주의를 쉽게 상기시키는 기표다.

1929년 미국 뉴욕의 월스트리트 붕괴로 촉발된 세계 경제 대공황의 어두운 터널을 지나면서도 식민지 조선에서는 황금광 열풍이 들불처럼 번졌다. 경성역에 도착한 구보는 역 구내에 빈둥거리는 사내들을 보고 금광 브로커임이 틀림없다고 생각한다. 구보는 당시 한반도가 황금광에 들떠 있는 데 적잖이 절망한다. 그런데 여기서 그가 말하는 황금광은 황금을 캐는 광산인 '黃金鑛'이 아니라 황금에 미친 '黃金狂'이다. 그는 "황금을 찾아, 황금을 찾아, 그것도 역시 숨김없는 인생의, 분명히, 일면이다. [···] 황금광 시대. 그들 중에는 평론가와 시인, 이러한 문인들조차 끼어 있었다"(소: 116~117)고 말한다. 또한 그는 "서정 시인조차 황금광으로 나서는 때다"(소: 118쪽)라고 절망감을 토로한다. 그러면서 구보는 고도의 금광열은 오히려 조선총독부 청사 광무과 열람실에 찾아볼 수 있다고 지적한다. 실제로 이 무렵 총독부가 앞장서서 금광을 독려하였다.

시대적 배경과 관련하여 박태원은 「소설가 구보씨의 일일」에서 흥미로운 에피소드 한 토막을 소개한다. 전차를 타고 가던 구보는 종묘 근처에서 주머니에서 동전 다섯 닢을 꺼내 손바닥 위에 올려놓는다. 소설의 화자는 "그것들은 공교롭게도 모두가 뒤집혀 있었다. 大正 12년. 11년. 11년. 8년. 12년. 대정 54년—, 구보는 그 숫자에서 어떤 한 개의 의미를 찾아내려 들었다"(소: 99)고 말한다. 그러나 구보는 곧 그것이 '부질없는 일'로 치부하는 데다 설령 그것이 무슨 의미가 있다고 하더라도 "그것은 적어도 '행복'은 아니었을 게다"(소: 99)라고 말하면서 의미를 찾는 작업을 포기해 버린다.

그러나 좀 더 생각해 보면 박태원은 이 숫자를 임의로 적은 것이 아니라 그 나름대로 어떤 상징적 의미를 부여하여 적었음을 알 수 있다. 다이쇼 8년은 1919년이고, 11년은 1922년이며, 12년은 1923년이다. 두말할 나위 없이 1919년은 기미년 독립만세운동이 일어난 해고, 일제가 파고다공원에 '승리'라는 요릿집을 운영하도록 허가하여 '요릿집 공원'의 이미지로 독립운동의 의미를 희석시킨 해다. 1922년은 종로의 화신상회가 대형 백화점으로 전성기를 누리던 해다. 그러나 1930년 남촌 혼마치에 미쓰코시(三越) 백화점이 들어서면서 화신상회는 경영이 악화되어 점점 내리막길을 걷기 시작하였다. 1923년은 경성의 심장이라고 남대문역이 경성역으로 이름을 바꾼 해기도 하다.

그런데 문제는 소설 화자가 구보가 꺼낸 동전 중에는 '다이쇼 54년'에 발행한 동전도 있다는 데 있다. 다이쇼 시대가 시작한 것이 1912년이므로 다이쇼 54년은 1965년에 해당한다. 일본 역사에서 가장 짧은 연호로 기록되는 다이쇼 시대는 1926년 12월에 마감하고 1927년부터는 쇼와(昭和) 시대로 넘어간다. 그러므로 '다이쇼 54년'은 시대착오적인 해가 아닐 수 없다. 동전 다섯 닢의 발행 연도를 합하면 54가 되므로 일종의 언어적 유희로 볼 수도 있다. 그렇다면 박태원은 왜 굳이 이렇게 시대착오적인 연호를 언급할까? 일제 식민주의의 폐해는 한반도가 일제의 굴레에서 벗어난 1945년 이후에도 여전히 계속될 것이라고 말하고 싶었는지 모른다. 그것이 아니라면 1930년대 조선의 피식민지 주민이 겪는 고통은 공간을 초월한 인류의 보편적 경험으로 간주하기 위해서일 것이다.

자전적 예술가소설

박태원은 『천변풍경』과 「소설가 구보씨의 일일」을 창작하면서 장르의 측면에서도 제임스 조이스한테서 받은 영향이 크다. 소설 장르에서 보면 박태원의 작품은 좁게는 예술가소설(퀸스틀러로만), 좀 더 넓게는 성장소설(빌둥스로만)에 해당한다. 18세기 말엽에서 19세 초엽에 걸쳐 독일에서 크게 유행한 예술가소설은 성장소설의 하부 유형으로 나이 어린 주인공이 어떻게 온갖 역경을 극복하고 예술가로 성장하는지를 중심 주제로 삼는다. 예술가소설은 예술가가 천재로 존중받던 낭만주의와 맞물려 있다. 독일에서 예술가소설의 계보는 요한 볼프강 폰 괴테의 『빌헬름 마이스터의 수업시대』(1796)에서 시작하여 고트프리트 켈러의 『녹색의 하인리히』(1855)를 거쳐 토마스 만의 『토니오 크뢰거』(1903)로 이어진다.

영문학에서는 조이스가 『젊은 소설가의 초상』에서 본격적인 예술가소설을 창작하였다. 이 작품에서 그는 주인공 스티븐 디덜러스가 '종교의 사제'로서의 소명을 권유받지만 어떻게 '예술의 사제'가 되려고 결심한 뒤 예술의 메카 파리로 떠나는지 그 과정을 다룬다. 이 작품의 속편이라고 할 『율리시스』도 넓은 의미에서는 예술가소설로 보아 크게 틀리지 않는다. 파리에서 어머니의 사망 소식을 듣고 더블린에 돌아온 스티븐은 모색과 방황을 거듭하며 예술가로서의 길을 향하여 조금씩 발을 내딛는다.

『젊은 예술가의 초상』에서 스티븐이 예술의 사도가 되기로 결심하는 결정적인 계기는 해변을 산책할 때 일어난다. 아버지의 권유를 뿌리치고 태양을 향하여 너무 가깝게 날라 바다에 추락한 이카로스의 운명을 실감하는 스티븐은 종교의 사제보다는 예술의 사제가 되기로 결심한다. 이 점에서 주인공의 이름은 자못 상징적이다. '스티븐'은 기독교 최초의 순교자인 성 스테파노의 이름이고, '디덜러스'는 그리스 신화에 등장하는 장인 다이달로스의 영어식 표기다. 그러므로 '스티븐 디덜러스'라는 이름에는 예술을 위해서라면 기꺼이 순교하겠다는 비장한 결의가 담겨 있다.

이렇게 그리스 신화의 명장 다이달로스로서의 길을 자기 소명으로 받아들이기로 마음먹은 스티븐은 행복에 넘쳐 홀로 바닷가를 거닌다. 그 유명한 이피퍼니(顯現) 장면에서 스티븐은 해변에서 한 소녀의 모습을 발견하자 갑자기 돌아서서 미친 듯이 노래 부르며 바다를 향하여 걸어간다.

> 그녀의 이미지가 그의 영혼으로 영원히 들어왔고, 어떤 말로도 그가 느끼는 황홀경의 거룩한 침묵을 깨뜨릴 수 없었다. 그녀의 눈은 그를 불렀고 그의 영혼은 그 부름에 날뛰었다. 살고, 실수하고, 넘어지고, 승리하고, 삶에서 삶을 재창조하는 것! 야성의 천사가, 인간의 젊음과 아름다움을 지닌 천사가, 삶의 아름다운 궁정에서 보내온 사절(使節)이 그에게 나타나, 황홀한 순간에 모든 과오와 영광의 길로 이르는 문들을 그에게 활짝 열어젖혀 보여주었다. 가자 가자 가자 가자![12]

12 James Joyce, *A Portrait of the Artist as a Young Man: Centennial Edition* (New

스티븐의 예술가적 소명과 관련하여 위 인용문에서 가장 눈길을 끄는 대목은 밑줄 친 구절이다. 성인이 아닌 예술가는 삶 속에서 때로는 실수도 범하고 죄를 짓고 넘어지기도 하고 때로는 승리하면서 삶을 재료로 삼아 또 다른 삶을 재창조하는 사람이다. '가자!'라는 말을 네 번이나 되풀이하는 마지막 문장에서는 예술을 자기의 소명으로 삼겠다는 주인공의 단호한 결의를 읽을 수 있다.

조이스는 아일랜드의 정치적 자유와 독립을 옹호하면서도 아일랜드 민족주의에는 회의적인 태도를 보였다. 스티븐은 조이스처럼 아일랜드의 고유한 민족 문화와 언어를 부활시키자는 민족주의적 운동을 거부한다. 친구들한테서 개인주의자라는 비난을 들으면서도 그는 끝까지 민족문화 단체가 추진하는 연판장에 서명하지 않는다. 진정한 예술가에게 필요한 것은 오직 자유로운 영혼이라고 생각하기 때문이다. 스티븐에게 정신이 아무런 구속을 받지 않은 자유로운 상태에서 자신의 감정과 사상을 창조적으로 표현하는 것이야말로 예술가가 지향해야 할 궁극적 목표다. 스티븐은 그러한 목표를 위해서라면 모든 것을 기꺼이 희생할 각오가 되어 있다. 그래서 그는 "다가오라, 삶이여! 나는 체험의 현실을 몇 백만 번이고 부닥쳐 보기 위해, 그리고 내 영혼의 대장간에서 아직 창조되지 않은 내 민족의 양심을 벼리어내기 위해 떠난다"[13]고 부르짖는다.

스티븐이 참다운 예술가로 성장하려면 무엇보다도 먼저 여러 장애

York: Penguin, 1977), p. 159.

13 위의 책, 235쪽.

물을 극복해야 한다. 그러한 장애물 중에서도 그에게 가장 위협적인 것은 가족과 종교와 국가 또는 민족이다. 가족은 가족애라는 이름으로, 종교는 가톨릭의 이름으로, 국가나 민족은 민족주의 운동의 이름으로 그를 괴롭힌다. 조이스에게 조국 아일랜드는 족쇄와 같다. 『젊은 예술가의 초상』에서 그는 스티븐의 입을 빌려 "이 나라에서는 한 사람의 영혼이 탄생할 때 그물이 그것을 뒤집어 씌워 날지 못하게 하지. 국적, 국어, 종교는 하나의 그물이거든"이라고 잘라 말한다. 마지막 장면에서 스티븐은 친구 크랜리에게 "나의 가정이든 나의 조국이든 나의 교회든, 절대로 섬기지 않겠어. 그리고 나는 어떤 삶이나 예술 양식을 빌려 내 자신을 가능한 한 자유로이, 가능한 한 완전하게 표현하려고 노력할 것이며, 내 자신을 방어하기 위해라면 내가 허용할 수 있는 무기인 침묵과 유배와 간계를 이용할 거야"[14]라고 밝힌다.

박태원은 「소설가 구보씨의 일일」은 제목에서도 드러나듯이 '구보'라는 소설가를 주인공으로 삼는 전형적인 예술가소설이다. 고현학의 연구자로서 그는 한 손에는 안경과 더불어 근대의 기호라고 할 단장을 들고 다른 손에는 산책하면서 보고 느끼는 것을 기록해 두는 대학 노트와 만년필을 늘 들고 다닌다. 집에 있을 때는 거의 언제나 책상 위에 원고지를 펴놓고 앉아 있다. 비단 이 작품뿐 아니라 여러모로 작가 이상을 떠올리게 하는 하웅이라는 인물이 등장하는 「애욕」을 비롯하여 주인공이 구보임이 틀림없는 「거리」, 주인공이 찻집을 경영하는 「방란장(芳蘭莊) 주인」, 문학소녀와 문학청년이 등장하는 「골목 안」, 박태원의

14 위의 책, 229쪽.

자녀 이름이 실명 그대로 나오는 「음우(淫雨)」, 소설을 써서 생계를 유지하는 작가가 등장하는 「재운(財運)」 같은 단편소설에서도 시인이나 소설가 또는 화가가 등장한다.

박태원은 「소설가 구보씨의 일일」이 자전적 요소에 기초한 예술가 소설이라는 사실을 강조하려고 서양과 일본의 유명한 작가는 말할 것도 없고 식민지 조선의 고전과 근대 작가들과 그들의 작품을 자주 언급한다. 가령 앙드레 지드와 제임스 조이스, 스탕달, 에리히 레마르크 같은 작가들이 좋은 예다. 한국문학으로 좁혀보면 구보가 아홉 살 때 어른들의 눈을 피해 가면서 읽었다는 고전소설 『춘향전』을 비롯하여 최서해(崔曙海)의 「홍염(紅焰)」(1927), 최독견(崔獨鵑)의 『승방비곡(僧房悲曲)』(1929), 윤백남(尹白南)의 『대도전(大盜傳)』(1930, 1937), 정지용이 스물두 살 때 교토의 도시샤대학에 유학할 무렵 쓴 「가모가와(鴨川)」, 종로1가에 제비다방을 운영하던 이상의 작품 등을 언급한다. 구보는 경성 시내를 산책하던 중 낙랑파라에서 벽에 붙어 있는 「도구유별전(渡歐留別展)」 포스터가 붙어 있는 것을 바라본다. 길진섭(吉鎭燮)의 소품전이 이곳에서 열린 것으로 보아 그가 유럽으로 떠나는 것을 기념하는 이 전시회의 주인공은 아마 길진섭이거나 이 카페의 주인이요 화가인 이순석(李順石)일 가능성이 크다.

물론 그렇다고 '구보'는 한낱 작중인물일 뿐 작가 박태원과 동일한 일물로 간주해서는 안 된다. 여러모로 작가와 닮은 것은 사실이지만 그는 어디까지나 작중인물 중 한 사람으로 이 작품에서 중심적 인물로 등장할 따름이다. 비록 작가가 작품에 직접 등장하더라도 그는 늘 가면을 쓰고 등장하게 마련이다. 여기서 잠깐 미국의 두 수사학자 웨인 부스와 시모 채트먼의 서사 이론을 살펴보는 것이 좋을 것 같다. 부스는 일찍이 '암시된 저자'의 개념을 도입하였고, 채트먼은 이 이론을 좀 더 정교하게 다듬어 구체적으로 다음과 같이 서술 소통 도표를 만들었다.

> 실제 저자(author) → 암시된 저자(implied author) → 서술자(narrater) → 피서술자(narratee) → 암시된 독자(implied reader) → 실제 독자(reader)[15]

위 도표에서 '서술자'와 '피서술자' 사이에 텍스트(작품)가 놓여 있다. 즉 텍스트는 서술자 또는 서술 화자가 없이는 피서술자에게 전달될 수 없다. '암시된 저자'란 비록 작품의 실제 저자는 아니지만 독자가 작품을 읽으면서 만나는 저자를 말한다. 마찬가지로 '암시된 독자'는 텍스트를 실제로 읽는 독자는 아니지만 '암시된 저자'가 텍스트를 창작하면서 머릿속으로 상상하는 이상적인 독자다. 위 도표에 따르면 소설가 구보씨는 『천변풍경』과 「소설가 구보씨의 일일」을 비롯한 여러 소설 작품을 창작한 실제 저자 박태원이 아니라 어디까지나 박태원이 작품을 읽는 독자가 만나기를 기대하는 '암시된 저자'로 보아야 할 것이다.

---

15 Seymour Chatman, *Story and Discourse: Narrative Structure in Fiction and Film* (Ithaca: Cornell University Press, 1978), p. 151; Wayne C. Booth, *The Rhetoric of Fiction*, 2nd ed. (Chicago: Chicago University Press, 1983), pp. 73~77.

자기반영적 메타픽션

박태원이 작품을 창작하면서 제임스 조이스의 작품에서 자전적 예술가소설 장르의 영향을 받았다면 그는 조이스의 작품에서 자기반영적 메타픽션의 영향을 받기도 하였다. 실제로 예술가소설과 자기반영적 메타픽션은 서로 깊이 연관되어 있다. 메타픽션은 흔히 크게 두 유형으로 나뉜다. 한 유형은 과거에 쓰인 허구적 작품을 새로운 관점에서 조명한다. 지금까지 논의되어 온 주제와는 다른 새로운 주제를 소개하고 기존의 자료에 새로운 빛을 던져준다. 이 유형의 메타픽션에서는 흔히 기존의 작품을 '다시 쓰는' 형식을 취한다. 적어도 이 점에서 이 유형의 메타픽션은 상호텍스트성과 깊이 관련되어 있다.

두 번째 유형의 메타픽션에서는 창작 과정에 주목하여 저자와 그가 창조하는 텍스트 사이의 불완전한 관계에 초점을 맞춘다. 다시 말해서 작가가 창작하고 독자가 읽는 작품은 현실 세계의 반영이나 재현이 아니라 어디까지나 언어라는 매체를 사용하여 만들어낸 인공적 구성물에 지나지 않는다는 사실을 끊임없이 상기시킨다. 그러므로 본질적으로 자기반영적이고 반어적 특성이 있는 메타픽션은 그 자체의 인위성과 허구성에 주목한다.

그런가 하면 이와는 조금 다른 차원에서 현실의 존재론적 진실에 의문을 품는 '위반적 메타픽션'과 과거 역사에 의문을 제기하는 '역사기술적 메타픽션'으로 나누기도 한다.[16] 어느 유형의 메타픽션이든 문학

16 김욱동, 『포스트모더니즘: 문학/예술/문화』 개정판(서울: 민음사, 2004), 229~237쪽;

작품이란 현실의 객관적 반영이나 재현이 아니라 언어적 구성물에 지나지 않는 간주한다는 점에서 서로 일치한다. 이러한 상황에서 진실과 거짓, 역사와 문학, 사실과 허구 사이의 경계는 허물어질 수밖에 없다.

영문학사에서 조이스의 『율리시스』는 흔히 20세기 대표적인 메타픽션으로 일컫는다. 자크 데리다는 "조이스가 없었더라면 아마 해체주의도 없었을 것이다"[17]라고 잘라 말한 적이 있다. 여기서 데리다가 해체주의를 언급하는 것은 포스트모더니즘이나 포스트구조주의의 중심 이론인 해체주의가 자기반영적 메타픽션과 깊이 관련되어 있기 때문이다. 호메로스의 서사시 『오디세이아』의 영웅을 1904년 더블린의 광고 세일즈맨으로 재구성한다는 점에서 조이스의 작품은 '역사기술적 메타픽션'에 해당한다. 조이스는 이 기법을 빌려 20세기 현대 사회에서 영웅의 개념을 새롭게 정의 내린다.

한편 『율리시스』는 그동안 사용해 온 영어의 모든 문장 스타일을 흉내 내면서 동시에 그것을 풍자한다는 점에서도 자기반영적 메타픽션으로 볼 수 있다. 조이스는 소설 장르와 언어 문제에 초점을 맞춤으로써 작가의 창작 과정과 작품의 내용과 형식의 관계를 새롭게 탐구하려고 한다. 조이스의 뒤를 따라 진 리스는 『와이드 사가소 바다』(1966)에서 샬럿 브론테의 『제인 에어』(1947)에서 다락방에 갇힌 크레올 출신의

김욱동, 『포스트모더니즘』(서울: 연세대학교출판부, 2008), 100~114쪽 참고.

17 Ana–Maria Deliu, "Transgressive Metafiction: Deconstructing Worlds in Joyce's *Ulysses* and Barth's *Lost in the Funhouse*," *Metacritic Journal for Comparative Studies and Theory* 2: 2 (December, 2016): 145에서 재인용. 데리다는 이 논문을 "Deconstructive Criticism of Joyce"라는 제목으로 1984년 독일 프랑크루르트에서 열린 9차 국제 제임스 조이스 심포지엄에서 처음 발표하였다.

'미친 여성' 버서 메이슨의 이야기를 재구성한다. 이와 마찬가지로 존 가드너는 『그렌델』(1971)에서 앵글로색슨의 서사시 『베오울프』를 괴물의 관점에서 새롭게 조명하여 고독한 철학적 인물로 새롭게 탄생시킨다.

톰 스토파드도 마찬가지여서 『로젠크란츠와 길덴스턴은 죽었다』(1967)에서 윌리엄 셰익스피어의 『햄릿』에서 기껏 조연 인물밖에 되지 않던 두 인물을 중심인물로 다룬다. 이 점에서는 밀란 쿤데라와 마이클 커닝햄도 크게 다르지 않다. 굳이 먼데서 그 예를 찾을 필요도 없이 최인훈(崔仁勳)의 연작소설 「소설가 구보씨의 일일」(1972)과 주인석(朱仁錫)의 『검은 상처의 블루스: 소설가 구보씨의 하루』(1995)는 바로 박태원의 작품과 상호텍스트적 관계를 맺고 있다. 막상 작품을 읽지 않아도 제목에서부터 최인훈과 주인석의 작품이 박태원의 작품을 패러디한다는 사실을 알 수 있다.

박태원은 「수염」은 자기반영적 메타픽션을 보여 주는 좋은 예다. 이 작품에서 서술 화자요 주인공인 '나'는 수염을 기르던 경험을 적는다. 마지막 장면에서 '나'는 "이것으로 이 이야기를 마치기로 한다. 그러나 붓을 놓기 전에 한마디 할 것이 있다. 그것은 '신'의 '존재'니, '기적'이니 하고 말한 것에 대하여 그것을 취소하려는 것이다"(소: 19)라고 말한다. 여기서 화자는 이렇게 사족 비슷한 진술을 언급할 필요가 없는데도 굳이 작품을 끝내기 전에 '한마디' 덧붙인다. 그렇게 함으로써 그는 독자에게 이 작품이 현실을 있는 그대로 재현하거나 모방하거나 반영한 것이 아니라 소설적 상상력을 발휘하여 언어를 표현 매체로 삼아 만들어 낸 산물이라는 점을 상기시킨다.

박태원의 「낙조」도 자기반영적 메타픽션으로 볼 수 있다. 이 작품의 주인공 최주사는 지금은 몰락하여 경성 일대를 돌아다니며 약을 팔고 외상으로 술이나 얻어먹는 처지로 전락하였다. 그러나 젊은 시절 그는 첫 번째 관비 일본 유학생으로 선발되어 박영효(朴泳孝)의 인솔 아래 도쿄에 가 게이오기주쿠(慶應義塾)에 유학하면서 일본 근대화를 이끈 후쿠자와 유키치(福澤諭吉)를 면담한 당대의 지식인이었다. 그런데 이 노인에게 흥미를 느끼는 작품의 화자 '나'는 최주사 앞에서는 '나는' 하고 말하는 것을 삼가해야 한다고 밝힌다.

> 누구든 그의 앞에서 '나는'이라든지 '내가'라든지 하고 말하면, 이 노인은 장난꾼 같은 웃음을 띠는 일도 없이 "나는 誰也오?" 하고 타박을 준다. 까닭에 나도 독자들이 최 주사의 버릇을 본뜨기 전에 '이 이야기의 作者인 나는' 하고 주석을 붙이기로 한다.—내일 이 노인을 따라서 동막으로 해서 양화도로 해서 염창을 들르려면 들러서 영등포로 돌아 들어올 작정이다. (소: 52)

밑줄 친 문장에서 엿볼 수 있듯이 소설의 화자는 자신이 독자들에게 최 주사에 관한 이야기를 전달하고 있다는 사실을 일깨운다. 그렇지 않고서야 그가 굳이 나서 이렇게 애써 '주석'을 붙일 필요가 없을 것이다. 화자는 두 쪽 뒤에 가서도 "독자들 중에 셈 빠른 이는 이제부터도 삼십 분가량은 최 주사에게 별반 근심 걱정이 없을 것을 알라"(소: 54)고 살짝 귀띔해 준다.

메타픽션은 「수염」이나 「낙조」보다는 명시적으로 드러나 있지는 않지만 「소설가 구보씨의 일일」에서도 엿볼 수 있다. 박태원은 이 작품에서 드러내놓고 글쓰기 행위에 주목하지는 않는다는 점에서 '유사(類似) 메타픽션'으로 부를 수 있을 것이다. 그러나 구보는 산책이나 배회 중 보거나 느낀 것을 공책에 적는다. 예를 들어 엔젤카페에서 그는 두 여성 종업원한테서 다변증(多辯症)에 관한 말을 듣자 갑자기 작가로서의 직업의식을 깨닫는다.

> 구보는 속주머니에서 만년필을 꺼내어 공책 위에다 초한다. 작가에게 있어서 관찰은 무엇에든지 필요하였고, 창작의 준비는 비록 카페 안에서라도 하여야 한다. 여급은 온갖 종류의 객을 대함으로써, 온갖 지식을 얻으려 노력하였다—. 잠깐 펜을 멈추고, 구보는 건너편 탁자를 바라보다가, 또 가만히 만족한 웃음을 웃고, 펜 잡은 손을 놀린다. 벗이 상반신을 일으켜, 또 무슨 궁상맞은 짓을 하는 거야—, 그리고 구보가 쓰는 대로 그것을 소리 내어 읽었다. (소: 153)

물론 이 장면에서 구보는 작품을 창작하는 것은 아니다. 다만 앞으로 작품에 쓸 소재를 만년필과 공책을 꺼내 메모를 할 뿐이다. 그가 이렇게 메모한 작품 소재는 그의 상상력에서 발효 과정을 거쳐 완성된 문학 작품으로 탄생하게 될 것이다. 조이스는 예술가가 소재로 예술 작품을 창작하는 작업을 가톨릭교회의 성찬식에서 밀 빵과 포도주가 각기 예수의 몸과 피로 바뀌는 성변화(聖變化)에 빗대었다. 그렇다면 구보는 지금 엔젤카페에서 성변화를 위한 준비 작업을 하는 셈이다. 앞에서 언급했듯이 그가 단장과 함께 늘 가지고 다니는 만년필과 대학 노트는 그가 작가임을 보여 주는 더할 나위 없이 좋은 기호다.

하루 산보를 끝낸 구보는 새벽 두 시경 보슬비가 내리는 가운데 친구와 함께 엔젤카페에서 나와 종로 네거리를 걷는다. 구보의 친구는 그에게 내일 또 만나자고 인사를 건네지만 어떤 생각에 몰두한 나머지 거의 알아듣지 못한다. 친구가 구보에게 다시 한 번 인사를 하자 비로소 그를 돌아보고 말없이 고개를 끄덕인다.

> 내일 밤에 또 만납시다. 그러나, 구보는 잠깐 주저하고, 내일, 내일부터, 내 집에 있겠소, 창작하겠소—.
>
> "좋은 소설을 쓰시오."
>
> 벗은 진정으로 말하고, 그리고 두 사람은 헤어졌다. 참말 좋은 소설을 쓰리라. 番 드는 순사가 모멸을 가져 그를 훑어보았어도, 그는 거의 그것에서 불쾌를 느끼는 일도 없이, 오직 그 생각에 조그만 한 개의 행복을 갖는다. (소: 157~158)

박태원이 「수염」의 마지막 장면을 자기반영적 메타픽션을 암시하는 문단으로 끝맺듯이 「소설가 구보씨의 일일」의 맨 마지막 장면에서도 이렇게 메타픽션을 암시하는 문단으로 끝맺는다. 엔젤카페에서 공책에 적은 것을 기초로 구보는 이제 작품 창작에 들어갈 것이다. 지금까지 그의 행보가 창작을 위한 준비 단계였다면 이제부터는 창작에 직접 몰두할 단계에 접어들었다. 그의 머릿속에는 온통 창작 말고는 다른 생각이 들어설 틈이 없다. 그래서 친구가 "내일 밤에 또 만납시다"라고 인사를 건네지만 구보는 "내일, 내일부터, 내 집에 있겠소, 창작하겠소—"라고 말한다. 구보한테서는 좀처럼 들어볼 수 없는 말이다. 그가 이 순간 얼마나 창작열에 불타 있는지 쉽게 알 수 있다.

더구나 "오직 그 생각에 조그만 한 개의 행복을 갖는다"는 마지막 문장도 좀 더 찬찬히 눈여겨보아야 한다. 구보는 그날 집을 나설 때부터 얼마 전까지만 하여도 자기가 행복하지 않다고 입버릇처럼 말해 왔다. 작품 첫 머리에서 서술 화자는 "한 손의 단장과 또 한 손의 공책과—물론 구보는 거기에서 행복을 찾을 수는 없다"(소: 97)고 잘라 말한다. 그러나 하루 산책을 마무리 짓고 마침내 집을 향하는 지금 구보는 이튿날부터 창작에 전념하려고 결심하면서 '조그만 한 개의 행복'을 느낀다고 밝힌다.

자기반영적 메타픽션은 「소설가 구보씨의 일일」처럼 그렇게 뚜렷하게 드러나지는 않지만 『천변풍경』에서도 부분적으로 엿볼 수 있다. 예를 들어 「선거와 포목전 주인」에서 서술 화자는 "우리가 이미 알고 있는 바와 같이, 그는 가운데 다방골 안에 자택을 가지고 있다"[18]고 말한다. 또한 화자는 "그 기쁨과 함께 어느 한 포목전 주인에게 갖는 기대라는 것을 아주 이 기회에 말하면, 그것은 신사의 머리 위에 얹혀 있는 중산

18 박태원, 『천변풍경』(서울: 문학과지성사, 2005), 80쪽. 앞으로 이 작품에서 인용은 '천'이라는 약어와 함께 인용 쪽수를 본문 안에 직접 적기로 한다.

모의 위치에 관한 것이었다"(천: 34)고 밝히기도 한다. 이러한 메타픽션을 보여 주는 언급은 아예 '독자'를 언급하는 「몰락」에서 좀 더 분명하게 드러난다. 서술 화자는 "독자는, 그 수다스러운 점룡이 어머니가, 이미 한 달 전에, 어디서 어떻게 들었던 것인지, 쉬이 신전 집이 낙향하리라고 가장 은근하게 빨래터에서 하던 말을 기억하고 계실 것이다"(천: 72)라고 말한다.

『천변풍경』 21절 '그들의 생활 설계'에서 소설의 화자는 술집 종업원 기미꼬가 한 남성에 속아 하숙집에 묶여 오갈 데 없는 '처녀 과부' 금순이를 찾아간 일과 관련하여 "우리는 '제18절'에서, 하룻날 저녁 대체 어찌해야 옳을지를 모르는 채 그 좁은 가슴을 태우고 있는 금순이를 뜻밖에도 찾아온 손님이 하나 있었던 것을 알고 있다. 그것이 바로 이 기미꼬였던 것이다……"(천: 202)라고 말한다. 소설 화자는 작품 첫머리에서 기미꼬를 두고 "저렇게 무뚝뚝하고, 못생기고, 또 늙은 것을, 대체 뭣 하러 여급으로 데려다두었누 하고, 혹 모르는 이는 말해도, 그것은 참말 모르는 말로, 사실은 주인의 술을 그만큼 많이 팔아주는 계집도 드물었다"(천: 36)고 밝힌다. 외모와는 달리 기미꼬가 술집 손님 사이에서 그토록 인기가 있는 것은 누구보다도 마음씨가 곱기 때문이다. 금순이의 딱한 사정을 알고 기미꼬는 그녀를 데려다 셋방을 얻어 함께 살기로 결심한다. 21절에서 작가가 화자의 말을 괄호에 묶어 놓았다는 점을 눈여겨보아야 한다. 화자는 독자에게 터놓고 말하는 대신 귓속말로 은밀하게 말하는 효과를 노린다. 아무리 전지적 화자라고 할지라도 전통적인 소설에서라면 좀처럼 할 수 없는 언급이기 때문이다.

'중간소설' 장르의 실험

박태원의 『천변풍경』은 단편소설과 장편소설의 벽을 허물고 소설 장르를 새롭게 시도한다는 점에서 제임스 조이스의 『더블린 사람들』과 상호텍스트적 관계를 맺는다. 조이스의 『더블린 사람들』의 장르를 규정짓기란 여간 어렵지 않다. 단편소설을 한데 묶어놓은 단편집으로 볼 수도 있고, 독립된 장편소설로 볼 수도 있기 때문이다. 이 작품에 수록된 15편의 작품은 독립적이어서 개별적인 단편소설로 읽어도 손색이 없지만, 15편의 작품은 서로 유기적 연관성을 지니고 있어 장편소설로 읽어도 크게 무리가 없다. 조이스의 작품은 전통적인 장편소설과는 달리 구성이 산만하고 일관성이나 통일성이 부족하다. 장편소설에서 흔히 볼 수 있는 사건의 원인과 결과의 관계도 희박할 뿐더러 이렇다 할 플롯 진행이나 갈등도 찾아보기 어렵다. 또한 작중인물의 성격 형성도 전통적인 장편소설의 그것과는 크게 다르다. 그렇다고 이 작품을 단순히 여러 편의 단편소설을 한데 모아 놓은 단편집으로 볼 수만도 없다.

『더블린 사람들』의 이러한 장르적 특성을 지칭하려고 지금까지 비평가들은 여러 용어를 사용해 왔다. 예를 들어 로버트 러셔는 '단편소설 연속물'이라는 용어를 사용하고, 마거릿 던과 앤 모리스는 '복합소설'이라는 용어를 사용한다. 그런가 하면 롤프 룬덴은 '단편소설 복합'이라는 용어를 사용하기도 한다. 그러나 지금까지 '단편소설 사이클'이라는 용어가 비교적 널리 쓰여 왔고, 이제는 이 용어가 어느 정도 자리를 잡은 것 같다.[19] 그러나 '사이클'은 원점으로 다시 돌아온다는 회귀의 의미가 강하여 나는 이 유형의 소설을 단편소설과 장편소설의 중간에 걸쳐 있다고 하여 '중간소설'이라고 부른다.

'단편소설 사이클'이나 '중간소설'의 역사를 거슬러 올라가다 보면 19세기 오노레 드 발자크와 이반 투르게네프를 만나게 된다. 그러나 영미문학으로 범위를 좁혀보면 역시 조이스의 『더블린 사람들』에서 그 계보를 찾을 수밖에 없다. 전통적인 장편소설 장르에 회의를 느낀 셔우드 앤더슨은 '새로운 느슨함'을 추구하면서 이 장르를 미국문학에 도입하여 성공을 거두었다. 가령 그의 『와인즈버그 오하이오』(1919)는 더블린을 미국 오하이오주 '와인즈버그'라는 가공의 소도시로 옮겨놓은 것과 다름없다. 앤더슨이 이렇게 성공을 거두자 이번에는 어니스트 헤밍웨이가 『우리들의 시대』(1924)에서, 윌리엄 포크너가 『정복되지 않는 사람들』(1938)과 『모세여 내려가라』(1940), 『무덤 속의 침입자』(1948)에서, 존 스타인벡은 『토티야 플랫』(1935) 같은 작품에서 이 장르로 시도하여 미국적인 소설 장르로 발전시켰다.

박태원의 『천변풍경』은 여러 면에서 조이스의 『젊은 예술가의 초상』처럼 '중간소설'의 특성을 잘 보여 준다. 1936년 《조광》에 처음 발표할 당시만 하여도 박태원은 연작 단편소설이나 중편소설로 간주하였다. 그

19 Robert M. Luscher, "The Short Story Sequence: An Open Book," *Short Story Theory at a Crossroads*, ed. Susan Lohafer and Jo Ellyn Clarey (Baton Rouge: Louisiana State University Press, 1989): 148~167; Margaret Dunn and Ann Morris, *The Composite Novel: The Short Story Cycle in Transition* (Woodbridge, CT: Twayne, 1995); Rolf Runden, *The United Stories of America: Studies in the Short Story Composite* (Amsterdam: Rodopi, 1999).

러나 그는 '작가 후기'에서 이미 장편소설로 개작할 의도를 분명히 밝혔다. 한마디로 『천변풍경』은 삽화 형식의 개별 단편 작품을 한데 묶어 놓은 창작집보다는 유기적으로 서로 연관된 단편 작품을 수록한 작품집이면서 동시에 장편소설로서의 특성도 지닌다. 이 책에 수록된 개별적인 작품은 마치 모자이크와 같아서 작품 전체를 읽을 때 내용이 풍부해지면서 그 의미가 좀 더 선명하게 드러난다.

그렇다면 좀 더 구체적으로 『천변 풍경』과 『더블린』은 어떤 면에서 유사한가? 첫째, 『천변풍경』에 수록된 50편에 이르는 개별적인 이야기들은 청계천과 그 주변 지역을 공통적인 지리적 배경으로 삼는다. 청계천을 중심으로 북촌은 식민지 조선의 주민들에게 일종의 소우주 같은 구실을 한다. 경기도 가평에서 한약국에서 일하려고 경성에 올라온 창수의 눈에 비친 청계변의 풍경은 그다지 신기하거나 아름답지 못하면서도 동시에 아름답고 신기한 곳이다.

> 창수는, 우선, 개천 속 빨래터로 눈을 주었다. 한 이십 명 이나 모여든 빨래꾼들, 그들의 누구 하나 꺼리지 않고 제멋대로들 지절대는 소리와, 또 쉴 사이 없이 세차게 놀리는 방망이 소리가, 그의 귀에는 무던히나 상쾌하다.
>
> 그는 눈을 들어, 이번에는 빨래터 바로 윗천변의, 나무장 간판이 서 있는 곳을 바라보았다. 그곳에는 이미 윷을 놀지 않는 젊은이들이, 철망 친 그 앞에 앉아서들 잡담을 하고, 더러는 몸들을 유난스러이 전후좌우로 놀려가며, 그것은 또 무슨 장난인지, 서로 주먹을

들어 때리는 시늉을 한다. (천: 47~48)

청계천 안 빨래터에서는 여성들이 빨래를 하며 주변에서 벌어지는 온갖 소식을 '뒷공론' 형식으로 전하는 곳이다. 소설의 화자는 "아낙네들은 그곳에 빨래보다도 오히려 서로 자기네들의 그 독특한 지식을 교환하기 위하여 모여드는 것이나 같이, 언제고 그들 사이에는 화제의 결핍을 보는 일이 없다"(천: 99)고 말한다. 한편 청계천 바깥쪽에서는 사내아이들이 그들 나름대로 이야기를 나누면서 놀고 있다. 위 인용문 바로 다음 단락에서 언급되지만 청계천 안에는 이 무렵 '깍정이떼'라고 부르던 거지들이 집단생활을 한다. 청계천 빨래터에 상응하는 공간이 천변 위쪽에 위치한 이발소다. 빨래터가 여성들의 공간이라면 이발소는 남성들의 공간이다. 이렇듯 경성의 북촌의 서민 생활은 청계천과 그 주변을 중심으로 전개된다.

둘째, 박태원은 『천변풍경』에서 50절에 이르는 작품에 동일한 인물을 자주 등장시킨다. 가령 이발사 소년 재봉이를 비롯하여 사법서사 민주사와 그의 나이 절반밖에 되지 않는 첩 관철동집, 점룡이 어머니, 이쁜이 어머니, 평화카페의 종업원 기미꼬와 하나꼬 등이 좋은 예다. 그들은 한 작품에서 중심인물로 등장하다가 다른 작품에서는 보조적인 인물로 등장한다. 그들은 말하자면 페르시아 양탄자의 무늬를 만들어 내는 실가닥들과 같아서 『천변풍경』이라는 양탄자에서 없어서는 안 될 소중한 인물들이다. 더구나 이러한 인물들은 작품 처음에 등장했다가 결말 부분에 다시 등장함으로써 자칫 산만할 수 있는 작품에 통일성을 부여해 주는 역할을 한다. 50절 「천변풍경」에는 남편에게 쫓겨나 친정으로 돌아온 이쁜이, 시집가기 전부터 그녀를 좋아했던 점룡이, 열악한 환경에서 권투선수의 꿈을 키우는 용돌이, 포목전 주인, 그리고 '이발소의 귀여운 소년' 재봉이가 다시 등장한다.

셋째, 『천변풍경』에서 사건은 3인칭 전지적 시점으로 서술되지만 서술 초점은 흔히 '철없는 이발소 소년' 재봉에 모아진다. 재봉은 이 작품에서 말하자면 '초점 화자'의 역할을 맡는다. 이 작품에서 그는 주인공은 아니지만 독자의 관심은 대부분 그에게 집중된다. 이 소년은 이 작품의 인물인 동시에 또 관찰자의 역할을 한다. 최재서는 일찍이 재봉에 대하여 "이 少年이야말로 이 작품의 최대 걸작이다. 그는 왕성한 호기심과 아모 편견도 없는 맑은 눈을 가지고 이발소 창박게 流動하는 생활을 모조리 관찰하고 또 소년다운 순진한 마음과 귀여운 유모아를 갖이고 소년다운 批評을 내린다"[20]고 지적하였다. 실제로 30여 명에 이르는 작중인물 가운데에서 재봉이가 유일하게 성격이 발전해 나가는 작중인물이다.

넷째, 박태원의 『천변풍경』에서 작중인물에서 조이스의 『더블린 사람들』과 비슷하다. 영국 식민주의의 지배를 받아 정신적으로 위축된 더블린 주민들처럼 청계천 주변에 사는 조선 사람들도 일본 제국주의의 피식민 주민으로 힘겹게 살아간다. 그들은 주로 생존경쟁에서 실패한 사람들이나 삶의 좌절하거나 절망하는 낙오자들이 주류를 이룬다.

이러한 작중인물들은 박태원이 『천변풍경』에서 카메라를 클로즈업

---

20 최재서, 『문학과 지성』, 105쪽.

하여 보여 주는 외형적 모습에서도 엿볼 수 있다. 가령 이쁜이 어머니는 "주근깨투성이 얼굴에, 눈, 코, 입이 그의 몸매나 한가지로 모두 조그맣게 생긴"(천: 9) 모습이다. 소설의 화자는 한약국 집에서 일하는 귀돌어멈에 대하여 "왼편 목에 연주창 앓은 자국이 있는 그는, 언제고, 고개를 약간 왼편으로 갸우뚱한다"(천: 9)고 말한다. 칠성어멈은 얼금뱅이고, 점룡이 어머니의 얼굴은 '감때사납게', 즉 생김새나 성질이 무척 억세고 사납게 생긴" 모습이다. 귀돌이어멈은 "시앗[첩]을 보고, 남편의 학대를 받고, 마침내는 단 하나 어린 자식마저 없애고, 이제는 이 세상에 믿고 살 모든 것을 잃은"(천: 40) 상태에서 한약국 안잠살이를 한다. 한약국 행랑살이를 하는 만돌이어멈도 경제적 궁핍 못지않게 남편의 폭력에 시달린다. 이쁜이 어머니는 남편도 없이 혼자서 키운 딸을 전매국 직공에게 시집보내지만 이쁜이는 남편의 외도와 가혹한 시집살이로 친정집으로 돌아온다. "얼굴도 곱고, 마음도 곱고, 행실도 곱다고, 이름이 난"(천: 111) 술집 종업원 하나꼬는 이혼한 남자에게 시집을 가지만 그녀 또한 남편과 시부모의 학대를 받는다.

이 점에서는 비단 청계천 주변 여성들만 아니라 그 주변에서 살아가는 남성들도 크게 다르지 않다. 가령 신전 집 주인은 첩을 얻어 전셋집을 얻어주었다가 형편이 어려워지자 사글세 집으로 옮기고, 다시 셋방이 되었다가 지금은 아주 집 안으로 끌어들여 본처와 함께 산다. 지금 살고 있는 집과 가게마저 은행에 잡혀 있는 데다 빚에 쪼들리다 마침내 강화로 이사 간다. 신전은 술집으로 바뀌고 식구들이 살던 살림집은 하숙집이 된다. '짱구 대가리' 신전 집 처남은 그대로 서른 댓 살이 되도록 매부 집에 얹혀살면서 어린아이를 등에 업고 지내거나 물지게를 지고 물을 나른다. 금순이의 삶도 비참하기는 마찬가지다. 종로 은방의 젊은 주인은 금 밀수를 하다 발각되어 종로 경찰서에 검거된다. 비교적 형편이 나은 민주사도 젊은 첩에게 속아 넘어가고 경성부회 의원에 출마했다가 낙선하는 등 그가 겪는 좌절도 작지 않다. 이 작품에서 유일하게 '행복한' 인물은 한약국 집의 젊은 부부뿐이다. 도쿄 어느 사립대학 영문과를 졸업한 남편과 '이화'를 졸업한 신여성인 아내는 어깨를 나란히 한 채 사이좋게 거리를 산책한다.

다섯째, 『천변풍경』의 시간적 배경은 늦겨울에 시작하여 여름과 가을을 거쳐 다시 늦겨울로 이어진다. 박태원은 이 작품을 "정이월에 대독 터진다"(천: 9)는 속담으로 시작한다. 음력 정월이나 이월이 되면 겨울은 끝자락이지만 어쩌다 더러 늦추위가 올 수도 있다는 말이다. 청계천 빨래터에 모인 여성들은 빨래를 하려고 물에 손을 담가도 '과히들 시리지는 않은' 날씨다. 이 작품은 "입춘이 내일모래라서, 그렇게 생각하여 그런지는 몰라도, 대낮의 햇살이 바로 따뜻한 것 같기도 하다"(천: 415)라는 문장으로 끝난다. 이러한 계절의 순환은 이 작품이 단순히 단편소설을 한데 묶어 놓은 작품집이 아니라 장편소설을 지향한다는 점을 분명히 한다.

박태원의 『천변풍경』은 형식과 기교뿐 아니라 내용과 주제에서도 조이스의 『더블린 사람들』과 상호텍스트적 관계를 맺는다. 두 작품 모두 소시민의 일상생활을 다루기 때문이다. 박태원은 「소설가 구보씨의 일일」의 '후기'에서 이렇게 말하였다.

> 차라리, 나는, 이 조그만 작품집의 이름을 '딱한 사람들'이라 하는 것이 옳았을지도 모른다. 그러나 그것은 이 책자 속에, 같은 이름의 작품이 수록되어 있기 때문이 아니다. 실로, 이곳에 모은 모든 작품이, 하나의 예외도 없이, '딱한 사람들'의 기록인 까닭이다. 지극히 愚劣하였던 한 시절, 나는 진심으로 즐겨, 한 편, 한 편이 '딱한 사람들'의 기록을 草하였었다.[21]

그러나 박태원의 위 인용문은 「소설가 구보씨의 일일」보다는 『천변풍경』에 훨씬 더 잘 들어맞는다. 그의 말대로 후자의 작품의 13절은 바로 평화카페의 여종업들을 다루는 「딱한 사람들」이다. 물론 앞의 작품에도 '딱한 사람들'이 더러 등장하지만 작가와 예술가 같은 지식인들도 많이 등장한다. 구보가 만나는 사람들은 거의 대부분 교육을 많이 받은 사람들이다. 구보만 하여도 일본 유학을 다녀온 지식인이다. 「소설가 구보씨의 일일」에서는 약국집 아들과 며느리처럼 고등교육을 받은 사람들도 등장하지만 '딱한 사람들'이 주류를 이룬다.

여기서 박태원이 '딱하다'고 말하는 것은 비단 경제적 몰락이나 물질적 궁핍에 그치지 않고 도덕적 타락이나 윤리적 마비를 뜻한다. '딱한 사람들'은 조이스의 『더블린 사람들』의 작중인물들과 아주 비슷하다. 더블린을 '마비의 중심지'로 간주한 조이스는 더블린의 '마비된' 영혼을 보여 주는 것이 작품을 쓰는 목적이라고 밝힌 적이 있다. 실제로

21 박태원, '안 하여도 좋은 말들', 「소설가 구보씨의 일일」(1938); 『소설가 구보씨의 일일: 박태원 소설집』(서울: 깊은샘, 1998), 345쪽에서 인용.

이 작품에 등장하는 많은 작중인물은 「자매」에 등장하는 플린 신부처럼 육체적 마비를 겪지만 대부분의 작중인물들은 정신적으로나 도덕적으로 마비 상태에 빠져 있다.

모더니즘 실험 기법

박태원이 제임스 조이스한테서 받은 영향 가운데에서도 모더니즘 기법을 빼놓을 수 없다. 영국문학에서 조이스는 시 장르의 T. S. 엘리엇과 함께 소설 장르에서 흔히 본격적인 모더니즘을 실천한 가장 대표적인 작가로 꼽힌다. 박태원의 모더니즘 실험 기법과 관련해서는 특히 『젊은 예술가의 초상』과 『율리시스』가 논의 대상이 된다. 조이스는 "나는 『율리시스』 속에 너무나 많은 수수께끼와 퀴즈를 감춰 두었기 때문에 대학 교수들은 앞으로 수 세기에 걸쳐 내가 뜻하는 바를 거론하기에 분주할 것이다. 이것이 나의 불멸을 보장하는 유일한 길이다"[22]라고 농담 아닌 농담을 말한 적이 있다. 그런데 그가 말하는 수수께끼는 주제보다는 형식적 기법과 관련이 있다.

조이스는 『율리시스』에서 주인공 리어폴드 블룸과 그의 아내 매리언 블룸, 블룸의 정신적 아들이라고 할 문학청년 스티븐 디덜러스가 1904년 6월 16일(목요일) 하루 동안 더블린 시내를 산책하면서 겪는 사건을 다룬다. 좀 더 구체적으로 말하자면 사건은 그 날 아침 8시부터

22 Richard Ellmann, *James Joyce*, rev. ed. (New York: Oxford University Press, 1982), p. 521.

그 이튿날 오전 2시까지 18시간 동안 일어난다. 조이스가 특별히 이 날을 시간적 배경으로 삼은 것은 그의 아내가 될 노러 바너클과 첫 데이트를 한 날이 바로 그 날이기 때문인 것으로 알려져 있다. 어찌 되었든 해마다 더블린에서는 그 날을 '블룸의 날'로 지정하여 조이스와 『율리시스』를 기념하는 행사를 연다.

한편 박태원의 「소설가 구보씨의 일일」의 서사 구조도 제목 그대로 주인공 구보의 하루 편력으로 되어 있다. 주인공 구보는 정오 무렵 집을 나서 앞에서 언급했듯이 하루 종일 경성 시내를 산책하거나 전차를 타고 이동한다. 물론 사이사이에 다방이나 카페에 들러 친구들을 만나기도 한다. 박태원은 구보의 편력을 '일일'이라고 말하지만 좀 더 엄밀히 말하면 줄잡아 14시간 동안 이루어진다. 그렇다면 구보가 산책하는 날을 '블룸의 날'에 빗대어 '구보의 날'로 부를 수 있을 것이다.[23]

『율리시스』는 흔히 어휘라는 벽돌 265,000개로 쌓아올려 완성한 바벨탑으로 흔히 일컫는다. 이 작품에 등장하는 작중인물은 모두 105명으로 대략 730쪽에 이른다. 아무리 능력 있는 작가라도 이렇게 단 하루 안에 이루어지는 사건을 장편소설로 창작한다는 것은 무척 힘에 부치는 일이다. 그래서 조이스는 여러 기법에 의존하여 소설의 집을 짓는다. 그중에서도 독특한 언어 구사, 몽타주, 의식의 흐름 또는 내면독백은 그가 즐겨 사용하는 기법이다.

박태원도 조이스처럼 「소설가 구보씨의 일일」에서 모더니즘 소설에

23 조이스의 『율리시스』처럼 버지니아 울프도 『댈러웨이 부인』(1922)에서 1923년 런던에서 단 하루 동안에 일어나는 사건을 다룬다. 그래서 비평가들은 사건이 일어나는 '6월 13일'을 흔히 '댈러웨이 날'이라고 부른다.

서 흔히 볼 수 있는 여러 실험적 기법을 구사한다. 물론 이러한 기법은 1930년대 식민지 조선의 문단에서 그야말로 신선한 충격이었다. 이상은 「오감도」를 발표한 뒤 비판이 빗발치자 "왜 미쳤다고들 그러는지 대체 우리는 남보다 수십 년씩 떨어지고도 마음 놓고 지낼 작정이냐"[24]고 항변하였다. 그러나 당시 박태원은 이상보다는 훨씬 긍정적인 평가를 받았다. 가령 이태준은 "「소설가 구보씨의 일일」은 훌륭히 조선문학의 새 봉우리로 올려 솟는다. 새로 발견된 우리 문학 금강의 한 봉우리요 한 골짜기라 하겠다"[25]고 주장하였다. 조이스의 영향을 받아 박태원이 시도한 기법은 앞에서 이미 언급한 서사 구조 외에 ① 과도한 쉼표 사용, ② 긴 문장 구조, ③ 자유간접화법, ④ 몽타주, ⑤ 의식의 흐름 또는 내면독백 등 크게 다섯 가지다.

박태원은 한국 문학사에서 독특한 문장을 구사한 작가로 꼽을 만하다. 그는 '무엇'을 말할 것인가 하는 문제보다는 오히려 '어떻게' 말할 것인가 하는 문제에 더 관심을 기울인 작가였다. 한국 문학사에서 박태원만큼 기교와 문체 문제에 그렇게 깊은 관심을 기울인 작가도 아마 찾아보기 드물다. 대부분의 비평가들은 「소설가 구보씨의 일일」의 내용이나 주제에 대해서는 유보적 태도를 보이면서도 형식과 기교에 대해서는 이렇다 할 이의를 제기하지 않는다.

박태원의 문장에서 무엇보다도 먼저 눈에 띄는 것은 일반적인 문

24 이상, 「'오감도' 작자의 말」, 권영민 편, 『이상 전집 4』(서울: 뿔, 2009), 161쪽.

25 이태준, 「제가(諸家)의 서문초(序文抄)」, 상허학회 편, 『이태준 전집 5: 무서록』(서울: 소명출판, 2015), 357쪽. 이태준은 본디 이 글을 문장사에서 출간한 『소설가 구보씨의 일일』의 발문으로 썼다.

장 구사와는 조금 다르게 유난히 쉼표를 많이 사용한다는 점이다. 한국어 문법에서 쉼표는 같은 자격의 어구를 열거할 때, 짝을 지어 구별할 때, 또는 문장 중간에 끼어든 어구의 앞뒤에서 쓰는 것이 보통이다. 그러나 박태원은 이러한 문법적 관행을 무시한 채 쉼표를 지나치게 많이 사용하여 독특한 효과를 자아내려고 한다. 그중에서 몇 가지 예를 들어보는 것을 충분할 것이다.

① 어머니는 다시 바느질을 하며, 대체, 그애는, 매일, 어딜, 그렇게, 가는, 겐가, 하고 그런 것을 생각해 본다. (소: 89)

② 황금을 찾아, 황금을 찾아, 그것도 역시 숨김없는 인생의, 분명히, 일면이다. (소: 116~117)

③ 이곳을 나와, 그러나, 한길 위에 우두커니 선다. (소: 135)

④ 그는 하숙 주인의, 식모의, 상노의, 동숙인들의, 그 모든 사람들의 시선이 차차 견디기 어려움을 느끼며 (소: 176)

박태원은 비교적 짧은 문장 ①에서 쉼표 무려 여덟 번 사용한다. 문장 ②에서는 '인생의 […] 일면'에서 두 어휘 사이에 '분명히'라는 부사를 삽입하여 자동적으로 이어지는 것을 차단한다. 문장 ③에서는 접속사 '그러나'를 문장 한 가운데 위치하여 역시 자동적인 흐름을 가로막는다. 이렇게 접속사를 문장 중간에 삽입하는 것은 영어를 비롯한 서양어에서는 가끔 볼 수 있지만 한국어에서는 좀처럼 볼 수 없는 파격이다. 문장 ④에서는 명사 '시선'을 수식하는 형용사구가 무려 다섯이나 되고, 한 형용사구를 사용할 때마다 쉼표를 사용한다. 그런데 박태원의 이러한 쉼표 사용은 비단 「소설가 구보씨의 일일」에 그치지 않고 『천변풍경』에서도 마찬가지로 쉽게 엿볼 수 있다.

> ① 얼굴도 곱고, 마음도 곱고, 행실도 곱다고, 이름이 난 하나꼬는, 소년에게도 인기가 있어, 은방 주인이 뭐라고 하든, 절대, 그 말 듣지 말라고, 그는 속으로 그러한 것을 중얼거려도 보는 것이다. (천: 111)

> ② 그러나 그래도 '내 사내'라고 받들어 왔던 남편이, 드디어 딴 계집을 얻어가지고, 그대로 차고, 때리며, 나가라 구박이 자심할 때, 한때는 죽어버릴까 하고, 그렇게 모진 마음조차 먹어보았던 것이나, 아직 철이 나기도 먼, 만돌이, 수돌이, 두 어린 것을 생각하고는, 도저히 결심이 서지 않았다. (천: 56~57)

문장 ①에서는 하나꼬의 신체적 특징이나 외모 또는 성격을 묘사하되 독자에게 어느 것 하나 놓치지 말고 주목하라는 듯이 쉼표를 사용한다. 한 인간이 장점을 이렇게 두루 갖추기란 무척 어렵다는 사실을 애써 강조하려는 수법이다. 만돌이와 수돌이 어머니가 남편에게 폭력을 당하는 문장 ②에서는 남편의 비윤리적이고 폭력적 행동을 어떻게 순차적으로 이어나가는지 보여 주려고 쉼표를 구사한다. "그러나 그래도……"에서 '그러나' 다음에, '드디어'와 '도저히' 뒤에 쉼표를 사용하지 않는 것이 오히려 이상하게 느껴질 정도다.

박태원은 '한글 맞춤법 통일안'의 부록 문장 부호에 관한 항목 중 '컴마(쉼표)'에 대하여 잘 알고 있었다. 다만 그는 문학 작품에서는 한글 학회가 정한 규정과는 다른 '특수한 용처'가 있다고 지적하였다. 그는 "표현에 잇서, 우리는 가능한 한도까지의 정확을 기하여야 될 것이다. […] '말'에 잇서, 그 내용의 분기점이 이미 그 '어조'에 잇스매, 우리는 그 것을 '글'로 표현함에 잇서, 모름즉이 그 '어조'를 방불케 할 방도를 취하여야 할 것이다"라고 말한다. 그러면서 그는 "우리는 문자를 사랑하는 것과 똑가튼 열의를 가저 문장부호를 애끼자"라고 밝힌다.[26] 한마디로 박태원은 말이 아닌 글에서 어조를 살리기 위한 방법으로 쉼표를 사용하려고 한다.

더구나 박태원이 한 문장 안에 이렇게 쉼표를 자주 사용하는 것은 자연스러운 흐름을 일부러 차단하여 독자들이 친숙하고 일상적인 사물이나 관념을 자동적으로 받아들이지 않도록 하려는 시도에서 비롯한다. 다시 말해서 그는 습관적으로 굳어진 지각이나 인식의 틀을 깨뜨림으로써 사물이나 관념을 새로운 눈으로 바라보도록 유도하였다. 비유적으로 말하자면 박태원은 언어에 박힌 군살을 제거하려고 애쓴

26 박태원, 「표현 · 묘사 · 기교」, 김윤식 편, 『한국 현대모더니즘 비평선집』(서울: 서울대학교출판부, 1995), 41, 42쪽.

다. 독자들은 그동안 작가가 진술하는 삶의 실재를 당연한 것으로 기계적으로 받아들여 왔다. 그러나 박태원은 독자들이 사물이나 관념을 지각이나 인식을 새롭게 하여 주체적이고 능동적으로 받아들이기를 바랐다. 그러므로 박태원의 쉼표 사용은 러시아 문학 이론가 빅토르 시클롭스키가 말하는 '낯설게 하기' 또는 '탈자동화' 기법의 한 유형으로 볼 수 있다.

자칫 놓치기 쉽지만 박태원은 「소설가 구보씨의 일일」에서 첫 문장의 첫 어휘나 어구, 심지어 문장을 소제목으로 삼는다는 점도 찬찬히 눈여겨보아야 한다. 예를 들어 첫 항목 '어머니는'은 "아들이 제방에서 나와, 마루 끝에 놓인 구두를 신고……"(소: 88)로 시작하는 첫 문장의 주어다. 둘째 항목 '아들은'은 "그러나, 돌아와 채 어머니가 뭐라고 말할 수 있기 전에……"(소: 91)로 시작하는 첫 문장의 주어다. 이와 마찬가지로 '전차 안에서'는 "구보는, 우선, 제 자리를 찾지 못한다"(소: 98)의 주어고, '얼마 있다'는 "구보는 다시 걷기로 한다"(소: 111)의 주어다. '나의 원하는 바를 월륜도 모르네.'는 "문득 '춘부(春夫)'의 일행시를 구보는 입 밖에 내어 외어본다"의 주어다.

박태원은 쉼표를 자주 사용할 뿐 아니라 이보다 한 발 더 나아가 통상적 문장보다 훨씬 긴 치렁치렁한 문장을 구사하는 것으로도 유명하다. 물론 그것은 조이스의 『율리시스』한테서 받은 영향이다. 조이스는 이 소설의 결말에서 한 문장에 무려 4,391어휘를 사용하였다. 이 문장은 분량이 40쪽이나 되지만 그 내용은 마지막 어휘 'Yes'라는 단 한 마디 말로 요약할 수 있다. 미국문학에서는 윌리엄 포크너가 『압

살롬, 압살롬!』(1936)에서 1,287어휘로 된 한 문장을 써서 관심을 끌었다.[27]

박태원이 구사하는 이러한 독특한 문장 스타일을 맨 처음 주목한 사람은 다름 아닌 이태준이다. 이태준은 "구보는 누구보다도 선각한 스타일리스트다. 그의 독특한 끈기 있는 치렁치렁한 장거리 문장, 심리고 사건이고 무어든 한번 이 문장에 걸리기만 하면 일사를 가리지 못하고 적나라하게 노출이 된다"고 지적한다. 박태원을 '우리의 장거리선수'라고 부르는 이태준은 "「소설가 구보씨의 일일」이 발표된 후에 장거리 문장이 얼마나 널리 유행하며 있는가는 예를 들기까지 구구하지 않아, 구보의 문장은 이제 온전히 조선 문장의 한 문체로 존재하는 것이다"라고 주장한다.[28]

그러나 이태준의 주장과는 달리 박태원의 '장거리 문장'은 작품 「소설가 구보씨의 일일」보다는 1936년 1월 《신인문학》 11호에 발표한 「거리」에서 훨씬 더 뚜렷이 엿볼 수 있다. 「소설가 구보씨의 일일」에서 긴 문장은 길어야 5~6행 가량밖에 되지 않는다. 그러나 「거리」에서 한 문장은 무려 한 쪽 하고도 절반이 넘는다. 말하자면 한 문장의 마침표와 다음 문장의 마침표 사이의 '거리'가 무척 긴 셈이다. 가령 "그뿐 아니

27 20세기에 들어와 영국 작가 조나단 코는 『로터스 클럽』(2001)에서 13,955어휘로 한 문장을 써서 조이스와 포크너의 기록을 깼다.

28 위의 책, 356~357쪽. 이태준은 "나는 구보의 작품들처럼 읽기에 즐거운 것은 없었다. 그는 너무나 나와 다름이 뚜렷함에 즐거웠고, 그는 시대니, 민중이니 내세우기 전에 저부터가 즐거워서 쓴 것이 즐거웠고, 일견 농조인가 싶으나 그것은 문학을 단순히 보는 생각, 오히려 구보만한 진실 일로의 작품도 다른 작가에게서 보기 드무니 즐거웠다"(356쪽)고 말한다. 박태원이 문학의 내용이나 주제보다는 형식과 기법에 관심을 기울이고 있음을 지적하는 말이다.

라 그들이 주고받는 수작으로 보아 이 문제는 결코 어제나 오늘에 비롯한 것 아니요 […] 부르려거든 정말 순사든 형사를 불러다가 모두를 잡아가든 말든 나는 모르겠다고, 훙 하고 부지중에 코웃음까지 나왔다"(소: 235~237)라는 문장은 이러한 경우를 보여 주는 더할 나위 없이 좋은 예다. 편집에 따라 행수는 달라질 수 있을 터지만 문학과지성사판 『박태준 단편선 소설가 구보씨의 일일』을 기준으로 줄잡아 무려 36행에 360어휘에 이른다. 박태원은 이렇게 호흡이 긴 문장을 구사하면서도 상대적으로 쉼표를 적게 사용하였다. 박태원이 긴 문장에서 이렇게 쉼표를 절제하여 사용하는 것은 앞으로 다룰 의식의 흐름 또는 내면독백과 관련이 있기 때문이다.

박태원은 조이스처럼 의식의 흐름 또는 내면독백 기법을 즐겨 사용한다. 이 기법과 관련하여 박태원은 그는 "우리가 작품 제작에 잇서, 새로운 手法을 시험하여 보는 것은, 인제든 필요한 일이요, 또 意義 잇는 일이다"[29]라고 말한다. 모더니즘 문학의 대표적인 기법 중 하나인 이 기법은 19세기 말에 이르러 시간에 대한 새로운 태도가 생겨나면서 비롯하였다. 미국의 심리학자 윌리엄 제임스가 『심리학의 원리』(1890)에서 처음으로 사용한 '의식의 흐름'이란 용어는 본디 인간의 내적 경험의 유동성을 가리키는 말이었다. 그러나 모더니즘 계열의 작가들이 문학에 도입하면서 작중인물의 의식 속에 아무런 논리적 연관성이 없이 강물처럼 무질서하게 흐르는 감각·생각·감정·기억·연상·인상 따위를 묘사하는 기법을 가리키는 용어로 널리 쓰였다. 이렇게 무질서하

29 박태원, 「표현 · 묘사 · 기교」, 61쪽.

고 유동적인 의식 상태를 될 수 있는 대로 충실히 재현하려고 모더니즘 작가들은 그러한 상태와 매우 비슷한 어휘나 구절, 이미지 또는 관념 등을 사용하였다. 박태원이 이 기법을 어떻게 구사하는지 살펴보기 전에 먼저 조이스의 『율리시스』에서 구체적인 실례를 들어보기로 하자.

> 블룸 씨는 왼손의 손톱을, 그 다음에는 오른손의 손톱을 자세히 살펴보았다. 손톱, 그렇지. 도대체 그들이 그녀가 저 녀석에게서 느끼는 게 도대체 뭘까? 매력. 더블린에서 가장 나쁜 놈이지. 그게 그 놈의 생명을 부지시키는 거다. 그들은 때때로 상대방 남자가 무엇 하는 남자인지 알아차리거든. 본능이지. 하지만 저 같은 타입은. 내 손톱. 지금 난 손톱을 쳐다보고 있어, 잘 깎여졌군. 그리고 다음에는. 혼자 생각하고 있지. 몸이 약간 흐늘흐늘해지고 있어. 옛날 생각해 보면 그걸 알 수 있단 말이야. 그건 근육이 처질 때 피부가 재빨리 수축하지 않는 데 그 원인이 있지 않을까. 하지만 모습은 그대로지. 모습은 아직 그대로란 말씀이야. 어깨. 엉덩이. 포동포동한. 무도회가 있는 날 밤에 옷을 입는. 슈미즈가 두 뺨 같은 엉덩이 사이에 꽉 달라붙은 채.[30]

이 장면에서 주인공 리어폴드 블룸은 지금 동료 세 사람과 함께 친

30 James Joyce, *Ulysses* (New York: Random House, 1961), p. 92. 의식의 흐름 또는 내면독백에 대해서는 김욱동, 『모더니즘과 포스트모더니즘』 개정증보판 (서울: 현암사, 2004), 86~108쪽 참고.

구 패트릭 디그넘의 장례식에 참석한 뒤 장의행렬을 따라 더블린 시내를 통과하여 공동묘지에 가고 있다. 마틴 커닝햄이 마차 창밖에 지나가는 블레이지스 보일런에게 인사를 하지만 블룸은 못 본 체 손톱만 살핀다. 블룸은 자신의 아내 몰리와 간통 중인 보일런에 대한 생각을 뇌리에서 쉽게 떨구어 버릴 수 없기 때문이다. 몰리와 보일런에 생각이 미치자 블룸은 이번에는 남자의 정체를 본능적으로 쉽게 알아차리는 여성의 남다른 능력에 대하여 잠시 생각한다. 다시 손등을 바라보는 그는 이번에는 중년이 되면서부터 점차 수축성을 잃기 시작한 자신의 피부 근육으로 생각이 옮겨간다. 피부 근육에 생각이 미치자 블룸은 다시 자신의 피부와는 달리 아직은 육감적으로 포동포동한 몰리의 엉덩이의 모습을 떠올리는 것이다.

이렇게 블룸의 의식 속에는 여러 가지 잡다한 생각과 느낌 또는 기억 등이 마치 주마등처럼 무질서하게 떠올랐다가 다시 사라지곤 한다. 그런데 한 생각에서 다른 생각으로 옮아가는 과정을 살펴보면 논리적인 것이 아니라 오직 심리적 연상에 따른 것이다. 이 인용문에서 또 한 가지 눈여겨볼 것은 블룸의 의식이 아직 언어로 표현되기 이전의 상태이기 때문에 문장이 단편적이고 문법적인 규칙을 제대로 지키고 있지 않다는 점이다. 엄밀히 말하면 '의식의 흐름'은 인간의 감정이나 생각의 내적 유동성을 가리키는 용어인 반면, '내면독백'은 그러한 유동성을 표현하는 기법이다. 대부분의 이론가는 지금까지 이 두 용어를 구별 짓지 않고 동의어로 사용해 왔다. 그러나 작가의 개입이 비교적 명시적으로 드러나지 않는 의식의 흐름은 내면독백으로 간주하는 것이 보통이다.

의식의 흐름 또는 내면독백 기법은 박태원의 「소설가 구보씨의 일일」에서도 쉽게 찾아볼 수 있다. 구보는 친구(이상)가 종로 1가에 경영하는 다방에 들렀다가 친구와 함께 다방에서 나와 길을 걷는다. 그들은 저녁을 먹으려고 당시 남대문시장 대로변에 있던 유명한 설렁탕집 대창옥(大昌屋)으로 향한다.

> 茶寮에서 나와, 벗과, 대창옥으로 향하며, 구보는 문득 대학 노트 틈에 끼어 있었던 한 장의 엽서를 생각해 본다. 물론 처음에 그는 망설거렸었다. 그러나 여자의 숙소까지를 알 수 있었으면서도 그 한 기회에서 몸을 피할 수는 없었다. […] 그의 주인집은 新潮社 근처에 있었다. 인품 좋은 주인 여편네가 나왔다 들어간 뒤, 현관에 나온 노트 주인은 분명히…… 그들이 걸어가고 있는 쪽에서 미인이 왔다. 그들을 보고 빙그레 웃고, 그리고 지났다. 벗의 다료 옆, 카페 여급. 벗이 돌아보고 구보의 의견을 청하였다, 어때 예쁘지. 사실, 여자는, 이러한 종류의 계집으로서는 드물게 어여뻤다. 그러나 그는 이 여자보다, 좀 더 아름다웠던 것임에 틀림없었다. (소: 133)

구보는 만년필과 함께 늘 가지고 다니는 대학 노트와 그 속에 끼워 있는 엽서에 생각이 미치자 사색의 나래는 갑자기 현해탄을 건너 도쿄로 날아간다. 어느 해 가을 구보는 간다(神田)에서 손톱깎이를 구입한 뒤 진보쵸(神保町)의 카페에 들어가 손톱을 깎는다. 그런데 구보는 마룻바닥에서 대학 노트 한 권을 발견한다. 노트에는 그 여성에게 온 엽서가 끼여 있었고, 그 엽서에는 그녀의 이름과 주소가 적혀 있다. 그래서 그는 용기를 내어 주인에게 노트를 전해 주기로 한다. 위 인용문에서 밑줄 친 "물론 처음에 그는 망설거렸었다"고 말하는 것은 구보가 노트 주인에게 그것을 돌려주는 행동을 망설였다는 뜻이다. "그러나 여자의 숙소까지를 알 수 있었으면서도 [⋯] 현관에 나온 노트 주인은 분명히⋯⋯"까지는 구보가 여학생을 찾아가 노트를 돌려주는 과정을 묘사하는 대목이다.

밑줄 친 두 번째 문장 "그들이 걸어가고 있는 쪽에서 미인이 왔다"에서 구보의 생각은 과거에서 다시 현재로 돌아온다. 구보는 친구와 함께 대창옥을 향하여 걸어가고 있던 중 미모의 젊은 여성을 만난다. 친구는 그에게 그 '미인'이 자기가 경영하는 카페 옆 다른 카페에서 일하는 여급이라고 귀띔해 준다. 그러나 구보는 다시 도쿄에서 만난 여학생의 모습을 떠올리면서 미모로 말하자면 카페 종업원보다는 여학생이 더 아름다웠다고 회상한다. 이러한 의식의 흐름 또는 내면독백은 위 인용문 바로 다음으로 계속 이어진다.

> 어서 옵쇼. 설렁탕 두 그릇만 주우. 구보가 노트를 내어놓고, 자기의 실례에 가까운 尋訪에 대해 辨解를 하였을 때, 여자는, 순간에, 얼굴이 붉어졌었다. 모르는 남자에게 정중한 인사를 받은 까닭만이 아닐 게다. 어제 어디 갔었니, 吉屋信子. 구보는 문득 그런 것들을 생각해내고, 여자 모르게 빙그레 웃었다. 맞은편에 앉아,

벗은 숟가락 든 손을 멈추고, 빤히 구보를 바라보았다. (소: 134)

첫 문장 "어서 옵쇼"는 구보와 그의 친구가 대창옥에 들어서자 종업원이 그들에게 하는 말이고, "설렁탕 두 그릇만 주우"는 구보나 그의 친구가 종업에게 음식을 주문하는 말이다. 그러나 그 다음 문장 "구보가 노트를 내어놓고 […] 까닭만이 아닐 게다"는 구보가 도쿄 여학생을 회상하는 장면이다. 즉 구보의 의식은 현재 사건에서 과거 사건으로 이동한다.

그 다음 문장 "어제 어디 갔었니, 吉屋信子"에서는 구보의 의식이 어디에 가 있는지 정확히 가늠하기 어렵다. 앞에서 이미 언급했듯이 요시야 노부코는 메이지 시대부터 쇼와 시대에 걸쳐 활약한 일본의 여성 소설가다. 그녀는 특히 여성 특유의 섬세한 감각으로 작품을 쓴 "소녀에 의한 소녀를 위한 소녀 소설가"로 널리 알려져 있다. 그렇다면 도쿄 여학생은 진보쵸 다방에서 요시야의 소설을 읽는 데 심취한 나머지 그만 윤리학 노트를 다방 마룻바닥에 떨어뜨리고도 그것을 모른 채 그냥 집에 돌아간지도 모른다. "구보는 문득 그런 것들을 생각해내고, 여자 모르게 빙그레 웃었다"는 다음 문장은 이러한 해석을 뒷받침한다. 마지막 문장에서 구보의 생각은 식민지 종주국 수도 도쿄에서 다시 식민지 조선의 경성으로 돌아온다. 식탁 맞은편에 앉아 있는 친구는 구보의 이상한 표정을 보고 의아한 듯이 빤히 쳐다본다.

박태원은 위 인용한 장면을 의식의 흐름 또는 내면독백보다는 '이중 노출', 즉 오버랩의 실례로 든다. 실제로 의식의 흐름 또는 내면독백과 오버랩 기법은 구분 짓기 어려울 만큼 서로 깊이 연관되어 있다. 의식이 흐름는 과정에서 과거와 현재가 서로 겹쳐지기 때문이다. 박태원은 이 오버랩 기법에 흥미를 느낀다고 말하면서 그의 작품에서 실제로 시험해 보았다고 밝힌다. 그가 시험해 보았다는 것이 바로 방금 위에 예로 든 두 장면이다. 이 두 장면에서 사용한 기법과 관련하여 박태원은 "현재와 과거의 교섭, 현실과 환상의 교착, 그러한 것을 우리 기교적으로, 또 효과적으로 표현함에, 이 수법은 분명히 필요하다"[31]고 지적한다.

박태원이 사용하는 의식의 흐름 또는 내면독백 기법은 그가 즐겨 즐겨하는 자유간접화법과도 관련되어 있다. 자유간접화법은 18세기 말과 19세기 초엽 독일에서 요한 볼프강 폰 괴테, 영국에서 제인 오스틴, 그리고 프랑스에서는 귀스타브 플로베르가 즐겨 사용한 기법으로 그 뒤 제임스 조이스와 버지니아 울프, 윌리엄 포크너 같은 영미 소설가들이 더욱 정교하게 다듬었다. 이 화법은 인용부호를 사용하여 남의 말을 전달하는 직접화법과 남의 말을 따옴표 없이 전달하는 간접화법의 중간 형태로 볼 수 있다.

그러나 자유간접화법은 화자나 서술자의 주관이 개입할 수 있다는 점에서 제3의 화법에 해당한다. 말하자면 자유간접화법에서 화자는 흔히 복화술자 같은 역할을 한다. 이 화법에서 서술 화자는 작중인물의 말이나 생각을 자기의 주관에 따라 표현할 뿐 아니라 한 발 더 나아가 소설의 시점을 자유롭게 바꿔가며 작중인물의 내면 심리를 드러내

31 박태원, 「표현·묘사·기교」, 62쪽.

는 데 아주 효과적이다. 랜덜 스티븐슨은 "한 작중인물의 목소리를 부분적으로 저자의 목소리에 중재하여 전달하는 기법" 또는 이와는 반대로 "화자의 목소리를 빌려 작중인물이 말하는 기법"으로 정의 내린다.[32]

박태원은 「소설가 구보씨의 일일」 곳곳에서 자유간접화법을 즐겨 사용하지만 마지막 장면은 이 기법을 보여 주는 좋은 예로 꼽을 만하다. 주인공 구보는 18시간에 이르는 긴 하루 산책을 끝내고 마침내 종로 네거리에서 친구와 헤어진다.

> 구보는, 벗이, 그럼 또 내일 만납시다. 그렇게 말하였어도, 거의 그것을 알아듣지 못하였다. 이제 나는 생활을 가지리라. 생활을 가지리라. 내게는 한 개의 생활을, 어머니에게는 편안한 잠을, 편안히 가 주무시오. 벗이 또 한 번 말했다. 구보는 비로소 그를 돌아보고, 말없이 고개를 끄떡하였다. 내일 밤에 또 만납시다. 그러나, 구보는 잠깐 주저하고, 내일, 내일부터, 내 집에 있겠소, 창작하겠소—. (소: 157~158)

위 인용문은 면밀히 살펴 읽지 않으면 누가 서술 화자이고 누가 피화자인지, 특정한 언급이 과연 누구의 것이 구별하기 쉽지 않다. 예를 들어 "그럼 또 내일 만납시다"라고 말하는 사람은 구보가 아니라 그의

32 Randell W. Stevenson, *Modernist Fiction: An Introduction*, 2nd ed. (London: Routledge, 1988), p. 32.

친구다. 직접화법으로 바꾼다면 “구보는 벗이 ‘그럼 또 내일 만납시다’라고 말했지만 거의 알아듣지 못했다”가 될 것이다. “이제 나는 생활을 가지리라. 생활을 가지리라. 내게는 한 개의 생활을, 어머니에게는 편안한 잠을”이라는 문장은 구보의 생각을 화자가 독자에게 간접적으로 전달해 주는 말이다. 그런데 놀라운 것은 “어머니에게는 편안한 잠을” 다음에 마침표를 찍지 않고 쉼표를 찍어 “편안히 가 주무시오”와 한 문장으로 처리한다는 점이다. “편안히 가 주무시오”라는 말은 구보의 친구가 구보에게 하는 말이다. 만약 식자공이나 컴퓨터 타자수의 실수로 마침표를 찍어야 할 곳에 쉼표를 잘못 찍었다면, 구보의 생각이나 독백이 그의 친구의 말과 한 문장에 뒤섞여 있는 셈이다.

이렇게 서술 화자가 서로 다른 작중인물의 생각이나 말을 한 문장으로 처리하는 것은 아마 ‘잠’이라는 말이 연상 작용을 일으켰기 때문일지 모른다. 자유간접화법은 마지막 문장 “내일 밤에 또 만납시다. 그러나, 구보는 잠깐 주저하고, 내일, 내일부터, 내 집에 있겠소, 창작하겠소—”에서도 마찬가지로 엿볼 수 있다. “내일 밤에 또 만납시다”라는 말은 구보의 친구가 하는 말이고, “내일, 내일부터, 내 집에 있겠소, 창작하겠소—”는 구보가 친구에게 하는 말을 간접화법 형식으로 전달하는 것이다.

그러나 좀 더 엄밀히 말하면 위 인용문은 자유간접화법이라기보다는 혼합화법(mixed speech)에 더 가깝다. 혼합화법이란 전달동사와 인용부호를 사용하지 않는다는 점에서는 간접화법이지만 피전달문의 인칭, 시제, 구조는 직접화법의 형식을 따르는 화법을 말한다. 위 인용문에서

3인칭 서술 화자는 인용부호를 모두 생략한 채 구보의 입을 빌려 "이제 나는 생활을 가지리라. 생활을 가지리라. 내게는 한 개의 생활을……" 이라고 말한다. 또한 마지막 문장에서도 "내일, 내일부터, 내 집에 있겠소……"라고 말한다. 서술 화자는 여기서 인칭과 시제를 마치 직접화법에서 사용하는 방식으로 '나' 또는 '내'를 구사한다. 자유간접화법이라면 "이제 그는 생활을 가지리라"니 "내일부터 그는 집에 있을 것이리라" 라고 했을 것이다.

카메라 기법과 몽타주

박태원은 모더니즘 기법 중 하나로 여러 작품에서 영화에서 주로 사용하는 카메라 기법과 몽타주 수법을 즐겨 구사한다. 그는 『천변풍경』에서는 카메라 기법을 사용하고, 「소설가 구보씨의 일일」에서는 몽타주 기법을 사용한다. 박태원이 『천변풍경』에서 카메라 기법을 사용한다는 점을 맨 처음 지적한 비평가는 최재서였다. 그는 "小說家는 캐메라적 機能에 있어서 캐메라를 따르지 못할지니 그 반면에 캐메라가 갖일 수 없는 機能을 갖이고 있다. 즉 小說家는 캐메라인 동시에 이 캐메라를 操縱하는 監督者일 수 있다"고 지적한다. 또한 최재서는 자기가 말하는 카메라란 다름 아닌 '문학적 카메라'를 말하는 것으로 그것은 곧 '소설가의 눈'이라고 덧붙인다. 그러면서 그는 박태원이 "그의 눈 렌즈 우에 主觀의 몬지가 안지 안토록 항상 조심하였다. 그 결과는 우리 文壇에서 드물게 보는 鮮明하고 多角的인 都會 描寫로서 우리 앞에 낱

아나 잇다"고 주장한다.[33]

한편 박태원은 「소설가 구보씨의 일일」에서 몽타주 기법을 사용하기도 한다. 개별적으로 촬영한 필름들을 어떤 목적을 염두에 두고 편집하여 하나의 작품으로 구성하는 영화 기법이 바로 몽타주다. 소설은 언어를 매체로 삼는 예술이고 시간 예술이므로 서로 다른 공간에서 일어나는 사건을 동일한 시간 안에 다룰 수 없다는 한계가 있다. 그러나 몇몇 소설가들은 몽타주 기법을 사용함으로써 이러한 문학의 본질적 한계를 극복하려고 노력해 왔다.

그런데 소설에서 사용하는 몽타주는 시간 몽타주와 공간 몽타주의 두 유형으로 크게 나뉜다. 전자는 공간을 고정시켜 놓고 동일한 공간에서 서로 다른 시간에서 일어나는 사건을 모아서 보여 주는 기법이다. 한편 공간 몽타주란 시간을 고정시켜 놓고 동일한 시간에 서로 다른 공간에서 일어나는 사건을 모아서 보여 주는 기법을 말한다. 그러나 전자는 이론적으로 가능하지만 실제로는 좀처럼 달성하기 어려우므로 작가들은 주로 후자를 훨씬 더 많이 사용한다.

귀스타브 플로베르는 『마담 보바리』(1856)의 2부 8장 용빌에서 농업 경진회가 열리는 장면에서 후자의 기법을 시도하여 관심을 끌었다. 이 장면에서는 서로 다른 행동이 서로 다른 세 층위에서 동시적으로 이루어진다. 첫 번째 층위는 시골 경진회에 참석하려고 많은 사람이 시장에 가축과 함께 뒤엉켜 있는 장면이다. 두 번째 층위는 길거리에서 조

33 최재서, 「『천변풍경』과 「날개」에 관하야-리아리즘의 확대와 심화」, 『문학과 지성』, 101, 103쪽.

금 위쪽으로 관리들이 연설 단에 올라가 청중을 향하여 진부한 연설을 하는 장면이다. 세 번째 층위는 근처 건물 이층에서 엠마 보바리와 샤를 로돌프가 창문으로 아래에서 벌어지는 모든 장면을 바라보면서 사랑을 나누는 장면이다. 일찍이 현대 문학의 특징을 시간의 공간화에서 찾은 조셉 프랭크는 이 장면을 '영화적'이라고 부른 적이 있다.[34]

조이스도 『율리시스』의 13장 '나우시카'에서 몽타주 기법을 효과적으로 사용한다. 이 작품이 외설 시비에 휘말려 판매 금지 조치를 받은 것도 바로 이 장면 때문이었다. 제목에서 엿볼 수 있듯이 조이스는 호메로스의 『오디세이아』에서 나우시카 공주와 오디세우스 장군의 이야기를 아름다운 소녀 거티 맥도웰과 리어폴드 블룸의 이야기에 대입시킨다. 『율리시스』에 등장하는 여성 인물 중 '최고의 여성 작중인물'로 흔히 평가받는 거티는 해변에 누워 남성에 대한 환상의 나래를 한껏 피운다. 얼마 전 남자 친구한테 버림을 받은 그녀는 지금 슬픔에 젖어 친구를 몹시 그리워한다. 이 광경을 목격한 리어폴드 블룸은 바위 뒤에 숨어 나이 어린 거티를 머릿속에 그리면서 자위행위를 한다. 블룸이 이러한 행위를 하는 바로 그 시간에 근처 베니딕트 성당에서는 남성의 금욕 피정을 준비하기 위한 미사가 열리고 있다. 또한 블룸이 마침내 사정에 이르는 순간 근처 시장에서는 폭죽이 터지며 하늘을 향하여 찬란한 불꽃을 내뿜는다.

박태원은 『천변풍경』의 20절 '어느 날의 삽화'에서 이와 비슷한 몽타주 기법을 사용한다. 이 절에서도 서로 다른 세 행위가 거의 동시에

34 Joseph Frank, *The Idea of Spatial Form* (New Brunswick: Rutgers University Press, 1991), pp. 31~66.

일어난다. 첫 장면에서는 재봉이가 여름철이면 늘 하는 대로 이발소에서 호스를 끌고 나와 천변 길에 물을 뿌린다. 한약국에서 일하는 창수는 잔돈을 바꾸어 가지고 집에 돌아가던 중 백동전을 두 손에 넣고 요란스럽게 흔들어 대다가 재봉이가 장난삼아 물 호스를 흔들어대자 그만 동전 하나를 개천에 빠뜨린다. 두 번째 장면에서는 가세가 기울어져 강화로 이사 간 신전 집 여주인이 경성에 올라왔다가 점심을 얻어먹을 겸 한약국 집을 찾아간다. 한약국 집 안주인과 며느리, 귀돌어멈까지 반갑게 그녀를 맞이하고, 그들은 서로 안부를 묻고 가뭄 이야기를 나눈다. 안주인이 손님에게 강화에서 살아가기가 어떠냐고 묻자 손님은 자격지심에서 경성이나 강화나 옹색하기는 마찬가지라고 퉁명스럽게 대답한다. 서술 화자는 신전 집 여주인을 두고 "무엇이라 말을 하든 막무가내였다"(천: 196)고 말한 뒤 한 줄 빈칸을 남겨 놓고 세 번째 장면을 이렇게 시작한다.

> 그와 거의 같은 시각에 포목전 주인은 이발소에서 머리를 깎고 있었다.
>
> 이십삼 관이란, 사 관이라나, 그렇게 유달리 살이 찐 관계로 더위도 남의 갑절은 타는 듯싶어, 바로 등덜미에다 선풍기를 틀어놓고 앉았건만, 물에 한번 흔든 듯싶게나 축 젖은 생모시 적삼은 그렇게 용이하게 마르지를 않는다. (천: 196~197쪽)

박태원은 몽타주 기법을 강조라도 하듯이 첫 문장에서 밑줄 친

"그와 거의 같은 시각에"라는 구절로 시작한다. 소설에서 시간은 화살처럼 앞을 향하여 나아가거나 플래시백 수법으로 과거로 돌아가게 마련이다. 그러나 시간 예술인 소설은 시간을 멈추게 할 수는 없다. '그와 거의 같은 시각'이란 신전 집 안주인이 한약국 집을 방문하여 이야기를 나누는 시간을 가리킨다. 바로 그 시간에 이발소 안에서는 포목전 주인이 머리를 깎는다. 20절에서 재봉이와 창수와 관련한 사건을 다루는 첫 장면도 '거의 같은' 시각에 일어난다. 20절은 "어제나 그제나 한가지로 하늘에 흰 구름이 얕게 떠도는 채, 바람 한 점 없이 그대로 푹푹 찌는 날이다"(천: 191)로 시작한다. 그 다음 문장이 "남쪽 천변 하숙옥 앞으로 바로 누구 찾을 사람이나 있는 듯이 아까부터 오락가락하며, 그 안을 기웃거리는 중년 부인이 한 사람 있었다"(천: 191)고 말한다. 여기서 '중년 부인'은 다름 아닌 신전 집 안주인으로 20여 년 동안 그녀가 살던 집이 어떻게 변했나 보려고 기웃거리고 있는 중이다.

박태원의 『천변풍경』과 관련하여 최재서는 "소설가에 소설 기교 이상의 그 무엇이 필요하다"고 지적한다. 최재서가 말하는 그 무엇이란 "描寫의 모든 디테일(細部)을 貫通하고 있는 統一的 意識—그것은 社會에 대한 經濟的 批判일른지도 모르고 또 人生에 대한 倫理觀일른지도 모른다"고 주장한다.[35] 그러면서도 최재서는 박태원이 도회 생활의 '고독과 회의와 절망'을 잘 표현한다고 주장한다. 박태원이 근대 도회생활의 이러한 특징을 다루는 것이 곧 '사회에 대한 경제적 비판'이고 '인생에 대한 윤리관'일 것이다.

35 최재서, 「『천변풍경』과 「날개」에 관하야」, 103~104쪽.

상호텍스트성과 관련하여 박태원은 작품의 주제나 내용보다는 소설 장르를 비롯하여 소설 형식과 기교, 문체 등에서 영향을 받았다. 그는 제임스 조이스를 비롯한 모더니즘 계열 작가한테서 영향을 받되 어디까지나 식민지 조선의 현실에 걸맞게 변형하였다. 박태원은 서구 작품을 노예처럼 충실하게 따르는 대신 자신의 창작 의도에 따라 재창조하였다. 박태원이 이룩한 이러한 문학적 성과는 시 장르에서 정지용이 이룩한 성과에 맞먹는다.

모더니즘 문학은 그동안 내용이나 주제보다는 지나치게 형식과 기교에 무게를 싣는다는 비판을 받아 왔다. 최재서의 지적처럼 모더니즘 계열에 속하는 작가들은 거의 대부분 '통일적 의식'을 그렇게 중요하게 생각하지 않는다. 리얼리즘과 자연주의의 비판적 반작용으로 출발한 모더니즘 작가들은 형식이 없는 형식, 즉 '무형식의 형식'을 선호하는 것처럼 주제가 없는 주제, 즉 '무주제의 주제'를 중요하게 생각하였다. 1930년대만 하여도 박태원은 구인회 활동에서 볼 수 있듯이 당시 카프 계열과 민족주의 계열에서 벗어난 제3의 길을 걸었다. 이 과정에서 그가 선택한 문학 노선은 리얼리즘이나 자연주의가 아니라 제임스 조이스가 화려하게 꽃을 피운 모더니즘이었다.

박태원은 한국전쟁이 일어난 직후 서울에 온 이태준, 안회남(安懷南), 오장환(吳章煥), 정인택(鄭人澤), 이용악(李庸岳) 등을 따라 남조선 문학가동맹 평양시찰단원으로 월북한 것으로 알려졌다. 월북한 뒤 박태원은 북한 문학 45년사에서 '최고의 역사소설'로 평가받는 3부작 『갑오농민전쟁』(1987)을 집필하였다. 1977년 초 집필하기 시작하여 1984년

말에 탈고한 이 작품은 북한 비평가로부터 "자주성을 옹호하기 위한 인민들에 대한 진실한 화폭"이라는 찬사를 받았다. 북한 문단에서도 박태원의 꼬리에 꼬리를 물고 이어지는 치렁치렁한 소설 문체에 주목했다는 점이 흥미롭다. 이 소설을 집필한 뒤 월북하기 전 자신의 작품에 대하여 그는 "부르좌 문학의 탁류에 잠겨 있었다"고 부정한 것으로 전해진다. 그의 문학이 영문학과 상호텍스트적 관계를 맺는 것은 두말할 나위 없이 월북 전에 창작한 작품들이다. 월북 뒤 그가 창작한 작품은 영미문학보다는 오히려 러시아문학과 상호텍스트적 관계를 맺고 있을 것이다.

7장
김내성과 윌리엄 셰익스피어

7장

김내성과 윌리엄 셰익스피어

아일랜드의 소설가요 희곡가인 오스카 와일드는 "이 세상에 도덕적이거나 비도덕적인 책이란 것은 없다. 다만 잘 쓰였거나, 나쁘게 쓰였거나 한 책이 있을 뿐이다"[1]라고 말한 적이 있다. 이 말을 조금 바꾸어 말하면 이 세상에는 순수소설과 대중소설의 구분도 이렇다 할 의미가 없고 다만 '잘 쓰인' 소설과 '잘 쓰이지 못한' 소설이 있을 뿐이다. 이렇게 순수소설과 대중소설의 경계선을 허무는 데 누구보다도 앞장선 작가가 바로 김내성(金來成)이다. 그는 문학에서 대중성이야말로 유일한 존재 가치라고 잘라 말하면서 통속성과는 엄밀히 구별되는 대중성에 기초한 소설을 창작하여 주목을 받았다. 김내성은 이렇듯 이론과 실제

---

1 Oscar Wilde, *The Major Works of Oscar Wilde*, ed. Isobel Murray (Oxford: Oxford University Press, 1989), p. 47.

에서 한국 문학사에 대중문학의 새로운 지평을 연 작가로 높이 평가받는다.

김내성은 일찍이 10대 중반부터 작품 활동을 한 조숙한 작가였다. 1925년 평양고등보통학교에 입학한 그는 교우지 《대동강》에 「전원의 황혼」이라는 산문 소품을 처음 발표하였다. 그 이듬해에는 동인지 《서광(曙光)》에 '파랑(波浪)'이라는 필명으로 「사랑의 비명」을 비롯한 소설, 동화, 시 등 여러 장르에 걸친 글을 발표하면서 문학에 뜻을 두었다. 그가 외국문학 작품을 많이 읽기 시작한 것은 바로 이 무렵이었다. 당시 김내성은 특별히 탐정소설에 관심을 두었지만 다른 장르에 속한 외국문학 작품도 그의 눈에서 좀처럼 벗어날 수 없었다. 이 학교의 한두 해 선배로는 김남천(金南天)과 채정근(蔡廷根)이 있었고, 후배로는 이석훈(李石薰)과 김사량(金史良) 등이 있었다. 이 무렵 평양고보는 경성의 휘문고등보통학교처럼 문학가를 꿈꾸는 학생들이 유난히 많았다.

김내성이 받은 외국문학의 영향은 무척 다양하지만 영문학으로 그 범위를 좁혀보면 에드거 앨런 포를 비롯하여 코넌 도일, 오 헨리, 심지어 마거릿 미첼 등을 들 수 있다. 그러나 자칫 놓치기 쉽지만 그의 작품을 좀 더 면밀히 살펴보면 토머스 칼라일이 일찍이 식민지 인도를 내줄망정 절대로 바꿀 수 없다고 말한, 저 유명한 영문학의 대문호 윌리엄 셰익스피어한테서 받은 영향이 무척 컸다. 대중소설가 김내성이 영국의 대문호한테서 영향을 받았다고 하면 아마 고개를 갸우뚱할 사람이 있을지도 모른다. 그러나 김내성은 어느 순수문학 작품을 쓴 작가들 못지않게, 아니 어떤 의미에서는 그들보다도 훨씬 더 셰익스피어의 희곡 작품과 직간접으로 관련을 맺는다. 이렇듯 김내성은 그만큼 대중문학뿐 아니라 순수문학, 현대문학뿐 아니라 르네상스 시대 문학에도 깊은 관심을 기울였다.

김내성이 셰익스피어한테서 가장 큰 영향을 받고 쓴 작품은 두말할 나위 없이 그의 대표작 『청춘극장』(1954)이다. 5부작의 대하소설이라고 할 이 작품은 김내성이 쓴 작품 중에서 가장 길이가 길다. 그가 '대장편'이라고 부른 이 소설은 200자 원고지로 6천여 장에 인쇄한 쪽수만도 무려 2,000쪽이 넘는다. 해방 직전과 해방 공간 그리고 한국 전쟁 등 험난한 역사의 파도를 헤쳐 오면서 무려 8년에 걸쳐 완성한 이 작품은 한국 문학사에서 대중소설의 지평을 연 획기적인 장편소설로 평가받는다. 작가로 데뷔할 무렵부터 김내성은 탐정소설가로서의 확고한 위치를 차지하고 있었지만 이 장르에 적잖이 불만을 품고 있었다. 1953~1954년 청운사에서 5권으로 간행하면서 쓴 서문에서 그는 왜 탐정소설에서 점차 손을 떼게 된 이유를 밝힌다.

> 나는 20년 전, 탐정소설에 손을 대면서부터 탐정소설에 대하여 항상 불만의 念을 품고 있었다. 탐정소설에는 인간성이 있기가 힘들기 때문이다. 탐정소설에서 인간성을 高唱하면 탐정소설의 생명인 탐정적 흥미—객관 묘사에 의한 수수께끼의 제출이 탐정의 추리를 거쳐 의외의 해결을 볼 때까지의 강렬한 서스펜스가 인간성을 고창할 수 있는 주관 묘사에 의하여 파괴 내지는 약화되어 독자에게 만족할 만한 탐정적 흥미를 주지 못하게 되어 탐

정소설로 볼 때에는 실패하기가 쉽다.[2]

이렇게 탐정소설 장르에 한계를 느낀 김내성은 1930년대 말엽과 1940년대 초엽부터 흥미 위주의 객관 묘사에서 점차 벗어나 좀 더 성찰적인 주관 묘사에 무게를 두는 작품을 쓰기 시작하였다. 이러한 시도에서 어느 정도 성공을 거둔 작품이 이른바 뒷날 「시유리(屍琉璃)」로 제목을 바꾼 「악마파」, 「광상시인(狂想詩人)」, 「이단자의 사랑」, 「무마(霧魔)」, 「비밀의 문」 같은 작품들이다. 그러나 덜 퇴화하여 여전히 꼬리가 달린 원숭이처럼 이 작품들에는 탐정소설의 객관 묘사와 서스펜스의 흔적이 아직 남아 있었다. 그래서 김내성은 좀 더 인간성을 탐구하는 방향으로 작품을 쓰려고 노력하였고, 마침내 탐정소설의 굴레를 비교적 완전히 벗어 버린 작품이 『청춘극장』이었다.

김내성과 '에이번의 음유시인'

김내성이 영문학을 비롯한 외국문학에 깊은 관심을 기울이고 본격적으로 작품을 읽기 시작한 것은 방금 앞에서 언급했듯이 평양고등보통학교에 재학할 무렵이었다. 이 학교에는 와세다대학 출신 일본인 교사 와타나베 이키조(渡辺力造)가 학생들에게 문학에 대한 동경을 심어 주었다. 김내성에 관한 평전에서 조영암(趙靈巖)은 김내성이 와타나베

2 김내성, 「새로운 정열 속에서: 『청춘극장』을 탈고하고」, 『청춘극장』 5권(서울: 정산미디어, 2013), 3쪽.

한테서 받은 영향을 이렇게 지적한다.

> 이때부터 내성의 문학에 대한 막연한 동경과 싹이 트기 시작하는 것인데 직접적으로 영향 받은 것은 와세다 출신의 일인 교수 와타나베 이키조의 감화가 컸고 맨 처음으로 읽은 책이 셰익스피어의 『로미와 줄리엣』이었다. 이때 이 희곡에서 사랑의 신비 불가사의한 것을 내성은 비로소 느꼈었던 것이다. 탐정소설 『지고마(Gigoma)』를 읽고 닥치는 대로 셰익스피어, 톨스토이, 도스토예프스키, 입센 등을 亂讀하면서도 한옆으로 탐정소설 읽는 것을 무상의 취미로 하였다. 빅토르 위고의 『레미제라블』을 읽고 감격하여 며칠 밤을 뜬눈으로 새웠으며 『몽테크리스토 백작』을 읽고 雀躍하였다.[3]

김내성이 이 무렵 읽은 외국문학의 범위가 영문학에서 프랑스 문학을 거쳐 북구문학과 러시아문학에 이르기까지 무척 넓다. 위 인용문에서 특히 눈여겨볼 대목은 김내성이 맨 처음 읽은 외국문학 작품이 '셰익스피어의 5대 비극' 중 하나로 꼽히는 『로미오 줄리엣』이었다는 점이다. 조영암은 김내성이 이 작품에서 '사랑의 신비 불가사의한 것'을 처음 느꼈다고 밝히지만, 이 작품은 김내성의 작품에서 주제뿐 아니라 배경과 사건의 전개 같은 플롯에도 자못 큰 영향을 끼쳤다.

평양고보 시절 김내성에게 외국문학 작품을 읽도록 도와준 사람으

3 조영암, 「김내성」, 『한국 대표 작가전』(서울: 수문관, 1953).

로는 와타나베 외에 다쓰노구치 나오타로(龍口太郎)라는 또 다른 일본인 교사가 있었다. 특히 김내성이 뒷날 한국 문단에서 탐정소설 분야를 개척하는 데는 다쓰노구치의 역할이 무척 컸다. 이 점과 관련하여 조영암은 "더욱 내성으로 하여금 탐정소설에 한층 더 큰 매력을 느끼게 한 동기는 당시 平高의 영어 교사 다쓰노구치 나오타로란 사람의 영어 수업 시간을 통 잘라먹어 가면서 이야기하는 코난 도일의 탐정물 이야기며 더욱 『얼룩얼룩한 끈나불』 등에 이르러서는 손에 땀이 흐르고 영혼이 마비되는 황홀경이었다"고 말한다. 그러면서 조영암은 계속하여 김내성이 "일본의 세계적 탐정소설가 에도가와 란포(江戸川亂步)가 미국의 위대한 세계적 탐정소설가 에드가 앨런 포의 이름으로 相似音을 따서 모방했다는 유명한 이야기도 이때 다쓰노구치 선생에게서 들었다"고 지적한다.[4]

이렇게 조영암이 밝히는 김내성의 평양고등보통학교 시절 일화는 아마 작가와의 인터뷰를 통하여 직접 전해들은 정보임이 틀림없다. 실제로 김내성은 『청춘극장』에서 소설 화자의 입을 빌려 조영암이 말하는 내용과 동일한 내용을 전하기 때문이다. 이 작품에는 학도병으로 중국 전선으로 끌려가던 주인공 백영민이 기차 안에서 평양고보 재학 시절 영어 교사 다쓰노구치를 잠깐 회상하는 장면이 나온다. 오사카(大阪)외국어학교를 졸업한 이 일본인 교사는 수업 시간에 학생들에게 외국문학 이야기를 자주 들려주곤 하였다.

4 위의 글.

> 그 다츠노구찌 선생이 수업 시간을 절반쯤 잘라 먹고는 곧잘 이야기를 하여 주곤 한 것이 더 한층 인기였다. 그리고 그 이야기란 대개가 명작에 대한 내용 소개였고 그중에서도 즐겨 이야기해 준 것은 탐정소설이었다.
>
> 그중에는 『하루[므]렐』이나 『레 미제라불[블]』 같은 이야기도 끼어 있었으나 그 태반은 '코난 도일'을 위시하여 '알란 포오'의 탐정소설이었다. 일본의 '에도가와 람보오'라는 탐정소설가의 이름이 '에드가 알란 포오'에서였다는 이야기를 하여 준 것도 그 선생이었다.[5]

평양고보 시절 김내성이 『로미오와 줄리엣』을 읽는 데 와타나베 이키조의 영향이 컸다면, 『햄릿』을 읽는 데는 다쓰노구치 나오타의 영향이 컸다. 『청춘극장』을 쓰면서 김내성은 『로미오와 줄리엣』 못지않게 『햄릿』한테서도 큰 영향을 받았다. 그는 셰익스피어의 이 두 비극 작품 말고도 '4대 비극에 속하는' 『오셀로』와 『맥베스』 외에 그의 '5대 희극' 중 하나인 『뜻대로 하세요』에서도 크고 작은 영향을 받았다.

김내성이 셰익스피어의 작품을 좀 더 본격적으로 읽기 시작한 것은 평양고보를 졸업하고 1931년 일본으로 유학을 가서 와세다(早稻田)대학 제2고등학원에서 독문학을 공부한 뒤 같은 대학 법문학부에 입학하여 독법학을 전공하면서부터였다. 그는 처음에는 독일 법학을 전

5 김내성, 『청춘극장』 2권(광주: 영한문화사, 1986), 274쪽. 앞으로 이 작품에서 인용은 이 텍스트(전3권)에 따르고 인용 쪽수는 권수와 함께 본문 안에 직접 적기로 한다.

공하여 변호사가 되려고 했지만 그 꿈을 접고 문학가로서의 길을 걷기 시작하였다. 그러다 보니 자연스럽게 셰익스피어의 희곡을 비롯한 외국문학 작품을 많이 읽을 수밖에 없었다. 『청춘극장』의 여주인공 오유경이 도쿄의 메지로(目白)여자대학에서 영문학을 전공하는가 하면, 백영민과 함께 학도병으로 끌려가 중국 전선에서 배치된 조선인 학생 가나즈(金津)도 아오야마(青山)학원 영문과에 재학 중이다.

일본에서 셰익스피어에 대한 인기는 서구문물을 처음 받아들이기 시작한 메이지 시대부터였다. 처음에는 찰스 램과 메리 램 남매가 어린이들을 위하여 읽기 쉽게 산문으로 풀어쓴 『셰익스피어 이야기』(1807)를 일본어로 번역하여 소개하였다. 그러다가 메이지 17년(1884)에 이르러 쓰보우치 쇼요(坪内逍遥)가 '쓰보우치 유조(坪内雄蔵)'라는 이름으로 『줄리어스 시저』(1599)를 직접 번역하기 시작하였다. 그는 쇼와 3년(1928)에는 가부키(歌舞伎)의 운과 고어를 살려 『沙翁(シェークスピヤ)全集』 전 40권을 완역하였고, 쇼와 8년(1933)에는 일본 현대어에 맞게 고쳐 다시 번역하였다.

김내성은 『청춘극장』 첫 부분에서 주인공 백영민이 평양고등보통학교를 졸업하고 곧바로 일본으로 유학을 떠나는 장면을 다룬다. 주인공의 아버지 백초시가 아들에게 경성에도 대학이 있는데 하필이면 왜 일본으로 유학을 가기로 했느냐고 묻는다. 그러자 영민은 경성에서는 식민지 교육이 편벽하다느니, 도쿄는 문화의 중심지라니 하고 대답한다. 아버지는 다시 아들에게 군이 사립대학인 와세다를 택한 이유를 묻자 영민은 "사립이기 때문에 진취의 기상과 자유의 정신을 길러주고 學의 독립을……"(1: 42)이라고 대답한다. 영민의 말대로 이 무렵 와세다대학에서는 일본 관료를 양성하려는 목적으로 설립한 제국대학보다는 좀 더 자유롭게 학문을 추구할 수 있었다. 쓰보우치 쇼요에게서 볼 수 있듯이 20세기 전반기 와세다대학 영문과는 일본 대학 중에서도 외국문학 연구의 요람과 같았다. 도쿄제국대학 같은 관학과는 달라서 외국문학을 좀 더 개방적으로 받아들인 와세다대학은 이미 영국과 미국에서 영문학 교수를 초빙할 정도였다.

와세다대학 메인 캠퍼스에는 흔히 '엔파쿠(演博)'로 일컫는 쓰보우치 박사 기념 연극박물관이 서 있다. 영문학자이자 번역가요 극작가인 일본 현대 연극의 아버지 쓰보우치 쇼요를 기리기 위하여 설립된 박물관이다. 세계에서 손꼽히는 이 연극 박물관에는 일본과 외국의 많은 연극 의상, 포스터, 그 밖에 연극과 관련한 물건들이 전시되어 있다. 와세다대학에 재학하던 동안 김내성은 이 박물관을 지나치며 셰익스피어 문학에 대한 꿈을 키웠는지도 모른다.

이 무렵 식민지 종주국 일본에 이어 식민지 조선에서도 셰익스피어에 대한 관심이 컸다. 벤 존슨이 일찍이 '시대를 초월한 작가'라고 평한 셰익스피어의 이름이 식민지 조선에 처음 등장한 것은 1906년이다. 익명의 번역자가 옮긴 새뮤얼 스마일스의 「자조론」에 '세이구스비아'라는 이름이 처음 등장한다. 그 이듬해에는 유승겸(俞承兼)이 역술한 『중등만국사』에 '색스피어'라는 이름이, 현채(玄采)가 역술한 『동서양 역사』에는 '歇克斯比라'라는 이름이 나온다. 이밖에도 당시 '색스피어', '索士比亞', '酒若是披霞', '維廉 塞士比亞' 같은 다양한 표기법이 눈에 띈다. 이렇게 표기법은 달라도 하나같이 셰익스피어를 가리키던 말이었다.

식민지 조선에서 셰익스피어의 작품이 처음 번역되어 소개된 것은 1919년이었다. 이해 11월 주요한(朱耀翰)이 '구리병(句離甁)'이라는 필명으로 찰스 램과 메리 램의 『셰익스피어 이야기』를 번역하여 《기독교 청년》에 발표하였다. 1920년 10월 오천석(吳天錫)이 램의 『셰익스피어 이야기』 중 「베니스의 상인」을 번역하여 소개하였고, 같은 해 12월에는 익명의 번역자가 같은 책에서 「심벌린」을 번역하여 《서울》에 소개하였다. 1921년 9월 정순규(鄭淳奎)가 램의 책에서 「로미오와 줄리엣」을 번역하여 『사랑의 한(恨)』이라는 제목으로 박문서관에서 단행본으로 발행하였다. 그런가 하면 1923년 2~4월에는 양하엽(梁夏葉)이 역시 같은 책에서 『맥베스』를 번역하여 《조선일보》에 소개하였다. 이러한 번역은 셰익스피어 작품의 줄거리를 간추린 것을 옮긴 번역이어서 엄밀한 의미에서 셰익스피어 작품 번역이라고는 볼 수 없을지 모른다.

그러나 램의 『셰익스피어 이야기』에서 번역한 것이 아니라 셰익스피어 작품에서 최초로 직접 번역한 사람은 현철(玄哲)이었다. 그는 1921년 5월부터 1922년 12월까지 『햄릿』을 번역하여 《개벽》에 소개한 뒤 1923년 박문서관에서 단행본으로 출간하였다. 그의 뒤를 이어 1924년 4월 '녹양생(綠洋生)'이라는 번역자가 『로미오와 줄리엣』 전 5막을 번역하여 《신천지》 복간호에 실었다. 1924년에는 이상수(李相壽)가 『베니스 상인』을 단행본으로 출간하였고, 같은 해 익명의 번역자가 『리어 왕』을 번안하여 소개하였다. 1926년에는 이광수(李光洙)가 『줄리어스 시저』 2막을 번역하여 《동아일보》에 소개하기도 하였다.

이러한 사정은 1930년대에 들어와서도 다르지 않아서 1930년 1월 '여기자'로만 밝힌 번역자가 『로미오와 줄리엣』을 초역(抄譯)하여 「사랑과 죽엄」이라는 제목으로 《신소설》에 소개하였다. 1933년 11월 정인섭(鄭寅燮)이 극예술연구회 5회 공연을 위하여 『베니스의 상인』(1598)을 번역하였다. 같은 해 12월에는 시인 박용철(朴龍喆)이 극예술연구회 방송극 대본으로 『베니스의 상인』을 번역한 뒤 뒷날 동광당서점에서 단행본으로 출간하였다. 1938년에는 익명의 번역자가 '낭만좌' 공연을 위하여 『햄릿』을 번역하였다. 셰익스피어에 대한 관심은 1940년대에 접어들어서도 마찬가지여서 설정식(薛貞植)이 『햄릿』을 번역하여 백양당에서 출간하기도 하였다.

그런데 여기서 한 가지 관심을 끄는 것은 김내성도 1947년 『로미와 줄리엣』을 경개역(梗槪譯)하여 《부인》에 소개했다는 점이다. 그가 이 무렵 얼마나 이 작품에 관심을 두었는지 알 수 있다. 1947년이라면 김내성이 『청춘극장』을 한창 집필하던 무렵이다. 일본 제국주의가 패망하기 1년 전 미군의 공습에 당황한 조선총독부는 경성 일부 지역에 소개(疏開)를 실시하였고, 1944년 김내성은 피난도 떠날 겸 평소 앓던 심장병 치료도 할 겸 함경남도 안변의 석왕사 뒷산 하게꼴[鶴翼里]로 정양을 떠났다. 이때 그는 이 작품을 구상하고 집필하기 시작하여 부산 피난지에서 탈고하였다. 이렇게 한반도 여러 곳을 옮겨 다니면서 『청춘극장』을 완성하는 동안 김내성의 뇌리에 셰익스피어의 『로미오와 줄리엣』이 깊이 각인되어 있었다.

세상은 연극 무대

작가는 아무리 벗어나려고 하여도 자기가 쓴 작품 속에 그동안 살아온 고단한 삶의 흔적을 남기지 않을 수 없다. 그래서 D. H. 로렌스는 작가란 작품을 쓰면서 원고지 위에 피를 남겨 놓는다고 말하였다. 『청춘극장』을 '자전적' 작품이라고 말하는 김내성은 자기의 불우한 소년 시절의 삶을 잊으려고 이 소설을 집필했다고 밝힌 적이 있다. 이렇듯 그가 문학에 관심을 기울이게 된 것부터가 불행한 소년 시절에 겪은 경험 때문이었다. 이 점과 관련하여 김내성은 "애당초부터 내가 문학의 세계를 동경한 것은 탐정소설을 통하여서가 아니고, 실로 나의 우울하였던 소년 시절, 早失父母한 13세의 소년이 18세의 아내를 갖지 않으면 아니 되었던 가혹한 현실 속에서 봉건적 인습과 개성의 확장, 이상과 현실, 정의와 불의, 선과 악, 애정과 윤리 등의 피눈물 나는 相剋圖를 그리고 있을 때, 나의 안타깝고 답답한 심정을 慰撫하여 주는 것은 오직 하나 문학의 세계였다"[6]고 고백한다. 그렇다면 『청춘극장』의 비운의 연인 백영민과 허운옥은 김내성과 그의 첫 부인을 기반으로 창조한 인물로 보아 크게 틀리지 않는다.

그러나 김내성이 『청춘극장』을 가정사에만 국한하여 썼다고 간주하는 것은 좁은 소견이다. 자전적 사실에 뿌리를 두되 그는 한 가정의 테두리를 뛰어넘어 점차 한반도와 동아시아로 확장해 나간다. 제국일본의 식민주의와 태평양 전쟁을 배경으로 한반도를 비롯한 동아시아

6 김내성, 「새로운 정열 속에서: 『청춘극장』을 탈고하고」, 4쪽.

역사를 파노라마처럼 전개하는 작품도 아마 찾아보기 쉽지 않다. 김내성은 평양 근교의 탑골 마을에서 식민지 조선의 경성, 제국일본의 수도 도쿄, 만주와 중국 등을 작품의 공간적 배경으로 삼는다. 동아시아는 말하자면 이 작중인물들이 활약하는 드넓은 무대와 다름없다.

이렇게 동아시아를 작중인물들의 활동 무대로 삼는다는 점에서 『청춘극장』은 여러모로 셰익스피어의 낭만적 전원 희극 『뜻대로 하세요』와 비슷하다. 이 작품의 2막 7장에서 셰익스피어는 우울한 사색가인 제이키즈의 입을 빌려 이렇게 독백한다.

> 이 세상 모두가 하나의 무대요,
> 남녀 모두는 한낱 배우에 지나지 않습니다.
> 저마다 무대에 등장했다가 퇴장해 버리지요.
> 한 남자는 평생 여러 배역을 맡고
> 그의 일생은 7막으로 구성되지요.

> All the world's a stage,
> And all the men and women merely players.
> They have their exits and their entrances,
> And one man in his time plays many parts,
> His acts being seven ages.[7]

7 http://shakespeare.mit.edu/asyoulikeit/index.html.

인생의 1막은 유모 품에 안겨 침을 흘리고 보채며 지내는 유아 시절을, 2막은 아침에 일어나 가기 싫은 학교에 마지못해 다니는 어린 학생 시절을, 3막은 사랑에 빠져 한숨 지며 세레나데를 부르는 청춘 시절을, 4막은 명예욕에 불타 걸핏하면 싸우려드는 청년 시절에 해당한다. 또한 인생의 5막은 두둑한 뇌물 덕분에 배는 기름지고 매서운 눈초리로 금언이나 낡은 문구를 줄줄 늘어놓는 장년 시절을, 6막은 콧잔등에는 안경을 걸치고 굵고 점잖던 목소리가 아이들처럼 피리 소리로 변해버린 노년기를, 그리고 마지막 7막은 제2의 유년기로 이도 빠지고 눈도 제대로 보이지 않고 밥맛도 없어진 인생 말년에 해당한다. 셰익스피어가 유아기에서 노년기에 이르는 인생 여정을 이렇게 일곱 단계로 나누어 설명하는 것이 무척 흥미롭다.

물론 이렇게 세상을 무대에 빗대고 인간을 배우에 빗대어 말한 문인은 셰익스피어가 처음은 아니었다. 그 계보를 거슬러 올라가다 보면 저 멀리 1세기 후반에서 2세기 초반에 활동한 고대 로마시대의 시인 유베날리스를 만나게 된다. 그는 일찍이 『풍자시집』에서 "그리스 모두가 무대고, 모든 그리스인은 한낱 배우에 지나지 않는다"고 노래하였다. 이보다 조금 앞서 또 다른 고대 로마시대의 작가 페트로니우스도 이와 비슷한 말을 한 것으로 전한다.

르네상스의 인문주의자 에라스무스는 『우신(愚神) 예찬』(1511)에서 "인생이란 인간들이 무대 감독이 무대에서 사라지게 할 때까지 다양한 옷을 걸쳐 입고 연기하는 일종의 연극이 아니고 무엇이겠는가?"라고 언급하였다. 영국의 극작가 리처드 에드워즈는 셰익스피어가 태어나던 1564년에 쓴 희곡 『다이몬과 피티아스』에서 "피타고라스가 말하기를 이 세상은 / 많은 사람이 그들의 역할을 하는 무대와 같다고 했다. / 구경꾼들이야말로 현명한 사람들이다"라고 말하였다. 1599년 셰익스피어가 직접 운영한 글로브 극장에서는 "Totus mundus agit histrionem"라는 라틴어 문구를 모토로 사용하였다. 이 문구는 "모든 세상은 연극 무대"라는 뜻으로 12세기의 한 논문에서 따온 구절이다.

한편 셰익스피어는 『베니스의 상인』 1막 1장에서도 세상을 연극 무대에 빗댄다. 바사니오의 친구인 그라시아노가 주인공 안토니오에게 안색이 좋지 않다고 말하자 안토니오는 "세상이란 세상으로 봐야 한다네, 그라시아노. / 모두들 역을 맡아야 하는 무대란 말일세. / 내 역은 슬픈 역이지만"이라고 말한다. 그러자 그라티노는 안토니오의 말을 받아 "그럼 바보 역은 제가 맡죠"라고 대꾸한다. 그런가 하면 『맥베스』 5막 5장에서도 셰익스피어는 맥베스의 입을 빌려 "인생이란 한낱 걸어 다니는 그림자, / 무대 위에 있을 땐 잠시 동안 뽐내고 떠들어대지만, / 시간이 지나면 아무 말 없이 사라지는 / 가련한 배우에 지나지 않을 뿐"이라고 독백한다. 셰익스피어는 비극이든 희극이든 이렇게 여러 작품에서 인간이란 궁극적으로 세계라는 거대한 무대에서 한바탕 배역을 맡아 연극을 벌이다가 곧 무대에서 퇴장하는 가엾은 존재라고 생각했던 것이다.

김내성은 『청춘극장』을 집필하면서 연극과 관련한 셰익스피어의 이러한 유명한 대사를 잘 알고 있었다. 무엇보다도 '청춘극장'이라는 제목부터가 젊은이들이 한바탕 벌이는 연극이라는 뜻이다. 셰익스피어 극

작품에서 비극과 희극을 가르는 분기점은 주인공 중 한 사람이나 두 사람이 죽음에 이르느냐, 아니면 연애에 성공하여 결혼에 이르느냐 하는 데 있다. 만약 주인공이 죽음에 이르면 비극이고, 주인공들이 결혼하여 해피엔딩으로 끝나면 희극이다. 『청춘극장』이 연극이라면 희극보다는 비극임이 틀림없다. 식민지 조선은 37년의 식민지 굴레에서 벗어나 해방의 기쁨을 만끽하지만 주인공 백영민과 오유경이 자살하는 것으로 작품이 끝나기 때문이다. 그래서 그런지 김내성은 『청춘극장』에서 이 '민족의 비극'이니 '비극의 무대'니 하는 말을 마치 후렴처럼 자주 반복하여 사용한다.

『청춘극장』에는 연극과 관련한 용어가 무척 많이 나온다. 가령 '연극'을 비롯하여 '비극', '무대', '스테이지', '배우', '관객', '연출', '독백', '배경', '조명' 같은 용어는 더할 나위 없이 좋은 예다. 이밖에도 김내성은 '촌극', '삐에로', '곡예', '써커스', '가면', '판토마임' 같은 용어도 자주 사용한다. 베이징(北京)에서 독립군의 일원으로 일하는 장일수는 '장욱(짱위)'이라는 중국 이름으로 역시 방월령(유에링)이라는 중국 여성으로 카바레 '용궁' 마담으로 행세하는 일본 정보원 하세가와 나미에에 접근하여 첩보원으로 활약한다. 그의 정체를 알아차린 하세가와는 하세가와대로 상대방한테서 정보를 캐내려 한다.

> 장욱은 모르는 척, 한층 더 월령의 무르익는 육체를 힘 있게 끌어안으며 연애 비극의 주인공들처럼 낭만이 철철 흐르는 꿈같은 대사를 되풀이하는 것이었다.

"유에링! 내 사랑 유에링! 나에게 만일 項羽 같은 力拔山의 힘이 있었던들 유에링의 이 향기로운 몸뚱이는 내 품 안에서 가루가 되었을 것이요."

"대사가 어찌 그리도 우둔스럽나요? 세상에는 섹스피어의 명대사도 있고 李太白, 陶淵明의 어여쁜 詩句도 있는데 왜 하필 우둔스런 항우란 말이에요? (2: 294)

밑줄 친 부분에서 볼 수 있듯이 김내성은 '비극'이니 '주인공'이니 '대사'니 하는 연극과 관련한 용어를 즐겨 사용한다. 특히 "세상에는 섹스피어의 명대사도 있고……"라고 유에링이 장욱에게 내뱉는 대사를 주목해 보아야 한다. 김내성은 셰익스피어가 그의 연극에서 사용하는 많은 명대사를 익히 알고 있음이 틀림없다.

이렇게 연인을 가장하여 첩보 활동을 벌이는 상황을 두고 『청춘극장』의 서술 화자는 "누가 먹느냐, 먹히느냐?—간첩에게는 진정한 사랑은 절대로 금물이다. 사랑의 가면을 최후까지 뒤집어 쓸 수 있는 명배우래야 최후의 승리를 얻을 수 있기 때문이다"(2: 292)라고 말한다. 그러면서 서술 화자는 계속하여 "그것이 만일 극장 무대 위에서 한 개의 허구로 된 인생을 재현하는 단순한 예술가로서의 사명에 그친다면 무엇이 그리 두려우랴만 그러나 그들 간첩이야말로 조국의 운명을 좌우하는 하나의 活舞臺 위에서 웃고 울고 노래하고 눈물지어야만 하는, 하나의 엄숙한 사명을 띠고 자기의 생명을 티끌처럼 불 살러 버릴 수 있는 위대한 배우라야만 하였다"(2: 292)고 밝힌다.

김내성이 연극의 비유를 즐겨 사용하는 것은 『청춘극장』 곳곳에서 쉽게 찾아볼 수 있다. 예를 들어 태평양 전쟁이 막바지로 접어들자 일본 제국주의는 '특별 지원병'이라는 그럴 듯한 이름으로 조선의 젊은이들을 강제로 전쟁터로 몰아넣는다. 백영민은 그동안 의절 상태에 있던 아버지한테서 간략한 편지와 함께 은행 수표를 받고 부모의 은혜를 다시 한 번 절감한다. 그의 아버지는 아들에게 학도병으로 개처럼 끌려가 죽지 말고 도피할 것을 은근히 암시한다. 소설의 화자는 "이 인류의 비극을 영민이가 다시 연출하느냐? 이 인류의 죄악을 영민이가 다시 범하느냐? 이 순간에 있어서도 영민의 번민은 실로 컸다"(2: 182)고 말한다. 여기서 인류의 죄악이란 부모에 대한 '사랑의 채무 불이행'을 말한다. 백영민에게 오해하고 숨어 지내는 오유경도 그에게 보내는 편지에서 "가치 없는 탄환의 세례를 받고 가엾게도 쓰러질는지 모를 이 너무나 악착한 민족적 비극의 주인공"(2: 185)을 두고 울고 있다고 적는다.

중국에서 독립운동을 하는 '대통령' 장일수는 친일파 오창윤의 집에 찾아왔다가 헌병 오장(伍長)이 된 고등학교 동창생 최달근과 우연히 극적으로 대면한다. 장일수가 체포될지도 모르는 아슬아슬한 장면에서 오창윤은 적잖이 불안을 느끼며 최달근에게 "자아, 내 옆방 서재에 들어가 있을 테니 맘 놓고 한바탕 연극을 해 보시지요"(1: 112)라고 말한다. 한 사람은 독립운동에 투신하고 다른 사람은 일제의 앞잡이로 활약하면서 고등학교 동창생 두 사람이 벌이는 행동은 가히 극적이라고 아니할 수 없다.

그러나 이러한 '연극'은 얼마 뒤 일본에서 유학 중인 백영민이 도쿄로 돌아가던 중 경성에 잠시 들려 동대문 밖에 위치한 요정 천일관에서 장일수와 신성호와 만나 회포를 푸는 장면에 이르러 좀 더 뚜렷이 드러난다. 이 자리에서 는 장일수가 최달근이 쏜 총에 맞고 부상당한 일을 언급한다.

> 백영민은 권하는 대로 쭉 들이키면서,
>
> "그래 땅개가 한사코 대통령을 노리고 있다는 말인가?"
>
> "음, 붙잡기만 하면 땅개의 어깨 위에 별이 한 개 더 올라 앉는다는 거야. 어때? 그만 했으면 人間舞臺라는 것이 어떻다는 건 짐작하겠지?"
>
> 몇 잔 술에 신성호의 얼굴이 계집애처럼 빨개졌다.
>
> "그러나 대통령으로선 적지 않게 불명예인걸. 땅개에게 상처를 입다니……"
>
> "그게 아직 대통령으로선 人間舞臺를 모르는 탓이야. 자기도 무기는 가졌지만 설마 동창생 사이에 쏘기야 할라구? — 그렇게 믿었던 것이 도대체 어리석었다는 말이지." (1: 229)

위 인용문에서 신성호가 '인간 무대'라는 용어를 두 번 되풀이하여 사용한다는 점을 눈여겨보아야 한다. 그는 왜 '연극 무대'라고 하지 않고 굳이 '인간 무대'라고 할까? 김내성은 신성호의 입을 빌려 모르긴 몰라도 어쩌면 셰익스피어가 말한 "이 세상 모두가 하나의 무대요, / 남녀 모두는 한낱 배우에 지나지 않습니다”라는 구절을 염두에 두고 있는지도 모른다. 백영민이 와세다대학에서 법학을 공부하는 것이나, 고등학교 시절부터 ‘콘사이스’라는 별명으로 통하는 가난한 문필가 신성호가 소설가로서의 꿈을 키우는 것이나, 중국 대륙을 누비며 독립운동을 하는 ‘대통령’ 장일수나 그들은 모두 파란만장한 일제강점기 동아시아를 배경으로 나름대로 맡은 배역에 충실한 배우로 지금 한바탕 연극을 벌이는 것과 다름없다. 『청춘극장』에 등장하는 다른 작중인물들도 동아시아라는 드넓은 ‘인간 무대’ 위에서 저마다 연극배우로 화려한 연기를 펼친다.

그런데 여기서 한 가지 찬찬히 눈여겨볼 것은 연극과 관련하여 김내성과 셰익스피어 사이에는 조금 차이가 있다는 점이다. 인간은 저마다 배우로서 ‘인간 무대’에서 맡은 역할을 충실하게 연기한다고 생각한다는 점에서 두 사람의 생각은 같거나 비슷하다. 그러나 김내성은 셰익스피어는 달리 단순히 삶의 연극성을 지적하는 데 그치지 않고 한 발 더 나아가 현실과 예술을 좀 더 명확하게 구분 지으려고 한다. 다시 말해서 김내성에게 인간의 삶이란 무대 위에 현실을 재현하거나 모방하는 ‘허구적’ 예술이 아니라 ‘엄숙한’ 실제 현실 자체이므로 연극보다도 훨씬 더 엄중할 수밖에 없다. 그것은 마치 현실과 가상현실이 서로 다른 것과 같다. 방금 앞에서 김내성이 일반적 의미의 ‘배우’와 특별한 의미의 ‘명배우’, 마찬가지로 일반적 의미의 ‘무대’와 특별한 의미의 ‘활무대’를 애써 구분 지으려고 하는 까닭도 여기에 있다. ‘활무대’에서 맡은 역할을 수행하는 ‘명배우’는 “엄숙한 사명을 띠고 자기의 생명을 티끌처

럼 불 살려 버릴 수 있는 위대한 배우"라야 할 것이다

『청춘극장』과 셰익스피어의 『햄릿』

김내성이 『청춘극장』을 창작하면서 삶과 관련하여 연극의 모티프에서 『뜻대로 하세요』와 『베니스의 상인』와 『맥베스』와 상호텍스트적 관계를 맺는다면, 주인공의 성격이나 주제에서는 『햄릿』과 그러한 관계를 맺는다. 셰익스피어 하면 곧 그의 '4대 비극'이 떠오르지만 이 '4대 비극' 중에서도 가장 긴 『덴마크의 왕자 햄릿의 비극』은 단연 첫 손가락에 꼽힌다. 앞에서 이미 언급했듯이 셰익스피어 작품 중에서도 『햄릿』은 일제강점기에 비교적 일찍 번역되어 소개된 작품 중 하나였다.

『청춘극장』에서 친일주의자 오창윤의 집에서 동창생 최달근이 쏜 총을 맞고 다리에 부상을 입은 장일수는 김준혁 외과에서 수술을 받은 뒤 청량리 외곽에서 요양한다. 김준혁은 자기 병원에서 간호사로 근무하는 허운옥을 청량리로 보내 장일수를 간호하도록 한다. 백영민의 아내로 백초시의 집에 민며느리로 들어온 허운옥이 그의 친구 장일수를 간호하는 데다 여기에 고등학교 시절 '청춘 삼총사' 중 한 사람인 소설가 신성호가 장일수를 자주 찾아오는 것은 극적이라고 할 수밖에 없다. 어찌 되었든 어느 날 신성호는 장일수를 찾아와 대화를 나눈다.

> 장일수는 유쾌하게 웃어대며,
>
> "콘사이스, 자네 여자의 대명사가 무엇인지 아나?"

"오오, 약한 자여! 그대의 이름은……"

"노오, 노오!"

하고, 장일수는 신성호의 말투를 흉내 내며,

"여자란 언제든지 거울과 같이 다니는 동물이야."

"여자가 있는 곳에 어찌 거울이 없을 수 있으랴! 그 말인가?"

(1: 143)

위 인용문에서 밑줄 친 문장, 즉 신성호가 장일수에게 하는 말은 다름 아닌 『햄릿』 1막 2장에서 주인공 햄릿이 내뱉는 혼잣말이다. 아버지가 의문의 죽음을 맞은 지 미처 두 달도 되지 않아 숙부 클로디어스와 결혼한 어머니 거트루드를 원망하며 내뱉는 독백이다. "아예 생각을 말자.— / 약한 자여, 그대의 이름은 여자니라! / 겨우 한 달, 니오베처럼 눈물에 젖어 / 아버지의 시체를 따라가던 신발이 채 닳기도 전에 / 아 세상에! 어머니가, 세상에 우리 어머니가 저 숙부의 품에 안기다니." 이 독백에서 "약한 자여, 그대의 이름은 여자니라!"라는 문장은 여성을 나약한 존재로 폄하하는 발언이라고 하여 그동안 페미니즘 이론가들로부터 비판을 받아 왔다. 페미니즘 이론가들에 따르면 여성이 나약하다는 것은 어디까지나 남성 중심의 가부장 사회가 만들어낸 '젠더 담론'일 뿐 실제 사실과는 적잖이 다르다. 그러므로 햄릿은 요즈음 유행하는 말로 표현하면 젠더 의식, 즉 성평등 지수 또는 성인지 감수성이 낮다고 할 수밖에 없다.

한편 오유경은 백영민을 짝사랑하던 박분이(춘심)의 거짓 모함 때문에 그를 크게 오해한다. 그래서 임신한 몸으로 집을 나와 혼자서 아이를 분만하기에 이른다. 그러나 일간신문을 보고 백영민이 학도병으로 전쟁터로 끌려 나갈 것을 알고 그에게 편지를 보낸다. 이 편지에서 그녀는 "다만 죽음의 길을 떠나는 불신의 사나이에게 그 사나이가 진흙 발로 문질러 버린 한 사람의 여인의 참된 심정을 전달해 주고 싶은 까닭이에요. 오유경이의 마음이 이처럼 약해질 줄을 섹스피어는 어떻게 그처럼도 알아차렸는지 신통해요"(2: 186)라고 밝힌다. 여기서 오유경이 자기의 마음이 이렇게 약해질 줄을 '신통하게도' 셰익스피어가 알아차렸다고 말하는 까닭이 어디 있을까? 그녀는 지금 "약한 자여, 그대 이름은 여자로다!"라는 구절을 염두에 두고 있기 때문이다.

신성호의 발언에 이어 이번에는 "여자란 언제든지 거울과 같이 다니는 동물이야"라는 장일수의 발언도 주목해 보아야 한다. 바늘에 실 가듯이 여성이 있는 곳에는 늘 거울이 있다는 말이다. 여성은 늘 거울을 쳐다보고 화장하면서 외모에 신경을 쓰거나, 아니면 흔히 거울 속을 들여다보며 나르키소스처럼 자기도취에 빠진다는 점을 은근히 내비친다. 가부장제가 만들어 낸 젠더 담론에 길들여진 장일수의 발언도 성평등 지수나 성인지 감수성의 관점에서 보면 부적절하다.

셰익스피어는 『햄릿』에서 연극과 관련하여 거울을 중요한 은유로 사용한다. 3막 2장에서 유랑극단이 엘시노어 궁에 도착하자 햄릿은 자신이 기획한 연극을 통하여 숙부 클로디어스 왕의 죄악을 드러내 보이려고 한다. 이때 햄릿은 배우들에게 "연극의 목적이란 예나 지금이나, 말하자면 자연에다 거울을 비추는 일, 선은 선대로, 악은 악대로 고스란히 비춰내며, 시대의 모습을 있는 그대로 보여 주는 것"이라고 말한다. 극단은 클로디어스 왕과 왕비 앞에서 극중극 〈쥐덫〉을 공연한다. 극중극에서 조카가 잠자는 사촌의 귀에 독약을 부어 살해하고, 곧이어 그가 왕비의 사랑도 얻게 될 것이라고 설명하자 클로디어스 왕은 연극 관람을 중지하고 자리를 뜬다. 이 모습을 지켜본 햄릿과 그의 친구 호레이쇼는 클로디어스가 아버지를 살해했다는 유령의 말이 사실임을 확신하고 복수를 결심한다.

위 인용문에서 신성호가 여성을 '약한 자'로 간주하고 장일수가 거울과 여성을 연관시키며 여성 폄하 발언을 하는 것은 그 자체로 큰 문제가 될 수 있다. 그러나 여기서 중요한 것은 김내성이 『햄릿』에 대해 잘 알고 있었을 뿐 아니라 『청춘극장』을 집필하면서 셰익스피어의 작품을 염두에 두고 있었다는 점이다. 앞에서 이미 언급했듯이 김내성은 서술 화자의 입을 빌려 백영민이 평양고등보통학교 재학 시절 일본인 영어 교사 다쓰노구치로부터 수업 시간에 『햄릿』에 관한 이야기를 들었다고 밝혔다.

그렇다면 김내성은 『청춘극장』을 쓰면서 『햄릿』에서 좀 더 구체적으로 어떠한 영향을 받거나 그 작품과 어떠한 상호텍스트적 관계를 맺는가? 첫째, 김내성은 오유경을 '모두 둘 다'라는 포용적 삶의 방식이 아니라 '이것이냐 저것이냐'의 양자택일의 삶의 방식을 받아들이는 인물로 묘사한다. 『햄릿』에는 "약한 자여, 그대의 이름은 여자로다!"라는 독백 대사 말고도 인구에 회자되는 또 다른 유명한 독백 대사가 있다. "죽느냐 사느냐, 그것이 문제로다. / 가혹한 운명의 돌팔매와 화살을 맞으면서도 / 그냥 참고 견디는 것이 더 고귀한 마음일까? / 아니면 성난 파도처럼 밀려드는 재앙에 맞서 / 무기를 들고 용감히 맞서 싸워야 하는 것이 더 고귀한 마음일까?"(3막 1장)라는 구절이 바로 그것이다.

최근 『햄릿』의 이 유명한 문장을 두고 그동안 번역가 사이에 의견이 사뭇 엇갈린다. 이 작품을 처음 한국어로 번역한 현철은 "To be, or not to be……"의 독백을 "죽음인가 삶인가 이것이 의문이다"로 옮겼다. 지금까지 국내에서 이 문장을 번역한 것이 10여 종이 넘는다. 예를 들어 "있음이냐 없음이냐, 그것이 문제로다"(최종철), 이를 한자어로 바꾼 "존재냐, 비존재냐—그것이 문제다"(이상섭)에서 심지어 "이대로냐, 아니냐, 그것이 문제다"(설준규)에 이르기까지 무척 다양하다. 그러나 햄릿이 자살을 생각하며 내뱉는 독백이라는 점에서 아무래도 "죽느냐, 사느냐 그것이 문제로다"(여석기)로 번역하는 쪽이 가장 적절하다. 햄릿은 삶과 죽음 사이 선택의 기로에서 실존적 물음을 던지기 때문이다.

『청춘극장』에서 이 질문은 여러 작중인물들에게 서로 다른 형태로 나타난다. 예를 들어 『흘러가는 청춘』이라는 장편소설을 집필하는 신성호에게는 소설가로서 성공을 거두느냐, 아니면 실패하느냐 하는 절체절명의 문제가 달려 있다. 소설의 서술 화자는 "이것은 아직 新人 축에 드는 신성호가 사느냐, 죽느냐의 背水之陣을 치고 결사적으로 써 나가는 힘들인 작품이었다"(3: 220)고 말한다. 출판사에 근무한다고는 하지만 벌이가 신통하지 않아 하숙비도 제대로 내지 못하는 신성호는 기생 박춘심에게 기생충처럼 얹혀서 살다시피 하면서 작품을 겨우 완성한다. 태평양 전쟁에서 일본의 패망을 다루는 탓에 만약 이 전쟁에서 일본이

승리하는 날에는 영원히 빛을 보지 못할 작품이다.

그러고 보니 김내성이 집필한 『청춘극장』도 적어도 이 점에서는 『흘러가는 청춘』과 크게 다르지 않다. 그는 『청춘극장』과 관련하여 "그 당시 나로서는 이 작품을 집필할 때, 이 작품이 과연 세상에 발표되어 태양을 볼 수 있을는지 없을는지가 전연 불확정하였다. 원자폭탄의 소유국이 미국이 아니고 일본이었던들 『청춘극장』은 그들의 이상촌인 대동아 공영권 내에서는 도저히 빛을 보지 못하고 스러질 것이었다"[8]고 회고한 적이 있다.

생사기로에 관한 햄릿의 독백은 제국일본을 위하여 밀정 노릇을 하는 하세가와 나미에에게는 조국과 사랑 사이에서 첨예하게 느끼는 갈등이다. 그래서 중국에서 잠시 도쿄에 들린 그녀는 긴자의 한 카페에서 백영민에게 "나라를 위하느냐, 사랑을 위하느냐? 조국이냐, 장욱이냐?—이것이 내 인생의 분기점이야!"(2: 33)라고 말한다. '청춘 삼총사'의 스승인 야마모도 히데오와의 불행한 결혼을 청산한 뒤 중국으로 건너가는 하세가와는 장위를 무척 사랑하지만 자칫 잘못하다가는 조국을 배반할 수도 있기 때문이다. 술김에 내뱉은 이 말 때문에 나미에는 뒷날 크나큰 대가를 치르게 된다.

태평양 전쟁에서 패망을 향하여 치닫던 제국일본을 통치하던 정책가들에게 햄릿의 독백은 "항전이냐, 항복이냐?"(3: 347), 즉 연합군에 무조건 항복할 것이냐, 아니면 계속 맞서 싸울 것이냐 사이의 갈등이다. 이러한 갈등은 1945년 8월 6일 히로시마(廣島)에, 9일 나가사키(長崎)

8 김내성, 「새로운 정열 속에서」, 5쪽.

에 원자폭탄이 떨어지면서 선택의 기로는 더욱 절박할 수밖에 없었다. 나가사키에 원자폭탄이 투하된 날 밤 도쿄의 궁중 지하실에서는 포츠담 선언에 따른 항복을 수락할 것인지, 아니면 끝까지 항전할 것인지를 두고 어전회의가 열렸다. 항전파의 두목 아나미 고레치카(阿南惟幾) 육군상은 일본 본토에서 미군을 요격할 것을 눈물로 주장했지만 항복을 주장하는 다수에 밀리자 마침내 자결하였다. 8월 14일 오전 10시부터 어전회의가 다시 열려 간신히 천황제를 유지한다는 조건으로 포츠담 선언에 따른 무조건 항복을 결정함으로써 일본은 세 번째 원자폭탄 세례에서 가까스로 벗어날 수 있었다.

한편 37년 동안 혹독한 식민주의를 겪은 식민지 조선에서는 이러한 양자택일의 갈등은 "우리에게 자유를 다오! 그렇지 않으면 죽음을 다오!"(3: 348)의 이름으로 이루어졌다. 이 점과 관련하여 『청춘극장』의 서술 화자는 "26년 전 기미년 3월 1일 삼천만 배달민족이 글자 그대로의 한 덩어리가 되어 일제의 총부리 앞에서 울부짖고 쓰러지던 그날의 민족혼은 다시금 찾아왔다"(3: 348)고 말한다. "자유가 아니면 죽음을 달라!"는 말은 미국의 정치가요 독립 운동가인 패트릭 헨리가 독립전쟁 중 버지니아주 리치먼드에서 한 연설에 나오는 구절이다.

그러나 '이것이냐 저것이냐'의 이항대립적 양자택일 문제는 『청춘극장』의 어떤 작중인물보다도 백영민의 연인 오유경한테서 가장 뚜렷하게 엿볼 수 있다. 그녀는 허운옥과 백영민의 관계에 대한 오해는 풀렸지만 막상 전쟁터에서 백영민이 허운옥과 함께 탑골 마을로 돌아오자 선택의 갈림길에서 무척 고민한다. 더구나 백영민의 태도가 '이것이냐 저것이냐'가 아닌 '모두 둘 다'의 애매한 태도를 취하자 오유경은 아이를 데리고 경성 친정집으로 돌아가 버린다. 며칠 뒤 경성으로 찾아온 백영민을 만나 주려고도 하지 않을 만큼 그녀는 자존심이 아주 상해 있다.

> "全部냐? 그렇지 않으면 無다!"
>
> 오창윤에게서 배운 줄 알았던 유경의 인생이, 그리고 2년 동안의 풍랑 속에서 배운 줄 알았던 유경의 인생이 결국에 있어서는 아무런 소용도 없었다. 유경은 결국 본래의 유경으로 돌아가고 있는 중이었다.
>
> "전부가 아니라면, 나는 무를 택할 수밖에 없지 않은가. 행복이냐 불행이냐?—행복도 아니고 불행도 아닌 그런 뜨뜻미지근한 범중의 행복은 싫다!" (3: 264)

소설의 서술 화자의 말대로 오유경은 지난 2년 동안 온갖 고통과 좌절을 겪으면서 언뜻 대쪽 같은 인생관이 달라진 것처럼 보인다. 그러나 막상 허운옥이 나타나면서 크나큰 시련에 부딪히자 그녀는 옛날의 삶의 방식으로 되돌아간다. 오유경에게는 '전부냐 무냐'의 양자택일이 있을 뿐 그 사이에서 어떤 타협점이나 절충점도 없다. 그는 행복이면 행복, 불행이면 불행 그 어느 하나를 택하려고 할 따름이다. '뜨뜻미지근한 범중의 행복'은 그녀가 추구하는 삶의 방식이 아니기 때문이다. 오유경은 마지막 장면에서 자살하기 직전 부모에게 남긴 유서에서도 "전부를 얻지 못할 바에는 차라리 전부를 버리는 길이 유경이다운 오직 하나밖에 없는 길인 것 같습니다"(3: 345)라고 밝힐 만큼 그녀에게 제3의 길은 전혀 찾아볼 수 없다.

한편 백영민은 처음에는 오유경과 비슷한 삶의 방식을 취하지만 시간이 지나면서 점차 극단적 선택을 지양하기 시작한다. 오유경이 탑골마을을 떠나기 전 날 밤 백영민은 그녀에게 "나도 과거에는 유경 씨와 똑같은 생각을 가지고 있었지요. 전부냐, 무냐의 생각을요. 그러나 현재에 이르러서는 그것만으로 이 광범한 인생 전체의 가치를 평가할 수 없을 것 같소"(3: 181)라고 말한다. 전쟁터에서 삶과 죽음의 갈림길에 서 있던 그는 부러지기보다는 차라리 굽어지는 쪽이 더 바람직하다고 생각한다. 오유경과 비교하여 그는 정신적으로 그만큼 성숙한 인물이다.

김내성이 『청춘극장』에 관류하는 이러한 양자택일의 삶의 방식은 셰익스피어의 『햄릿』에서 영향을 받았지만 다른 한편으로는 흔히 '현대 연극의 아버지'로 일컫는 노르웨이 극작가 헨리크 입센한테서 받은 영향도 적지 않다. 평양고등보통학교 재학 시절 김내성이 일본인 교사 와타나베 이키조의 영향으로 셰익스피어의 작품과 함께 입센의 작품을 읽었다는 점은 이미 앞에서 언급하였다. 입센의 희곡 작품 중에서도 김내성은 『브란트』(1866)에서 영향을 받았다. 이 작품은 입센의 또 다른 희곡 『페르 귄트』(1867)와 마찬가지로 이상주의자인 주인공이 몰락해 가는 과정을 다룬다. 브란트는 신부로서 극단적이라고 할 만큼 자기의 신념을 버리지 못한 채 이상만을 쫓다가 결국 모든 것을 잃어버리게 된다. "모든 것이 아니면 아무 것도"니 "전부 아니면 무"니 하는 구절은 입센이 브란트의 입을 빌려 한 말이다.

한국 문학사에서 입센의 블란트를 표방하여 처음 작중인물을 창안한 작가는 박석윤(朴錫胤)이었다. '용주인(龍洲人)'이라는 필명으로 그는 《학지광》 20호에 단편소설 「벗의 죽엄」을 발표하여 관심을 끌었다. 이 작품은 제목에서도 엿볼 수 있듯이 결혼을 며칠 앞둔 주인공 창호가 평소 사랑하고 존경하던 친구 원영의 갑작스러운 사망 소식을 듣고 친구를 회상하는 작품이다. 주인공이 회상하는 원형은 그야말로 브란트 같은 이상주의자다. 창호는 어느 날 친구와 함께 산에 올라가던 일을 회고한다.

> 亭々한 節介를 자랑하는 힘의 權化갓치 보이는 무수한 소나무! 여름날의 奇峯을 만히 그우에 실은 말근 하늘! 그사이를 强力主義를 理想 삼는 원영이가 단장을 휘두루며 으슬렁슬렁 올나가는 모양! 창호는 이부센의 부란드에 씨인 한광경을 상상하엿다. […] 창호는 엄숙한 기분 가운대서, '부란드 牧士'를 상상하엿다. 그러고 원영을 '부란드'와 한사람이라고 생각하엿다. '브란드'가 산에 올나가면서 "All ov[or] nothing"이라고 부르지진 것과갓치, 원영이라는 조선 '부란드'가 "全 아니면 無다" 부르지々며 산을 올라가는 것이라고 생각하엿다.[9]

9 용주생(박석윤), 「벗의 죽엄」, 《학지광》 20호(1920.07), 67쪽. 동아시아에서 입센을 처음 소개한 사람은 일본 학자 모리 오가이(森鷗外)였다. 1889년 그는 문예잡지 《시가라미 소시(しがらみ草紙)》에 일본 최초로 입센을 소개하였다. 1903년 모리는 입센의 『브란트』를 『목사(牧師)』라는 제목으로 번역한 것을 시작으로 본격적으로 입센을 일본에 소개하였다. 그것에 힘입어 쓰보우치 쇼요가 창간한 《와세다 문학(早稲田文学)》에서는 1906년 7월 '입센 기념' 특집호를 간행할 정도로 입

위 인용문에서 '이부센'이란 헨리크 입센을 일본어 식으로 표기한 것이고 '부란드'란 브란트 목사를 가리킨다. 브란트 목사처럼 이상주의적 삶의 방식을 받아들이는 원영은 '강력주의' 또는 '강력 생활'을 굳게 믿는 젊은이다. 원영은 만약 조선 사람에게 강력주의가 없다면 조선 사람은 살아갈 수 없을 것이라고 지적한다. 원영이 말하는 강력주의는 입센이 『브란트』에서 묘사하는 주인공의 세계관과 아주 비슷하다. 박석윤에 이어 김내성은 오유경을 비롯한 몇몇 인물을 통하여 "전부냐, 아니면 전무냐"의 양자택일을 표방하며 모든 타협을 배격하는 브란트 같은 극단적 이상주의자를 묘사하였다.

『청춘극장』과 셰익스피어의 『오셀로』

김내성은 『청춘극장』을 쓰면서 이번에는 역시 '셰익스피의 4대 비극' 중 한 작품인 『오셀로』에서 영향을 받았다. 모티프와 사건의 극적 진행과 주제와 관련하여 셰익스피어의 작품은 김내성의 작품에서 자못 중요한 역할을 한다. 『베네치아의 무어인 오셀로의 비극』에서 작중인물 이아고가 차지하는 역할은 무척 크다. 적어도 대사 수를 기준으로 삼는다면 이아고는 1,020행의 대사를, 오셀로는 790행의 대사를 맡는다. 그래서 이 작품의 주인공은 오셀로가 아니라 이아고로 보아야 한다고 주장하는 학자들이나 비평가들도 있다. 주인공이 누구냐 하는 문제는

센은 일본에서 인기를 끌었다. 한편 1913년 모리는 『인형의 집』을 『노라(ノラ)』라는 제목으로 번역하였다.

접어두고라도 이아고가 플롯을 이끌어가는 핵심 인물인 것만은 의심의 여지가 없다.

서양문학 작품에서 새뮤얼 테일러 콜리지가 아무런 동기도 없이 악을 행하는 인물이라고 평한 이아고는 그동안 갈망하던 부관 자리를 캐시오에게 빼앗기자 앙심을 품고 복수를 계획한다. 이러한 복수에 이용하는 물건이 바로 오셀로가 데스데모나에게 선물로 준 손수건이다. 17세기 후반부에서 18세기 초에 걸쳐 활약한 영국의 역사가요 문학 비평가인 토머스 라이머는 『오셀로』를 '손수건의 비극'이라고 부른 것은 바로 그 때문이다.

오셀로는 이아고로부터 데스데모나의 부정에 관한 이야기를 듣고 머리가 아파 침대에 눕는다. 데스데모나가 손수건으로 남편의 아픈 머리를 묶어주려 하자 오셀로가 뿌리치면서 데스데모나는 손수건을 그만 떨어뜨린다. 손수건을 주운 데스데모나의 시녀 에밀리어는 그것을 남편 이아고에게 갖다 주고, 이아고는 오셀로가 선물한 데스데모나의 손수건을 일부러 캐시오의 방에 떨어뜨린다. 가득이나 의처증에 시달리던 오셀로는 마침내 데스데모나를 '창녀'라고 부른다. 이아고는 데스데모나의 외도 장면을 더욱 자극적인 언어로 표현하면서 한껏 오셀로의 질투심을 자극한다. 이아고는 오셀로에게 캐시오가 잠꼬대에서 자신에게 키스하며 데스데모나와의 애정 행위를 재현할 뿐 아니라 데스데모나의 손수건으로 수염으로 닦는 모습을 목격했다고 말한다.

오셀로는 이아고에게 데스데모나가 부정하다는 증거를 내놓으라고 명령한다. 그러나 이아고는 "공기처럼 가벼운 사소한 것도 질투하는 사람에게는 성경의 말씀만큼 강력한 증거가 되지요"(3막 3장)라고 말하면서 오셀로에게 데스데모나의 부정을 굳이 증명할 필요가 없다고 생각한다. 단지 의심하는 것만으로도 오셀로의 질투를 불러일으키기에 충분하다고 판단하기 때문이다. 결국 오셀로는 질투심에 휩싸여 사흘 안에 캐시오를 죽이라고 명령하고, 데스데모나 역시 죽이겠다고 말하면서 사건은 걷잡을 수 없이 파국을 향하여 치닫는다. 손수건을 불륜의 증거물이라고 굳게 믿어 버린 오셀로는 데스데모나를 침대 위에서 목 졸라 죽인다. 그러나 뒤에 모든 것이 아이고의 모략으로 빚어진 것을 알게 된 오셀로는 슬픔과 회환으로 자살하고 이아고는 잔혹한 처형을 받는다.

『청춘극장』에서 오유경이 백영민을 '바람둥이'로 오해하여 파국을 초래하는 데도 손수건이 중요한 역할을 한다. 조금 과장해서 말하면 손수건 없는 『오셀로』를 상상할 수 없듯이 손수건 없는 『청춘극장』도 상상하기 어렵다. 물론 김내성은 셰익스피어의 비극에서 간계와 모략을 구사하여 상대방을 무너뜨리는 기본적인 역할만 빌려올 뿐 작중인물의 성별 같은 것은 필요에 따라 적당하게 바꾼다. 가령 오셀로의 역할은 여주인공인 오유경이 맡고, 데스데모나의 역할은 남주인공인 백영민이 맡으며, 이아고의 역할은 여성 작중인물인 기생 박춘심이 맡는다.

어머니한테서 아버지가 기생 출신의 젊은 첩을 얻어 딴살림을 차렸다는 사실을 전해들은 오유경은 몹시 흥분한다. 일본에서 신학문을 배우는 신여성인 그녀는 아버지의 행위가 단순히 한 남성의 외도가 아니라 '여성 전체에 대한 남성의 모욕'으로 간주한다. 그래서 오유경은 첩의 집에 찾아가 '곁붙이 살림'이니 '기생충'이니 하고 심하게 박춘심을 모욕한다. 그러자 화가 난 박춘심은 백영민과 허운옥과의 관계며 자기와의 관계를 폭로하며 그를 '바람둥이'니 '악마'니 '색마'니 하고 신랄하게 매도한다. 구체적인 맥락을 생략한 채 박춘심이 언급하는 내용은 적어도 겉으로는 모두 사실처럼 보인다. 크게 충격을 받은 오유경이 박춘심에게 백영민이 윤리적으로 타락한 사람이라는 증거를 대라고 다그치자 춘심은 잠시 망설인다.

> 그러다가 춘심은 갑자기 생각이 난 듯이,
>
> "아, 참, 아가씬 아까 증거를 보이라고 그랬죠? 아주 똑똑하신 아가씨니까 제 눈으로 증거를 보지 못하군 믿질 않으실 거야."
>
> 그러면서 춘심은 일어나 삼면경 위에 놓인 핸드백에서 조그만 손수건을 하나 꺼냈다.
>
> 엷은 하늘빛 명주 바탕에 가는 흰 레이스를 두른 손수건이었다.
>
> "이것이 누구 건지 아시겠구려?"
>
> "아, 이건……"
>
> 너무나 낯이 익은 손수건이 아닌가! 그것은 유경이가 정성을 들여 만든 손수건이었으며 영민에게 프리젠트로 보낸 손수건이 아닌가! (1: 355)

박춘심이 오유경에게 건네는 엷은 하늘빛 명주 손수건은 바로 그녀가 정성껏 수를 놓아 백영민에게 선물로 준 것이다. 그렇다면 어떻게 하여 그 손수건이 박춘심의 손에 들어갔을까? 겨울 방학을 맞아 귀국하여 백영민과 신성호와 장일수는 동대문 밖 요정 천일관에서 만나 회포를 풀었고, 그때 신성호가 친구들을 즐겁게 해 주려고 기생 박춘심을 부른 적이 있다. 백영민이가 술자리에서 몸을 일으키다가 그만 무릎 위에 놓여 있던 손수건이 술에 취해 식탁 위에 엎드린 춘심이의 손등에 '나비처럼' 떨어졌다. 어렸을 적부터 백영민을 사모하던 박춘심은 이 손수건을 주인에게 돌려주지 않고 간직하고 있었다. 그러므로 지금 박춘심이 오유경에 증거로 건네는 손수건은 오셀로가 데스데모나에게 선물로 준 손수건처럼 확실한 증거가 된다.

박춘심은 몹시 충격을 받고 대문 밖으로 '질풍같이' 뛰쳐나가는 오유경의 모습을 지켜보며 한껏 웃음을 터트린다. 소설 화자는 "춘심은 확실히 유경의 그 면도칼처럼 날카롭고 송곳처럼 뾰족한 자존심을 진흙 발로 보기 좋게 문질러 주었다"(2: 11)고 말한다. 집에 도착한 오유경은 피아노 위에 놓인 핸드백을 열고 아까 박춘심이가 건네준 손수건을 꺼내 보며 "나쁜 사나이!"라고 중얼거리며 백영민의 배반에 몹시 분개한다.

박춘심의 말을 액면 그래도 믿지 못하는 오유경은 도쿄로 달려가 백영민을 만나 직접 진위를 확인해 보려고 한다. 그러나 오유경은 뜻밖에도 백영민이 술에 취한 일본 여성(하세가와 나미에)과 함께 하숙집에 돌아오는 것을 목격하고 박춘심의 말이 사실이라고 판단한다. 그래서 오유경은 지난번 겨울방학에 백영민이 자기 몰래 천일관에서 박춘심을 만나지 않았느냐고 말하면서 주머니에서 손수건을 꺼내 그 증거라면서 그의 얼굴에 내던진다. 백영민이 "아, 이건 내가 모르고 떨어뜨린 것을 춘심이가……"(2: 44)라고 말하지만 몹시 흥분한 오유경의 귀에 그 말이 들어올 리 없다. 오유경은 계속하여 "에이, 이 자존심 없는 사나이! 어렸을 때 허씨 딸과 결혼을 한 사나이가 대체 누구예요?"(2: 44)라고 쏘아붙인다. 박춘심의 말이 사실이라고 확신하는 오유경은 백영민과 결별을 선언한 뒤 어디론가 자취를 감추고 만다.

> 사랑의 배반처럼 눈을 어둡게 하고 이성을 무디게 하는 것은 없다. 제삼자가 냉정히 생각해 보면 춘심의 말과 영민의 인격이 조금도 일치되지 않건만은, 다시 말하면 영민의 사람 된 품으로 도저히 결과가 행동으로 나타날 수가 없건만은 산 속에 들어가 산을 모른다는 격으로 그처럼 총명한 유경으로서는 냉정히 생각할 마음의 여유가 없었다.
>
> 용맹무쌍한 장군 오세로[오셀로]가 간신 이아고의 공교로운 중상에 넘어가서 사랑하는 아내를 마침내 죽여 버리지 않으면 아니 된 애욕의 의혹도 결국 유경의 경우와 마찬가지였다. (2: 21)

위 인용문의 두 번째 단락을 보면 김내성은 손수건으로 빚어진 오유경과 백영민의 갈등을 분명히 『오셀로』에서 빌려왔음을 알 수 있다. 김내성은 서술 화자의 입을 빌려 '용맹무쌍한 장군' 오셀로가 이아고의 '공교로운 중상'에 넘어가 그만 사랑하는 아내를 죽였다고 말한다. 오유경도 박춘심의 질투심에서 비롯한 모략과 중상으로 파멸을 맞는다.

김내성은 『청춘극장』에서 클라이맥스에 해당하는 손수건과 관련한 사건을 작품이 끝날 무렵 다시 한 번 언급한다. 탑골 마을에서 경성에 돌아간 오유경은 두 번 다시 백영민을 만나주지 않고 집안에만 틀어박혀 지낸다. 그러다가 섣달그믐이 가까운 어느 날 눈이 내리는 오후 그녀는 길거리를 배회하다 우연히 백영민을 만나 함께 걸으며 이야기를 나눈다. 헤어질 때 오유경은 옛날에 그랬듯이 그에게 다시 한 번 손수건을 건네준다. 소설 화자는 "헤어질 때 유경은 영민의 젖은 손수건 대신, 가장자리에 레이스가 달린 손수건을 영민의 외투 주머니 속에 살그머니 넣어 주었다"(3: 272)고 말한다. 손수건은 두 주인공의 오해와 그것으로 빚어진 갈등에 중요한 역할을 하지만, 작중인물이 많이 등장하고 사건이 복잡하게 얽혀 있어 자칫 산만할 수 있는 이 작품에 일관성이나 통일성을 부여해 주는 역할을 하기도 한다.

김내성은 『청춘극장』에서 『오셀로』에서 손수건의 모티프를 빌려온 것은 사실이지만 그보다도 더 중요한 것은 이 모티프를 통하여 독자들에게 보여 주려는 메시지나 주제다. 셰익스피어가 『오셀로』에서 다루는 주제 중 하나는 질투와 그에 따른 근거 없는 의구심이다. 셰익스피어는 오셀로가 이아고의 모략의 덫에 걸려 어떻게 파멸하는지 여실히 보여 준다. 이아고는 오셀로에게 "장군님, 질투심을 조심하십시오. 그것은 초록색 눈을 한 괴물로서 자신이 잡아먹는 먹이를 조롱하는 놈입니다"(3막 3장)라고 말하면서 오히려 오셀로의 질투심을 부추긴다.

질투를 '초록색 눈을 한 괴물'로 부르는 데서도 알 수 있듯이 질투는 외견과 실재, 삶의 겉모습과 참모습의 주제와 깊이 연관되어 있다. 오셀로는 이아고에게 데스데모나의 부정(不貞)을 보여 줄 '시각적 증거'

를 제시하라고 요구하지만, 이아고는 손수건이라는 정황적 증거를 제시할 뿐이다. 그러나 이아고가 쳐놓은 질투의 덫에 걸린 오셀로는 한낱 정황 증거에 지나지 않는 것을 확실한 실제 증거로 착각한다. 다시 말해서 오셀로는 외견과 실재, 겉모습과 참모습을 제대로 구분 짓지 못한다. 오셀로가 이 두 가지를 제대로 구분 짓지 못하는 것은 이아고의 말대로 겉으로 정직해 보이는 사람들과 실제로 그러한 사람들을 제대로 구분 짓지 못하기 때문이다.

김내성도 『청춘극장』에서 셰익스피어처럼 외견과 실재의 간극을 중요한 주제로 다룬다. 소설의 서술 화자는 "사람이 사람을 사랑하기는 쉬운 일이나 사람이 사람을 현명하게 사랑한다는 것은 어려운 일인가 보다"(2: 21)라고 말한다. 삶의 외견과 실재, 겉모습과 참모습을 제대로 헤아리기가 얼마나 어려운지 지적하는 말이다. 이 두 가지 모습을 제대로 판단하는 사람이야말로 '현명한' 사람일 것이다. 이 작품에서 비교적 '현명한' 인물의 범주에 속하는 작중인물이라면 아마 허운옥과 장일수를 들 수 있을 것이다. 작가는 마지막 장면에서 조국이 해방된 뒤 그들이 행복하게 살아갈 것임을 강하게 암시한다.

『청춘극장』과 셰익스피어의 『로미오와 줄리엣』

셰익스피어의 작품 중에서도 김내성의 『청춘극장』과 가장 명시적으로 상호텍스트적 관계를 맺는 작품은 다름 아닌 『로미오와 줄리엣』이다. 김내성이 평양고등보통학교에 재학할 무렵 와타나베 이키조의 감화로 맨 처음 읽은 외국문학 작품이 셰익스피어의 『로미오와 줄리엣』이었고, 1947년에는 이 작품을 경개역으로 직접 번역했다는 점은 이미 앞에서 언급하였다. 그만큼 김내성은 이 작품에 대한 관심이 무척 클 수밖에 없었다. 그는 무엇보다도 『청춘극장』의 배경과 플롯, 극적 효과 등에서 셰익스피어의 이 비극에서 영향을 받은 바가 자못 크다.

『로미오와 줄리엣』에서 달이 차지하는 몫은 생각보다 아주 크다. 줄리엣을 보고 첫눈에 반한 로미오는 정상적인 방법으로는 그녀를 만날 수 없자 한밤중에 몰래 집으로 그녀를 찾아간다. 줄리엣은 줄리엣대로 창가에 기대어 몬태규 집안과 캐플릿 집안의 반목을 원망하며 허공에 로미오에 대한 자신의 사랑을 고백한다. 그녀의 고백을 엿듣던 로미오는 나뭇가지를 은빛으로 물들이는 둥근 달에 걸고 그녀에게 사랑을 맹세한다. 그러자 줄리엣은 "아, 저 변덕스러운 달을 두고 맹세하지 말아요……. 달은 궤도를 따라 돌면서 달마다 변하니 믿을 수 없어요. 당신 사랑도 그렇게 변할지 몰라요"(2막 2장)라고 대꾸한다. 이처럼 셰익스피어는 이 작품에서 달을 사랑을 고백하는 데 더할 나위 없이 좋은 분위기로 삼을 뿐 아니라 변덕스러움의 상징으로 사용한다.

이렇게 달을 핵심적인 배경으로 삼는다는 점에서는 『청춘극장』도 셰익스피어의 작품과 크게 다르지 않다. 다만 김내성은 달을 핵심적 장치로 사용하되 셰익스피어와는 조금 다르게 사용할 뿐이다. 한국문학을 비롯한 동아시아 문학 작품이 흔히 그러하듯이 달은 주인공의 정감을 드러내는 장치로 자주 쓰인다.[10] 『청춘극장』도 예외가 아니어서 김내

10 『춘향전』은 이러한 경우를 보여 주는 더할 나위 없이 좋은 예로 꼽을 만하다. 이

성은 작중인물들이 느끼는 낭만적 정서나 이와는 반대로 비극적 정서를 돋우기 위한 장치로 사용한다.

겨울방학을 마치고 도쿄로 돌아가는 도중 백영민과 오유경이 아다미(熱海) 온천에 잠시 들려 젊음의 정열을 불태운다. 먼저 목욕을 마치고 방에 들어온 백영민은 2층 베란다에 걸터앉아서 "창백한 달빛 아래서 어지럽게 부딪치는 파도 소리에 귀를 기울이고"(1: 274쪽) 있다. 소설의 서술 화자는 자못 영탄조로 분위기를 한껏 돋운다.

> 두 젊은이의 영혼은 抱擁前夜의 작열된 희열 속에서 자지러질 것 같은 몸부림을 쳤다.
>
> 캄캄한 밤이었다.
>
> 달빛은 창 밖에 있으되 좀처럼 방안으로 기어들지를 않고 들창가에서만 아물거린다.
>
> 대자연의 축복 받은 두 젊은이의 향그럽고 아름다운 속삭임의 비밀을 전 우주로부터 고이고이 보존하려는 사랑의 수호신 같은 그

몽룡은 오월 단옷날을 맞아 그네를 타는 춘향을 본 뒤 그날 저녁 방자를 데리고 춘향의 집을 찾아간다. 단옷날은 음력 오월 오일로 둥근 달이 뜰 수 없고 편월(片月)이라고 하여 겨우 조각달이 뜰 정도다. 그런데도 『춘향전』의 작가는 "삼문(三門) 밧 썩 나셔셔 협노지간(狹路之間)의 월식(月色)이 영농(玲瓏)하고"니, "춘향 문젼(門前) 당도하니 인젹야심(人寂夜深)한 듸 월식은 삼경(三更)이라"니, "월하(月下)의 두루미넌 흥(興)을 계워 짝 부른다"니 하고 말한다. 이렇게 조각달밖에 뜨지 않은 어두운 밤인데도 달이 주는 효과를 잘 알고 있는 작가는 둥근 달이 하늘에 걸려 있도록 만든다. 이 점에 대해서는 김욱동, 「『춘향전』의 수사학」, 『부조리의 포도주와 무관심의 빵』(서울: 소명출판, 2013), 186~187쪽 참고.

대 창백한 달빛이여! (1: 276)

위 인용문에서 무엇보다도 먼저 눈에 띄는 것은 첫 문장의 '포옹전야'라는 어휘다. '폭풍전야'라는 말은 있어도 '포옹전야'라는 말은 없다. 물론 청춘남녀가 막 포옹하기 직전이라는 뜻일 터지만 어법에는 잘 들어맞지 않는다. 더구나 김내성이 단락을 구성하는 방법도 다른 장면과는 적잖이 다르다. 한 단락이 겨우 한 문장으로밖에 되지 않을 만큼 짧다. 이렇게 짧은 단락과 단락 사이에 어떤 인과관계나 논리적 연관성을 찾아보기도 어렵다. 몇 시간 전 두 사람이 바닷가를 산책할 때 오유경은 백영민에게 그날 하루만은 "딱딱한 말을 하지 말 것! 이론적이고, 사상적이고, 현실적이고, 그리고 또 무엇이 있나?—하여튼 그런 딱딱한 얘기는 하지 마세요"(1: 268)라고 부탁했다는 점을 떠올리는 것이 좋을 것 같다.

이러한 단락 구성 방법은 오유경의 부탁에 잘 들어맞을 뿐 아니라 지금 두 젊은이의 호흡과 감정을 표현하는 데도 안성맞춤이다. 서술 화자는 "영민의 상반신이 휙 돌아서는 순간, 유경의 암사슴처럼 탄력 있는 몸뚱이가 휘척하고 반원을 그리며 영민의 힘찬 포옹 속으로 안겨 들어갔다. […] 다만 거기에는 방안의 어둠과 창밖의 달빛과 무한의 우주와 그리고 작열된 육체의 속삭임이 있을 뿐이었다"(1: 277)고 말한다. 이 장면에서 밝은 달빛은 로미오와 줄리엣이 서로 사랑을 다짐하던 날 밤의 장면과 아주 비슷하다.

어머니의 부름을 받고 경성에 잠시 돌아가기 직전 오유경은 백영민과 함께 신주쿠(新宿)의 메이지신궁 외원(明治神宮外苑)을 산책한다. 그 날은 마침 산부인과에서 임신 4개월 진단을 받은 날이라서 그녀에게는 아주 각별한 의미가 있다. 한편으로는 "처녀로서의 순결을 영원히 상실했다는 정확한 물적 증거, 명백한 낙인을 세상에 공개"(1: 309)한다는 점에서는 무척 서글프지만, 다른 한편으로는 새로운 생명을 잉태했다는 점에서는 적잖이 행복하기도 하다. 소설의 서술 화자는 "조각달이 가늘게 울창한 숲 위에 걸려 있었다. […] 숲을 등진 산보로 가변에 가다가다 놓여 있는 벤취 위에는 천금을 주고 봄밤을 사려는 젊은이들의 속삭임이 숨어 있었다"(1: 311)고 말한다. 오유경과 백영민도 그러한 젊은이들 중 하나였다. 이러한 낭만적 분위기에서 두 사람은 서로의 사랑을 다시 한 번 확인한다.

『청춘극장』에서 달은 낭만적 정취를 자아내기도 하지만 비극적 정서를 나타나는 데 쓰이기도 한다. 가령 허운옥이 야학 졸업식을 마치고 태극령을 넘어 집에 돌아오는 밤은 좋은 예가 된다. 이 날 밤하늘에는 구름이 끼어 달이 구름에 가렸다 밝았다 한다. 이 소설의 서술 화자는 고향을 떠났다가 갑자기 돌아온 박준길이 허운옥을 겁탈하려고 순간 "그때, 조각구름에 싸였던 달빛이 다시금 태극령 고개를 화안하게 밝혔다"(1: 58)고 말한다. 밝은 달이 다시 구름 사이로 들어가면서 캄캄해지자 그녀는 자기를 겁탈하려는 박준길의 눈을 은장도로 찌르고 가까스로 위기를 모면한다.

허운옥이 백초시의 민며느리로서 탑골 마을을 영원히 떠나는 밤에도 '효명(曉明) 속의 희미한 달빛'이 교교히 비친다. 아버지 무덤에서 목숨을 끊으려는 생각으로 미친 듯이 태극령 고개를 넘어 새벽길을 걷던 그녀는 뜻하지 않게 박준길을 만난다. 두 번째로 허운옥을 겁탈하려 하자 그녀는 자살하려던 권총을 쏘아 그를 살해한다. 이 장면에서 김내성은 유난히 달빛을 강조한다. 가령 "동리 밖 우물가에 외로이 선 수양버들 사이로 달빛이 새여 드는 좁다란 비탈길을 도라지탑을 향하여 운옥은 뛰어 올라갔다"(3: 162)니, "殘月이 비낀 태극령 고개를 넘어 아버지의 분묘를 향하여 지름길을 달리고 있을 때"(3: 163)니, "지새는 달빛에 희미하게 쳐다보인 그 얼굴은 분명히 애꾸눈이 아닌가"(3: 163)니 하는 문장이 바로 그러하다.

그러나 김내성이 『청춘극장』을 쓰면서 『로미오와 줄리엣』에서 받은 영향이라면 무엇보다도 비극적 사랑과 죽음을 둘러싼 플롯에서 찾을 수 있다. 셰익스피어의 비극에서 로미오의 친구들과 줄리엣의 사촌오빠인 티볼트 사이에 싸움이 벌어진다. 로미오는 싸움을 만류하지만 친구인 머큐쇼가 티볼트의 칼에 찔려 죽자 이에 격분하여 티볼트를 죽인다. 이 사건으로 추방을 당하게 된 로미오는 한밤중에 줄리엣을 찾아가고 두 연인은 함께 밤을 지새운다. 이튿날 로미오는 줄리엣과 헤어져 만토바로 피신한다. 이런 상황을 전혀 모르는 캐퓰릿 집안에서는 줄리엣을 패리스 백작과 결혼시키려고 서두른다. 이미 로미오와 비밀 결혼식을 한 상태이어서 패리스와의 결혼을 받아들일 수 없는 줄리엣은 로렌스 신부를 찾아간다. 상황의 급박함을 인식한 로렌스 신부는 줄리엣에게 잠시 동안 가사(假死) 상태에 빠질 수 있는 비약을 건넨다.

그런데 이 비약을 먹고 죽은 척하겠으니 걱정하지 말라는 내용이

담긴 줄리엣의 편지는 로미오에게 전달되지 못하고, 줄리엣이 죽었다는 소식만 전해들은 로미오는 충격을 받고 베로나로 돌아온다. 줄리엣이 안치된 납골당에 도착한 로미오는 줄리엣의 죽음을 확인하고 스스로 목숨을 끊고 만다. 잠시 후 가사 상태에서 깨어난 줄리엣은 로미오의 죽음을 비통해 하면서 자결하는 것으로 비극은 막을 내린다.

1921년 9월 정순규가 찰스 램과 메리 램의 『셰익스피어 이야기』에서 「로미오와 줄리엣」을 번역하여 『사랑의 한』이라는 제목으로 박문서관에서 단행본으로 출간했다는 사실은 이미 앞에서 언급하였다. 그런데 정순규가 신파조로 번안한 「사랑의 한」의 마지막 대목이 눈길을 끈다.

> 로미오의 목을안고 쓰러진 쥴늬엣의 몸에셔는 淋淋한 赤血이 흘은다. 夜月空山 침음한 무덤속에 情男愛娘의 두 넉 자최업시 살아졋는데 먼－寺院에서 은은하게 들녀오는 밤종소래만 구슬푸게 들닌다.[11]

이러한 비극적 죽음은 『청춘극장』에서도 일어난다. 방금 앞에서 언급한 메이지신궁 외원을 산책하는 장면에서 오유경이 백영민에게 지금 이 순간 무엇을 생각하냐고 묻자 그는 “공간적으로는 우주를, 시간적으로는 영원을 생각합니다”(1: 313)라고 대답한다. 그러자 오유경은 “영원! 영원!” 하고 입속말로 중얼거리다가 곧바로 “그러나 푸랑소아 콥페라는 사람이 이런 말을 하지 않아요.—‘사랑하는 사람이여, 당신은 영

11 쉑쓰피어, 정순유 역, 『사랑의 한』(경성: 박문서관, 1921), 66쪽.

원히 나를 사랑하겠다고 말했읍니다. 그러니[그러나] 죽엄의 입술이 어찌 영원이라는 말을 할 수 있으리까?'라고요"(1: 313)라고 말한다. 프랑수아 코페는 19세기 후반부에 활약한 프랑스 시인이자 소설가요 극작가로 젊은이들의 애정 문제를 즐겨 다루었다.

그런데 김내성은 오유경의 이 말을 앞으로 닥쳐올 두 사람의 비극적 운명과 죽음을 암시하는 말로 사용한다. 이보다 앞서 겨울방학을 마치고 도쿄로 부산항에서 시모노세키(下關)로 연락선을 타고 갈 때도 두 사람은 이와 비슷한 감정을 느낀다. 태평양 전쟁이 막바지로 접어들던 무렵이어서 일간신문에서는 현해탄에도 미군의 잠수함이 출몰한다는 기사가 실려 있다. 그래서 승객들은 하나같이 겁에 질려 있다. 소설의 서술 화자는 "승객들은 일종의 헤아릴 수 없는 공포에 모두들 어두운 얼굴을 지었지만 영민과 유경은 어쩐지 죽는다는 것이 조금도 무섭지 않았다. 도리어 그 죽음이 두 사람의 사랑을 아름답게, 그리고 비장하게 장식할 것만 같았다"(1: 254)고 말한다.

박춘심의 모략으로 오유경은 처음에는 백영민을 오해하지만 이 오해가 풀린 뒤에도 허운옥이 나타나자 끝내 '전부 또는 전무' 사이에서 어떤 타협을 찾지 못한 채 절망 속에서 살아간다. 오유경은 백영민이 허운옥 존재를 잊지 못하는 한 자기와 백영민의 결혼은 행복할 수 없다고 생각한다. 이와 마찬가지로 오유경은 자기가 그토록 좋아하는 홍금순(허운옥)이 불행하게 사는 한 백영민과의 결혼 생활이 결코 행복할 수 없다고 판단한다. 그러므로 오유경이 택할 수 있는 길은 오직 죽음밖에는 없다. 더구나 홍역을 앓던 어린 아들 금동이가 폐렴으로 사망하자 오유경은 삶의 의욕을 모두 잃은 채 깊은 절망감에 빠진다.

이 무렵 현실에서 돌파구를 찾을 수 없음을 깨닫는 백영민도 죽음을 한 대안으로 생각하기 시작한다. 그래서 오유경이 그에게 "죽는다는 건 정말 좋은 거지요?"라고 가만히 묻자 백영민은 "좋은 거지요!"라고 대꾸한다. 유경이 다시 "현실의 괴로움에서 도피하는 것이 아니고……" 라고 말하자 백영민은 그 말을 받아 "우리들의 사랑을 완성시키기 위해서……"(3: 332)라고 맞장구친다.

조국 해방을 목전에 둔 1945년 8월 14일 밤 자살하기 직전 오유경은 백영민에게 남긴 편지에서 "제가 갔다면 영민 씨도 저와 꼭 같은 심경으로 와 주실 것을 유경은 추호도 의심하지 않아요. […] 그러면 유경은 한 걸음 먼저……"(3: 353)라고 말한다. 이 편지를 받고 백영민은 오유경의 집으로 달려가지만 그녀의 시체는 이미 미아리 공동묘지로 옮겨져 입관만을 기다리고 있다. 백영민은 오유경의 유언대로 그녀의 곁으로 달려간다.

> 이튿날 아침, 미아리 유경의 묘 앞에서 독약을 먹고 쓰러진 영민의 시체가 발견되었다. 시체 주머니에서 나온 유서에는,
>
> "선생님, 저의 죽음으로서 바라는 단 한 가지의 소원이 있사오니 부디부디 저를 유경 씨의 옆에 묻어 주십시오."
>
> 간단한 한 마디가 적혀 있었다. (3: 360)

위 인용문에서 '선생님'이란 오유경의 아버지, 즉 백영민의 장인이

될 뻔한 오창윤을 말한다. 광산 사업가인 오창윤은 친일파로 행세하면서도 마음속으로는 그 나름대로 조국을 생각하는 인물이다. 그래서 백영민은 그를 은근히 존경해 마지않는다. 오유경은 칼모틴이라는 수면제를 과다하게 복용하여 자살했지만 백영민은 수면제가 아닌 '독약'을 먹고 음독자살한 것 같다. 백영민은 독약을 먹고 자살한다는 점에서 로미오와 비슷하다.

젊은 주인공이 안타깝게 죽음을 맞이한 뒤 일어나는 상황도 셰익스피어의 작품과 김내성의 작품이 서로 닮았다. 『로미오와 줄리엣』에서 서로 반목하던 몬태규 집안과 캐풀릿 집안은 두 젊은이의 헛된 죽음을 지켜보며 그동안 반목과 불화에 종지부를 찍고 마침내 화해한다. 화해의 상징적 의미로 두 집안은 순금으로 두 자식의 동상을 세우기로 한다. 한편 『청춘극장』에서 두 주인공의 비극적 죽음은 조국 해방과 연관되어 있다. 자살하기 전 날 미아리 공동묘지에서 경성 시내로 들어온 백영민은 종로 3가에서 서대문 쪽에서 달려오는 트럭 위에 신성호와 박춘심, 장일수와 허운옥이 두 손을 번쩍 쳐들고 만세를 부르는 모습을 발견한다. 장일수는 '자유 조국 독립 만세'를 외치고 허운옥은 애국가를 부르고 있다. 백영민은 "꿈결처럼 멍하니 트럭의 뒷모습을 바라보면서 '세상은 행복해진다……. 모두들 행복해진다……'"(3: 360)고 중얼거린다. 『로미오와 줄리엣』에서 주인공들의 죽음 다음에 새로운 질서가 탄생되는 것처럼 『청춘극장』에서도 두 주인공의 비극적 죽음 뒤에 식민지 조선은 마침내 일제의 굴레에서 벗어나 해방의 기쁨을 만끽한다.

『청춘극장』과 포, 부세, 마테를링크

김내성은 8년에 걸쳐 『청춘극장』을 집필하면서 그동안 그가 읽어 온 외국문학 작품을 유감없이 활용하였다. 이 작품에서 그는 윌리엄 셰익스피어 말고도 방금 앞에서 언급한 프랑수아 코페를 비롯하여 미국의 에드거 앨런 포와 마거릿 미첼, 영국의 조지 바이런, 흔히 '벨기에의 셰익스피어'로 일컫는 모리스 마테를링크, 독일의 서정시인 독일의 시인인 카를 헤르만 부세, 알렉상드르 뒤마 피스 같은 서양 작가들의 작품을 언급한다. 또한 이시카와 다쿠보쿠(石川啄木) 같은 일본 메이지 시대의 시인들, 그리고 고려 예종 때의 문신이요 시인인 김황원(金黃元), 조선 중기의 여성 시인 이옥봉(李玉峰), 김내성과 동시대에 활약한 시인 윤동주(尹東柱)를 언급하기도 한다.

김내성이 탐정소설을 쓰면서 에드거 앨런 포한테서 받은 영향은 두말할 나위 없이 무척 크다. 일본 유학 시절 그가 고가 사부로(甲賀三郎)와 더불어 일본 탐정소설계의 거물 에도가와 란포와 친교하며 이 장르의 이론과 실제에 큰 관심을 보인 김내성은 한국 문학사에서 탐정소설의 개척자와 다름없다. 그러므로 그가 탐정소설을 쓰면서 포한테서 받은 영향은 거의 절대적이었고 하여도 크게 틀리지 않는다. 그러나 1940년대에 이르러 추리소설 장르에서 벗어나 좀 더 순수문학을 지향하는 대중소설 작가로 변신을 꾀하며 창작한 『청춘극장』에서도 포의 그림자가 자주 어른거린다. 백철(白鐵)은 이 작품의 특징 중 하나로 추리소설 기법을 들었다. 그는 "이 소설이 성공한 점은 작자가 그 다수의 인물과 복잡한 사건을 연도(演導)해 나가는 데 있어서 기묘하게 모든 극적 장면을 추리소설적으로 복선을 공교롭게 살리는 긴장한 수법으로써 구성시킨 수완에 의한 것이다"[12]라고 지적한다.

백철의 지적대로 김내성은 의도적으로 탐정소설에서 벗어나려고 했지만 완전히 벗어날 수는 없었다. 김내성 자신도 "이 작품에도 일견 탐정소설적인 분위기를 가진 정경이 한두 곳 있다. 그러나 그것은 목적이 전연 다른 데 있다"고 고백한다. 그러면서 그는 계속하여 "소위 탐정적 흥미를 주기 위해서가 아니고 등장인물의 인생관 내지 성격을 포착하기 위한 사다리로서의 사명밖에는 없는 것이다. 탐정소설에 있어서의 인생이 한낱 사다리의 역할밖에 하지 못하는 것과는 정반대의 현상이다"라고 지적한다.[13] 김내성은 이 작품의 어느 장면에서 탐정소설의 요소를 사용하는지에 대해서는 자세히 밝히지 않는다. 만약 김내성이 『청춘극장』에서 작중인물의 성격이나 인생관을 보여 주려고 추리소설 요소를 사용했다면 아마 허운옥이 치안 유지법 위반, 무기 불법 소지, 살인 미수, 살인 등 어마어마한 죄명으로 일본 경찰과 헌병에 쫓기면서도 교묘하게 숨어 지내는 과정이라든지, 백영민이 오유경의 아버지 오창윤의 도움으로 학도병징집을 면하려고 중국으로 도피하다가 발각되는 과정이라든지 하는 장면에서 찾을 수 있다.

---

12 백철, 「한국 현대 작가론: 김내성 편」, 《새벽》(1957. 04). 한편 노천명(盧天命)은 『청춘극장』과 관련하여 "나는 이 작품에서 탐정소설가로의 김내성 씨의 몸뒤침을 확실히 보았다. 내가 붓을 든 까닭이 여기 있는 것이다. 탐정소설의 분야에만 있기엔 씨의 역량이 만족하지 않았다"고 밝힌다. 노천명, 「『청춘극장』을 읽고」, 『청춘극장』 1부(서울: 정산미디어, 2013), 254쪽.

13 김내성, 「새로운 정열 속에서」, 5쪽.

그러나 이 작품에서 추리소설의 요소가 가장 뚜렷하게 드러나는 것은 역시 베이징 '용궁' 카바레를 무대로 펼치는 첩보 활동이다. 장일수는 '장욱(짱위)'이라는 중국인 가명으로 하세가와 나미에(방월령, 유에링)에 접근하여 그녀의 연인으로 행세하지만 실제로는 "조국의 광복과 민족의 광영을 위하여 청춘의 정열을 송두리째 바쳐 온 혁명의 아들"(2: 356)일 뿐이다. 하세가와는 하세가와대로 "대일본 제국을 맹주로 하는 大東亞의 건설이야말로 歐美와 東亞의 세력 균형을 가져옴으로써 동아의 평화를 영원히 유지할 수가 있다"고 굳게 믿고 활동하는 제국일본의 정보원이다. '용궁' 카바레 근처에서 호궁(胡弓)을 켜는 거지로 변장하여 정보를 주고받는 강시후 노인이나 카바레의 댄서로 변장한 목란도 장일수처럼 조선의 독립운동을 위하여 싸우는 인물로 밝혀진다.

한편 김내성이 『청춘극장』에서 모리스 마테를링크와 카를 부세를 언급한 것은 남달리 행복의 의미를 집착하는 오유경의 성격을 좀 더 분명하게 드러내기 위해서다. 『파랑새』(1908)는 틸틸과 미틸 남매가 크리스마스 전야에 파랑새를 찾아 헤매는 꿈을 꾸다가 문득 깨어나 자기들이 기르던 비둘기가 바로 그 파랑새였음을 깨닫는다는 내용이다. 행복이란 멀리 있는 것이 아니라 일상생활 가까이에 있다는 주제를 다룬다. 그래서 심리학에서는 지나치게 헛된 희망에 사로잡힌 증세를 '파랑새 증후군'이라고 부른다.

마테를링크의 작품이 식민지 조선에서 처음 소개된 것은 1927년이었다. 그해 1월 이하윤(異河潤)이 《해외문학》 창간호에 그의 시 3편을 번역하여 소개하였고, 2월에는 익명의 번역가가 이화여자고등보통학교 공연을 위하여 5막 아동극 『파랑새』를 번역하였다. 일제강점기 외국문학 작품이 흔히 그러하듯이 『파랑새』도 일본에서 먼저 번역되어 나왔다. 메이지 4년(1911) 시마다 모토마로(島田元麿)와 아즈마 소스이(東草水)가 이 작품을 처음 『아오이도리(青い鳥)』로 번역하여 일본 독자들에게 처음 소개하였다. 1911년은 바로 마테를링크가 노벨 문학상을 받은 해여서 그에 대한 관심이 무척 클 수밖에 없었다. 1915년에도 와카쓰키 시란(若月紫蘭)이 이 작품을 다시 번역하여 '이와나미 소년문고'로 출간하였고, 1920년에는 구스야마 마사오(楠山正雄)가 번역하여 신쵸샤에서 간행하던 『긴다이게키센슈(近代劇選集)』 1권에 수록할 정도로 일본에서 대단한 인기를 끌었다.

김준혁 병원에서 급성 맹장염 수술을 받은 오유경은 병실에 가만히 누워 수증기 어린 유리창에 낙서를 한다. "행복은 어디 있나요 / 행복은 행복을 그리워하는 순간에 있다 / 행복은 어디 있나요 / 행복은 행복을 그리워하는 마음에 있다 / 오오, 행복을 그리워하는 순간이여, 마음이여"(1: 166, 194). 그녀는 침대 위에 누워 흰 천정을 바라보며 이번에는 겨울방학을 맞아 평안남도 탑골 고향으로 돌아간 백영민을 생각하며 행복에 대하여 새삼 생각한다.

> 그렇다! 행복은 어디 있느냐? 행복은 바로 거기에 있다! 설사 행복이라고 믿었던 그 것이 결과에 있어서 불행과 파멸을 가져올지는 몰라도 그것을 행복이라고 믿고 그 행복을 그리워하는

순간이, 이 마음이 곧 행복 그 자체일 게다! 영민, 영민, 백영민—(1: 166)

위 인용문에서 김내성은 마테를링크의 『파랑새』를 넌지시 암시만 할 뿐 직접 언급하지는 않는다. 그러나 벨기에 작가의 작품은 오유경이 병실에서 김준혁과 대화를 나누는 장면에서 좀 더 뚜렷이 드러난다. 그녀는 김준혁에게 그가 이번 겨울에 유난히 우울하고 심각해 보인다고 말한다. 그러자 그는 오유경에게 "십년 동안이나 제 것인 줄 알고 고이 고이 길러 오던 한 마리의 귀여운 파랑새가 다른 사나이…… 백영민이라고 부르는 낯설은 사나이의 손으로 날아가려는 걸 보고도…… 유경인 날 우울하다고 원망을 한 텐가?"(1: 174)라고 되묻는다. 김준혁이 백영민의 이름을 기억하는 것은 수술을 받던 중 마취 상태에서 오유경이 그의 이름을 내뱉었기 때문이다. 이렇게 파랑새의 꿈을 좇던 그녀는 삶에 좌절하고 절망한 나머지 마침내 스스로 목숨을 끊기에 이른다. 소설의 화자는 "참된 삶과 진실한 애정을 위하여 모든 것을 아낌없이 받쳐온 이 어여쁘고 총명한 행복의 탐구자 오유경은 마침내 자기 혼자만의 힘으로는 어쩔 수 없는 운명의 파도에 한 몸을 싣고 일로 허무의 바다로, 허무의 바다로 흘러 들어가고 있었다"(3: 340)고 말한다.

한편 김내성은 어렸을 적부터 백영민을 사모하던 박춘심과 관련해서도 파랑새를 언급한다. 평양고등보통학교의 '청춘 삼총사'가 천일관에서 만나 회포를 풀던 날 밤, 술에 취한 신성호는 박춘심에게 첫사랑 백영민을 잊는 것이 좋다고 말한다. 신성호는 그녀에게 "인격자 백영민 선생은 내일 오후 부산행 급행열차로 포르릉 날아가 버릴 파랑새야. 알았어? 파랑새!"(1: 245)라고 말한다. 그러자 박춘심은 "파랑새엔 행복이 가득 깃들어 있다지 않아요?"(1: 245쪽)라고 대꾸하고, 신성호는 "그건 행복의 그림자야. 행복은 바로 춘심의 눈앞에 있는 거야"라고 말한다. 오유경보다 훨씬 더 현실주의자인 박춘심은 마침내 신성호를 선택하여 가까운 곳에서 행복의 파랑새를 찾으려고 한다.

마테를링크의 『파랑새』와 함께 행복의 의미를 다루는 또 다른 작품은 카를 부세의 시 「저 산 너머」다. 이 서정시도 『파랑새』처럼 일제강점기에 식민지 조선에서 번역되어 널리 읽혔다. 1931년 독문학자 서항석(徐恒錫)은 부세의 작품을 「산 넘어 또 산 넘어」로 번역하여 《신생》에 처음 소개한 뒤 이 작품은 식민지 조선에서 애송시가 되다시피 하였다. 독일어 제목은 "Über den Bergen, weit zu wandern"으로 '걸어가기엔 너무 먼 산 너머'라는 뜻이지만, 영어 문화권에서는 줄여서 "Over the Mountains"로 번역하였고 일본이나 조선에서도 그냥 「저 산 너머」로 번역하였다.

> 산 너머 고개 너머
> 먼 하늘에
> 행복은 있다고
> 사람들은 말하네.
>
> 아, 나는

남들 따라 찾아갔다가
그만 눈물만 머금고
돌아왔다네.

산 너머 고개 너머
더욱 더 멀리
행복은 있다고
사람들은 말하건만.

서항석이 한글로 번역하기에 앞서 일본에서는 1905년 일본의 영문학자요 번역가인 우에다 빈(上田敏)이 먼저 번역하여 소개하였고 그 뒤 일본 국정 교과서에 몇 차례 실릴 정도로 유명하게 되었다. 한국에서는 서항석에 이어 한국전쟁 전 정지용(鄭芝溶)이 「저 산 너머 행복」이라는 제목으로 번역하여 그가 발간하던 아동잡지 《어린이 나라》에 실었다. "산 너머 저쪽 하늘 멀리 / 행복이 산다고 사람들이 말하기에 / 아! 나는 다른 사람들과 찾아갔다가 / 눈물지으며 돌아왔네 / 산 너머 저쪽 더 멀리 / 행복이 산다고 사람들은 말하네."[14] 정지용은 원문을 그대로 번역하지 않고 동요처럼 번안하여 옮겼다.

---

14 흥미롭게도 정지용은 부세의 시를 염두에 두고 「산 넘어 저쪽」이라는 동요를 지어 《신소년》 5권 5호(1927.05)에 실었다. "산 너머 저쪽에는 / 누가 사나? / 뻐꾸기 영 우에서 / 한나절 울음 운다. // 산 너머 저쪽에는 / 누가 사나? // 철나무 치는 소리만 / 서로 맞아 쩌르렁! // 산 너머 저쪽에는 / 누가 사나? // 늘 오던 바늘 장수도 / 이 봄 들며 아니 뵈네." 권영민 편, 『정지용 전집 1: 시』(서울: 민음사, 2016), 249쪽.

김내성이 『청춘극장』에서 부세의 「저 산 너머」를 언급하는 것은 『파랑새』를 언급하는 것과 같은 장면이다. 그만큼 이 두 작품은 주제에서 서로 깊이 연관되어 있다. 부모로부터 김준혁과의 결혼을 종용받지만 오유경은 백영민과 깊이 사랑하고 있어 그 말이 귀에 들어올 리 없다. 그녀는 김준혁에게 "이대로 일 년만 더 내버려 둬 주세요. 일 년만—꿈이, 꿈이, 좀 더 아름다운 꿈이 있을 것만 같아요. 그것이…… 저 먼 산 너머에 있는 그것이 행복 자체가 아니고 행복 같은 것—행복의 그림자일는지 몰라도"(1: 172)라고 말한다. 그러자 김준혁은 "그러나 그 아름다운 꿈이 깃들인 먼 산을 넘으려면, 거기에는 무성한 숲이 있고 험준한 골짜기가 있다는 사실을 계산에 넣었어?"(1: 172)라고 되묻는다.

이렇듯 김준혁이 생각하는 행복은 오유경이 생각하는 것과는 적잖이 다르다. 그는 행복이란 환상이나 이상 속에서 '찾는' 것이 아니라 어디까지나 구체적인 현실 속에서 '만들어' 가는 것이라고 생각한다. 그에게 환상이나 이상 속에서 찾는 행복은 행복의 진정한 실체가 아니라 한낱 행복의 그림자에 지나지 않는다. 김준혁이 오유경의 친구 이영주에게 마음이 끌리는 까닭도 그 때문이다. 오유경과는 달리 현실주의자인 이영주는 김준혁에게 "행복이란 먼 곳에 있다고 생각하는 사람들이 많은 것 같지만 저는 그렇게 생각하지 않아요. 행복이란 항상 가까운 곳에서 발견할 수 있다고 생각해요"(3: 217)라고 말한다. 결국 김준혁과 이영주가 결혼에 성공할 수 있는 것도 행복을 바라보는 관점이 서로 같기 때문이다.

행복에 관한 김준혁의 이러한 생각이나 태도는 뒷날에도 전혀 달라지지 않는다. 백초시의 집에서 영원히 떠나오던 허운옥은 자신을 두 번째로 겁탈하려는 박준길을 이번에는 권총으로 살해한 뒤 깊은 절망에 빠진 나머지 자살을 결심한다. 그러나 제물포에서 신성호에게 발견되어 가까스로 목숨을 건진 그녀는 김준혁에게 보호를 받는다. 한때 허운옥을 열렬히 사모했던 김준혁은 그녀에게 "인생의 第一義的인 목적은 산다는 것입니다. 그리고 그 다음에 오는 것이 幸福을 창조하는 것입니다. 행복이란 그 누가 가져다주는 것이 아닙니다. 행복이란 제가 손수 만들어 내는 것입니다"(3: 255)라고 충고한다.

심지어 백정의 아들로 태어나 어렸을 적부터 온갖 학대를 받으면 자라온 탓에 오직 출세욕에 불타는 '땅개' 최달근도 행복을 바라보는 태도는 김준혁이나 신성호와 크게 다르지 않다. 최달근은 박춘심에게 "행복이란 것은 평범한 곳에 있는 거야. 오창윤이도 그렇고 콘사이스도 그렇다. 모두가 다 춘심에게는 평범한 인물의[이] 아니야"(3: 208)라고 말한다. 물론 그의 말은 박춘심을 유혹하기 위한 것이라서 액면 그대로 받아들이기는 어렵지만 그래도 나름대로 행복에 대한 태도는 김준혁의 태도와 비슷하다.

『청춘극장』에서 알렉상드르 뒤마 피스의 작품 『동백꽃 여인』(1848)도 한몫을 한다. 파리 사교계에서 '동백꽃 여인'으로 이름을 떨치고 있는 고급 창녀 마르그리트는 한 달 중 25일은 흰 동백꽃을 달고 나머지 5일은 붉은 동백꽃을 가슴에 달고 나타난다. 붉은 동백꽃을 달고 있는 닷새는 그녀의 생리일을 암시하는 것이다. 1885년 일본에서 고미야마 게이스케(小宮山啓佑)가 『쓰바키히메(椿姬)』라는 제목으로 처음 번역되어 출간된 이래 식민지 조선에서도 『춘희』라는 제목으로 큰 인기를 끌었다. 1927년 나도향이 '나빈(羅彬)'이라는 필명으로 『동백꽃』을 번역하여 조선도서출판사에서 단행본으로 출간하였다. 이 소설을 원작으로 이탈리아의 작곡가 주세페 베르디가 곡을 붙여 〈라 트라비아타〉라는 오페라로 만들었고, 이 오페라는 1948년 1월 당시 서울 명동 예술극장에서 국내 최초로 공연되었다.

뒤마가 『동백꽃 여인』에서 동백꽃을 무엇인가를 암시하는 상징적 기표로 삼은 것처럼 김내성도 『청춘극장』에서 동백꽃을 무엇인가 암시하는 중요한 기표로 삼는다. 중국인으로 가장하여 대한민국 임시정부 밀정 역할을 하는 '대통령' 장일수를 체포하기 위하여 하세가와 나미에는 그를 만나러 찾아온 허운옥을 미끼로 삼아 그를 '용궁' 카바레로 유인한다. 그날 밤 나미에는 댄서 목란에게 무슨 꽃을 가슴에 달까 하고 묻자, 목란은 식탁 위 꽃병에 꽂힌 동백꽃을 한 송이 뽑아 그녀에게 가슴에 달아준다. 그러면서 "자아, 오늘 바엔 듀머의 캐멀리아 레디(椿姬)가 되세요"(2: 344)라고 말한다. 이 장면에서 이 소설의 서술 화자는 자못 영탄조로 이렇게 말한다.

> 그러나 아무 것도 모르는 목란의 이러한 호의가 오늘 밤의 나미에에게는 가슴 아픈 한 마디였다. 그렇다. 한 사나이에게로 향하는 애끊는 사랑을 끝끝내 안고 오랜 병상에서 피를 통하면서 이슬같이 쓰러진 가엾은 춘희, 마르그리트가 되라는 말이냐?
>
> 목란아, 또 다시 묻노니, 정열에 타오르는 새빨간 장미가 되어,

> 그 정열이 학대를 받으로서 그 정열이 가시로 변해 버리는 薔薇夫人이 되어서는 안 된다는 말이냐? 목란아, 대답을 하여라. (2: 344)

하세가와 나미에는 목란에게 만약 그녀의 가슴이 단 동백꽃이 장미꽃으로 바뀌면 즉시 지배인에게 전화를 걸어 귀중한 손님이 찾아왔으니 곧바로 카바레로 돌아오도록 연락하라고 말한다. 지배인은 문정우라는 중국인 행세하는 고지마 도라오로 당시 관동군 사령관 도조 히데키(東條英機) 밑에서 첩보 활동을 하던 일본인 소좌(소령)다. 장일수의 신분을 의심하는 나미에는 그가 찾아오면 그와 함께 춤을 추다가 그를 체포할 계획을 세우는 것이다. 장일수는 그가 사모하던 허운옥을 만나러 용궁으로 찾아오고 나미에는 그와 함께 춤을 추다가 다른 댄서의 가슴에 단 새빨간 장미꽃 한 송이를 떼어 자기 가슴에 꽂는다. 결국 목란한테서 연락을 받은 고지마가 도착하고 장일수는 체포될 순간 허운옥과 다른 독립군의 도움으로 가까스로 위기를 모면한다.

김내성의 『청춘극장』은 영문학을 비롯한 서양 작품과 상호텍스트적 관계를 맺을 뿐 아니라 더 나아가 한국문학과도 그러한 관계를 맺는다. 가령 평양고등보통학교를 졸업하던 날 '청춘 삼총사'는 학교 근처 부벽루에 올라가 아쉬운 이별을 한다. 그때 장일수가 '대통령'이라는 별명에 걸맞게 영웅의 기상이 넘치는 웅장한 목소리로 능라도를 멀리 내려다보며 "장성일면용용수(長城一面溶溶水)요, 대야동두점점산(大野東頭點點山)이라"(1: 19)라고 한시 한 수를 읊는다. 긴 성 한 벽면으로 넘실넘실물이고, 넓은 들 동쪽에는 점점이 산이라는 뜻이다. 고려 예종 때 예부 시랑 한림학사 김황원(金黃元)이 모란봉 부벽루에서 지었다는 시다. 장일수는 김황원이 어느 여름날 부벽루에 올라 청류벽과 평양성을 감돌아 흐르는 대동강과 옅은 안개 속에 펼쳐진 동대원을 바라보면서 느낀 것과 같은 감회를 느낀다. 바로 그때 삼총사의 등 뒤에서 갑자기 "대동강변 부벽루 산보하는 이수일과 심순애의 양인이로다"(1: 19)라는 유행가 소리가 들린다. 그런데 이 한물 지난 이 노래는 조중환의 『장한몽』을 각색하여 만든 신파극에 나오는 것으로 20세기 초엽부터 오랫동안 애창곡 자리를 지켰다. 이 유행가를 부르는 것은 '땅개' 최달근과 그의 패거리로 '청춘 삼총사'와 싸움을 걸려고 찾아온 것이다.

한편 김내성은 조선 중기 여성 시인 이옥봉의 「몽혼(夢魂)」을 언급하기도 한다. 허운옥은 자기가 평소 좋아하는 시라며 김준혁 병원에서 함께 일하던 간호사에게 "약사몽혼행유적(若使夢魂行有跡) 문전석로반성사(門前石路半成沙)"라는 한시를 적어 준다. 만약 꿈속에 넋이 있어 발자취를 남긴다면 그대 문 앞의 돌길이 반쯤은 모래가 되었을 것이라는 애틋한 연정을 담아 표현한 작품이다. 간호사는 입원 중인 오유경에게 허운옥이 달 밝은 밤이면 이 시를 읊는다고 말하면서 시를 적은 쪽지를 유경에게 보여 준다. 오유경도 백영민이 보낸 편지에 이 시를 적어 보낸 준 적이 있다. 그렇다면 어린 시절 허운옥이 백영민에게 이 작품을 가르쳐 주었을 가능성이 크다.

허운옥이나 백영민 또는 간호사도 이 작품을 쓴 시인이 누구인지는 언급하지 않는다. 이 시를 쓴 이옥봉은 흔히 허난설헌(許蘭雪軒)

과 황진이(黃眞伊)와 더불어 '조선시대 3대 여류시인' 중 한 사람으로 꼽힌다. 허균(許筠)은 일찍이 이옥봉의 시가 "맑고 장엄하여 아녀자의 연약한 분위기가 느껴지지 않는다"고 평하였고, 신흠(申欽)은 "근래 규수의 작품으로는 옥봉 이씨의 것이 제일이다. 고금의 시인 가운데 이렇게 표현한 사람은 아직 없었다"고 격찬하였다. 또한 홍만종(洪萬鍾)은 "사람들이 이르기를 옥봉 이씨를 조선 제일의 여류시인이라고 일컫는다"고 적었다.

어찌 되었든 이옥봉의 시는 비단 허운옥이 백영민에게 느끼는 애틋한 감정, 백영민이 오유경에 느끼는 사랑, 허운옥이 동료 간호사에 대한 배려와 관심을 표현하는 것에 그치지 않는다. 한 발 더 나아가 이 작품은 세 작중인물 백영민-허운옥-오유경의 복잡한 삼각관계를 잇는 실마리 역할을 하기도 한다. 김내성이 생략하고 미처 인용하지는 않았지만 전반부 두 행 "근래안부문여하(近來安否問如何) 월도사창첩한다(月到紗窓妾恨多)"도 자못 의미심장하다. 요사이 어떻게 지내는지 안부가 궁금하여 달빛이 비치는 창가에 앉아 있는 첩의 한이 많다는 뜻이다.

김내성은 이렇게 조선시대 한시만 알고 있는 것은 아니어서 같은 일제강점기에 활약한 윤동주의 작품을 언급하기도 한다. 물론 여기서는 김내성은 시인의 이름을 밝히기보다는 작품을 언급하는 것에 그치지만 소설 전체의 주제와 밀접하게 연관되어 있다. 오유경이 급성 맹장염 수술을 받고 입원해 있는 동안 "白魚 같이 희고 날씬한 손가락 끝으로" 수증기 어린 병실 유리창에 행복에 관한 심경을 끄적거렸다는 것은 앞에서 이미 언급하였다. 창밖에는 눈이 내리고 어디선가 성탄절 종소리가 평화스럽게 들려온다. 오유경은 하늘이 밝다면 별을 헤어보고 싶은 밤이라고 생각하면서 "별 하나 나 하나, 별 둘 나 둘, 별 셋, 나 셋 …… 어린이들은 왜 별을 셀 때 자기도 함께 셀까?"(1: 166)라고 혼잣말을 한다.

오유경은 겨울방학을 맞아 탑골 마을로 올라간 백영민에게 보낸 편지에서도 "하늘이 맑다면 별이래도 세어보고 싶은 밤이에요. 별 하나 나 하나 별 둘 나 둘—어린애들은 별을 셀 때 어째서 자기도 함께 세나요?"라고 적는다. 방학을 마치고 함께 기차를 타고 도쿄로 가는 중 오유경이 별 이야기를 다시 꺼내자 백영민은 "그것은 결국 자연의 어여쁨을 감상하는 主體가 인간이라는 것을 말하는 게 아닐까요. […] 그러니까 별 하나, 나 하나, 별 둘 나둘 하고, 언제든지 자기 존재를 인식하면서 자연을 향락하고 싶다는 인간의 본능을 솔직히 말하는 것이 아닐까요?"(1: 261)라고 말한다.

김내성은 누가 보더라도 이 장면에서 한반도에 전승되어 온 전통 민요와 윤동주의 「별 헤는 밤」을 염두에 둔 것 같다. 경상북도 문경 지방에서 전해온 민요에는 "별 하나 나하나, 별 둘 나 둘, 별 셋 나 셋"으로 시작하여 "별 아홉 나 아홉, 별 열 나 열"로 끝나는 노래가 있다. 김소운(金素雲)이 경상북도 안동 지방에서 채록한 민요에는 "별 하나 내 하나 탱주 낭게 걸고 매고 때고, 별 둘 내 둘 탱주 낭게 걸고 매고 때고, 별 셋 내 셋 탱주 낭게 걸고 매고 때고……"[15]라는 것이 있다.

15 金素雲, 『朝鮮口傳民謠集』(東京: 第一書房, 1933), 175~176쪽.

한편 윤동주는 「별 헤는 밤」의 4연에서 "별 하나에 추억과 / 별 하나에 사랑과 / 별 하나에 쓸쓸함과 / 별 하나에 동경과 / 별 하나에 시와 / 별 하나에 어머니, 어머니"라고 노래하였다. 물론 그는 "별 하나 나 하나……"라고 노래하지는 않지만 '추억', '사랑', '쓸쓸함', '동경', '시', '어머니' 같은 낱말은 객체라고 할 자연과 대비되는 주체로서의 인간과 관련한 것들이다. "별 하나, 나 하나, 별 둘 나 둘……"이라고 읊는 것은 백영민의 말대로 자연과 인간의 유기적 관계를 보여 주는 표현이다. 특히 그는 아름다운 이상과 누추한 현실의 괴리를 지적하는 것 같다. 오우경이 천상의 별을 바라보며 살려는 이상주의라면 백영민은 천상의 별을 바라보되 질퍽한 대지에 발을 딛고 살려고 애쓰는 현실주의적 인물이다.

조연현(趙演鉉)은 『청춘극장』을 "침식을 잊게 하는 소설"이니 "한번 읽기 시작하면 손에 땀이 배고 밤이 새는 줄을 모르게 된다"니 하고 지적하였다.[16] 이 작품이 그토록 독자들의 마음을 사로잡을 수 있는 데는 김내성의 폭넓은 독서가 큰 몫을 했다고 볼 수 있다. 이 소설을 읽다 보면 그가 얼마나 영문학을 비롯한 외국문학 작품을 폭넓게 읽었는지, 또 어떻게 그것을 자신의 창작 의도에 걸맞게 적재적소에 효과적으로 이용하는지 새삼 놀라게 된다. 작가는 다른 사람들의 작품을 읽는 것도 중요하지만 읽은 것을 어떻게 효과적으로 작품 창작에 활용하느냐 하는 것이 무엇보다도 중요하다. 한국 근현대 문학사에서 김내성이 『청춘극장』에서 보여 준 것처럼 다른 작가들의 작품을 유기적으로 재창조하여 성공을 거둔 예도 아마 찾아보기 힘들 것이다.

16 조연현, 「소설의 대중성과 예술성: 『청춘극장』을 읽고」, 3쪽.

결론

세계문학을 향하여

결론
세계문학을 향하여

새천년 21세기를 맞이한 지도 벌써 4반세기가 가까워오는 지금 세계문학은 이제 지구촌 곳곳에서 문학의 지배 담론으로 자리 잡았다. 그런데 한국 문단에서 세계문학의 대열에 참여하려는 노력은 일찍이 일제강점기에 시작되었다. 시작되었다기보다는 한국 문학사에서 이 무렵보다 더 치열하게 세계문학을 염원한 적이 일찍이 없었던 것 같다. 이상(李箱)은 「날개」 첫머리에서 1인칭 서술 화자의 입을 빌려 "肉身이 흐느적흐느적하도록 피로했을 때만 정신이 銀貨처럼 맑소"라고 말한다. 식민지 시대 활약한 문인들이야말로 김기림(金起林)의 말을 빌리면 일제의 '악마적 억압'에 비록 육신은 '흐느적흐느적하도록' 무척 피로했지만 그 정신만은 마치 '은화처럼' 맑고 반짝거렸다.

한 통계 자료에 따르면 일제강점기에 활약한 한국 문인들은 줄잡아 280여 명에 이른다. 그중 시인이 130여 명, 소설가가 100여 명, 문학비평가가 50여 명이다. 식민지 시대 활약한 문인들을 가나다순으로 말한다면 "강경애(姜敬愛)에서 홍효민(洪曉民)까지"라고 말할 수 있을 것 같다. 강경애는 소설가이자 페미니스트 운동가요 언론인으로 활약하였고, 홍효민은 문예동인지 《제3전선》을 발행하여 조선프롤레타리아예술가동맹(KAPF)의 한 축을 이룬 제3전선파를 형성한 비평가였다.

이렇게 식민지 시대 활약한 한국 문인 중에서도 이 책에서 다룬 김소월(金素月), 정지용(鄭芝溶), 김기림(金起林) 같은 시인들과 이태준(李泰俊), 박태원(朴泰遠), 김내성(金來成) 같은 소설가들의 활약은 특히 눈에 띄게 두드러진다. 일제가 기미년 독립만세운동 이후 '문화정치'라는 그럴 듯한 이름으로 식민지 주민들에게 어느 정도 문화 활동을 허용한 1920년대에서 해방기에 걸쳐 한국전쟁이 일어날 때까지 활약한 문인 중에서 그들은 가장 왕성하게 작품 활동을 하였다. 만약 그들의 활약이 없었더라면 한국문학은 그만큼 초라해졌을지도 모른다.

그런데 이 책에서 다룬 여섯 시인들과 소설가들에게는 다른 문인들한테서는 좀처럼 볼 수 없는 한 가지 공통점이 있다. 그들은 하나같이 한편으로는 신문학에서 갓 젖을 뗀 한국문학을 건강하게 성장시키려고 온갖 노력을 아끼지 않았고, 다른 한편으로는 열린 마음으로 외국문학에 대한 관심을 게을리 하지 않았다. 그들은 어떤 문인들보다도 한국문학을 발전시키려면 무엇보다도 먼저 외국문학에서 자양분을 섭취해야 한다고 생각하였다. 일본이 서구 문학을 받아들여 근대문학의 기틀을 마련한 것을 목도한 그들은 식민지 조선에서도 그러한 계기를 마련하려고 노력하였다.

식민지 종주국 일본과 마찬가지로 식민지 조선에서도 서구문학은 '마루젠(丸善)'을 비롯하여 '일한서방(日韓書房)'과 '대판옥(大阪屋)' 같은 외서 전문 서점을 통하여 들어왔다. 외서 전문 서점들은 말하자면 조선의 문인들이나 지식인들이 서구를 만나는 교두보나 창구 역할을 하였다. 김남천(金南天)은 단편소설 「가로(街路)」에서 당시 '센간마에(鮮銀前) 광장'이라고 부르던 조선은행 앞을 언급하며 "지드 卷이나 펄 벅 卷이나 읽히려면 마루젠으로 보내야 할 게고……"[1]라고 말한다. 여기서 '지드 권'이란 프랑스 작가 앙드레 지드의 작품을 말하고, 미국 장로교 선교사인 부모를 따라 중국에서 어린 시절을 보낸 펄 S. 벅은 동양과 서양 문명의 갈등을 다룬 장편소설 『동풍 서풍』(1930)을 출간하여 관심을 끈 뒤 그 이듬해 또 다른 장편소설 『대지』(1931)를 출간하여 전 세계에 걸쳐 작가로서의 명성을 얻고 있었다.

이러한 현상은 비단 김남천에 그치지 않고 이태준도 마찬가지였다. 자전적 단편소설 「장마」에서 이태준은 일한서점과 대판옥을 언급한다. 소설의 주인공이요 1인칭 서술 화자인 '나'는 장마철에 말동무가 그리워 집을 나서 '낙랑파라' 카페에 들린다. 1930년대 흔히 '모보'로 일컫던 모던 보이들이 자주 드나들던 이 카페는 이태준이 도쿄 시절에 사귄 '눈물의 기사' 이순석(李順石)이 지금의 소공동에 경영하던 카페다.

1 김남천, 「가로」, 『김남천 전집』(서울: 박이정, 2000), 66쪽.

仇甫도 李箱도 나타나지 않는다. 비는 한결같이 구질구질 내린다. 유성기 소리가 나기 시작한다. 누구든지 한 사람 기어이 만나보고만 싶다. 대판옥이나 일한서방쯤 가면 어쩌면 月坡나 一石을 만날지도 모른다.[2]

구보는 장편소설 「소설가 구보씨의 일일」(1934)을 쓴 소설가 박태원이고, 이상은 두말할 나위 없이 '박제가 되어 버린 천재' 김해경(金海卿)이다. 이태준은 두 사람과는 같은 구인회 멤버로 친하게 지냈다. '월파'는 시인 김상용(金尙鎔)을 말하고, '일석'은 국어학자 이희승(李熙昇)을 말한다. 당시 이화여자전문학교에서 교편을 잡고 있던 두 사람은 오늘날의 충무로인 혼마치(本町)에 위치한 카페와 서점에 자주 들렀다. 지금은 길거리 모퉁이마다 카페가 있지만 일제강점기에는 경성 시내에 손가락으로 꼽을 정도로 카페가 몇 개 되지 않았다. 문인들은 시간 날 때면 으레 카페에 모여 담소를 나누거나 외서 전문 서점에 들려 책을 읽거나 주머니 사정이 허락하면 책을 구입하기 일쑤였다.

이 점에서는 일본 호세이(法政)대학에서 영문학과 프랑스문학을 전공한 이하윤(異河潤)도 마찬가지여서 그는 시간 날 때마다 대판옥을 자주 드나들었다. 1920년대 초엽 경성을 회고하는 글에서 그는 "교과서나 사전류를 사려면 진고개[泥峴]로 가야 했다. 지금의 충무로 1가 혼마치 1쵸메, 그 1쵸메에 대판옥호 서점이, 그리고 2쵸메에 일한서방이 있으

2 상허학회 편, 『이태준 전집 2: 돌다리 외』(서울: 소명출판, 2015), 69쪽. 일제강점기 조선 문인들의 외서 서점 출입에 대해서는 김욱동, 『궁핍한 시대의 한국문학: 세계문학을 향한 열망』(서울: 연암서가, 2022), 15~78쪽 참고.

며 뜨문뜨문 자리 잡은 古本屋이 우리들을 유혹하고 있었다"[3]고 말한다. 여기서 '유혹'이라는 낱말이 유난히 눈길을 끈다. 식민지 시대 문인들은 서구문학의 유혹을 좀처럼 뿌리칠 수 없었다.

그러다 보니 20세기 초엽 유미주의를 비롯하여 낭만주의, 자연주의, 사실주의 등 온갖 이름의 '주의'와 '이즘'이 밀 물밀 듯이 한꺼번에 조선 문단에 밀려 들어왔다. 이러한 상황에서 문인들은 외국 문예사조나 그 사조에 따른 문학 작품을 조금 심하게 말하면 마치 굶은 사람처럼 '게걸스럽게' 받아들였다. 그래서 미처 제대로 소화해 내지 못한 나머지 소화불량에 걸린 경우도 없지 않았다. 서유럽이나 미국 같은 곳에서라면 수십 년 시간적 차이를 두고 일어난 문예사조가 조선에서는 불과 몇 년 안에 동시에 들어왔다. 문인들은 그 어느 것 하나 놓치지 않으려고 하였고, 어떤 식으로든지 받아들여 문학적 자양분으로 삼으려고 하였다. 그러므로 문인들의 이러한 태도를 지나치게 서구문학 추수주의로 몰아세울 필요는 없을 것이다.

한국 문학사에서 세계문학에 처음 관심을 보인 작가는 두말할 나위 없이 한국 문학사에서 신문학의 주역을 맡은 육당(六堂) 최남선(崔南善)이었다. 그는 《소년》에서 세계문학과 세계문화 탐색의 핵심 기호로 바다를 설정하였다. 그에게 바다는 말하자면 세계를 향하여 활짝 열린 창으로 미래 세계를 걸머질 식민지 소년소녀의 굳은 의지와 이상의 표상과 다름없었다. 이 점에서 최남선이 권두시 「해에게서 소년에게」로 이 잡지의 창간호를 장식한 것은 자못 상징적이다. 세계문학에 관한 최

3 이하윤, 「문단과 교단에서」, 『이하윤 선집 2』(서울: 한샘사, 1982), 149쪽.

남선의 인식은 《소년》이 조선총독부에 강제로 폐간되고 나서 1914년에 창간한 《청춘》에 이르러 좀 더 구체적인 모습으로 드러난다. 이 잡지에서 그는 비단 세계로 활짝 열린 창인 바다를 보여 주는 것에 그치지 않고 한 발 더 나아가 식민지 조선의 젊은이들이 세계를 향하여 성큼 앞으로 나아가기를 촉구한다. 《소년》의 키워드가 '바다'나 '해양'이었다면 《청춘》의 키워드는 다름 아닌 '세계'였다.

최남선의 뒤를 이어 좀 더 본격적으로 세계문학에 관심을 기울인 문인들은 흔히 '해외문학파'로 잘못 알려진 외국문학연구회 회원들이었다. 일본 도쿄 소재 대학에서 외국문학을 연구하던 젊은 조선인 유학생들은 연구회를 조직하고 그 기관지 《해외문학》을 발간하여 좀 더 본격적으로 세계문학을 받아들였다. 외국문학연구회의 창립 멤버 중 한 사람으로 이 잡지 창간호 편집을 맡은 이하윤은 권두사에서 "무릇 新文學의 創設은 外國文學 輸入으로 그 기록을 비롯한다. 우리가 外國文學을 연구하는 것은 결코 外國文學 研究 그것만이 목적이 아니오 첫재에 우리 文學의 建設, 둘재로 世界文學의 互相 範圍를 넓히는 데 잇다"[4]고 역설하였다. 이하윤과 함께 이 연구회에서 주도적인 역할을 한 정인섭(鄭寅燮)도 《해외문학》 2호 권두언에서 "文學主義의 一切을 내포하고 客觀的 立場 見地에서 外國 것을 朝鮮化 하고 朝鮮 것을 外國化 하는 데 그 綜合的 命題의 초점과 목표가 잇서야겟다"[5]고 천명하였다.

그러나 세계문학을 이론이 아니라 작품을 창작하여 직접 실천에

---

4 '창간 권두사', 외국문학연구회 편, 《해외문학》 창간호(1927.01), 1쪽.

5 '두언(頭言)', 외국문학연구회 편, 《해외문학》 2호(1927.07), 1쪽.

옮긴 문인들은 바로 이 책에서 다룬 김소월, 정지용, 김기림, 이태준, 박태원, 김내성 등 여섯 사람들이었다. 그들이야말로 한국문학을 본 궤도에 올려놓아 궁극적으로 세계문학의 대열에 동참하려는 데 온갖 노력을 아끼지 않았다. 그런데 우연의 일치인지는 몰라도 그들은 하나같이 일본에 유학하여 서구 정신을 호흡하고 서구문학을 받아들였다. 그들이 한국문학을 본 궤도에 올려놓는 데는 영문학을 비롯한 외국문학 작품에서 직간접으로 섭취한 자양분이 큰 역할을 하였다. 정인섭은 일본문학과 관련하여 "외국문학 연구에 영향되어서 창작한 작가와 작품을 제하면 일본은 옛날의 협소한 범위의 소위 말하는 '야마토 문학(大和文學)'이란 것밖에 남지 않을 것이다"라고 말한 적이 있다. 그러면서 그는 계속하여 "일본의 문학자들 또는 작가들은 누구를 막론하고 외국문학 연구의 영향을 받지 않는 이는 없다"고 잘라 말하였다.[6] 조금 과장하여 말한 혐의가 없지 않지만 정인섭의 주장에는 일리가 있다. 더구나 그의 말은 비단 일본문학에 그치지 않고 식민지 조선문학에도 거의 그대로 들어맞는다.

김소월을 비롯하여 정지용과 김기림은 영국 시와 미국 시에서 크고 작은 영향을 받았다. 그들이 작게는 시어나 자구, 문장에서 크게는 상징이나 이미지, 모티프 등에서 영향 받은 바가 자못 크다. 그들이 영향 받은 시인들로는 17세기 형이상학파 시인 존 던을 비롯하여 영국 낭만주의에 처음 불을 댕긴 윌리엄 블레이크, 아일랜드 문예부흥의 주역 윌리엄 버틀러 예이츠, 흔히 '모더니즘의 대부'로 일컫는 T. S. 엘리엇,

6 정인섭, 「'가갸날'과 외국문학 연구」, 『한국문단논고』(서울: 신흥출판사, 1959), 40쪽.

그리고 1930년대 신세대 그룹 스티븐 스펜더와 W. H. 오든 등이 꼽힌다. 식민지 시대 조선 시인들은 에드거 앨런 포를 비롯하여 헨리 워즈워스 롱펠로, 트럼불 스티크니, 새러 티즈데일 같은 미국 시인들의 작품에서 여러모로 영향을 받았다.

한편 이태준을 비롯하여 박태원과 김내성 같은 소설가들은 에드거 앨런 포와 헨리 데이비드 소로 같은 미국 시인들과 작가들, 오스카 와일드와 제임스 조이스 같은 영국이나 아일랜드 작가들한테서 직간접으로 영향을 받았다. 특히 해럴드 블룸이 그 자체로 '세계문학의 정전(正典)'이라고 격찬한 영국의 대문호 윌리엄 셰익스피어는 김내성의 작품에 큰 영향을 끼쳤다. 김내성의 작품은 셰익스피어 외에 프랑스의 쥘 르나르, 독일의 카를 부세, 벨기에의 모리스 마테를링크 같은 서유럽 작가들의 작품과도 상호텍스트적 관계를 맺는다. 김내성은 흔히 탐정소설을 쓴 대중작가로 알려져 있지만 그는 일본 유학 시절 영문학을 비롯한 외국문학에 관심이 많았다.

그러나 한국 문인들은 영문학 작품에서 크고 작은 영향을 받되 마치 하사품이나 선물을 받듯이 그렇게 수동적으로 받아들이지 않았다. 다시 말해서 그들은 좀 더 능동적인 태도로 한국문학 발전에 도움이 될 만한 것을 선별하여 받아들이려고 하였다. 적어도 이 점에서 그들은 자본주의 사회의 소비자가 아니라 생산자로서의 역할을 하려고 노력하였다. 그들이 서구문학을 받아들인 태도는 메이지(明治) 시대 일본 작가들이 서구문학을 받아들인 태도와는 사뭇 달랐다.

이 책에서 비교문학에서 흔히 말하는 영향이나 원천 연구에서 벗어나 좀 더 넓은 상호텍스트성을 분석의 틀로 사용한 것은 바로 그 때문이다. 상호텍스트성의 개념은 단순히 영향이나 원천 연구를 뛰어넘어 한 텍스트와 다른 텍스트 사이에서 일어나는 좀 더 역동적인 관계에 주목한다. 첫째, 작게는 낱말·구·문장 등의 표현 방식은 말할 것도 없고 이미지와 상징, 문체, 모티프나 주제에 관심을 기울인다. 그런가 하면 상호텍스트성은 특정한 소재, 텍스트를 둘러싸고 있는 맥락과 상황에도 주목할 뿐 아니라 문학 장르, 문예 사조나 문학 전통, 작가의 전반적인 문학관이나 세계관 등에도 무게를 싣는다. 한마디로 단순히 영향 관계나 원천 연구에 초점을 맞추는 비교문학의 방법론으로써는 일제강점기 문학 텍스트의 역동성을 밝히는 데 미흡하다고 판단하였다.

이 책에서 다룬 여섯 문인들은 비록 정도의 차이는 있을망정 여러 시대와 여러 장르에 걸친 다양한 영문학 작품에서 크고 작은 영향을 받았다. 그러면서도 그들은 하나같이 인용, 인유, 모방, 번안, 개작, 변용, 재해석, 패러디, 파스티슈 등의 다양한 전략으로 원천 텍스트를 한국문학 작품으로 재창조하려고 노력하였다. 물론 제대로 성공을 거두지 못한 작품이 더러 없는 것은 아니지만 대부분의 작품은 창조적 변형을 거쳐 새롭게 태어났다.

이제 앞으로 남은 과제는 해방기 이후에 활동한 작가들의 문학적 성과를 밝히는 일이다. 한국전쟁 이후 한국문학은 양적으로나 질적으로 괄목할 만하게 발전하였다. 물질적으로나 정신적으로 궁핍한 일제강점기가 식민지 시대 문인들에게 창작의 자극이 되었다면, 한국전쟁은 젊은 작가들이 좀 더 넓은 안목으로 세계를 바라보며 세계문학에 동참하도록 유도하였다. 문학과 예술은 물질적 여유에서 탄생하지만 역경과 고난이라는 자궁에서 잉태되기도 한다. 해방 이후 근대화 과정을 겪으며 활동한 작가 중에서도 특히 최인호(崔仁浩)와 조세희(趙世熙), 김원일(金源一)을 주목해볼 만하다.

최인호는 1963년 고등학교 2학년 때 단편소설 「벽구멍으로」가 《한국일보》에 입선되고 1967년 역시 단편소설 「견습환자」가 《조선일보》 신춘문예에 당선되면서 십대 작가로 화려하게 문단에 데뷔하였다. 이후 그는 '1970년대 작가군의 선두주자'로서의 자리를 굳히며 큰 인기를 얻었다. 연세대학교에서 영문학을 전공한 최인호는 『내 마음의 풍차』(1985)를 쓰면서 미국 작가 J. D. 샐린저의 『호밀밭의 파수꾼』(1951)에서 큰 영향을 받았다. 최인호는 성장소설이라는 장르에서 청소년의 작중인물, 문장 스타일, 모색과 방황의 주제에 이르기까지 흔히 '미국 청년문화의 기수'로 일컫던 샐린저의 『호밀밭의 파수꾼』과 폭넓게 상호텍스트적인 관계를 맺고 있다.

한편 1966년 대구 《매일신문》의 매일문학상에서 단편소설 「1961년 알제리아」가, 1967년 현대문학사 장편소설 공모에서 『어둠의 축제』가 당선되면서 등단한 김원일은 『슬픈 기억의 시간』(2001)을 쓰면서 미국 남부 작가 윌리엄 포크너한테서 직간접으로 영향을 받았다. 예를 들어 노인 요양원의 생활을 다루는 이 작품에서 김원일은 포크너가 그의 대표작 『고함과 분노』(1929)에서 사용한 '근접' 3인칭 시점을 비롯하여 의식의 흐름 기법과 내면독백 기법 등을 빌려온다. 한편 조세희는 중편소설

「난쟁이가 쏘아올린 작은 공」에서 하나 이상의 관점을 사용하는 복수적 관점을 구사한다는 점에서 역시 포크너의 『고함과 분노』와 상호텍스트적 관계를 맺는다.

이 책에서 다룬 문인들에게서 볼 수 있듯이 지금까지는 영문학 분야 중에서 시와 소설 장르에서 주로 영향을 받았지만 그러한 영향은 희곡 같은 다른 장르에서도 엿볼 수 있다. 가령 혜화전문학교에서 영문학을 전공한 뒤 미국의 채플힐 소재 노스캐롤라이나대학교 대학원에 유학하여 연극 이론과 희곡 창작을 공부한 이근삼(李根三)은 상호텍스트성과 관련하여 주목해 볼 만한 극작가 중 한 사람이다. 미국 유학 중 영어로 단막 희곡 몇 편을 써서 무대에 올린 그는 1960년 《사상계》에 「원고지」를 발표하여 극작가로 문단에 화려하게 데뷔하였다. 귀국 후 이근삼은 당시 사실주의 연극이 주류를 이루던 한국 연극계에 풍자성을 강조한 희극 형식을 시도하고 서사적 기법을 도입하여 연극계에 신선한 바람을 불러일으켰다. 그의 여러 작품에서는 외젠 이오네스코의 영향 못지않게 미국 극작가 유진 오닐의 상징극과 에드워드 올비의 부조리 연극의 그림자가 자주 어른거린다.

흔히 'K-문화'로 일컫는 한국 문화가 '한류'라는 이름으로 지금 지구촌 곳곳에서 주목을 받고 있다. 이제는 한국문학도 음악이나 드라마, 영화, 온라인 게임, 음식 못지않게 세계무대에 당당히 나설 차례다. 지금까지 한국문학이 영문학을 비롯한 외국문학에서 자양분을 섭취하면서 발전해 왔다면 이제부터는 한국문학이 세계문학에 이바지해야 한다. 최근 신경숙(申京淑)과 한강(韓江), 김영하(金英夏)를 비롯한 젊은 작가들의 활동을 보면 그것은 한낱 부질없는 꿈이 아니라 구체적인 실천으로 눈앞에 다가오고 있다.

한편 미국을 비롯한 외국에서 활약하는 한국계 작가들도 한국문학의 외연을 확장하는 데 적잖이 도움을 준다. '영힐 강'의 이름으로 1930년대 미국에서 활약한 강용흘(姜鏞訖)을 비롯하여 1956년 미국 유수 잡지 《하퍼스 버자》에 단편소설을 발표하면서 미국 문단에 데뷔한 김용익(金溶益), 1960년대 '리처드 E. 김'의 이름으로 활약한 김은국(金恩國)이 처음 발판을 마련한 한국계 미국문학은 이제 미국 문단에서도 상당한 위치를 차지하고 있다. 예를 들어 차학경(車學慶)의 『딕테』(1982)는 미국 학계에서 포스트모더니즘 기법과 관련하여 자주 언급된다. 이 밖에도 《뉴요커》 잡지가 '40대 미만의 대표적인 미국 작가 20인' 중 한 사람으로 꼽은 이창래(李昌來)를 비롯하여 '전미 도서상'을 받은 돈 리, 최재서(崔載瑞)의 손녀 수전 최(崔仁子), 최근 '제2의 제인 오스틴'으로 미국 문단에서 호평 받고 있는 이민진(李敏珍) 등은 한국문학과 세계문학 사이에서 징검다리 역할을 할 것이다.

한국계 미국 문인은 소설 장르 못지않게 시 장르에서도 괄목할 만한 활동을 보인다. 하와이를 기반으로 시집 『사진 신부』를 출간하여 관심을 모은 캐시 송 이후 젊은 시인들이 맹활약을 펼치고 있다. 예를 들어 김명미는 『깃발 아래에서』(1991)와 『바운티 호』(1996) 등의 시집을 출간하여 미국 문단에서 관심을 모았다. 캐시 박 홍은 2021년 미국 시사주간지 《타임》이 선정한 '세계에서 가장 영향력 있는 100인'에 뽑혔다. 미국에 거주하면서 주로 한국어로 작품을 쓰지만 마종기(馬鍾基)의 작품 활동도 주목할 만하다.

한국계 미국 작가처럼 그렇게 활발하지는 않지만 한국에서 활동하는 작자들도 점차 세계 문단에서 관심을 받고 있다. 2022년 3월 소설가 박상영과 정보라가 세계 3대 문학상 중 하나로 꼽히는 부커상 인터내셔널 부문 후보에 함께 올랐다. 한국 작가가 이 부문 후보에 동시 지명된 것은 이번이 처음이다. 영국 부커상 재단은 박상영의 『대도시의 사랑법』과 정보라의 『저주토끼』를 포함한 2022년 부커상 인터내셔널 부문 1차 후보(롱리스트) 13편을 발표하였다. 이 두 작가가 2018년 맨부커상 인터내셔널 부문과 노벨 문학상을 수상한 폴란드 작가 올가 토카르추크와 함께 부커상의 후보작에 올랐다는 것은 한국문학의 수준을 가늠하게 한다. 참다운 의미의 상호텍스트성이란 단순히 다른 나라 문학 작품에서 영향을 받는 것에 그치지 않고 이렇게 한 발 더 나아가 다른 나라 문학 작품에 영향을 줄 때 더욱 찬란한 빛을 내뿜을 수 있을 것이다.

참고 문헌

I. 기본 자료: 잡지 및 신문

개벽(開闢)

창조(創造)

백조(白鳥)

학지광(學之光)

우라키(The Rocky)

해외문학(海外文學)

태서문예신보(泰西文藝新報)

배재(培材)

학조(學潮)

근대사조(近代思潮)

조광(朝光)

삼천리(三千里)

조선지광(朝鮮之光)

시문학(詩文學)

기독교 청년(基督敎青年會)

학생(學生)

인문평론(人文評論)

조선중앙일보(朝鮮中央日報)

동아일보(東亞日報)

조선일보(朝鮮日報)

II. 국내외 논문

김명렬. 「Edgar Allen Poe의 "The Raven"과 이태준의 「까마귀」」, 《한국문화》 32호 (2003), 129~151.

김용권. 「예이츠 시 번(오)역 100년」: "He Wishes for the Cloths of Heaven"을 중심으로」, 《한국 예이츠 저널》(한국예이츠학회) 40호 (2013): 153~184.

김준환. 「스펜더가 김기림의 모더니즘에 끼친 영향 연구」《현대영미시연구》 12권 1호 (한국현대영미시학회) (2006.06), 75~104쪽.

박진숙. 「이태준 초기 연보의 재구성과 단편소설 「누이」에 대한 고찰」, 《현대소설연구》 69호, 199~231쪽.

이보영. 「Oscar Wilde 문학의 변용과 그 한국적 수용」, 《한국세계문학비교연구》(세계문학비교연구학회), 1996, 141~171쪽.

이영걸. 「소월의 '진달래꽃'과 예이츠의 '꿈'」. 《문학예술》 4월호 (1990).

熊木勉. 「李泰俊の日本體驗」, 《朝鮮学報》 216호(2010.07).

III. 국내 단행본 저서

김기림, 김학동·김세환 공편. 『김기림 전집』 전6권. 서울: 심설당, 1988.

김기림, 박태상 편. 『원본 김기림 시 전집』. 서울: 깊은샘, 2014.

김내성. 『청춘극장』 전3권. 광주: 영한문화사, 1986.

______. 『청춘극장』 전5권. 서울: 정산미디어, 2013.

김동석. 『김동석 평론집』. 서울: 서음출판사, 1989.

김병철. 『서양문학번역논저연표』. 서울: 을유문화사, 1978.

______. 『한국근대번역문학사연구』. 전3권 서울: 을유문화사, 1998.

김소월, 김용직 편. 『김소월 전집』. 서울: 서울대학교출판부, 2001.

김용준. 『새 근원수필』. 서울: 열화당, 2001.

김욱동. 『아메리카로 떠난 조선의 지식인들: 북미조선학생총회와 《우라키》』. 서울: 이숲, 2020.

______. 『외국문학연구회와 《해외문학》』. 서울: 소명출판, 2020.

______. 『눈솔 정인섭 평전』. 서울: 이숲출판, 2020.

______. 『세계문학이란 무엇인가』. 서울: 소명출판, 2020.

______. 『이양하: 그의 삶과 문학』. 서울: 삼인출판, 2022.
______. 『비평의 변증법: 김환태·김동석·김기림』. 파주: 이숲출판, 2022.
______. 『궁핍한 시대의 한국문학: 세계문학을 향한 열망』. 서울: 연암서가, 2022.
______. 『《우라키》와 한국 근대문학』. 서울: 소명출판, 2023.
______. 『최재서』. 서울: 민음사, 2023.
김윤식 편. 『한국 현대모더니즘 비평선집』. 서울: 서울대학교출판부, 1995.
김 활. 『모더니즘 문학론과 질서』. 서울: 한신문화사, 1993.
김흥규. 『문학과 역사적 인간』.서울: 창작과비평사, 1980.
김종길. 『진실과 언어』. 서울: 일지사, 1974.
김학동. 『현대시인 연구 I : 지속과 변화－통시성의 원리』. 서울: 새문사, 1995.
문석우 외. 『서구문학의 수용과 한국적 변용』. 서울: 한국학술정보, 2004.
박지향. 『슬픈 아일랜드』 개정판. 서울: 기파랑, 2008.
박태원. 『소설가 구보씨의 일일』. 서울: 문학과지성사, 2005.
______. 『천변풍경』. 서울: 문학과지성사, 2005.
방민호. 『일제 말기 한국문학의 담론과 텍스트』. 서울: 예옥, 2011.
백 철. 『조선신문학사조사』. 서울: 수선사, 1948.
______. 『한국신문학발달사』. 서울: 박영사, 1975.
______. 『신문학사조사』. 개정판. 서울: 신구문화사, 2003.
서강대학교 인문과학연구소 편. 『오뇌의 무도·실향의 화원·해외서정시집』. 서울: 서강대학교 인문과학연구소, 1986.
유종호. 『한국근대시사 1920~1945』. 서울: 민음사, 2011.
윤호병. 『비교문학』. 서울: 민음사, 2000.
이양하, 정병조 외 편. 『이양하 교수 추념문집』. 서울: 민중서관, 1964.
이영걸. 『영미시와 한국시 II』. 서울: 한신문화사, 1999.
이태준, 상허학회 편. 『이태준 전집』 전6권. 서울: 소명출판, 1915.
이하윤. 『이하윤 문학선집 2: 평론·수필』. 서울: 한샘출판사, 1982.
이헌구. 『이헌구 선집』. 김준현 편. 서울: 현대문학사, 2011.
이효석. 『이효석 전집 6』. 서울: 창미사, 1983.
정인섭. 『이렇게 살다가』. 서울: 가리온출판사, 1982.

정지용, 권영민 편. 『정지용 전집 1: 시』서울: 민음사, 2016.
______. 『정지용 전집 2: 산문』. 서울: 민음사, 2016.
조동일. 『한국문학과 세계문학』. 서울: 지식산업사, 1995.
조영암. 『한국 대표 작가전』. 서울: 수문관, 1953.
조이담·박태원. 『구보씨와 더불어 경성을 가다』 개정판. 서울: 바람구두, 2009.
진상범. 『한독문학의 비교문학적 연구』. 서울: 박이정, 2012.
최재서. 『문학과 지성』. 경성: 인문사, 1938.
______. 『최재서 평론집』. 서울: 청운출판사, 1961.
윤수안, 윤수안·고영진 공역. 『'제국 일본'과 영어·영문학』. 서울: 소명출판, 2014.
최재서, 노상래 역. 『전환기의 조선문학』. 경산: 영남대학교출판부, 2006.

IV. 외국 단행본 저서

Allen, Graham. *Intertextuality*. London: Routledge, 2000.
Bakhtin, Mikhail. *Problems of Dostoevsky's Poetics*. Ed. and trans. Caryl Emerson. Minneapolis: University of Minnesota Press, 1984.
______. *The Dialogic Imagination: Four Essays*. Ed. Michael Holquist. Trans. Caryl Emerson and Michael Holquist. Austin: University of Texas Press, 1984.
Bakhtin, Mikhail/V. N. Voloshinov. *Marxism and the Philosophy of Language*. Trans. Matejka and I. R. Titunik. Cambridge: Harvard University Press, 1973.
Barth, John. *The Friday Book: Essays and Other Nonfiction*. New York: Putnam, 1984.
Barthes, Roland. *S/Z*. Trans. Richard Howard. New York: Hill and Wang, 1974.
______. *The Pleasure of the Text*. Trans. Richard Miller. New York: Hill and Wang, 1975.
Bassnett, Susan. *Comparative Literature: A Critical Introduction*. Oxford: Blackwell Publishers, 1993.
Begnal, Michael, ed. *Joyce and the City: The Significance of Place*. Syracuse:

Syracuse University Press, 2002.

Benjamin, Walter. *Selected Writings: Vol. 4, 1938-1940*. Trans. Edmund Jephcott. Ed. Howard Eiland and Michael W. Jennings. Cambridge: Belknap Press of Harvard University Press, 2003.

Blake, William. *The Complete Poetry and Prose of William Blake*. Ed. David V. Erdman. Berkeley: University of California Press, 2008.

Canter, David. *The Psychology of Place*. London: Architectural Press, 1977.

Derrida, Jacques. *Of Grammatology: Corrected Text*. Trans. Gayatri Chakravorty Spivak. Baltimore: Johns Hopkins University Press, 1997.

Donne, John. *Selected Poems of John Donne*. London: Penguin, 2006.

Eliot, T. S. *Selected Prose of T. S. Eliot*. Ed. Frank Kermode. New York: Harcourt Brace Jovanovich, 1975.

Frank, Joseph. *The Idea of Spatial Form*. New Brunswick: Rutgers University Press, 1991.

Giddens, Anthony. *The Consequences of Modernity*. Stanford: Stanford University Press, 1986.

Kim, Wook-Dong. *Global Perspectives on Korean Literature*. London: Palgrave Macmillan, 2019.

______. *Translations in Korea: Theory and Practice*. London: Palgrave Macmillan, 2019.

______. *Kazantzakis's Zorba the Greek: Five Readings*. Cambridge: Cambridge Scholars, 2019.

Kister, Daniel, trans. *Distant Valleys: Poems of Chong Chi-Yong*. Berkeley: Asian Humanities Press, 1994.

Kristeva, Julia. *Desire in Language: A Semiotic Approach to Literature and Art*. Ed. Leon S. Roudiez. Trans. Thomas Gora, Alice Jardine, and Leon S. Roudiez. New York: Columbia University Press, 1980.

______. *Revolution in Poetic Language*. Trans. Margaret Waller. New York: Columbia University Press, 1984.

Levi-Strauss, Claude. *Structural Anthropology*. Trans. Claire Jacobson and Brooke Grundfest. New York: Basic Books, 1963.

Longfellow, Henry Wadsworth. *The Complete Poetical Works of Henry Wadsworth*

Longfellow. Boston: Houghton, 1886.

René, Wellek. *Concepts of Criticism*. New Haven: Yale University Press, 1964.

Said, Edward. *The World, the Text, and the Critic*. Cambridge: Harvard University Press, 1983.

Spender, Stephen. *Selected Poems of Stephen Spender*. London: Faber and Faber, 2009.

______. *The Making of a Poem*. London: Hamish Hamilton, 1955.

Thoreau, Henry D. *Walden*. Ed. Jeffrey S. Cramer. New Haven: Yale University Press, 2006.

Underwood, Lillian H. *Fifteen Years among the Top-knots, Or Life in Korea*, 2nd rev. ed. New York: Young People's Missionary Movement of the United States and Canada, 1904.

Wilde, Oscar. *The Major Works of Oscar Wilde*. Ed. Isobel Murray. Oxford: Oxford University Press, 1989.

https://www.thecompleteworksofshakespeare.com/

金素雲. 『朝鮮口傳民謠集』. 東京: 第一書房, 1933.

찾아보기

주제어

ㄱ

간접 상호텍스트성 40
개인적/내적 상호텍스트성 40~41, 223~224
객관적 상관물 217
고갈 의식 17~18
고전주의 44, 198
공적/외적 상호텍스트성 40
관음증 309~313, 315, 317, 319
교토학우회 119
구성적 상호텍스트 40
구인회 198, 251, 296, 297, 325, 327, 390, 461
구조주의 26~29, 33, 353
극예술연구회 295, 404

ㄴ

나르시시즘 312, 318~319
남성 응시 315~316, 319~320
낭만주의 21, 117~118, 121, 146, 174, 181, 198, 212, 251, 286, 328, 346, 462, 464
낯설게 하기 133, 374
내면독백 328, 369~370, 376~382, 467
내적 또는 개인적 상호텍스트성 184

ㄷ

다성성 30, 32, 34
다어성 34
단상성 34
대화주의 27~30, 32
독자 35~36, 40, 44, 48, 95, 131, 140, 146~149, 199~200, 206, 208, 248, 257, 260, 264, 275, 278, 280, 289~290, 338, 351~352, 354~355, 359,

364, 372~374, 384, 396, 430, 440, 444, 455
독자의 탄생 35~36
두목 116, 420

ㅁ

마르크시즘 229
메타픽션 352~359
명시적 상호텍스트 40
모더니즘 17, 19, 21, 27, 38~39, 41, 46, 146, 173, 175, 181, 194, 195, 199, 204, 207, 212, 228, 240, 243, 325~326, 328, 330, 332, 340, 342, 352~353, 368~369, 373, 376~377, 382, 390, 464, 469, 472~473
몽타주 369, 370, 385~388

ㅅ

사실주의 22, 46, 296, 328, 462, 468
사회주의 리얼리즘 242, 292
상징주의 118, 147, 159, 203, 283, 296
상호텍스트성 16~52, 60, 68, 82, 84, 90, 93~94, 100, 103, 106, 111, 116~117, 122~123, 125, 127, 131, 135~136, 140, 143, 150, 152, 157, 162~163, 170, 172, 175~176, 184~185, 188, 191, 195, 204~205, 223~236, 243, 250, 258, 281, 309, 315, 319, 332, 352, 354, 360, 366, 390~391, 414, 417, 431, 451, 465~468, 470
상호텍스트적 관계 90, 93~94, 100, 103, 106, 111, 117, 122~123, 125, 127, 131, 135~136, 140, 143, 150, 157, 162~163, 170, 172, 184, 191, 195, 204~205, 236, 243, 250, 258, 281, 309, 319, 332, 354, 360, 366, 391, 414, 417, 431, 451, 465, 468
성장소설(빌둥스로만) 346
세기말 146~147, 252, 303, 306
세태소설 337
센티멘탈 로맨티시즘 170, 240
센티멘털리즘 223, 286
소진 의식 17~18
수직적 상호텍스트성 40
수평적 상호텍스트성 40
시각 쾌락증 320
시니피앙 29, 33~34
시니피에 29, 33~34
신고전주의 44
신구 논쟁 19
심리주의 328
심미주의 252

쓰기 텍스트 36

ㅇ

아방가르드 29
아일랜드 문예부흥 56~59, 464
악마주의 251~252, 306
암묵적 상호텍스트성 40
언어적 상호텍스트성 40
역역(逆譯) 150
영향의 불안 48
예술가소설(퀸스틀러로만) 346
예술지상주의 194, 256, 296~298, 306~307
외국문학연구회 25, 49, 59, 131, 295, 463, 472
외적 또는 공적 상호텍스트성 184
유미주의 462
의식의 흐름 369~370, 376~382, 467
이미지즘 146, 193~194, 204, 210~212, 252
이어성 30, 32
이피퍼니(顯現) 347
일본 재동경조선유학생학우회 195
읽기 텍스트 36

ㅈ

자기반영적 메타픽션 352~355, 357, 358
자연주의 255, 296, 299, 390, 462
자유간접화법 370, 382~385
재일본동경조선유학생학우회 54, 250, 305
저자의 죽음 35~36
제노텍스트 29, 34
조선문학가동맹 252, 266, 390
조선프롤레타리아예술가동맹(KAPF) 307, 327, 459
주지주의 173, 181, 203, 228, 240, 243
중간소설 360~368
직접 상호텍스트성 40

ㅋ

카메라 기법 11, 385

ㅌ

탈자동화 374
탐미주의 252, 286, 295, 298, 303, 309, 313

ㅍ

파르나스 예술 운동 296
파르나시앙 251
페노텍스트 29, 34

포스트구조주의 27~28, 33, 353
포스트모더니즘 17, 19, 27, 39, 41, 325, 352~353, 377, 469
플라뇌르 338~339

플래시백 수법 389

ㅎ

한국비교문학회 25
해체주의 353
형식주의 133, 207, 291
형이상학파 43, 134, 175~176, 180~181, 202~203, 205, 243, 464
혼합화법 384

인명

ㄱ

가가와 도요히코 298
가드너, 존 354
갈릴레오 갈릴레이 182
강경애 459
강영한 256
강용흘 469
겔혼, 마서 229
고가 사부로 441
고리키, 막심 326
고미야마 게이스케 449
고스, 에드먼드 252
고티에, 테오필 252
곤 와지로 337
곤, 모드 73, 99
공자 54, 140, 174, 210, 218, 250
괴테, 요한 볼프강 폰 210, 248, 346, 382
구리야가와 하쿠손 62, 99
구마키 쓰토무 247
구스야마 마사오 444
권영민 121, 129, 139~140, 159, 370, 447, 473
권중휘 329
그레이엄, 조지 253
기든스, 앤터니 333
기시다 구니오 294
기타하라 하쿠슈 118~119, 147
길진섭 250, 254, 350

김경린 240
김관호 75
김광균 121
김광섭 172
김기림 18~19, 43, 52, 115, 170, 192~244, 246~247, 286, 296~297, 324, 329, 332, 458~459, 464, 472
김기진 23, 122, 172, 307
김남천 252, 395, 460
김내성 42, 394~455, 459
김동리 293
김동석 127, 130, 168, 174, 472
김동인 23, 69, 75, 291
김동환 23
김명렬 249~250, 254~255, 274, 286, 471
김명미 469
김명순 255, 257
김명엽 59
김사량 395
김상용 114, 172, 256, 461
김소월 43, 52~53, 54~170, 199, 459, 464, 472
김억 61~62, 65~66, 70, 75, 77~79, 82, 88~90, 98~99, 105, 108, 118, 158, 305~306
김여제 75
김영랑 88, 108, 250
김영하 468
김용권 99, 148~150, 471
김용익 469
김용준 250~251, 266, 304, 472
김우진 285
김원일 467
김유정 264, 291~293
김은국 469
김정희 267
김종길 204, 212, 473
김주경 250
김지원 250, 304
김찬영 75
김태준 197
김학동 19, 100, 107, 115, 123, 153, 173, 180, 183, 196, 197, 203, 205, 232, 247, 324, 472, 473
김현승 148~149
김환기 254
김황원 441, 452

ㄴ

나도향 114, 250, 450
나카무라 기쿠오 297
내쉬, 토머스 44
노구치 요네지로 328
노자영 100, 295
니체, 프리드리히 24

ㄷ

다쓰노구치 399~400, 417
다쓰노구치 나오타 399~400
단테 알리기에리 45
던, 마거릿 360

던, 존 43, 134, 175~184, 202, 243, 464
데리다, 자크 20~21, 29, 33, 353
도데, 알퐁스 326
도스토옙스키, 표도르 248
도이 고치 173, 328, 332
도일, 코넌 395
도조 히데키 451
드릴, 르콩트 252
디킨스, 찰스 269, 333

ㄹ

라로슈푸코 20
라블레, 프랑수아 39
라이머, 토머스 425
라캉, 자크 36
라포르그, 쥘 203
란포, 에도가와 253, 399, 441
램, 메리 401, 403, 437
램, 찰스 401, 403, 437
랭, 앤드류 252
랭보, 아르튀르 283
러셔, 로버트 360
레드먼드, 존 56
레마르크, 에리히 350
로렌스, D. H. 174, 405
로월, 에이미 146
로웰, 제임스 러셀 253
로지, 존 엘러턴 161
로지, 캐벗 161
롤리, 월터 99
롱펠로, 헨리 워즈워스 113~114, 117, 163, 167, 465
루소, 장 자크 24
루이스, 세실 데이 228
루크먼 , 토마스 334
룬덴, 롤프 360
르나르, 쥘 248, 293~298, 326, 465
리스, 진 353
리처즈, I. A. 173, 175, 176
릴케, 라이너 마리아 134, 148

ㅁ

마네, 에두아르 308
마종기 469
마테를링크 441, 443~446, 465
마테를링크, 모리스 441, 443, 465
말라르메, 스테판 283
말로, 앙드레 229
매신저, 필립 38
맥도널드, 램지 210
맥브라이드, 존 73
맹호연 116
멀비, 로라 319
모데로노로지오 337
모리스, 앤 360
모파상, 기 드 116, 246, 248, 251, 287~288, 290, 294, 296, 326
몸, 서머싯 308
몽테뉴 39
무디, 윌리엄 본 161
무솔리니, 베니토 214

미르스키, D. S. 329
미첼, 마거릿 395, 441
밀턴, 존 21, 43, 45

ㅂ

바르트, 롤랑 20, 33~36, 42, 48
바이런, 조지 306, 441
바흐친, 미하일 27~32, 34
박계주 23~24
박두진 97
박방현 109, 110, 160
박상영 470
박석윤 423~424
박영효 355
박영희 23, 307
박용철 172, 235, 404
박종화 250
박지향 54, 473
박진숙 247, 304, 472
박태원 45, 52, 296~297, 323~391,459, 461, 464~465, 473~474
박팔양 141, 250
발레리, 폴 160, 283
발자크, 오노레 드 326, 361
방응모 173
방정환 306
배스닛, 수전 23
백거이 116
백석 159, 329
백철 329, 437, 441, 442
버거, 피터 333
버니언, 존 43
버전, 프랭크 341
버튼, 로버트 39
벅, 펄 S. 460
베르그송, 앙리 24
베르길리우스 21, 45, 210
베르디, 주세페 450
베를렌, 폴 148, 210, 294
베리, J. M. 130
벤야민, 발터 338
변영만 118, 123
보건, 루이스 148, 185, 228, 233~235
보들레르, 샤를 73, 148, 203, 210, 283, 296, 338
보이드, 어니스트 A. 56
복영환 329
볼테르 24
부세, 카를 헤르만 441, 443, 446, 465
부스, 웨인 351
브라우닝, 로버트 202, 208
브레임, 샬럿 메리 47
브론테, 샬럿 353
블레이크, 윌리엄 116~117, 167, 174, 464
블룸, 해럴드 48, 146, 465

ㅅ

사나다 히로코 127
사이드, 에드워드 20
사이토 마코토 220

사토 하루오 124, 343
사포 210
산구 마코토 62
산타야나, 조지 145
새커리, 윌리엄 43
샌드버그, 칼 226
샐린저, J. D. 467
서정주 162, 321
서항석 446, 447
설정식 266, 404
세르반테스, 미겔 데 39
세잔, 폴 308
셰익스피어, 윌리엄 39, 42~43, 47, 81, 130, 210, 354, 393~395, 441, 465
소로, 헨리 데이비드 24, 93, 248, 298~303, 465
소쉬르, 페르디낭 드 27~29, 34
소크라테스 210, 302
송, 캐시 469
송욱 204
스마일스, 새뮤얼 402
스윈번, 찰스 252
스타인벡, 존 43, 361
스탈린, 이오시프 229
스탕달 350
스턴, 로렌스 39
스토파드, 톰 354
스티븐스, 월러스 21
스티븐슨, 랜덜 382
스티크니, 트럼불 113~114, 117, 140, 148, 161, 163, 167, 465
스펜더, 마이클 앨프리드 186
스펜더, 스티븐 43, 175, 185~186, 191, 195, 197, 207, 228~229, 465
스펜서, 에드먼드 210
시가 나오야 291
시드니, 필립 39
시먼스, 아서 89
시란, 와카스키 304, 444
시마다 모토마로 444
신경숙 468
신흠 453
싱, 존 밀링턴 56~59
쑹메이링 210, 214, 223
쓰보우치 쇼요 401~402, 423

ㅇ

아나미 고레치카 420
아리스토텔레스 45
아리시마 23, 24
아리시마 다케오 23
아미엘, 앙리 프레데릭 248
아에바 고손 253
아이헨바움, 보리스 M. 291
아즈마 소스이 444
아쿠타가와 류노스케 62, 328, 343
안회남 390
앤더슨, 베니딕트 341
앤더슨, 셔우드 326, 361
앨런, 그레이엄 27
앨런, 존 262

야구치 다쓰 304
야나기 무네요시 118, 147
야나이하라 54~55
야나이하라 다다오 54~55
야콥슨, 로만 41
양주동 172, 329
양하엽 403
언더우드, 릴리어스 호튼 55
언더우드, 호러스 그랜트 55
에드워즈, 리처드 407
에라스무스 407
에번스, 리처드 B. 103
에코, 움베르토 17~18, 49
엘리엇, T. S. 38, 146, 175, 181, 204, 227, 228, 243, 252, 332, 368, 464
엘리엇, 조지 47
염상섭 250, 291
예이츠, 윌리엄 버틀러 53~54, 56~74, 108, 110, 117, 148, 227, 464, 471~472
오구리 후요 46
오닐, 유진 468
오든, W. H. 167, 171, 172, 175, 186, 226~230, 232~237, 242~243, 465
오비디우스 210
오사무, 데즈카 47
오오든 185
오웰, 조지 229
오자키 고요 46, 47
오장환 390
오천석 75, 131, 403
오카다 게이스케 220
올비, 에드워드 468
와일드, 오스카 245~246, 248, 303~306, 313, 315, 394, 465
와타나베 이키조 397~398, 400, 422, 431
왕유 116
요시야 노부코 343, 381
우가키 가즈시게 220
우에다 빈 62, 447
울프, 버지니아 244, 325, 369, 382
울프, 토머스 43
워렌, 오스틴 22
워즈워스, 윌리엄 21, 116, 146
웨스턴, 제시 L. 209
웰렉, 르네 22~23
웹스터, 존 210
위고, 빅토르 23, 262, 296, 322, 326, 398
유베날리스 407
유승겸 402
유종호 115, 161~162, 473
윤동주 81, 172, 441, 453~455
윤백남 350
윤심덕 285
이광수 23~24, 75, 256, 295, 307, 309, 327, 403
이근삼 468
이기문 106
이문열 24
이민진 469

이백 73, 116
이병기 248
이병렬 160
이상 31, 40, 43, 73, 82, 115, 122, 134, 158~159, 167, 174~176, 180~181, 194, 198, 202~203, 205, 229, 234, 242~243, 258~259, 263~264, 273, 277, 283, 286, 291~293, 296~298, 301, 312, 317, 325, 327~328, 333, 340, 349~351, 370, 373, 379, 381, 389, 403, 405, 418~419, 422~424, 448, 455, 458, 461~462, 464, 468
이상수 403
이석훈 395
이선희 293
이성범 235
이순석 350, 460
이시카와 다쿠보쿠 122, 343, 441
이양하 62~64, 94~96, 104, 110, 168, 172, 185~186, 188~189, 192~194, 215, 329, 472~473
이어성 30, 34
이영걸 63~64, 68, 74, 90, 94, 472, 473
이오네스코, 외젠 468
이옥봉 441, 452~453
이용악 390
이원조 239
이은상 246~247, 250, 295, 298
이창래 469
이창배 204
이태준 23, 43, 52, 239, 246~322, 325, 370, 375, 390, 459~461, 464~465, 471~473
이하윤 49~50, 131, 172, 247, 256, 295, 307, 329, 443, 461~463, 473
이헌구 295, 473
이활 194, 240
이효석 57~58, 60, 296, 473
이희승 461
임장화 75, 256~257, 306~307
임학수 172, 234~235
임화 197, 239, 252, 266, 337
입센, 헨리크 23, 422, 424

ㅈ

잠, 프란시스 148, 295
장승업 266
장제스 210, 214, 223
전영택 24, 75
정보라 470
정비석 293
정순규 403, 437
정인섭 25, 58, 59, 172, 255, 256, 404, 463, 464, 472, 473
정인택 390
정지용 43, 52, 114~170,

172~173, 194, 198~199, 240, 247, 250, 265~266, 296, 325, 350, 390, 447, 459, 464, 473
정철 73
제임스, 윌리엄 376
제임스, 헨리 328
조만식 61
조세희 467
조연현 455
조영암 397~399, 473
조이담 339~340, 474
조이스, 제임스 45~46, 174, 227, 323, 340~342, 346, 348~350, 352~353, 356, 360, 361, 364, 366~370, 374~376, 377, 382, 387, 390, 465
조중환 46~47, 452
조지, 헨리 24
존슨, 벤 402
존슨, 새뮤얼 37
졸라, 에밀 308
주요섭 114
주요한 75, 403
주인석 354
지노비예프, 그리고리 229
지드, 앙드레 331, 350, 460
진장섭 247, 329

ㅊ

차학경 469
채만식 114
채정근 395
채트먼, 시모 351
체홉, 안톤 248, 251, 290
초서, 제프리 210
최수전 469
최남선 462, 463
최독견 350
최명익 293
최서해 174, 350
최승구 195, 197, 305
최인욱 124
최인호 467
최인훈 354
최재서 56~59, 62, 167~168, 172, 198~203, 206, 212, 246, 247, 249, 280~281, 327~328, 333, 337, 364, 385~386, 389~390, 469, 474
최정우 329

ㅋ

카메네프, 레프 229
칼라일, 토머스 395
캔터, 데이비드 333
커닝햄, 마이클 354
켈러, 고트프리트 346
코페, 프랑수아 438, 441
코페르니쿠스, 니콜라우스 182
콜리지, 새뮤얼 테일러 425
쿤데라, 밀란 354

크리스테바, 쥘리아 27~28, 42, 49
클렘, 버지니아 259~260, 262, 278
키드, 토머스 210
키스터, 대니얼 A. 117

ㅌ

타고르, 라빈드라나드 61, 116
테니슨, 앨프리드 202
토카르추크, 올가 470
톨스토이, 레프 23~24, 248, 326, 398
트로츠키, 레프 229
투르게네프, 이반 248, 326, 361
티즈데일, 새러 43, 64, 113~114, 117, 127, 131~138, 165, 167, 465

ㅍ

파넬, 찰스 스튜어트 56
파운드, 에즈러 117, 146, 252
패서스, 존 도스 229
페인, 윌리엄 146
페트로니우스, 가이우스 210, 407
포, 에드거 앨런 19, 23, 25, 27~28, 33, 35, 39, 41~43, 45, 50~51, 60, 71, 94, 121, 134, 141, 175, 180, 184, 193~194, 196, 203, 210~211, 216~217, 220, 231, 236, 245~294, 296, 301, 304, 306~307, 325, 329, 335~337, 344, 350, 352~353, 355~356, 358, 361, 364, 374~375, 377~378, 382, 388~389, 395, 399~400, 402, 411~412, 417, 420, 428, 433~434, 438, 441~442, 445~446, 449~451, 465, 467~470
포크너, 윌리엄 41, 43, 325, 361, 374, 382, 467
푸코, 미셸 20
프랑코, 프란시스코 229
프로스트, 로버트 146, 169
프톨레마이오스 182
플라톤 45
플로베르, 귀스타브 296, 382, 386
피스, 알렉상드르 뒤마 441, 449

ㅎ

하비, 데이비드 333
하우, 줄리아 워드 43
하이네, 하인리히 326
한강 335, 468
허균 453
허난설헌 452
헉슬리, 올더스 174
헤겔, 게오르크 빌헬름 프리드리히 210
헤라클레이토스 85

헤밍웨이, 어니스트 43, 45, 229, 361
헤세, 헤르만 210
헨리, 오 291, 325, 395
헨리, 패트릭 420
현진건 291
현채 402
현철 307, 403, 418
호리구치 다이가쿠 328
호메로스 21, 44~45, 353, 387
호손, 너새니얼 290
혼, 조지프 99
혼마 히사오 304
홀랜드, 존 146, 155
홍, 캐시 박 469
홍만종 453
홍명희 96
홍효민 459
황윤명 267, 268
황진이 90, 453
후쿠자와 유키치 355
휘트먼, 월트 23, 116, 248
히나쓰 고노스케 62, 253, 254, 256, 304
히로세 테쓰시 297
히로히토 220